Découvrez l'histoire par les archives de presse

RETRONEWS

Le site de presse de la BnF

www.retronews.fr

LE
MOYEN AGE

BULLETIN MENSUEL

D'HISTOIRE ET DE PHILOLOGIE

DIRECTION :

MM. A. MARIGNAN ET M. WILMOTTE

4ᴹᴱ ANNÉE — 1891

PARIS

ÉMILE BOUILLON, ÉDITEUR

67, RUE RICHELIEU, 67

En face de la Bibliothèque Nationale

1891

LE MOYEN AGE

BULLETIN MENSUEL D'HISTOIRE ET DE PHILOLOGIE

DIRECTION :

MM. A. MARIGNAN ET M. WILMOTTE

JANVIER 1891

COMPTES RENDUS

L'Abbé Duchesne. — **Origines du culte chrétien.** — **Étude sur la liturgie latine avant Charlemagne.** — Paris, Thorin, 1889.

Le savant éditeur du *Liber pontificalis* vient d'ajouter un nouveau service à ceux que lui doit déjà l'histoire primitive de l'Église, par ses recherches savantes et précises sur la liturgie avant Charlemagne. C'est le sous-titre qui indique le vrai sujet de ce travail. L'auteur, en effet, ne décrit pas les commencements du culte chrétien mais se place d'emblée au ive siècle. On peut le regretter : il est d'un très grand intérêt scientifique de pouvoir suivre le développement des vieilles liturgies et d'en connaître la genèse le plus exactement possible. Ce que nous offre M. D. nous dédommage d'ailleurs de cette lacune. L'auteur commence par une introduction sur l'origine des divisions ecclésiastiques, il décrit comment de l'église isolée se forme le diocèse, du diocèse la métropole, de la métropole le siège patriarchal. Sa conception générale est conforme à la tradition. Il repousse nettement l'hypothèse de l'anglais Hatch (et nous sommes ici de l'avis de l'auteur), et n'admet que d'une façon très restreinte l'influence des institutions politiques et corporatives de la société païenne. A notre avis, M. D. garde sur ce point une trop grande réserve. Aucune raison de principe n'empêchait la communauté chrétienne de se servir des institutions antiques et de même que l'art chrétien primitif ne dédaignait pas les motifs païens, aucun scrupule ne devait faire rejeter les excellents modèles d'organisation que présentait le monde ancien. Quant aux institutions de la synagogue, il est peu vraisemblable qu'elles aient eu de l'influence sur les communautés pagano-chrétiennes, surtout si l'on considère les communautés de l'Occident.

Les institutions du Christianisme primitif, d'ailleurs, ne contiennent rien qui se ramène nécessairement au judaïsme. La forme collégiale était alors la forme habituelle ; ce fut, on le sait, celle de la communauté primitive d'où s'est développé l'épiscopat monarchique.

L'auteur ne fait qu'effleurer l'importante question de l'origine de l'épiscopat. D'après lui, il a dû apparaître de bonne heure. L'auteur de la première lettre de Clément parle, dit-il, « comme un pape ». Cependant il ne se donne jamais le titre d'évêque et Hermas, qui n'est pourtant qu'un laïque, parle sur un ton aussi décidé. Si l'accent net de la première lettre de Clément provenait d'une situation privilégiée, particulière de l'Eglise de Rome et de son évêque, il semble que cette situation devrait y ressortir d'une façon plus concrète.

Dans le deuxième chapitre l'auteur donne un aperçu clair et précis des liturgies orientales et de leurs rapports entre elles. Il se retourne ensuite vers l'Occident et là il distingue l'usage romain et l'usage gallican. Milan et les églises transalpines suivent ce dernier, Rome avec le reste de l'Occident appartient au premier. Peut-on vraiment tracer aussi nettement la ligne de séparation ? M. D. constate lui-même la pauvreté d'information. Elle est telle, en effet, que pour ma part je n'oserais exprimer un jugement aussi net. D'autre part, cette division bipartite est contraire à toute analogie. Qu'il me soit permis de rappeler seulement les différentes rédactions de la Regula fidei (*symbolum apostolicum*), dans les diverses Églises de l'Occident. J'ai été encore plus étonné par cette proposition que l'évangélisation de l'Occident se rattache toute entière à saint Pierre. Pas un seul témoignage ne peut être invoqué dans ce sens pour les trois premiers siècles ; toutes les tentatives qu'on a faites pour donner une filiation romaine aux Églises d'Espagne et de France, je ne parle pas de celles du Nord de l'Afrique, pour les rattacher en particulier à l'apôtre saint Pierre, échouent devant des difficultés insurmontables. Que le pape Innocent ait été d'une autre opinion, cela ne constitue pas une preuve, car au ve siècle on se faisait souvent des événements historiques une conception très fausse.

L'auteur considère la liturgie gallicane comme originaire de Milan. Il pense qu'elle y a été introduite par l'oriental Auxentius, imposé aux Milanais par la politique de l'empereur. Son successeur, Ambroise, l'aurait ensuite maintenue. Ce sont des affirmations très graves, mais elles ne me paraissent pas invraisemblables. M. D. fait un tableau très intéressant des envahissements progressifs de la liturgie romaine et de sa décadence ultérieure sur le sol conquis.

La deuxième partie du livre est consacrée à une description de quelques cérémonies particulières où l'auteur compare les deux rites. L'érudition si sûre, la critique objective du célèbre savant se montre ici dans tout son jour. Abstraction faite de l'identification, inexacte à mon sens, des χηραι (veuves) avec les diaconnesses à l'époque primitive, je ne vois rien qui me sépare de l'auteur. Mon désir est que ce livre soit lu et apprécié comme il le mérite aussi en Allemagne.

V. SCHULTZE.

Glasson (E.). — **Les communaux et le domaine rural à l'époque franque**. Réponse à M. Fustel de Coulanges. — Paris, Pichon, 1890, 1 v. in-12 (183 p.).

Les poètes ont seuls jusqu'ici joui d'une réputation de susceptibilité singulière. Les érudits semblent vouloir se mettre de la partie et se montrer jaloux de cette gloire. Je n'ai pas à rappeler les batailles de ces derniers temps. Qu'il me suffise de dire qu'à maintes reprises M. Fustel de Coulanges a attaqué son collègue de l'Institut M. Glasson ; que M. Glasson a attaqué son collègue M. Fustel, et que le présent livre de M. Glasson « Les communaux et le domaine rural à l'époque franque » n'est encore proprement, comme le sous-titre a soin de l'indiquer, qu'une « Réponse de M. Glasson à M. Fustel ».

Disons toute notre pensée : Le mémoire de M. Glasson a un tort : celui de venir un peu tard et de prolonger inutilement la polémique. La polémique n'est pas une bonne chose. Outre qu'elle a l'inconvénient de faire sourire malicieusement la galerie, elle surexcite les amours propres, fait perdre le sentiment de la mesure aux plus fins et aux mieux doués, tout en ne servant guère la cause de la science.

Dans le cas présent on peut se demander où est le gain. M. Glasson prouve que M. Fustel en est arrivé, dans la dernière période de sa vie, à un incroyable degré d'irritation et d'amertume. Ses meilleurs amis le déplorent. M. Gl. établit que M. F. a une façon d'interpréter les textes parfois bien étrange et risquée ; qu'à cet homme d'incontestable talent, de courageux travail, il a manqué bien des choses de l'historien digne de ce nom. — Qui ne le sait de ceux qui pourront jamais le savoir ? Chacun compte parmi ses amis quelque aimable partisan de M. Fustel dont il est inutile d'essayer la conversion. Cette foi, cette admiration, c'est la trace laissée par le maître dans l'esprit de l'élève, et n'agit pas ainsi qui veut. Cette influence directe du maître, du professeur sur une suite de générations ira s'affaiblissant avec le temps, et l'œuvre de M. F. se trouvera peu à peu mise à sa vraie place.

Il reste que ces discussions de textes de M. Glasson lui servent à maintenir et à confirmer les conclusions de ses ouvrages antérieurs. De ce chef on trouvera dans son livre nombre de pages intéressantes où le jurisconsulte reprend ses avantages. Je citerai entre autres les ch. 13 et 14 : le domaine rural à Rome ; le domaine rural à l'époque franque.

On connaît les conclusions de M. Glasson sur la question qui fait l'objet de la dispute et de son mémoire.

Les Germains de l'époque franque sont parvenus au stade de la propriété individuelle. Mais cette propriété est loin d'être absolument la propriété romaine. Les Barbares ne distinguent pas entre propriété et possession ; leur droit est absolument étranger « au système savant et fort utile à l'agriculture de charges réelles, de servitudes qu'avait organisé d'une façon à la fois si ferme et si simple le droit romain ». La notion du droit réel, si précise chez les jurisconsultes, leur échappe complètement. D'autre part, — et c'est là entre M. F. et M. Gl. le principal objet du débat, — toute trace de propriété commune n'a pas entièrement disparu. M. F. ne veut pas admettre qu'il y ait encore des biens qui restent la propriété commune du groupe, qu'il existe des « communaux ». Pour lui, il n'y a dans la société franque que de vastes domaines appartenant en propre à des particuliers ou à leurs héritiers ; ce qu'on prend pour des « communaux » appartenant à des groupes de libres ne sont que des portions de ces domaines privés, sur lesquelles le propriétaire accorde de son plein gré à ses tenanciers certains droits communs d'usage. Nulle part on ne trouve trace de communautés véritablement propriétaires de bois ou de pâturages. M. Glasson démontre que les communaux (*agri communes, communia, compascua*) ne sont pas inconnus du droit romain (p. 142). Comment n'existeraient-ils pas dans la société franque ? Il est impossible de nier qu'ils aient connu la communauté des terres du temps de César et de Tacite (p. 11), et d'autre part on constate l'existence au M. A. de terres communes (bois, pâturages et même labourages) (p. 12) et de nombreuses communautés qui se sont perpétuées jusqu'à la Révolution. Ces communautés sont représentées, à l'époque franque, par les villages d'hommes libres ne relevant d'aucun seigneur, existant à côté et indépendamment des grands domaines de M. Fustel. Les biens fonds sur lesquels tous ont des droits d'usage leur appartiennent en propre et sont bien des communaux. Que sont ces communautés propriétaires ? « La famille, la villa, le village, la tribu, la centaine ou même tout un peuple. » pp. 19, 8, 173. On peut regretter que, sur ce dernier point, M. Gl. ne soit pas plus explicite et se contente d'une sèche énumération.

On pourrait peut-être encore relever des interprétations de textes plus ou moins contestables. Mais ce serait à n'en pas finir ; et vraiment voilà assez longtemps que l'on discute.　　　　　　　　　　　　　G. **Platon**.

Berthault. — **L'abbaye de Chelles. Résumés chronologiques.** — Meaux et Paris, 1889-1890, 2 vol. in-8°.

Si jamais les deux volumes que M. Berthault vient de consacrer à l'histoire de la célèbre abbaye royale de Chelles ont quelque succès, ils le devront uniquement à leur élégance typographique, mais non pas assurément à la valeur de leur contenu. Il est difficile d'être sévère à l'égard d'un auteur qui avoue lui-même qu'il n'a pas eu « la prétention de remplir les conditions nécessaires à la bonne exécution d'un travail de longue durée, » et que son étude laisse beaucoup à désirer. Mais il faut avouer que M. B. ne semble pas avoir une connaissance suffisante des règles de la critique et de la composition historiques. Pour toute la période du moyen âge il s'est borné à recueillir les renseignements qu'il a rencontrés dans les livres imprimés sur l'abbaye de Chelles. Ses principales sources ont été le *Gallia Christiana* et les Annales de Mabillon. Rarement il contrôle ces autorités ou les discute. Quand il le fait ce n'est pas avec succès. Voici un exemple. Après la mort de Mathilde, survenue le 16 avril 1274 (au moins d'après l'opinion commune), l'abbaye resta longtemps sans abbesse. Un mandement de Philippe le Hardi ordonna la restitution à l'abbaye de Chelles de biens usurpés pendant la vacance et sans que les personnes préposées par le roi à la garde du temporel s'y fussent opposées; les auteurs du *Gallia Christiana* ont pensé avec raison que par vacance de l'abbaye il fallait entendre vacance du siège abbatial. Telle n'est pas l'opinion de M. B., qui conclut du mandement royal qu'après la mort de Mathilde, le monastère de Chelles fut évacué par ses habitants. « En effet, dit-il, on n'aurait pas eu besoin d'y placer des gardiens s'il n'eût pas été complètement abandonné (p. 106). » Sur les difficultés auxquelles donna lieu l'élection d'une abbesse après la mort de Mathilde, M. B. trouvera un complément d'information dans une bulle d'Honorius IV du 5 septembre 1285. Il y a quelques renseignements inédits dans le livre de M. B., la plupart empruntés à l'histoire manuscrite de l'abbaye de Chelles par dom Placide Porcheron, conservée au séminaire de Meaux. M. B. cite souvent cet important ouvrage; mais ses références sont toujours insuffisantes. On dirait, à lire M. B., que la pagination, la foliotation, les cotes n'existent pas. Des renvois comme celui-ci : *Archives de Melun*, ou encore *Bibliothèque nationale, imprimés, 1725,* sont trop vagues. Que veut dire, à la page 176, *Archives nationales* XIC, 43, sans doute : X¹ᶜ 43. Il est surprenant qu'ayant eu connaissance du cartulaire de Chelles conservé à la Bibliothèque municipale de Meaux, M. B. n'ait pas cru devoir l'utiliser. « La Bibliothèque municipale de la ville de Meaux, dit-il (t. I, p. XXXVIII), possède deux volumes de cartulaires dont je n'entreprendrai pas l'analyse. » C'est dommage, mais la façon dont M. B. interprète les documents du moyen âge diminue nos regrets.   M. Prou.

G. Schiavo, **Fede e Superstizione nell' antica poesia francese.** (Zeitschrift für romanische Philologie, xiv, 1, 2, p. 89, p. 127).

On ne saurait imaginer un plus noble sujet d'étude : chercher le rapport de l'enseignement religieux officiel du moyen âge aux croyances populaires, déterminer quelle réfraction l'imagination du peuple fait subir aux dogmes, comparer en un mot le m. â. latin et clérical au m. â. français et populaire, — quels beaux problèmes se poseraient à un romaniste qui devrait être en même temps un historien et surtout un théologien ! M. Schiavo ne prétend point résoudre ces questions : au lieu d'opposer aux doctrines théologiques du m. â. des poèmes d'origine populaire et laïque, il dépouille mécaniquement, et comme témoins des mêmes idées, les *contes dévots* et les *fabliaux*. Il cite donc à la queue-leu-leu Gautier de Coinci, c'est-à-dire le prieur d'un couvent, et Rustebeuf, c'est-à-dire un bouffon. Que dirait-on d'une étude intitulée : « La foi et la superstition dans les *sermons* de Bossuet et dans les *contes* de La Fontaine ? » — M. Schiavo veut de plus étudier dans le même travail les idées du m. â. sur Jésus-Christ et sur les nains et les géants, sur la Vierge et sur la fée Morgane. Que dirait-on d'une étude *intitulée* : « La *fréquente communion* d'Antoine Arnaud et les *contes de fées* de Perrault ? » M. Schiavo s'est d'ailleurs borné à relier par quelques phrases de transition des fiches passivement recueillies. Voici le résumé exact du paragraphe sur *Dieu le Père* (p. 95-8) : Il résulte de cette étude qu'assez souvent au m. â. 1°) on jurait par Dieu, 2°) on saluait, 3°) on bénissait, 4°) on maudissait par le nom de Dieu ; 5°) que le m. â. croyait que Dieu était le créateur du monde et pouvait venger et punir ; 6°) qu'on le croyait omniscient ; 7°) qu'on le considérait tantôt comme juge et 8°) tantôt comme père. — Et c'est tout. — Le paragraphe sur Jésus-Christ (p. 99) s'ouvre par cette importante remarque : « Le Christ est » nommé bien plus souvent dans les contes sacrés que dans les » fabliaux. » — A quoi peut servir en vérité de compter combien de fois les auteurs de fabliaux (p. 96) ont dit : « Dieu vous bénisse » ? Cette besogne peut être utile pour ce que les Allemands appellent les *Realien :* Qu'on dépouille dix épopées du xiiie siècle et qu'on note tout ce qui s'y trouve rapporté sur les armes défensives ou sur le costume féminin, les archéologues profiteront de ce travail et pourront se dispenser de lire ces dix épopées. Mais il en va autrement des idées religieuses et morales, — et c'est là la grande erreur du travail de M. Schiavo ; — le prix d'un témoignage dépend ici du contexte, du ton général du poème, de sa date, de la valeur morale et des intentions de l'auteur, du public auquel il s'adresse, etc... Une collection de citations fragmentaires et contradictoires n'a plus de sens. Et si ce jeu de fiches peut servir à quelqu'un, ce sera tout au moins à cette condition que l'on puisse se fier aux renvois du compilateur. Ce n'est pas ici le cas, et un bon quart des indications de M. S. sont fausses. Prenons la p. 99 au hasard : sur 14 renvois, 5 sont inexacts 1°) par le Sauvëor RGF, I, xxiii, p. 252, *lire* II, liii, p. 264 ; 2°) *inversement*, foi que devez au Sauvëor, II, liii, p. 264, *lire* I, xxiii, p. 252 ; 3°) *de plus*, p. 264 *est une indication fausse : lire* p. 262 ; 4°) A Jhesu vous commant, RGF, iv, *lire* iii ; 5°) Ge vous commant a J. C., RGF, t. iv, *lire* t. iii.   J. Bédier.

Etudes romanes dédiées à Gaston Paris, le 29 décembre 1890 (25e anniversaire de son doctorat ès-lettres), par ses élèves français et ses élèves étrangers des pays de langue française. Paris, Emile Bouillon, 1891, 552 pages in-8°, plus 6 pp. de titre et de dédicace.

La critique scientifique a ses licences ; elle sait se taire pendant un, deux ans sur un livre dont le format l'intimide ou dont le sujet la rebute ; quel sort réservera-t-elle à ces *Études romanes?* La pensée en est si sympathique qu'à ne juger qu'elle, il faut s'attendre à une rapide et unanime approbation de tous les spécialistes ; les élèves de Gaston Paris ne pouvaient, dira-t-on, élire une occasion meilleure pour lui témoigner une gratitude dont chacun d'eux a bien le sentiment. Mais la variété des sujets traités dans ce recueil ne va-t-elle pas causer quelqu'embarras à la critique et tempérer chez elle un empressement louable? Quoi qu'il en soit, celui qui signe cette *annonce* n'a d'autre prétention que celle d'informer les lecteurs du *Moyen Age*. La compétence lui manque pour apprécier la plupart de ces *Études romanes* et, si ce n'était là une raison suffisante, les convenances aussi. Qu'il lui suffise de dire qu'il a contribué modestement à l'œuvre commune et que la seule vue de ses gros sous lui interdit *a priori* de soupeser les agneaux d'or et les besans de ses confrères. Cela dit, passons au contenu du volume :

P. 1-13. Henri Omont, *les Manuscrits français des rois d'Angleterre au château de Richmond.* — 15-22. Gédéon Huet, *Remarques sur les rédactions diverses d'une chanson du* XIIIe *siècle.* C'est le no 433 de la *Bibliographie* de M. Raynaud. — 23-31. Joseph Bédier, *le Fabliau de Richeut.* [Étude surtout littéraire suivie de corrections au texte de Méon.] — 33-42. Gabriel Monod, Les Annales Laurissenses Minores *et le monastère de Lorsch.* — 43-50. *Chants populaires de la Basse-Normandie* recueillis par Joseph Couraye du Parc. [Le no II est une variante du « joli tambour », sur leq. cf. *Rev. d. l. rom.*, 1889, p. 621]. — 51-68. Gaston Raynaud. I. *La Mesnie Hellequin.* II. *Le poème perdu* du comte Hernequin. III. *Quelques mots sur Arlequin.* [Origines historiques de la légende ; elle se confond plus tard avec les légendes sur le « chasseur infernal » ; l'Arlequin de la farce italienne porte encore quelques vestiges de l'*Arlichino* que Dante a nommé.] — 69-81. Marius Sepet. *Observations sur le jeu de la Feuillée d'Adam de la Halle.* [L'inspiration n'en serait pas étrangère à la primitive sotie dramatique, avant que celle-ci ait reçu sa « forme spéciale et conventionnelle. »] — 83-95. Alfred Jeanroy. *Une pièce artésienne du* XIIIe *siècle.* [Relative aux troubles soulevés par une taxe injuste dont furent frappés les habitants d'Arras ; M. J. publie le texte avec un abondant commentaire historique]. — 97-112. Ernest Langlois. *Quelques dissertations inédites de Claude Fauchet.* [Empruntées au manuscrit *Rég.* 734 du Vatican.] — 113-20. Arthur Piaget. *Chronologie des Epistres sur le roman de la Rose.* — 121-35. Antoine Thomas. *Vivien d'Aliscans et la légende de Saint Vidian.* [« … la légende de Saint Vidian, telle qu'elle a cours aujourd'hui, ne remonte guère au delà de 1764. »] — 137-40. M. Daniel Grand, *Proclamation d'un héraut en dialecte Montpelliérain* (1336). — 141-80. Jacques Flach, *Le compagnonnage dans les chansons de geste.* [Étude sur les différentes époques et les formes diverses du compagnonnage]. — 181-94. Amédée Pagès, *La version catalane de l'Enfant sage.* [D'après le manuscrit G. 35 de la Bibliothèque de l'Académie d'histoire à Madrid.] — 195-238.

Léopold Constans. *Notes pour servir au classement des manuscrits du Roman de Troie.* [M. C. applique son système à deux passages, les vv. 13495-521 et 14233-52 de l'édition Joly. Aux fragments cités p. 235, add. celui de Namur que je compte publier ici très prochainement.] — 239-52. Maurice Wilmotte, *Gloses wallonnes du ms. 2640 de Darmstadt.* — 253-66. Amédée Salmon. *Remèdes populaires du Moyen Age.* [D'après le manuscrit 351 de Cambrai.] — 267-78. Adrien Taverney, *Phonétique roumaine. Le traitement de tj et du suffixe* ulum, ulam *en roumain.* — 279-302. Charles Joret. *La légende de la Rose au Moyen Age chez les nations romanes et germaniques.* — 303-29. Louis Havet. *L's latin caduc.* — 331-405. François Bonnardot. *Trois textes en patois de Metz :* Charte des Chaiviers. — La grosse enwaraye. — Une fiauve récréative (xve-xviie siècle). [Publiés avec une étude grammaticale et un abondant commentaire.] — 407-18. A. Morel-Fatio. *Duelos y quebrantos.* [Il s'agit de la locution désignant la nourriture que *Don Quichotte* prenait tous les samedis.] — 419-58. J. Cornu. *Études sur le Poème du Cid.* [Améliore un grand nombre de passages en se basant sur l'étude de la versification.] — 459-64. Jules Gilliéron. *Remarques sur la vitalité phonétique des patois.* — 465-73. Ernest Muret. *Sur quelques formes analogiques des verbes français.* [M. M. s'occupe des 1 plur. en-*ons;* des présents *estois, vois; pruis, ruis, truis;* de *rover, corvée* et *enterver.* — 475-85. L'abbé P. Rousselot. *L's devant T, P, C dans les Alpes.* [Avec une carte.] — 487-505. Alexandre Beljame. *La prononciation du nom de Jean Law le financier.* — 507-50. Jean Psichari. *Le Roman de Florimont. Contribution à l'histoire littéraire. Étude des mots grecs dans ce roman.* [L'influence orientale est douteuse dans F.; « ... le poète ignorait le grec certainement et... peut-être le nom même d'Aymon ne *doit* être prononcé qu'avec prudence... »]

M. W.

PÉRIODIQUES

FRANCE. — Revues et Bulletins de province (1888-90).

AIN. — **Annales de la Société d'émulation de l'Ain**, 1889, 22ᵉ année. — P. 161-192, Brossard, *La Légende de S. Amand, fondateur de l'abbaye de Nantua.* — P. 331-336, Brossard, *Archives curieuses de l'Ain.*

Revue de la Société littéraire, historique et archéologique du département de l'Ain, année 1888. — P. 5-15, Marchand. *L'Abbaye de Chassagne* (suite). — P. 15-20, Vallet, *Notes sur les seigneurs de Challes-en-Dombes* (2ᵉ partie). *Seigneurs de la famille de Rodes.* — P. 20-29, *Histoire du royal monastère de Brou* (une histoire éditée). — P. 49-59, Marchand, *L'Abbaye de Chassagne* — P. 79-83, Vallet, *Notes sur les seigneurs de Challes-en-Dombes* (2ᵉ partie, suite). — P. 97-107, Marchand, *L'Abbaye de Chassagne.* — P. 115-125, Du Mesnil, *Les Familles consulaires de Bourg-en-Bresse.* — P. 125-136, Vallet, *Notes sur les seigneurs de Challes-en-Dombes.* — P. 145-151, Vallet, *Notes sur les seigneurs de Challes-en-Dombes.* — P. 151-165, Du Mesnil, *Les familles consulaires de Bourg-en-Bresse.* — P. 165-175, Marchand, *L'Abbaye de Chassagne.* — P. 175-184, Delaigne, *Notice sur Pougny.* — P. 193-204, Du Mesnil, *Les familles consulaires de Bourg-en-Bresse.* — P. 204-215, Marchand, *L'abbaye de Chassagne.* — P. 215-223, Delaigne, *Notice sur Pougny.*

AISNE. — **Bulletin de la Société académique de Chauny**, tome II, 1888. — P. 154-20, Dutailly, *Notice historique sur les cloches des cantons de Chauny, Coucy-le-Château et la Fère* (2ᵉ partie).

Bulletin de la Société académique de Laon, tome XXVII. (années 84-85-86-87 (1889). — P. 133, 154, Hidé, *Sépulture mérovingienne* (avec nombreuses planches.) — P. 167-217, *Congrès archéologique de France* (compte rendu des *séances générales tenues à Laon en 1887*).

Annales de la Société historique et archéologique de Château-Thierry, année 1888. — P. 125-129, Minouflet, *Notes sur les justices du canton de Charly.* — P. 172-189, H. M., *Le guet dans la Prévôté de Château-Thierry en 1386.* — P. 189-197, Abbé Poquet, *Description de l'église Saint-Crespin de Château-Thierry en 1756.* — P. 209-249, Moulin, *Le congrès archéologique d'Évreux, 2 juillet 1889.* — P. 262-279, Berthelé, *Une église champenoise en Bas-Poitou au XIᵉ siècle, Saint-Remy-de-Reims et Maillezais.*

Annales de la Société historique et archéologique de Château-Thierry, 1889 (1890). — P. 90-102, Le Dʳ Corlieu, *L'Abbaye de Val-Chrétien.* — P. 102-105, Berthelé, *Les anciennes cloches de l'Hôtel-Dieu de Château-Thierry.* — P. 105-114, Berthelé, *Les inscriptions de l'église d'Étampes-en-Brie.* — P. 114-119, Berthelé, *Les inscriptions de l'église de Rozet-Saint-Albin.* — P. 125-

145, Larangot, *Histoire de la commune de Montlecon.* — P. 178-182, Poquet, *Note sur les Chartriers de Valsecret et d'Essônes.*

AVEYRON. — **Annales du Rouergue et du Quercy,** bi-mensuel, 1888, tome I, nᵒˢ 2, V. Advielle, *Un document sur le Rouergue du temps de la guerre des Anglais* (A. Molinier). — 4, — J. Rouquette, *Le Rouergue sous les Anglais.* — 5, S.-Luce, *Une lettre au directeur* (se rapporte au livre précité de M. Rouquette). — L. de Castelnau, *Le patronat en Rouergue avant 1789.* — C. Guirondet, *Promenade à l'ancienne abbaye de Beaulieu.* — J.-C. Couderc, *Documents sur le Rouergue et le Quercy.* — Rodez (Un règlement de l'évêque). — 8, 9, 10, 11 et 12, L. Guirondet, *Liste des sénéchaux du Rouergue.* — 13, Un document sur le Rouergue (1315). — 15, Une lettre de Charles IV à Dalmace de Marciac, sénéchal de Rouergue (1322). — II, nᵒˢ 3, Abbé Lafon, *Historique du chœur et iconologie des stalles de l'église Notre-Dame de Villefranche-de-Rouergue.* — 5, *Lettre de Bertrand de Montjozieu,* juge mage du Rouergue, au bailli de Millau, 9 janvier 1346. — 9 et 10, Forestié, *Mœurs quercynoises de la fin du moyen âge.*

BASSES-ALPES. — **Bulletin de la Société scientifique et littéraire des Basses-Alpes,** 9ᵉ année, 1888. — P. 246-251, *Les correspondants de Peiresc.* — P. 1-32 (supplément), Feraud, *Calendrier historique des Basses-Alpes.* — P. 361-379. Berluc-Perussis, *Les quatre paroisses urbaines de Forcalquier et leur union en 1415.* — P. 379-384, Lieutaud, *Manuscrits bas-alpins de la bibliothèque de Carpentras.* — P. 458-459, V. Lieutaud, *Saint-André de Roussillon.* — P. 33-96, Feraud, *Calendrier historique des Basses-Alpes.*

10ᵉ année 1889, — P. 38-52, Pelloux, *Anciennes divisions territoriales de l'arrondissement de Forcalquier.* — P. 104-115, J. Roman, *L'expédition des Provençaux en Dauphiné en 1368-69.* — Lieutaud, *Le léopard de Sisteron.* — P. 1-42 (supplément), l'abbé Cruvellier, *Histoire de Barrême.*

HAUTES-ALPES. — **Bulletin de la Société d'études des Hautes-Alpes** (1887-88). — P. 73-83, Aristide Albert, *Biographie-bibliographie du Briançonnais, Vallée du Queyras.* — P. 110-123, Mourre, *Essai historique sur Ribiers.* — P. 150-157, 188-197, 335-345, Roger Vallentin, *Les prénoms en Dauphiné au commencement du XVᵉ siècle* (1400-1425). — P. 178-188, Aristide Albert. *Biographie-bibliographie du Briançonnais, Vallée du Queyras.* — P. 222-235, Mourre, *Essai historique sur Ribiers* (suite). — P. 258-261, *Liste des archevêques d'Embrun,* par Marcellin Fournier (1642), continuée par P. Guillaume, archiviste. — P. 371-373, G. Pinet de Menseyer, *Acte en langue vulgaire du XIIᵉ siècle.*

ARIÈGE. — **Bulletin périodique de la Société ariégeoise des sciences, lettres et arts,** 1888. — P. 252-258, Pasquier, *Épisode de la vie municipale à Foix.* — P. 258-261, Pasquier, *Charte romane de Gaston Phœbus sur la justice et l'exemption des péages de Foix.* — P. 273-292, *Sceaux gascons du moyen âge.* — P. 317-370, L'abbé Castet, *Proverbes patois de la vallée de Biros-en-Conserans* (Ariège). — P. 375-403, Ruffié, *Massat, Chanson, danse, usages avec charte communale.*

AUBE. — **Mémoires de la Société académique d'agriculture, des sciences, arts et belles-lettres du département de l'Aube,** année 1888, XXV, 3ᵉ série, P. Al. Bateau, *Essai sur les rapports de l'art et de l'histoire à Troyes.*

AUDE. — **Mémoires de la Société des arts et des sciences de Carcassonne,** tome V, 3ᵉ partie, 1889. — P. 207-253, E. B., *Monuments de Carcassonne.* — P. 253-257, Paul Raynaud, *Note sur une serrure à crémaillère.*

BOUCHES-DU-RHONE. — **Mémoires de l'académie des sciences, agriculture, arts et belles-lettres d'Aix,** tome XIV, 1888 (rien).

Mémoires de l'Académie des sciences, belles-lettres et arts de Marseille, années 1885-1887 (1888). — P. 65-75, Louis Blancard, *L'Aureus romani.* — P. 159-169, Blancard, *Théorie de la monnaie romaine au IIIᵉ siècle.* P. 233-257. *Sur les terres, comtés et vicomtés en Provence au Xᵉ siècle, d'après la charte de donation de Segalorie à Aicard, fils d'Arlulfe* (989). — P. 319-343, Blancard, *La charte de Gibellin de Grinault.*

Revue de Marseille et de Provence, tome XXXIV, 1888. — P. 91-92, Barthélémy, *Documents inédits sur les argentiers et les brodeurs à Marseille pendant les XIVᵉ, XVᵉ et XVIᵉ siècles* (compte-rendu). — P. 103-113, 324-329, 370-378 et 417-426, Philipon, *La Provence sous Charles I* (suite). — P 467-473, *Vieux usages de la Haute-Provence.* — 1889, p. 165-176, Baron du Roure, *Notice sur Guillaume et Aimar de la Voute, évêques de Marseille* (XIVᵉ siècle). — 1889, p. 447, *Documents concernant la Provence.*

CHARENTE. — **Bulletin de la Société archéologique et historique de la Charente,** 1888 (1889), tome X. — P. 3-469, Abbé Blanchet, *Histoire de l'Abbaye royale de Notre-Dame-de-la-Couronne* (suite). — P. 481-523, D. Touzaud, *La Seigneurie de Magné.* — P. 531-542, Maurice d'Hauteville, *Compte rendu de l'excursion faite à Ansac, Esse et Germain-sur-Vienne.*

CHER. — **Mémoires de la Société des Antiquaires du Centre,** 1888-1889 (1889), XVIᵉ vol. — P. 67-109, *Deuxième supplément au catalogue du Musée lapidaire de Bourges.* — P. 165-171, Des Meloizes, *Pierre tombale mérovingienne découverte à Brives* (Indre). — P. 171-209, Octave Roger, *Rapport de Didron sur les travaux exécutés à la cathédrale de Bourges.* — P. 209-259, Vallois, *Instruction sur l'anc. régime.* — P. 269-275, *Bulletin numismatique* (nᵒ 15).

Mémoires de la Société historique, littéraire, artistique et scientifique du Cher (1888-1889), 4ᵉ série, 5ᵉ vol. — P. 33-35, P. Moreau, *Notes sur le peintre Jean de Paris.* — P. 35-261, H. Boyer, *Les enceintes de Bourges.*

CORRÈZE. — **Bulletin de la Société scientifique, historique et archéologique de la Corrèze,** tome X, 1888. — P. 27-33, Rupin, *Baluze.* — P. 51-62, Paul Bruel, *Le Château de Chalusset.* — P. 87-103, X. de Montault, *Couverture d'évangéliaire en émail champlevé de la collection Brambilla à Pavie.* — P. 149-167, Champeval, *Cartulaire de l'abbaye de Tulle.* — P. 215-220, Robert Doussaud, *Origine présumée de Lubersac.* — P. 221-225, Lalande, *Encore un mot sur les origines de Lubersac.* — P. 238-240, Rupin, *Thegra.* — P. 241-250, X. de Montault, *L'anneau de Saint-Césaire à Maurs* (Cantal). — P. 307-313, X. de Montault, *La Croix de Bouillac.* — P. 315-332, Champeval, *Cartulaire de l'abbaye bénédictine Saint-Martin-de-Tulle.* — P. 338-352, Champeval, *Simples notions d'ancienne géographie limousine.* — P. 392-407, Marbeau, *Calendrier perpétuel permettant de retrouver le jour de la semaine correspondant à une date quelconque depuis l'ère chrétienne.* — P. 409-450, Niel, *Louis d'Aubusson et Denis de Bar.* — P. 547-571, X. Barbier de Montault, *La crosse émaillée de la* *cathédrale de Poitiers.* — P. 573-584, Gaudeix-Laborderie, *Notice historique sur l'église de Lubersac et son architecture* (compte rendu de Doussaud). — P. 589-677, Clément Simon, *La gaieté de Baluze.* — P. 677-696, Niel, *Clément de Brillac, évêque de Tulle.* — P. 697-702, Ambroise Tardieu, *La châtellenie de Chavanon en Limousin.* — P. 723-729, Pau, *Numismatique* (monnaies féodales).

Bulletin de la Société des lettres, sciences et arts de la Corrèze, 1889. — P. 21-34, Niel, *Jean de Cluis, seizième évêque de Tulle.* — P. 41-87, Longy, *Port-Dieu et son prieuré.* — P. 122-139, Champeval, *Cartulaires d'Uzerche.* — P. 139-146, *Documents.*—P. 155-193, Longy, *Port-Dieu et son prieuré.*—P. 193-250, Clément Simon, *Histoire du collège de Tulle depuis son origine jusqu'à la création du Lycée.* — P. 250-255, Niel, *Hugues d'Aubusson.* — P. 286-327, Leclerc, *L'Archiprêtré de Saint-Exupery,* — P. 327-348, Bombal, *Notes et documents pour servir à l'histoire de la maison de Saint-Chamans.* — P. 410-415, Champeval, *Cartulaire d'Uzerche.* — P. 435-460, E. Guibert, *Notice sur le cartulaire de l'abbaye cistercienne d'Obazine.* — P. 460-502, Clément Simon, *Histoire du collège de Tulle depuis son origine jusqu'à la création du Lycée.* — P. 502-520, Bombal, *Notes et documents pour servir à l'histoire de la maison de Saint-Chamans.* — P. 529-549, *L'Archiprêtré de Saint-Exupery.* — P. 562-573, *Titres et Documents.*

CORSE. — **Bulletin de la Société des sciences historiques et naturelles de la Corse,** 8ᵉ année. — Giustiniani, *Histoire de la Corse,* traduite par l'abbé Letteron.

COTE-D'OR. — **Mémoires de l'Académie des sciences, arts et belles-lettres de Dijon,** 4ᵉ série, tome I (année 1888-1889). — Henri Chabœuf, *Louis Bertrand* (Des détails nombreux sur la ville de Dijon).

Mémoires de la Société d'histoire, d'archéologie et de littérature de l'arrondissement de Beaune, 1888, tome XIII (1889). — P. 59-320, *Supplément à l'histoire de Beaune,* de Gaudelot [manuscrit de l'abbé Bredeault ; très intéressant pour la topographie de la ville au moyen âge.]

COTES-DU-NORD. — **Annales de la Bretagne, publiées par la Faculté de Rennes,** tome IV, 1889. — P. 295-365, Arthur de la Borderie, *Le cartulaire de Lardevenec.* — P. 387-420, E. Le Gal, *Dafydd ab Gwilym.* — P. 420-452, Léon Maître, *De l'emplacement du port de Corbilon et des origines de Saint-Nazaire.* — P. 452-466, A. Puech, *Le Mabinogion et la légende galloise.* — P. 466-483, Dupuy, *La collégiale de Notre-Dame-de-la-Fosse, à Guéméné ; Guingamp.* — P. 483-520, 585-632, Loth, *Chrestomathie bretonne.* — P. 632-634, Loth, *Une cause de la popularité de Saint-Ives.*

Tome V. — P. 81-100, Loth, *Chrestomathie bretonne.*

Société d'émulation des Côtes-du-Nord (Bulletins et mémoires) 1889, tome XXVII. — P. 73-105, A. Dubois de la Villerabel, *Gestes des Bretons en Italie au XIVᵉ siècle.* — P. 106-125, Carmejeanne, *Archéologie et civilisation.*

Bulletin archéologique de l'association bretonne, 3ᵉ série, tome VII, 1888. — P. 2-35, Dieux, *Étude sur la géographie ancienne dans les contrées de la Basse-Loire.* — P. 99-124, Pitre de Lisle de Dreneuc, *Les tombeaux des ducs de Bretagne et la maison de Dreux et de Montfort.* — P. 124-128, le même, *Note sur une chanson bretonne du dialecte de Bats.* — P. 138-143, Tevedy, *Quimper et Loctudy.* — P. 143-195, Keranfléch-Kemezne, *Note sur l'inscription du tech de*

Sainte-Trifine. — P. 196-200, Penauster, *Excursion à Nantes.* — P. 200-207, Viaud-Grand-Marais, *Quelques vieilles croyances et coutumes de l'île de Noir-moutiers.* — P. 207-230, Villemarqué, *La poésie populaire dans la Haute-Bretagne.*

DEUX-SÈVRES. — **Mémoires de la Société de statistique des sciences, lettres et arts du département des Deux-Sèvres,** 3ᵉ série, tome VI, 1889, — P. 1-55, Belisaire Ledain, *Inventaire des archives de Sainte-Croix, du Parthenay, dressé à la fin du XVIIIᵉ siècle.* — P. 293-315, Léon Desaivre, *La famille Maboul et le château de Fors.* — P. 471-474, Léon Desaivre, *Note sur trois croix en pierre du XVᵉ siècle.* — P. 475-499, Berthelé, *Lanternes des morts, croix de cimetières et croix de carrefours.*

DORDOGNE. — **Bulletin de la Société archéologique et historique du Limousin,** 1889, XXXVI. — P. 23-51, De Montault, *Les croix de plomb placées dans les tombeaux en manière de pitacium.* — P. 51-99, L. Guibert, *L'école monastique d'orfèvrerie de Grandmont et l'autel majeur de l'église abbatiale* (inventaires 1496-1515). — P. 99-135, Bourdery, *Les Jean Limousin, émailleurs.* — P. 205-215, Guibert, *Peintures murales de l'église de Saint-Victurnien.* — P. 227-229, René Fage, *Quelques procès limousins aux grands jours en 1454.* — P. 237-241, A. Leroux, *L'Histoire du Limousin dans les publications allemandes.* — P. 241-247, Lecler, *La vierge ouvrant de Bourbon.* — P. 247-257, De Montault, *Inventaire du testament de Saint-Yrieix.* — P. 257-264, Lecler, *L'Agnus Dei du clocher de Saint-Léonard.* — P. 317-335, Champeval, *Aperçu des archives actuelles privées ou publiques de la Corrèze.* — P. 335-339, Leroux, *Bibliothèque de la Société archéologique et historique du Limousin ; Manuscrits.* — P. 339-377, Arbellot, *Livre des miracles de Saint-Martial, texte inédit du IXᵉ siècle.* — P. 458-484, Guibert, *Monuments historiques* (Rapport).

Bulletin de la Société historique et archéologique du Périgord, 1889, P. 53-61, Hardy, *Quelques tombes du vieux cimetière de la cité à Périgueux.*—P. 61-65, Grellet-Balguérie, *Ramnulfe, évêque de Périgueux.* —P. 65-75, De Laugardière, *Essais topographiques de l'arrondissement de Nontron IX.*— P. 75-80, De Verneilh, *Le château de Lanquais.* — P. 112-115, De Bosredon, *Charte inédite concernant la famille de Chabanes.*—P. 115-132, De Laugardière, *Essais topographiques, etc.* X. — P. 132-134, Bussière, *L'Hôtel Sallegourde à Périgueux.*—P. 192-194, d'Abzac de La Douze, *Lettre d'investiture de Gabriel, évêque de Périgueux.* — P. 194-211, De Laugardière, *Essais, etc.* XI. — P. 266-271, Roumejoux, *Saint-Pierre-ès-Liens à Périgueux.* — P. 271-277, Carrier, *Ouverture du tombeau de Guillaume, abbé de Saint-Amand-de-Coly* (1124-1130). — P. 277-280, Hardy, *Philippe de Valois et la formule de chancellerie : Car tel est notre plaisir.* — P. 280-282, Brugière, *Inscription d'une cloche de la cathédrale de Sarlat, 1481.* — P. 282-284, *Ratification par Marguerite de Bourdeille, dame de Saint-Aulaire.* — P. 284-289, Carves, *Extinction des places monacales de l'abbaye de Saint-Amand-de-Coly.*

DOUBS. — **Mémoires de la Société d'émulation du Doubs,** 6ᵉ série, 3ᵉ vol., 1888 (1889). — P. 293-329. Castan. *La physionomie primitive du retable de Fra Bartolommeo à la cathédrale de Besançon.* — P. 329-461, Perron, *Broye-les-Pesmes* (Haute-Saône), histoire, statistique, langage.

Académie des sciences, belles-lettres et arts de Besançon, année 1888 (1889). — P. 122-142, Terrier de Loray, *L'abbaye de Migette*. — P. 198-210, J. Gautier, *La bibliothèque d'un avocat bisontin en 1359*.

DROME. — Bulletin d'histoire ecclésiastique et d'archéologie religieuses des diocèses de Valence Grenoble et Viviers (Romans), 9ᵉ année. — P. 1-15, 49-60, 89-100, 129-142, 194-201, 209-234 J. Chevalier, *Quarante années de l'histoire des évêques de Valence au moyen âge 1226-1266* (suite). — P. 16-27, 60-70, 101-113, Abbé Fillet, *Histoire religieuse de Saint-Agnan-en-Vercors* (Drôme).

10ᵉ année. — P. 1-22, Abbé Paradis, *Eglises romanes du Vivarais, Bourg Saint-Andréol*. — P. 23-30, Ulysse Chevalier, *Cens et rentes du Vivarais du prieuré de l'Ile-sous-Saint-Vallier* (document en langue vulgaire de 1282). — P. 31-56, Ulysse Chevalier, *Manuscrits et incunables liturgiques du Dauphiné* (Valence). — P. 57-94, Comte de Marcieu, *Sainte vie et glorieux trespassement de Jehan Esmé sire de Molines*.

Bulletin de la Société départementale d'archéologie et statistique de la Drôme, 1889. — P. 213-189, Ch. Bellet, *Examen critique des objections soulevées contre la charte XVI du 2ᵉ cartulaire de l'église de Grenoble*. — P. 309-325, J. Chevalier, *Mémoires pour servir à l'histoire des comtés de Valentinois et de Diois*. — P. 338-351, Lagier, *Le Trièves et son passé*. — P. 440-469, J. Chevalier, *Mémoires pour servir à l'histoire des comtés de Valentinois et de Diois*. — P. 469-480, Lagier, *Le Trièves et son passé*. — P. 480-491, Moutier, *Petit glossaire patois des végétaux du Dauphiné*. — P. 491-506, Vallier, *Dictionnaire des devises héraldiques, numismatiques, historiques du Dauphiné*. — P. 613-617, Moutier, *Petit glossaire patois des végétaux du Dauphiné*. — P. 627-633, Vallier, *Dictionnaire des devises héraldiques, etc.* (suite). — P. 633-639, Lagier, *Le Trièves et son passé*. — P. 659-660, Lacroix, *Le pagus Baginensis ou de Bosignan*.

EURE-ET-LOIR. — Mémoires de la Société archéologique d'Eure-et-Loir, tome IX, 1889. — P. 1-17, Dion, *Le Puiset aux XIᵉ et XIIᵉ siècle*. — P. 34-46, Hénault, *Découvertes d'anciens murs et d'un hypocauste gallo-romain à Chartres*. — P. 56-86, Harreaux, *Étude sur la vallée de Saint-Léger-des-Aubées*. — P. 86-107, Sainsot, *La cathédrale de Chartres pendant la Terreur*. — P. 107-119, De Mely, *Les chemises de la Vierge*. — P. 119-128, Lecomte, *Note sur l'ancienne commune de Molitard*. — P. 142-254, Sainsot, *La cathédrale de Chartres pendant la Terreur*. — P. 254-270, Clerval, *Une bulle de Nicolas IV*. — P. 270-332, S. Laumer, *Médailles orientales conservées au musée de Chartres*. — P. 332-346, *François Marchand et le Tombeau de François Iᵉʳ*. — P. 352-355, Mely, *L'ordre teutonique en Indre-et-Loire*. — P. 365-371, De Kerdran, *Note sur l'église de la Croix-du-Perche*. — P. 371-379, Renard, *Les reliques de Saint-Gildiun*. — P. 379-384, De Mely, *Un manuscrit de la bibliothèque Harleyenne*. — P. 384-388, L. Merlet, *Le marché de Pienes, à Chartres*. — P. 394-405, De Mely, *Broderie du XIVᵉ siècle représentant Charles V et sa famille*. — P. 405-413, Sainsot, *Loigny*. — P. 419-430, Malet, *Notes sur le Chartrier de Saint-Père*. — P. 430-453, Clerval, *Deux manuscrits de Toulouse*. — P. 453-460, Merlet, *Catalogue des évêques de Chartres*. — P. 460-463, Haye, *Évêques attribués par erreur au diocèse de Chartres*. — P. 463-470, Delaville le Poulx, *Le legs d'Enguerrand VII, sire de Coucy à la cathédrale de Chartres*.

FINISTÈRE. — Bulletin de la Société Académique de Brest, 4ᵉ série, tome XIV, 1888-1889. — P. 139-153, A. Bourgeois, *Étude analytique du verbe breton :* *Kaout* (avoir). — P. 333-415, H. Urscheller, *La Pointe Saint-Mathieu.*

GARD. — **Mémoires de l'Académie de Nîmes,** 1889. — P. 31-67, Ed. Bondurand, *Statuts et criées de Bagnoles, textes de 1358 et de 1380.* — P. 67-102, Ch. Lenthéric, *La vallée du Rhône et le pont Saint-Esprit.* — P. 103-151. A. Bardou, *Liste chronologique des consuls de la ville d'Alais* (1253-1714). — P. 155-193, Dr Albert Puech, *Les anciennes juridictions de Nîmes* (la Cour du Sénéchal) — *Annexe.* — P. 1-96, L. Brugnier-Rouse, *Cartulaire de l'œuvre des églises, maisons, ponts et hôpitaux du Saint-Esprit* (1265-1791), première partie.

Bulletin du Comité de l'art chrétien (diocèse de Nîmes), année 1889, n° 27. — P. 306-310, Abbé Julien, *Testament de Philippe Rouvière de Sauve, fait en 1364.* — P. 311-316, Abbé Canaud, *Mariage de noble Guigou de Beauvoir du Roure avec noble Anthonie de Gardies, en 1426.*

Mémoires et comptes rendus de la Société scientifique et littéraire d'Alais (Rien).

Revue du Midi, Nîmes, année 1889. — P. 146-167, Abbé Nicolas, *Le couvent des Dominicains de Génolhac.* — P. 202-220, Abbé Nicolas, *Le couvent des Dominicains de Génolhac.* — P. 270-299, J. Rédier, *Le prieuré de Pompignan.* — P. 447-473, Abbé Nicolas, *Le couvent des Dominicains de Génolhac.* — P. 516-538, C. Nicolas, *Le couvent des Dominicains de Génolhac.*

GIRONDE. — **Archives historiques du département de la Gironde,** 26ᵉ série. Série de pièces des XIIIᵉ, XIVᵉ, XVᵉ et XVIᵉ siècles.

Annales de la faculté des lettres de Bordeaux (1889). — 74-83, Bourciez, *Mélanges d'étymologie romane.* — P. 105-172, A. Duméril, *La conquête de l'Angleterre par les Normands.*

. **HAUTE-GARONNE.** — **Mémoires de l'Académie des sciences, inscriptions et belles-lettres de Toulouse,** 9ᵉ série, tome I, 1889. — P. 279-327, Cabie. *Des représentations de mystères à Toulouse au XVᵉ siècle.* — P. 358-420, Du Bourg, *Épisode des luttes de l'Université et du Capitole de Toulouse.*

Recueil de l'Académie de législation de Toulouse (1888-89), tome XXXVII. — (rien).

Recueil de l'Académie des jeux floraux de la Haute-Garonne, 1889. — (rien).

HAUTE-MARNE. — **Mémoires de la Société des lettres, des sciences, des arts et agriculture de Saint-Dizier,** tome V, année 1887-88 (1889). — P. 5-141, Mallet, *La communauté de Mussey.* — P. 143-433, le même, *La seigneurie de Mussey, la paroisse* (documents inédits).

HAUTE-SAONE. — **Bulletin de la Société d'agriculture, des arts et des sciences de la Haute-Saône.** — P. 35-49, docteur Paris, *Sépulture et trépanation de l'époque dite carlovingienne.*

HAUTE-SAVOIE. — **Mémoires et documents publiés par l'Académie salésienne,** tome XI, 1888. — P. 1-254, *Cluses et Faucigny* (sans nom d'auteur), avec pièces inédites. — P. 271-313, Gauthier, *Le Pouillé du diocèse de Genève en 1481.*

Mémoires et documents publiés par l'Académie salésienne, 1889, tome XII. — P. 1-327, *Cluses et Faucigny* (suite). — P. 329-364, Gauthier, *Les évêques de Genève au temps du grand schisme.*

HAUTE-VIENNE. — **Bulletin de le Société archéologique et histo-**

rique du Limousin, tome XXXV. Limoges 1888 (Le volume est consacré aux expositions de Limoges et de Tulle ; 22 planches.

ILLE-ET-VILAINE. — **Bulletin et mémoires de la Société archéologique du département d'Ille-et-Vilaine**, tome XX, 1889. — Ernault, *L'École d'Angers*, 2ᵉ partie, *L'Évêché de Rennes.*

Bulletin et mémoires de la Société archéologique du département d'Ille-et-Vilaine, tome XIX, 1889. — P. 27-97, Guillotin de Corson, *La châtellenie de Laillé, près Rennes.* — P. 97-115, Anne Duportal, *Église des Iffs : Vitraux.* — P. 115-123, Duportal, *Jean Couvant, peintre-verrier.* — P. 123-137, C. Robert, *Monnaies françaises et étrangères du XV⁰ et XVI⁰ siècle, trouvées à Domalain.* — P. 151-155, Guillotin de Corson, *Documents concernant la chapelle du manoir de la Prevalay, près Rennes.* — P. 155-287, A. de la Borderie, *Recueil d'actes inédits des ducs et princes de Bretagne* (suite).

ISÈRE. — **Bulletin de l'Académie Delphinale**, 4⁰ série, tome II (1887-1888) 1889. — P. 14-216, Ulysse Chevallier, *Cartulaire de l'abbaye de Notre-Dame-de-Bonnevaux.* — P. 215-297, Lagier, *La chartreuse de la Sylve-Bénite.* — P. 353-399, Guichard. *Uno pugna de prouverbes doufinens e de coumpareisous de Triévas.* — P. 417. *Mélanges* (quelques documents du moyen âge).

Prollet, *Table méthodique et alphabétique des mémoires, bulletins et autres documents publiés par l'Académie Delphinale* (1787-1886).

JURA. — **Mémoires de la Société d'émulation du Jura**, 4⁰ série, 4⁰ vol. 1888-1889. — P. 1-89, Girardot, *Notes sur le plateau de Châtelneuf avant le moyen âge.* — P. 289-327, Guichard, *Une tour du guet gallo-romaine.* — P. 327-338, Boissonnet, *La porte noire à Besançon.* — P. 333-341, Boissonnet, *Siège de Chaussin, en 1336.*

LANDES. — **Bulletin de la Société de Borda**, 1889. — P. 1-17, Dufourcet et Taillebois, *Les absides romanes des églises des Landes, XVI⁰ siècle. L'inscription de Pouillon.* — P. 29-72, E. Taillebois, *Numismatique ; Poids numétiformes et poids inscrits du Midi de la France.* — P. 89-115, Beaurredon, *Étude sous forme de dialogue de la viticulture dans l'antiquité.* — P. 117-143, E. Taillebois, *Recherches sur la numismatique de la Novempopulanie depuis les premiers temps jusqu'à nos jours.* — P. 185-218, Cazauran, *Arthez Gaston ; Étude seigneuriale.* — P. 249 253, Dufourcet, *Les bastides de Marsan.* — P. 255-265, Sorbets, *Blasons peints à la fresque (Crypte Sainte-Quitterie du Mas-d'Aire).* — P. 267-300, Beaurredon, *Étude sous forme de dialogue sur la viticulture dans l'antiquité.* — P. 301-306, E. Taillebois, *L'Archéologie à l'exposition universelle.* — P. 307-318, Meyraux, *Saint-Girons : son culte, sa crypte, sa collégiale.* — P. 333-341, Bessellère, *Quelques notes sur les sculptures des chapiteaux de l'époque romane et de transition qui ont été conservés dans notre diocèse.*

LOIR-ET-CHER. — **Bulletin de la Société archéologique, scientifique et littéraire du Vendômois** (1888). — P. 17-48, Nouel, *Extraits des anciens registres de Naveil* (2⁰ partie). — P. 107-141, De Vauloger de Baupré, *La maison de Lavardin en Touraine, au Maine et en Beauce* (1ʳᵉ partie). — P. 149-153, De Sachy, *Notice sur le Gui.* — P. 153-198, De Vauloger de Baupré, *La maison de Lavardin en Touraine, au Maine et en Beauce.* — P. 217-253, De la Vallière, *Notice sur Vievy-le-Rahier* (1ʳᵉ partie). — P. 253-298, Metais, *Saint-Bienheuré de Vendôme ; Vie et office inédits des XI⁰-XII⁰ siècles.* — P. 298-303, Chauvelin, *Note pour faire suite à la généalogie* *de Lavardin.* — P. 303-307, *Errata et addenda pour le travail sur la maison de Lavardin.*

Mémoires de la Société des sciences et lettres de Loir-et-Cher, tome XII, 1888 (rien).

LOIRE-INFÉRIEURE. — Annales de la Société académique de Nantes et du département de la Loire-Inférieure, 1889, 7ᵉ série, 1ᵉʳ vol. — P. 247-286, Léon Maître, *De l'emplacement de Grannona et des origines de Guerande.* — P. 286-326, Léon Maître, *De l'emplacement du Portus Brivates ou des origines du Croisic et de Batz.* — P. 326-347, Léon Maître, *De l'emplacement de Vénéda et des origines de Saillé.*

LOIRET. — Mémoires de la Société d'agriculture, sciences, belles-lettres et arts d'Orléans (rien).

Mémoires de la Société archéologique et historique de l'Orléanais, tome X, 1889. — P. 21-73, Loiseleur, *Les privilèges de l'Université de lois d'Orléans, à propos d'un document inédit du XVᵉ siècle.* — P. 203-297, Jarry, *Découverte des tombes de Marie d'Harcourt, femme du bâtard d'Orléans, de Jean, leur fils, et de François II et Louis X, ducs de Longueville, dans l'église de Notre-Dame-de-Clery ; Testament inédit de Dunois et autres documents.* — P. 341-365, E. Vignat, *Étude sur une clochette des morts du XIIIᵉ siècle.* — P. 365-373, Flouest, *Note sur la cloche présentée par M. Vignat.* — — P. 373-499, B. de Molandon, *Jacques Boucher, sieur de Guilleville et de Mézières, trésorier général du duc d'Orléans, en 1429 : sa famille, son monument funéraire, son hôtel de la porte Renart ou de l'Annonciade.* — P. 535-613, Jarry, *Documents inédits servant à rectifier la date de la construction et le nom des premiers architectes du château de Chambord.* — P. 613-616, Boucher de Molandon, *Documents complémentaires au mémoire de Jacques Boucher.*

LOT-ET-GARONNE. — Revue de l'Agenais, 1889, Lauzun, *Les couvents de la ville avant 1789* (suite).— Labrunie, *Abrégé chronologique des antiquités d'Agen* (suite). — Massip, *La ville et les seigneurs de Counon en Agenais* (suite).

Recueil des travaux de la Société d'agriculture, sciences et arts d'Agen, tome XI, 2ᵉ série, 1889. — P. 5-159, de Bourrousse de Laffore, *La charte d'Alaon est-elle un document faux ou digne de foi?* — P. 159-323, Ducom, *Essai sur l'histoire et l'organisation de la commune d'Agen jusqu'au traité de Bretigny (1360).* — P. 323-370, Philippe Lauzun, *Les manuscrits de la bibliothèque de Saint-Amans.*

MAINE-ET-LOIRE. — Mémoires de la Société nationale d'agriculture, sciences, arts d'Angers (ancienne académie d'Angers), 4ᵉ série, tome II, 1888-1889. — P. 141-253, D'Espinay, *La réforme de la coutume d'Anjou, en 1508.* P. 253-301, Castonnet des Fossés, *Le royaume de Jérusalem sous la maison d'Anjou.*

Revue historique et archéologique du Maine, tome XXV, 1ᵉʳ liv., 1889. — Lefèvre-Pontalis, *Étude historique et archéologique sur la nef de la cathédrale du Mans.* — R. Charles et L. Royer, *L'invasion anglaise dans le Maine, de 1417-1428 (1ᵉʳ art.).* — Caudé, *Les origines de la ville et du château du Lude.* — Dom Piolin, *Jean de Clinchamp, prieur de Solesmes et abbé de Saint-Remi-de-Reims (1286-97).* — Abbé Charles, *L'invasion anglaise dans le Maine, de 1417 à 1428* (suite). — Abbé Angot, *Le cidre, son introduction dans le pays de Laval.* — De la Bouillerie, *Six chartes relatives à l'hôpital du Mans (1220-1307).* — Abbé

Dubois , *L'église Notre-Dame-de-la-Couture, la nef et la façade occidentale.* — Moulard, *Monographie de la chapelle Rainsoim* (Mayenne). — Abbé Charles, *L'invasion anglaise dans le Maine, de 1417 à 1428* (fin). — Caudé, *Les seigneurs de Lude au temps de la féodalité.* — Abbé Angot, *Quelques mystères joués au Bas-Maine.* — Caudé, *Les seigneurs de Lude au temps de la féodalité* (fin). — Moulard, *Monographie de la chapelle Rainsoim* (Mayenne). — Joubert, *Documents pour servir à l'histoire de la guerre de cent ans dans le Maine* (1424--1444).

Bulletin de la Société scientifique d'Angers, 18ᵉ année. — (rien).

MARNE. — Travaux de l'Académie nationale de Reims, 83ᵉ vol. 1887-1888-1889. — P. 233-263, L. Cerf, *Dissertation sur le Rational en usage dans l'église romaine et dans l'église de Reims.*

Mémoires de la Société d'agriculture, commerce, sciences et arts du département de la Marne, 1888-1889. — P. 53-201, Millard, *Histoire de l'abbaye d'Andecy.*

Société des sciences et arts de Vitry-le-François, 1887-88-89, 15ᵉ vol. (rien).

MAYENNE.— Bulletin de la commission historique et archéologique de la Mayenne, 2ᵉ série, tome Iᵉʳ, 1888-89 (1889). P. 109-114, Abbé Ledru, *La famille Turpin de Tennie et de la Renaudière.* — P. 259-269, Richard, *Note sur l'ancien Laval.* — P. 273-575, E. M., *Sépultures et objets mérovingiens trouvés à Javron.* — P. 320-329, Angot, *Les fausses mailles barbançonnes dans le Bas-Maine.* — P. 335-348, Richard, *Note sur l'ancien Laval.* — P. 363-396, De Beauchêne, *Le château de Mayenne au XVᵉ siècle.* — P. 396-402, Ledru, *Documents relatifs à l'histoire du comté de Laval.* — P. 467-477, A. Joubert, *Les seigneurs de Mollière et de la Brossinière* (XIᵉ-XVIIIᵉ siècle). — 488-492, Pointeau, *Un manceau de la 3ᵉ croisade.* — P. 503-531, Coanier de Launay, *Aveu de la seigneurie de Laval, en 1444.* — P. 541-589, Richard, *L'ancien Laval.* — P. 589-611, De Martonne, *Les archives de la Mayenne, série A.*

MEURTHE-ET-MOSELLE. — Annales de l'Est, 1889. — Fournier, *Note sur Gérardmer et les noms en mer, maix donnés aux lacs vosgiens.* —Nerlinger, *Pierre de Hagenbach et la domination bourguignonne en Alsace* (1ᵉʳ article). — Pfister, *Les légendes de Saint-Dié et de Saint-Hidulphe* (1ᵉʳ article). —Nerlinger, *Pierre de Hagenbach* (suite). —Pfister, *Les légendes de Saint-Dié et de Saint-Hidulphe* (suite et fin).

Mémoires de l'Académie de Stanislas, 5ᵉ série, tome VI, 1889. — P. 1-130, Guyot, *Essai sur l'aisance rurale du paysan lorrain à partir du XVᵉ siècle.* — P. 180-200, Guyot, *Le métayage en Lorraine avant 1789.* — P. 200-281, Maggiolo, *Les écoles avant et après 1789 dans la Meurthe, la Meuse, la Moselle et les Vosges.*

MEUSE. — Mémoires de la Société des lettres, sciences et arts de Bar-le-Duc, 2ᵉ série, tome VIII. — P. 11, Léon Germain, *Études sur les armoiries de Ligny-en-Barrois.* — P. 31-179, Bonnabelle, *Saint-Michiel, son abbaye, ses dépendances et aperçu sur le canton.* — P. 181-202, Benoît, *Coup d'œil sur le Clermontois.*

NIÈVRE. — Bulletins de la Société Nivernaise des lettres, sciences

et arts, 1889, XIII° vol. — P. 174-182, De Flamare, *La charte du départ pour la Terre Sainte de Gaucher de Châtillon, baron de Donzy.* — P. 182-191, *Le livre des évangiles de Saint-Martin-de-Clamecy.* — P. 191-201, Boutillier, *Le dernier obituaire de l'abbaye de Notre-Dame-de-Nevers.* — P. 204-213, Roubet, *Les terriers du prieuré de Fontaines.* — P. 213-282, Boutillier, *Le trésor de la cathédrale de Nevers.* — P. 284-289, P. Bouscaillou, *Quelques notes sur Issigeac.* — P. 289-312, Varia, *Les Mounieix, commune de Cherveix.* — P. 312-314, *Note rectificative pour la généalogie de la maison de Chabans.* — P. 348-352, Mᵐᵉ la Mˢᵉ de Cumont, *Lettres du roi Charles VIII.*

NORD. — **Mémoires de la Société des sciences, de l'agriculture et des arts de Lille,** 4ᵉ série, tome XVI, 1889 (rien).

Mémoires de la Société d'émulation de Roubaix, 2ᵉ série, tome IV, 1888 (1889) (rien).

OISE. — **Mémoires de la Société académique d'archéologie, sciences et arts du département de l'Oise,** 1889, tome XIV, 1ʳᵉ partie. — P. 17-30, L. Marsaux, *Monographie de l'église Notre-Dame-de-Chambly.* — P. 31-98, Renet, *Les Bissipat en Beauvaisis.* — P. 98-118, Wilhorgne, *Le fief d'Avalon.* — P. 119-218, *De l'état des terres et des personnes dans la paroisse d'Amblainville* (Vexin français) *du XIIᵉ au XVᵉ siècle* (série de documents). — P. 219-287, Renet, *Milly, Les châtelains de Milly, Pierre de Milly* (1128-1147).

ORNE. — **Bulletin de la Société historique et archéologique de l'Orne,** 1889, tome VIII. — P. 1-16, Le Vavasseur, *Philologie.* — P. 17-52, Macé, *La chapelle de la Raitière en la paroisse de Boucé.* — P. 55-70, De Broc, *La chronique de l'église de Saint-Aignan ; Notice sur l'église de Saint-Aignan-sur-Erre.* — P. 70-79, Boivin-Champeaux, *Notice sur Guillaume de Long-Champ, évêque d'Ély, vice-roi d'Angleterre.* — P. 101-148, Henry de Motey, *La ville, le château et le pays d'Exmes pendant l'occupation anglaise.* — P. 149-208, Beauchère, *Notice sur Septforges et ses seigneurs.* — P. 209-216, Faverais, *La ville et le château de Domfront.* — P. 216-240, Beaudoin, *Bibliographie du département de l'Orne.* — P. 260-277, Le Vavasseur, *Philologie* (suite). — P. 307-346, Verel, *Les alchimistes de Flers.* — P. 364-373, Dallet, *Saint-Germain-d'Aulnai.*

PAS-DE-CALAIS. — **Mémoires de l'Académie des sciences, lettres et arts d'Arras,** IIᵉ série, tome XVIII (1888).—P. 133-159, Ricouart, *Etudes sur les n ms de lieux du Pas-de-Calais.* — P. 159-201, Richard, *Comptes de l'hôpital St-Jean en l'Estrée et des hôpitaux d'Hesdin et de Gosnay* (XIVᵉ siècle). — P. 201-237, Richard, *Étude sur le régime intérieur des mêmes hôpitaux dans la 1ʳᵉ moitié du XIVᵉ siècle.*

Mémoires de la Société des antiquaires de la Morinie, tome XXI (1888-89). — P. 97-129, Dard, *Note sur l'église Notre-Dame d'Aire-sur-la-Lys.*

PYRÉNÉES. — **Bulletin de la Société des sciences, lettres et arts de Pau,** 11ᵉ série, tome XVII, 1888. — P. 1-5, A. Gorse, *Rapport sur les fouilles de Lescar.* — P. 21-37, Barthety, *La mosaïque de la cathédrale de Lescar.* — P. 37-129, Dubarat, *Notice sur les évêques de l'ancien diocèse d'Oloron.* — P. 159-335, Lacaze, *Recherches sur la ville de Pau, dénomination des rues de Pau.* — P. 341-356, Dubarat, *L'auteur anonyme de l'histoire du Béarn.*

Bulletin de la Société des sciences, lettres et arts de Pau, 11ᵉ série, tome XVIII, 1888-89 (1889). — P. 37-67, Dubarat, *Charte St-Arsius, évêque de Bayonne.* — P. 217-353, Dubarat, *Roncevaux. Étude historique et littéraire.* — P. 353-359, Gorse, *Les fouilles de la place Royale à Lescar.* — P. 359-370, Lacoste, *Cathédrale de Sainte-Marie, porche et portail.* — P. 379-385, Léon Cadier, *Note sur une fausse attribution au siège Saint-Oloron de l'évêque Castel-pugon, au XVe siècle.*

PYRÉNÉES-ORIENTALES. — **Bulletin de la Société des sciences et arts de Bayonne,** 1889 (rien).

Société agricole, scientifique et littéraire des Pyrénées-Orientales, 30e vol. 1889.—P. 102-142, Noël, *Notice architectonique sur l'église de Coustouges.*

RHONE. — **Mémoires de l'Académie des sciences, belles-lettres et arts de Lyon,** 26e vol. (rien).

Annales de la Société d'agriculture, des arts utiles de Lyon, 6e série, tome I (rien).

SAONE-ET-LOIRE. — **Mémoires de la Société Éduenne,** tome XVIe (1888). — P. 1-21, Prou, *Catalogue des monnaies mérovingiennes d'Autun.'* — P. 21-39, Harold de Fontenay, *De quelques anciens usages particuliers à la paroisse Saint-Jean et Saint-Pancrace d'Autun.*—P. 39-67, Anatole de Charmasse, *Les pèlerinages à Saint-Sébastien d'Uchon.* — P. 67-95, Bulliot, *La mission et le culte de Saint-Martin, d'après les légendes et les monuments populaires dans le pays Éduen.*— P. 95-175, Cucherat, *Semur-en-Brionnais, ses barons.*— P. 214-228, Bulliot, *Les carriers et les carrières gallo-romaines du plateau de Saint-Émilan.* — P. 233-248, Bulliot, *Fouilly du Mont-Beuvray.* — P. 248-253, Prou, *Supplément au catalogue des monnaies mérovingiennes d'Autun.* — P. 253-301, Roidot, *L'inscription grecque chrétienne d'Autun.* — P. 301-347, De Fontonay, *Épigraphie autunoise* (moyen âge).

SAVOIE. — **Mémoires et documents publiés par la Société savoisienne d'histoire et d'archéologie.** — P. 260-415. Dufour, *Les Maillard, seigneurs et barons du Bouchet, comtes de Tournon (avec nombreuses pièces).*

Documents publiés par l'Académie de Savoie.— Trepier, *Recherches historiques sur le décunat de Saint-André* (pièces justificatives), gr. in-8, Chambéry, 1888.

Congrès des Sociétés savantes de la Savoie, tenu à Rumilly, les 27-28-29 août 1888 (1889), Rumilly. — P. 29-171, Mugnier, *Corps des fondations pieuses en faveur de l'église et de l'hôpital de Rumilly,* de 1335-1660. — P. 179-213, De Foras, *Rumilly à la fin du XVe siècle.* — P. 585-605, Desaix, *Essai sur les contes populaires.*

Mémoires et documents publiés par l'Académie Chablaisienne, tome II (1888). — P. 1-4, Gonthier, *L'ancien pont de la Dranse et la maladière de Pont.* — P. 205-221, De Foras, *Adhémar, évêque de Genève* (1385-88), documents.— P. 253-256, *Vidimé d'une lettre écrite à l'abbé d'Aulps par le comte de Savoie pour obtenir grâce d'un homicide, détenu prisonnier en l'abbaye d'Aulps,* 20 avril et 26 mai 1403. — P. 256-299, *Documents relatifs à l'abbaye d'Aulps*

SEINE. — **Bulletin et mémoires de la Société nationale des antiquaires de France,** 5e série, tome IX, 1888 (1889). — P. 1-18, Rey, *Supplément à l'étude sur la topographie de la ville d'Acre au XIIIe siècle.* — P. 19-35, Mowat, *Note sur les bijoux antiques ornés de devises à propos d'une fibule de l'époque*

ostrogothe. — P. 35-57, De Lasteyrie, *Saint-Quirin et la cathédrale de Vaison.*
— P. 57-172, Ulysse Robert, *Les signes d'infamie au moyen âge.* — P. 197-206,
Duchesne, *Le nom d'Anaclet II au palais de Latran.* — P. 239-336, Deschamps de
Pas, *Description de quelques sceaux-matrices, relatifs à l'Artois et à la Picardie.*

Revue des études juives, tome XVIII, 1889. — P. 16-43, *Examen critique
des sources relatives à la persécution des chrétiens de Nedjran, par le roi juif
des Himyarites.* — P. 16-43, Loeb, *Polémistes chrétiens et Juifs en France et en
Espagne.* — P. 83-90, Israël Lévi, *Éléments chrétiens dans le Pirke-Rabbi-Eliezer.*
— P. 90-95, Reinach (Théodore), *Le calendrier des Grecs de Babylonie et les
origines du calendrier Juif.* — P. 101-108, Reinach (Salomon), *Les juifs d'Orient
d'après les géographes et les voyageurs; Mélanges.* — P. 126-128, Derenbourg,
Le nom de Jésus dans le Koran. — P. 131-136, Kaufmann, I. *Les juifs et la
Bible de l'abbé Étienne, de Citeaux.* II. *Une lettre de Joseph Caro adressée aux
juifs de Carpentras.* — P. 136-139, Loeb, *Notes sur l'histoire des juifs d'Espagne.* — P. 139-142, A. Blanchet, *Les juifs à Pamiers, en 1256.* — P. 161-179,
Halévy, *Examen critique des sources relatives à la persécution des chrétiens de
Nedjran* (suite et fin). — P. 179-212, Loeb, *Un mémoire de Laurent Ganganelli
sur la calomnie du meurtre rituel.* — P. 219-243, Loeb, *Polémistes chrétiens
et juifs en France et en Espagne* (suite et fin). — P. 243-256, Guttmann, *Guillaume d'Auvergne et la littérature juive.* — P. 262-276, Grandmaison, *Le cimetière des Juifs de Tours.*

Tome XIX (1890). — P. 57-75, Thiaucourt, *Ce que Tacite dit des Juifs au commen-
cement du livre V des Mémoires.* — P. 75-84, Reinach, *Inscription juive de
Narbonne.* — P. 100-106, Loeb, *Chandeliers à sept branches.* — P. 106-115,
Graetz, *But réel de la correspondance échangée entre les juifs espagnols et
provençaux et les juifs de Constantinople.* — P. 115-131, Kaufmann, *Extraits
de l'ancien livre de la communauté de Metz.* — P. 131-141, Bruzzone, I.
Documents sur les juifs des États pontificaux ; II. *Les juifs au Piémont ;
Mélanges.* — P. 151-152, Loeb, *Le mémoire de Ganganelli.* — P. 188-202, Loeb,
Notes sur l'histoire des juifs. — P. 219-224, Reinach, *Inscription juive d'Auch.* —
P. 224-235, Guttmann, *Alexandre de Halles et le judaïsme.* — P. 235-246, I. Levy,
Le traité sur les juifs de Pierre de l'Ancre. — P. 246-259, E. Levy, *Un document
sur les juifs du Barrois.* — P. 259-282, Kahn (S.), *Documents inédits sur les
juifs de Montpellier.* — P. 282-294, *Procès de R. Joselmann contre la ville de
Colmar.* — P. 294-306 L. Brunschwig, *Les juifs de Nantes et du pays nantais,
Bibliographie.* — P. 312-318, E. Glaser, *Histoire de l'Arabie jusqu'à Mahomet*
(en allemand). (Halévy).

Bulletin de la Société de l'histoire de Paris. Communications. — P. 162,
de M. Seré Depoin, *Sur deux maîtres-tailleurs d'images, Jacques Desfloques et
Jehan Gauthier.* — P. 162, de M. Edg. Mareuse, *Sur un plan de Paris contenant
la division en districts.* — P. 162, de M. Omont, *Sur un manuscrit ayant appartenu au confesseur de Saint-Louis.* — Variétés, p. 43-54, Omont, *Manuscrits
relatifs à l'histoire de Paris et à l'île de France, conservés à Cheltenham.* —
P. 54-56, *Les origines du prieuré clunisien d'Aunay-les-Bondy.* — P. 88-90,
Dufour, *Le département des estampes de la bibliothèque et l'abbé Chaucey.* —
P. 116-117, Prou, *Avis du corps municipal de Paris sur la réforme monétaire en*

1310 ou 1314. — P. 117-119, Omont, *Note sur un missel de la confrérie de Saint-Pierre et de Saint-Paul, en l'église du Saint-Sépulcre de Paris.* — P. 146-163, Sauchet, *Le travers de Conflans, Sainte-Honorine au moyen âge,* — P. 163-169, Omont, *Inventaire de la bibliothèque de Jean de Neufchatel, chanoine de Saint-Merry (1381).* — P. 176-179. E. de Lanmodez, *Titre de fondation du couvent des capucins de la rue Saint-Honoré de Paris.*

Mémoires de la Société de l'histoire de Paris et de l'île de France —P. 1-273, A. de Boislisle, *La place des Victoires et la place Vendôme* (il y a bien des détails intéressant le moyen âge. Le travail concerne surtout les XVIᵉ et XVIIᵉ siècles). — E. Coyècque, *L'Hôtel-Dieu de Paris au moyen âge,* tome II, publication de la Société de l'histoire de Paris, 1889.

Bulletin du Comité des travaux historiques et scientifiques, année 1889 (section des sciences économiques et sociales). — P. 19-70, Lucien Merlet, *Les testaments aux XIVᵉ et XVᵉ siècles.*

Bulletin archéologique du Comité des travaux historiques et scientifiques, 1889. — P. 4, De Lasteyrie, *Sur une tombe découverte à Laleu, près de la Rochelle.* — P. 7, E. Le Blant, *Sur une inscription chrétienne découverte à Fontaines* (Haute-Marne). — P. 11-18, Berthelé, *Les anciens fondeurs de cloches poitevins ou ayant travaillé en Poitou.* — P. 31-32, *Note sur une inscription du XIIIᵉ siècle, découverte à Nîmes, communication de M. Bondurand, archiviste.* — P. 33-34, E. Le Blant, *Note sur un sarcophage chrétien conservé à Auch.* — P. 35-94, L. Merlet, *Compte de l'œuvre de la cathédrale de Chartres, en 1415-16.* — P. 95-97, Musset, *Pierre tombale du XVᵉ siècle découverte à Laleu* (près la Rochelle). — 146-147, Auguste Nicaise, *Note sur une sépulture à char découverte aux Varilles* (Marne). — P. 148-149, Barthelemy, *Rapport sur une inscription du musée d'Avignon.* — P. 150-151, E. Le Blant, *Sur des inscriptions du musée d'Avignon.* — P. 167, Leclert, *Sur les carreaux vernissés du musée de Troyes.* — P. 193-198, G. Durand, *Note sur une plaque en cuivre émaillé conservée à la cathédrale d'Amiens.* — P. 205-206, Pouy, *Les sculptures relatives à Saint-Firmin le martyr, dans la crypte de Saint-Acheul XVIᵉ siècle.* — P. 300-309, Berthelé, *Essai sur l'art campanaire du Poitou du XIII-XIVᵉ siècle.* — P. 310-318, Garnier, *Notes inédites sur des artistes bourguignons.* — P. 350-355, Massillon-Rouvet, *Le sarcophage de Saint-Parize-le-Châtel* (Nièvre).

SEINE-INFÉRIEURE. — **Pièces analytiques des travaux de l'Académie des sciences, belles-lettres et arts de Rouen, 1887-88 (1889).** — P. 27-45, Paul Allard, *Les représentations des mystères.*

Bulletin de la Société des antiquaires de Normandie (année 1886-87) 1888. — P. 100-119, Henri Moulin, *Esquisses de quelques monuments anciens de l'architecture religieuse dans le Passais normand.* — P. 123-143, Joret, *Le livre des simples inédit de Modène et son auteur.* — P. 375-409, Armand Benet, *Documents pour servir à l'histoire de l'art en Normandie. Inventaire du trésor de la collégiale d'Écouis (Eure).* — P. 487-494, Coville, *Deux pièces de la collection Clairambault.*

Bulletin de la Société Linnéenne de Normandie, 4ᵉ série, 1ᵉʳ vol., 1886-87 (1888) (rien).

Bulletin de la Société libre d'émulation du commerce et de l'industrie de la Seine-Inférieure (1888-89), 1889. — P. 37-41, Léon de Vesly, *Rapport sur les travaux exécutés dans l'église de Saint-Romain.*

Bulletin de la Commission des antiquités de la Seine-Inférieure, 1889, tome VIII. Ici et là des détails concernant le moyen âge, mais aucun article d'ensemble.

SEINE-ET-OISE. — Mémoires de la Société des sciences morales, des lettres et des arts de Seine-et-Oise, tome XVI (rien).

Mémoires de la Société d'agriculture et des arts du département de Seine-et-Oise (rien).

SOMME. — Mémoires de la Société des antiquaires de Picardie, 3ᵉ série, tome X, 1889. — P. 245-265, Macqueron, *Études sur les portraits picards jusqu'au XVIIIᵉ siècle.* — P. 265-293, Coüard-Luys, *L'écolâtre de Noyon et les écoles de cette ville jusqu'au milieu du XIIIᵉ siècle.* — P. 321-333, Van Drival, *La cathédrale d'Amiens considérée au point de vue de l'esthétique.* — P. 333-357, E. Mathieu, *Un artiste picard.* — P. 461-481, Bourdon, *Notes sur quelques filigranes de papier des XIVᵉ et XVᵉ siècles et de la première moitié du XVIᵉ siècle.*

Mémoires de la Société des sciences, lettres et arts d'Amiens, tome XXXVI. 1889. — P. 31-132, Leleu, *Les poésies de Froissart.* — P. 132-178, Daussy, *Deux curés à l'église d'Albert.*

TARN. — Revue historique et littéraire du département du Tarn, 1889. La Revue publie une histoire du pays d'Albigeois, intéressante à consulter.

TARN-ET-GARONNE. — Bulletin archéologique et historique de la Société archéologique de Tarn-et-Garonne, tome XXVII, 1889. — P. 1-16. Soleville, *Chants populaires du Bas-Quercy.* — P. 27-43, Forestié, *Études sur le XVᵉ siècle, la vie militaire en Quercy.* — P. 65-98, De Montault, *Le coffret émaillé de l'hospitalet et ses similaires.* — P. 113-123, Fontenilles, *Description sommaire du château de Bioule.* — P. 217-219, Galabert, *Notes pour servir à l'histoire du département.* — P. 225-250, Pottier, *Les chartes de coutumes de Tarn-et-Garonne.* — P. 282-297, Galabert, *Notes pour servir à l'histoire du département.* — Bacalerie, *Une rectification au sujet de Saint-Exupère de Toulouse.*

Recueil de l'Académie du Tarn-et-Garonne, 2ᵉ série, tome V, 1889. — P. 125-139, Charles Dumas de Rauly, *Une enquête judiciaire au XIVᵉ siècle.* — P. 139-151, Forestié, *Études sur le moyen âge. — Les testaments au XIVᵉ siècle.*

VAR. — Bulletin de l'Académie du Var, tome XIV (2ᵉ fascicule), 1888. P. 1-206, Lambert, *Histoire de Toulon* (suite). — P. 225-427, le même (suite).

VAUCLUSE. — Mémoires de l'Académie de Vaucluse, 1889, tome VIII, 1889. — P. 27-58, De Gérin, *Notice sur les sénéchaussées de Provence.* — P. 58-70, Bayle, *La chapelle d'Isabeau de Bavière à Avignon.* — P. 137-146, Bayle, *Un trésorier général de la ville d'Avignon au XIVᵉ siècle. La messe de la Concorde.* — P. 286-302, G. Bayle, *Monuments et histoire de Vaucluse dans les temps antiques et au moyen âge.*

VENDÉE. — Annuaire de la Société d'émulation de la Vendée, 1889, 36ᵉ année. — P. 81-109, Un sablais, *Notes sur les anciens seigneurs d'Olonne.* — P. 109-219, Bitton, *Les juridictions Bas-Poitevines.* — Publications locales. Berthelé, *Recherches pour servir à l'histoire des arts en Poitou.* Mellé, 1889.

VIENNE. — **Mémoires de la Société des Antiquaires de l'ouest,** tome XI, 1888 (1889). — P. 22-31, Barbier, *Le moine arménien Hayton à Poitiers* (1307).

VOSGES. — **Mémoires de la Société d'archéologie lorraine et du musée historique lorrain,** 3ᵉ série, XVIIᵉ vol. (1889). — P. 62, Léon Germain, *L'église de Maxeville.* — P. 86-141, Emile Badel, *Simont Moycet et l'église Saint-Nicolas.*

Bulletin de la Société philomatique vosgienne, 1888-89 (1889). — P. 5-71, B. Puton, *Entrées et serments des Ducs de Lorraine à Remiremont.* — P. 71-103, de Boureulle, *Jean de Joinville.* — P. 103-241, E. Ferry et Gaston Save, *Sigillographie de Saint-Dié* (avec planches).

Annales de la Société d'émulation des Vosges, 1889, tome XV. — P. 1-113, Thevenot, *Notice sur Chaumozey.* — P. 113-122, A. Benoit, *Un procès criminel à l'abbaye de Poussay.* — P. 160-183, De Boureulle, *Charles d'Anjou dans les Deux-Siciles.* — P. 183-238, Pelingre, *Monographie spéciale de la commune de Senones.*

Journal de la Société lorraine et du Musée historique lorrain, 1889, 38ᵉ année. — P. 6-10, Chapelier, *Un nouveau document sur le père de Jeanne d'Arc.* — P. 20-29, Martimprey, *Le tombeau d'Henri Iᵉʳ, sire de Blâmont et de Cunégonde de Linange, sa femme, au musée lorrain.* — P. 35-42, Chapelier, *Sous René d'Anjou, Donremy, Greux et Bazoille, étaient du Barrois mouvant.* — P. 42-45, Wiener, *Description singulière de la Lorraine, tirée d'une géographie imprimée à Metz, en 1685.* — P. 54-58, De Montault, *Le Château et l'église de Louppy-sur-Loison.* — P. 58-72, Germain, *Louppy-sur-Loison.* — P. 79-82, Bourgeois, *Du nom de Notre-Dame la Tierce.* — P. 82-92, *Note sur quelques bornes armoriées de la forêt de Darnay, Martinvelle* (Vosges). — P. 92-95, Benoit, *Le Haut-Saint-Jean.* — P. 95-101: Braux, *Jeanne d'Arc à Saint-Nicolas.* — P. 141-144, Bourgeois, *Notes sur un livre d'heures lorrain.* — P. 201-253, De Montault, *Journal archéologique dans le diocèse de Verdun.* — P. 253-260, Favier, *Un plan en relief de la ville de Nancy à Notre-Dame de Lorette.* — P. 290-296, Cournault, *Cimetière mérovingien de Tantonville.*

Revue d'Alsace, 1889. — Pfister, *Les manuscrits allemands de la bibliothèque nationale relatifs à l'histoire d'Alsace.*

YONNE. — **Bulletin de la Société des sciences historiques et naturelles de l'Yonne,** 1889, 42ᵉ vol. — P. 228-252, Vial, *La commune de Béon.* — P. 316-325, F. Mollard. *De la capacité civile des lépreux.* — P. 327-334, Moiset, *Le prieuré de Saint-Florentin.* — P. 335-349, Gascard, *Tableaux du vieux temps.* 43ᵉ vol. 1889 (rien).

CONSTANTINE (Afrique). — **Recueil des notices et mémoires de la Société archéologique du département de Constantine,** 1888-89 (1889). — P. 262-279, Delattre, *Inscriptions chrétiennes trouvées dans les fouilles d'une ancienne basilique à Carthage.*

A. MARIGNAN.

LE MOYEN AGE

BULLETIN MENSUEL D'HISTOIRE ET DE PHILOLOGIE

DIRECTION :

MM. A. MARIGNAN ET M. WILMOTTE

FÉVRIER 1891

COMPTES RENDUS

Erlanger Beitræge zur Englischen Philologie. Herausgegeben von Hermann Varnhagen. Erlangen und Leipzig. A. Deichertsche, Verlagsbuchh. (Nachf. Georg Bœhme). 1890.

VIII. Das Sprichwort bei Chaucer. Zugleich ein Beitrag zur vergleichenden Sprichwörterkunde, von *Willi Haeckel*.

IX. Die Quellen von William Morris' Dichtung The Earthly Paradise, von *Julius Riegel* (1).

VIII. M. Haeckel a étudié les œuvres de Chaucer, dans le but d'y recueillir les proverbes, et afin d'éclaircir ceux-ci en les comparant avec leurs analogues, que l'auteur a puisés dans toute une collection d'ouvrages qui se rapportent à l'étude comparée de la parémiologie. Si le proverbe est vraiment « the wisdom of our ancestors, expressed by one », il doit en résulter que, partout et toujours, ces études éveilleront un vif intérêt. Aussi M. Haeckel est-il sûr de trouver des lecteurs qui — disons-le dès maintenant — ne seront pas désappointés. Montrons par un exemple, choisi au hasard, comment procède l'auteur :

N° 44. No man at the fyrste stroke

    Ne maye nat fele down an oke (Rom. R. (2) 3687 fl.)

    Vous saves bien qu'au premier cop.

    Ne cope l'en mie le chesne (ɪ, 4024 fl.) (3).

Hazlitt (4). 57 (*An oak is not felled at one chop*). — Le Roux de Lincy, ɪ, 57 fl. (*Au premerain cop ne chiet pas li chasnes*) ; ɪɪ, 461 ; 473 (*Au premer coup ne chet pas l'arbre*) ; 486. — Robert, 45 (*On n'abat pas*

---

(1) Voir *Moyen Age* avril et octobre 1890.

(2) Cité d'après l'édition Morris. — On voit que l'auteur cite le *Romaunt of the Rose*, comme œuvre authentique de Chaucer.

(3) Cité d'après l'édition Francisque Michel.

(4) Je ne cite pas les titres des livres de ces auteurs, titres donnés par M. H. en tête de son ouvrage.

lo chane au premier coul). — Böhmer, 174, 204 ; 195, 78 ; Bebel, nº 458.
— Pitré, ii, 14 fl. — Haller, i, nº 106, s. 84. — Mau, i, 284, 2599 ; ii,
458, 10564. — Fallersleben 14, 200. — Düringsfeld, i, nº 64. — Wander,
i, 274 fl. ; 277, 109 ; 279, I59 ; 763, 11.

Par cet exemple on pourra juger la manière dont M. Haeckel s'est
acquitté de sa tâche. Il importe de dire que les onze autorités que l'on
trouve cytées ici ne forment qu'environ un tiers des collections dont
M. Haeckel s'est servi. Ce qui nous frappe d'abord, c'est que dans quelques
cas seulement les proverbes trouvés dans d'autres collections sont cités en
entier, et il m'a été impossible de déterminer par quel principe l'auteur
s'est ici laissé guider. Il nous semble que mieux aurait valu donner toutes
les citations. Le proverbe qui nous occupe me rappelle l'adage hollandais :
« Rome is niet op een dag gebouwd » (Rome ne fut pas bâtie en un jour),
et, avec une portée un peu différente : « One swallow does not make a
summer. » Quant au premier proverbe, il est vrai que M. Haeckel cite
Hoffmann von Fallersleben (1), mais on ne saurait dire si ce proverbe se
trouve indiqué ou non, puisque l'auteur ne nous donne que l'indication
de la page.

En général, l'auteur ne distingue pas nettement entre un proverbe,
dont la définition exacte ne serait pas très facile à donner, et une expression proverbiale, qui diffère du proverbe en ce qu'elle ne se formule pas
en des termes aussi fixes. Il est vrai que la distinction assez malaisée
en soi repose sur une différence de degré plutôt que de principe. Ainsi
le nº 20 « Iwoot best, wher wryngith me my scho, » me semble une
expression proverbiale et non un proverbe. Comparez l'expression hollandaise « Dáar wringt hem de schoen » et la variante écossaise donnée par
l'auteur d'après Hazlitt : « Every man kens best where his ain shoe binds
him. » On ne pourrait pas changer ainsi l'ordre des mots d'un vrai
proverbe.

En lisant, la plume à la main, le livre qui nous occupe, j'ai noté quelques proverbes qui manquent ici et que je me permettrai de signaler.

14. Catoun saith If thou have need of help, axe it of thy freendes,
for ther is noon so good a phisicien at neede as is a true frend (Mel. T.,
164). A comparer : a friend in need is a friend indeed. Catoun (c'est-à-dire
Caton), l'auteur des Disticha (2) a dit :

> Als di vernoy toe gaet,
> Soect an dine vrienden raet :
> Die vrient, die trouwe heeft,
> Is die beste troost die leeft (iv, 13),

Et le Caton Moyen-Anglais :

(1) *Altniederländische Sprichwörter*, etc. L'auteur ne connaît que ce recueil, et les
Adagia d'Érasme parmi toutes les collections hollandaises, Tuinman, Harrebomée,
etc. Je citerai encore les Proverbes de Heywood, les Disticha Catonis, etc., comme
n'ayant pas été mis à contribution par M. H.

(2) Publiés en Hollandais, en 1885 par M. Beets, avec une excellente bibliographie.

Ask in trauayle help of frende.
To wisse þe and to rede
Beter leche knowe I non
þen trewe frend is at neode (Anglia, vii, 176), etc.

25. cf. Na regen komt Zonneschyn. 30. a. Die waagt, die wint; 52 : cf. nº 61 et : Spreken is zilver, zwygen is goud ; 72 : It is nougthgoode a slepyng hounde to wake; et *Slapende honden niet wakker maken*. Ce proverbe ne semble pas avoir de sens, — comment ne pas éveiller le *chien* (français *le chat*) qui dort? Aussi dit-on communément que le proverbe hollandais était à l'origine : *Slapende wolven* (loups) *niet wakker maken* (comparez : Wake not a sleeping lion). Mais la coïncidence de ces versions en plusieurs langues donne à réfléchir. 76 : Beter laat dan nooit; 79 : Whoso first cometh to the mylle, first grynt. Comparez le Hollandais : Die 'teerst komt, 'teerst maalt. Ici encore les philologues néerlandais comparent *malen* au vieux-haut-allemand *mahaljan* et traduisent par : parler. A tort ou à raison? Cf. notre observation au nº 72. 81, 82 : cf. Bis dat qui cito dat. 83 : cf. Festina lente. 87 : In every thynge, I wot ther lith mesure. Cf. le proverbe moyen néerlandais : Mate es tallen spele goet (Reinaert i, 672, Torec, l. 2464, etc.). Mais M. Haeckel cite *Fallersleben*, il est donc possible que ce proverbe soit réellement renseigné. 116 : Old fleisch and young fleisch, that wold I have ful fayn. Ce nº fait ressortir un autre mérite d'une étude comme celle que M. Haeckel a entreprise. Les proverbes qu'il nous cite: Il n'est que jeune chair et vieil poisson, etc., nous conduisent à faire une correction dans le texte cité (celui du Dr Morris), et nous fournissent la bonne leçon (1): *Oldfish* and young fleisch, etc. 124. Comparez : Daar 't hart vol van is, loopt de mond van over. 137 : Die kwaad doet, kwaad ontmoet. 160 : « Ne were worthy to unbokel his galoche ». Je doute fort que ce soit là un proverbe, ou même une expression proverbiale. La provenance (Évangile St-Marc, i, 7) aurait dû être citée. 167. Cf. le mot hollandais *belhamel*, qui renferme toute une histoire en soi.

Un index très utile des passages cités se trouve à la fin de cette intéressante étude ; je mentionnerai une circonstance qui ne peut que parler en faveur de l'auteur : Il trouve encore moyen de citer l'*Academy* de juillet 1890 ; or son livre a paru *très* peu de temps après.

IX. Dès les temps anciens on s'est imaginé que quelque part, dans la mer du Nord ou de l'Ouest, existait une île des Heureux, un Paradis terrestre. Le poète anglais, *encore vivant*, dont le nom se trouve en tête de cet article, s'est emparé de cette croyance pour grouper autour d'elle le récit des aventures de voyage de quelques personnes à la recherche de ces νῆσοι τῶν μακάρων. C'est le poète lui-même qui nous dit que les Canterbury Tales de Chaucer lui ont servi de prototype, et qu'il les a consciemment imités, de même que de son côté Chaucer a imité d'autres

____

(1) Aussi se trouve-t-elle dûment indiquée par M. Haeckel.

conteurs (1), l'auteur de l'*Historia septem Sapientium*, etc., M. Morris,
nous raconte comment les hardis voyageurs se séparent en deux troupes,
courent cette aventure et arrivent, enfin, dans une île où ils s'arrêtent,
fatigués de leurs voyages infructueux. Ils se racontent à tour de rôle une
histoire, en tout vingt-quatre. Ces histoires, dont Morris a pris les thèmes
un peu partout, mais que sa verve poétique a élaborées, font le sujet de
la *Quellenuntersuchung* à laquelle s'est livré M. Riegel.

Son étude est extrêmement intéressante au point de vue de la littérature
comparée. L'auteur semble avoir une connaissance étendue de son sujet.
Aussi n'ai-je rien à ajouter au contenu de son livre (2), et c'est à un tout
autre point de vue que j'envisagerai son travail. Ce que je veux dire, c'est
que, en fait, le seul *critique* de cet ouvrage serait M. Morris même.
M. Riegel, et nous ne pouvons que lui en savoir gré, a appliqué aux
œuvres de ce poète *vivant* la même méthode dont on aurait usé pour tout
autre poète. Si quelqu'un raconte une histoire et si l'on retrouve dans sa
narration tous les traits tels qu'on les voit dans un poème ou un récit quelconque, pourvu qu'il soit antérieur au sien, c'est — nous dit la critique —
que le second récit est la base du premier. On découvre dans les drames
de Sheridan, de Congreve, de Wycherley, etc., des situations, des mots
mêmes qui rappellent Molière. Eh bien, en voilà assez pour *prouver* que
ces dramaturges ne sont que des imitateurs serviles de celui-là. Qu'on
trouve des ressemblances entre des passages de Kyd et de Shakespeare,
point de doute, le premier a été volé de son idée. Mais Shakespeare,
Shéridan, Congrève et Wycherley sont morts, et ils ne peuvent plus venir
nous éclairer sur tous les points que nous croyons avoir constatés et
prouvés.

Ah, si M. Morris voulait bien se prononcer, quel service il pourrait
nous rendre! La méthode de M. Riegel, comme je viens de dire, ne diffère
en rien de celle suivie partout. Quel profit pour nous si le seul homme
qui puisse juger des résultats voulait bien nous révéler si cette méthode
est exacte, en nous disant simplement si ces résultats sont vrais.

Il convient d'ajouter que M. Riegel est très prudent. Il dit dans les cas
douteux que « consciemment ou inconsciemment » (direct oder
indirect), notre poète a imité telle version ou s'est fondé sur tel récit.
Pour ma part, si je devais émettre un avis sur cette question, je ne serais
pas étonné d'apprendre, de M. Morris lui-même, que dans bien des cas il
ne s'est pas livré à *toutes* ces études comparatives que fait pressentir
M. Riegel plutôt qu'il ne s'affirme. Prenons un exemple. Dans un récit,

(1) On dit communément que Chaucer a imité Boccace, mais, comme le fait
remarquer très bien M. Ward, dans son intéressante étude sur Chaucer, p. 116,
celui-ci a très probablement tiré l'idée de ses Tales — il l'a du moins pu tirer —
d'autres collections du même genre, très connues en Angleterre de son vivant.

(2) A une seule exception peut-être. A la page 11, M. Riegel donne des analogues de ce qu'il appelle « die Geschichte mit dem Urias briefe » (l'homme qui
porte — sans s'en douter naturellement — lui-même l'ordre de son exécution à ses
ennemis). Est-ce qu'il n'y aurait pas eu lieu ici de rappeler l'épisode du voyage de
Rosencrantz et Guildenstern dans *Hamlet ?* (iv, 3, voir spécialement vs. 62).

intitulé : « The doom of King Acrisius », le poète nous raconte les aventures de Persée. Sur quelques points, nous dit M. Riegel, Morris *diffère de ses sources* (weicht Morris von seinen Quellen ab). Selon le poète, le vaisseau de Persée, qui veut aller à Argos avec sa mère et son épouse, est dirigé par une tempête vers la Thessalie. Au contraire, selon Apollodore, *sa source*, il a réellement atteint Argos, etc., etc. Maintenant on m'accordera qu'il importerait de connaître l'opinion du poète sur une telle question, puisque ce sont des faits de l'espèce qui donnent ordinairement lieu à des spéculations sur l'érudition d'un poète et sur la question de savoir jusqu'à quel point il dépend d'un autre.

C'est avec plaisir que je termine cette notice, en constatant que les dernières publications de cette série — qui a déjà trouvé des imitateurs (1) — restent aussi intéressantes que les premières, que le papier et le brochage en sont meilleurs que dans la plupart des publications allemandes, tandis que le prix en est très modique.　　　H. Logeman.

VARIÉTÉ

UN FRAGMENT DU ROMAN DE TROIE

Des publications récentes de MM. P. Meyer (*Romania*, xviii, 70) et L. Constans (*Etudes romanes* p. 195) ont attiré de nouveau l'attention sur le *Roman de Troie*. Le moment n'est donc pas mal choisi pour en faire connaître ce fragment, déposé aux archives provinciales de Namur. L'aimable conservateur de ces archives, M. Van de Casteele, le communiqua dès 1884 à M. Stecher, mon ancien maître et mon collègue à l'Université de Liège, et c'est à la complaisance toujours en éveil de ce savant que je dois de l'avoir connu et d'en avoir pris copie. En réalité, ce n'est pas un, mais trois fragments du *R. de T.* que possède le dépôt de Namur. Le plus considérable consiste en une feuille de parchemin, haute de 0,21 et large de 0,29, rognée au sommet et écrite sur deux colonnes ; cette feuille est la seconde d'un cahier ordinaire ; la troisième et la quatrième ont disparu ; de la première il nous reste deux étroites bandes, appartenant à la deuxième section et qui sont disposées ainsi :

— C — D —

Il nous manque donc le début de chaque vers à l'une et à l'autre colonne, sous cette réserve que la lettre initiale de chaque vers de D recto, détachée du massif des lettres suivantes, figure à la suite des vers de la première bande et aide ainsi à l'intelligence de ce qui est soustrait. Entre le feuillet 1 (A) et le feuillet 2 (B) de la feuille conservée presque intégralement, il manque 572 vers (36 à la colonne et un total de 16 colonnes) qui figurent dans l'éd. Jolly et dont la plus grande partie se

---

(1) Le même éditeur annonce la publication des Münchener Beiträge zür Englischen Philologie, sous la direction du professeur Hermann Breymann.

retrouve, par une rare coïncidence, dans l'un des fragments de Bâle publiés par M. P. Meyer (14199-14612). La hauteur de chaque bande est de 0,24, leur largeur de 0,035. L'écriture indique la première moitié du XIIIᵉ siècle. Plusieurs lettrines ont été conservées ; une seule a disparu, qui était de grande dimension ; elle a forcé le scribe à ranger sur deux lignes, en les brisant, chacun des vers 309-12, et c'est à cette circonstance que nous devons leur entière conservation. A part les lacunes comblées à l'aide du texte de M. Jolly, je me suis borné à compléter (en italiques) un petit nombre de passages et à corriger les formes énumérées à la fin du texte. Les numéros placés à sa droite sont ceux de l'éd. Jolly.

I

A 1ʳᵉ col., rᵒ	[Mes si ma force et ma vigor]	14.022
	Me vuelent li dieu garantir,	14.023
	Ja tant n'en i saura venir	
	Que je nes face ensevelir	14.025
	Et a cest branc d'acier fenir.	
5	Vous sauroiz ja commant il taille :	
	Le chief a tote la vantaille	
	Li tranche com en .ij. moitiez,	
	Est jus del cheval trabuchiez.	14.030
	Mort a et l'oncle et le *neveu*	
10	Qui mont erent vassal et preu ;	
	Ci est toute lor gent vëue,	
	Si ont la perte recëue	
	Qui laidemant les domagea	14.035
	Et qui mult les desconforta.	
15	A cest point i vint Achilles,	
	Et sachiez bien que pesant fes	
	Lor a chargie de maintenant.	
	La rot .1. fereïz si grant,	14.040
	James n'orrez paller de tel,	
20	De si pesme, de si mortel ;	
	Fiere compaigne ot Achilles,	
	Troyns requierent de *si* pres,	
	A. C. en font les chies voler	14.045
	Et de la place remuer.	
25	Mes mont lor fu gries chose a fere.	
	Ne me retrest en nul leu Dere	
	Que si dolereus fereïz	
	Ne si estrange abateïz	14.050
	I ëust puis a nule foiz :	
30	Ja fust .H. ensi destroiz	
	Et si grevez, n'en direz plus,	
	Que sor le convoi Troïllus	
	Le reuserent par destrece	14.055

. . . .

. . . .

. . . .

A. 2ᵉ col., rᵒ		C'ert Macaon de porte See :	
	30	Miaudres de lui ne caint espee ;	14.060
		L'autres ot non Eforbius :	
		Sires estoit de Chastiauxdux ;	
		Mont i avoit un bon repaire	
		En la forest de Montesclere ;	
	40	Mont estoient de grant renon.	14.065
		Onques .H. n'ot compaignon	
		Qui plus preu furent que cil dui :	
		Iriez dut estre et plains d'anui	
		Que, voiant lui et asez pres,	
	45	Les li ocist danz Achilles ;	14.070
		N'orent les testes si armees	
		Qu'il ne lor ait del buc sevrees.	
		Ici ot perte fiere et grant	
		Et des autres i perdent tant.	
	50	Se Troïllus tardast .l. poi	14.075
		H. n'ëust mie de soi.	
		De la place s'est remuez ;	
		Mes aincois ot perdu assez	
		Des plus vassaus de sa compaigne ;	
	55	La chiere li escrieve et saigne	14.080
		D'une plaie ; mes pas ne dist	
		Comment il l'ot ne quil li fist.	
		Quant il se vit ensenglante	
		Et par force del champ oste	
	60	Et vit Helaine et ses serors	14.085
		Et .vij. C. dames par les tors,	
		Ire ot et honte tot ensemble,	
		De mautalant fremist et tram[ble],	
		Torne desvez contre Grezois.	
	65	Merion est .i. riche rois,	14.090
		Cousins fu Achilles germains	

. . . .

. . . .

. . . .

A. 1ʳᵉ col. vᵒ		[C]elui ataint .H. premier ;	14.095
		[De] l'espee tranchant d'acier	
		[L]i tranche l'iaume et la vantaille,	
	70	[Que] la cervele et la coraille	14.100
		[L]i espant tote. Cil chiet morz :	
		[N'or]ra james om tel es forz ;	
		Com. H. fist iluec toz se[us].	

Achilles fu molt angoisiox
75   [De] son cousin qu'il voit morir.   14.105
    [Hector q]uide de s'avancir ;
    [D]une lance grosse et tranchant
    [Li vait] doner un cop si grant
    [Que les]es de l'escu percerent,
80   Les manicles desmaillecerent ;   14.110
    Par poi .ij. des doiz de la main
    [Ne] li a tranchie tot de plain.
    [N] et pas navrez a mehaignier,
    [N'al] estor guerpir ne lessier.
85   [Hector se r[a tres bien empaint,
    [Deus] cos le ra sor l'iaume ataint
    [Si qu'enz] el chief ont fet lor mers   14.115
    [XV] des mailles des haubers,
    [N'i] ot cele sans n'entressist.
90   [N]e l'uns ne l'autres ne s'en rist.
    [Hector] li dist : danz Achilles,
    [N]e vos treez de moi si pres,   14.120
    [Ne] retraie plus pres de vos ;
    [M]es cist miens brans est perillox,
95   [Lez] et tainz de sanc a .ij. rois ;
    [Qu'il s'en] est hui moilliez en trois
    .... a trestuit en sont froit.   14.125
    [M]es se el vostre sanc ne boit,
    [S]i que esclat de la cervele

    . , ...

    . . . . . . , ...

    . . . .   14.130
A. 2ᵉ col. vᵒ 100 Ja en cuidera acomplir
    Tot son voloir et son plesir.
    Mont a grant soif de boivre en vous,
    Il n'et de rien si desirrox.
    Achilles fu mont orgueillos   14.135
105 Et forz et fiers et äirox ;
    N'asouploia ne tant ne quant
    « .H. fet il, mauvesemant
    En feïssiez n'a encor guicre,
    Quant vous méustes el repere,   14.140
110 Le dox tornastes a voz genz
    Por remirer celes dedenz,
    Qui ne vos en sorent nul gre ;
    Plus let ne plus ensenglante
    N'i voige nul que je faz vos;   14.145
115 De tel chose estes desirros
    Qui vos fera descompaignier,

       Autre vos et le branc d'acier.
       Autre seignor aura sauz faille
       Ainz que soit fins de la bataille ;   14.150
120   Mes ja nel porra nus porter
       Mes qui tant face a redoter
       Com vos, ice savons de voir,
       Qui tel force ait et tel pooir.
       Ne porent plus avoir loissir   14.155
125   D'autres paroles departir,
       Car Troylus i est venuz,
       Qui ot plus de .vij. mil escuz.
       Caus vet ferir qui les atandent
       Et qui estrange estor lor randent ;   14.160
130   Sil firent bien, resont feru,
       Mort et navre et abatu.
       Mes par force les rëuserent

       . . .   .

II

   Quant cil de la chambre consoillent   14.735
       A l'andormir et quant il voillent,
135   Sone et note si doucement,
       Ne tret dolor, ne mau ne sant
       Qui puet oïr ne escouter ;
       Mal corage ne fol panser   14.740
       Ne li vandra ja au talant.
140   Ce fet grant bien a escotant,
       Ce agree mont ax plusors   14.745
       Qui sovent consoillent d'amors
       Et des secrez et d'autre [joie]
       Qui ne veulent pas estre...
145   Li damoisiaux, qui tant fu genz,
       Apres le son des estrumanz   14.750
       Prant flors de mont divers semblenz,
       Beles, fresches, souef olanz
       Et puis les giete a tel plante
150   Desus le pavement liste
       Comme s'il fust emmi uns prez :   14.755
       Flors diverses espant assez.
       Ce fet l'image mont sovant,
       Si ne set l'an confetemant ;
155   Outant en a, outant en prent.
       Ne pallerent pas longuemant,   14.760
       Mes sor l'image a .i. oisel
       D'or tregite sor .i. archel,
       Qui mont par est riches et biax.
160   Oiez de quoi sert li oisiaux :

	Trestot androit de l'autre part	14.765
	A, tresgite par mont grant art,	
	Un sauterel hideus, cornu,	
	Em piez desus .i. arc volu;	
165	Une mace tient en sa main,	
	. . . .	14.770
	. . . .	
B 2ᵉ, col. rᵒ	Et quant il let la mace aler,	
	Li sauteriaux ne s'enfuit mie,	14.776
	La pelote a tost recuillie ;	14.775
	Il n'i porroit mie faillir	
170	Au recevoir, n'au recuillir,	
	N'au relancier assautre[s] foiz	
	Car........ est croiz	
	. . . .	
	[Fuit li aigles] et est volanz.	14.780
175	[De ses eles et de sa plume]	
	Ist venz, que dreit est et costume.	
	Si tost com il chiet sor les flors,	
	Par l'artimaire des autors	
	Sont si seches et si flestries,	14 785
180	Ains que de rien soient meties,	
	Que nus ne set qu'eles devienent ;	
	Apres celes autres revienent,	
	Beles, fresches, d'autre color :	
	Ainsint avient deux foiz le jor.	14.790
185	Si tost com s'et asis l'egliax	
	Et sa mace a li salteriaux,	
	Si repont l'image ses flors	
	Mont bien olant d'autre[s] colors ;	
	Jons et jagliax, herbe menue	14.795
190	Tot contreval la chambre rue,	
	Mantastre... fenoil, pimant	
	Giete sanz nul delaiemant ;	
	L'image n'et guieres oiseuse,	
	De mainte chose est curieuse	
195	Qui mont plesent a esguarder	
	Et qui mont par font a loer.	
	Les fleurs tienent a grant noblesse,	

Les vers 170-175 sont presque illisibles. Voici ceux qui leur correspondent dans l'éd. Jolly :

> Mes tant com en dure si lonz,
> Fuit li aigles *et* est volant.

A la place des vers 190-196 l'éd. Joly n'a que ce vers :

> N'i aura ja altre espandue.

Dient que mont est grant richece :
Ne fu onques si grant mestrie

. . . .

. . . .

B 1re col., r° 200   D'une chose qui mont valoit,   14.800
Car caus de la chambre esgardoit
Et par singnes lor demostroit
Tot ce qe il devoient fere
Et qui plus lor ert necessaire ;
205   Mont bien conoistre lor fesoit,   14.805
Se que riens ne l'aparcevoit ;
S'en la chambre fussent .VII. C.,
Chascuns sëust veraiemant
Que l'image li demostroit
210   Ce que a venir li estoit.   14.810
Ce qu'il mostroit ert bien secroi
Nel conëust ja riens fors soi,
S'il fussent mil u uns toz seus ;
Ici ot sens trop merveilleus,
215   Merveilles fu con ce pot estre
Ne commant hom de ce fu mestre.
Ja en la chambre n'estëust
Nus hom fors tant com il dëust.
L'ymage savoit bien mostrer   14.811
220   Quant termes estoit de l'aler
Et quant trop tost et quant trop tart,
Sovent se prenoient regart.   14.814
Bien gardot cax d'estre anoiex
De vilenie et de fox jeus
225   Qui dedenz la chambre venoient,
Qui entroient et qui issoient.
Nus ne pooit estre assotez,
Fox, ne vilains, ne esgarez,
Car l'image par grant mestrie   14.815
230   Les gardoit toz de vilenie.
D'un grant topace cler et chier
Tient en sa main un ancenssier
A chaienes d'or entailliees
. . . .   14.820

. . . .

B. 2e col. v°   Plus reluisant que nul cristal.
235   Fu toz emplis li encensiers :

198-199 ne figurent pas non plus dans l'éd. Jolly ; avant le v. 200 doit prendre
place celui-ci, qui a été retranché du feuillet :

La quarte ymage reserveit.

Ainz tant d'avoir ne fu si chiers.
Une pierre ot enz alumee — 14.825
Dont il n'ist flambé ne fumee ;
Sans descroistre art et nuit et jor,
240 Granz est li feus, mont rent chalor ;
Des gomes qui dedenz alument
Bone est l'oudors puisqu'eles fument ; — 14.830
Souciel n'a riens qui le reçoive
Ja fox corages le deçoive ;
245 Esperitax en est l'oudors,
Que souciel n'et maus ne dolors
Don ne guarisse qui la sant.
Ici covint grant escient
A fere, si qu'il fust durable
250 Et a trestoz jorz mes estables. — 14.835
Ainsint fust il jusqu'au jöise
S'aincois ne fust la vile prise. — 14.840
En la chambre n'ot einz mortier,
Chauz ne sablon ne cimant chier,
255 N'i ot äimant, gres ne plastre,
Tote entiere fu de lambastre :
Est une pierre mont soutis, — 14.845
Il n'et si blanche flor de lys
Com ele est defors et dedenz,
260 Com il i a aucunes genz
Vooir puet l'en tot cler parmi,
Mes il n'i seront ja choisi ; — 14.850
Qui dedenz est defors voit cler,
Mes nus ne set tant esgarder,
265 Se defors est, la dedens voie ;
Bien met son avoir et emploie
Qui en tel huevre le despant. — 14.855
C. r° [Li huis] furent de fin argent
[A esmauz] fet, mont bien ovre,
270 [Li verroil]z fu d'or esmere ;
[Li liz] en quoi se jut .H.
Se [il] n'i ot argent ne or — 14.860
.,... tre la plus vil chose, — 14.861
Je le cos di a la parclose.
275 Car se comancoie a paller — 14.867
Trop long feroit a demorer
.... tant essigler
[Car onquor sui] en haute mer, — 14.870
Et il me covient esploitier

256 — M. P. Meyer a *l'abastrie* 14.583 dans *Rom.* XVIII, p. 87 ; Godefroy cite *labastre* du même texte.

280 .... dcnt aucombrier.
    [Maintes] *choses* sont comanciees   14.871
    [Qui sovent] sont entrelessiees.
    [Me doint] *celles* diex achever,
    [Que puisse] *al port* encre giter.
285 [Quant P]aris ot ravie Helaine,   14.876
    [Si li dona] tot en demaine
    [Ceste cha]nbre li rois Prianz
    [Par le cons]*oil* de ses anfanz.
    [Onques a d]ame n'a pucele
290 *Il ne fu* donee si bele.   14.880
    [Dedenz le]s trives seguraines   14.883
    [Jut danz Hector] bien .iij. semenes ;
    [Toz fu respa]ssez et guariz   14.885
    [Ainz que li me]is fust accompliz.
295 [Sovent alo]t chacier Paris
    [Es granz forez de] Beletis,
    [Et cil qui ale]r i voloient
    [Salvazine] assez i trovoient,   14.890
    [Car tote en ert la] forest plaine.
300 [Sovent en] *pren*oit dame Helaine   14.892
    .... dez de daintiez
    .... ches flanchiez
    [Molt en aport]ent venoison.   14.893
D. r°   *Cil i* [en prennen]t grant foison ;
305 A *inc* [de X an]z que li olz tint,   14.895
    G[rec n' i chaca] ne n' i avint,
    O[nques dedanz li] chevalier
    P[or els n'i laissie]rent chacier.
    Cil de Grece sont en grant cure
310 Del siege qui tant tient et dure :   14.900
    Chascuns sct bien et voit et pensse
    Et le grant siege et la despensse
    Qu[il leur estuot men]er et faire ;
    S[i ne s'en puot n]us d'aus retraire,
315 E[n tel folie se sont mis   14.905
    D[ont il ont molt] senglanz les vis,
    L[es gros des cors]et les costez ;
    Li siege dure encor assez ;   14.908
    A [trop dure], por ce lor poise :   14.911
320 T[ex en rit et geue]et envoise
    Qui [en son cuer pen]se tot el ;

305. Lisez *os*, la même graphie dans *Coronement Looïs* (éd. Jonckboet) 433, 449, 510, 2233. Godefroy a d'autres ex.

Les vers 309-312 sont restés intacts, grâce à la lettrine enluminée qui occupait une place équivalant à huit lignes. Chaque vers brisé en deux moitiés occupe donc deux lignes à droite de la majuscule.

E[stre voldreit a] son ostel,
N[e vendreit mes d] es mois arriere   14.915
P[ar semonse ne pa]r priere.
325 L[i jovencel], *li bacheler*
A[iment molt ar]mes a porter   14.918
Et [le siege aiment, molt lor] plaist.   14.921
M[es Achilles pas n]e s'en taist
D[Hector haïr et ma]nacier.
330 N[el puet riens faire esl]eessier
J................... e ne ris   14.925
D[evant quel voie m]ort ou pris.
Qui [qu'ait joie, repos ne] bien,
L[i filz Tideus n'en a] rien,   14.928
335 P[or amor est si] el esvoil

   . . . .

D. r⁰   Qu'il ne dort ne ne *prent repos*;
Ne poet dormir, n'et en........
Sovent pensse, sove[nt sospire],
Sovent a joie, soven[t ire],
340 Sovent se diaust, sov[ent se hete].   14.935
Amors li a fet une e[ntrete]
Dont la colors li change *et* [mue]   14.937
Et dont par mainte f...
Il n a nul mal gran ...
345 Tel sont li tor d'amor...
Cui il de rien tient...
Sovent li apert...
Trop sont grieves ses [chevalchies],   14.947
Andurer fet mortiex [haschies].
350 N'et mie del tot a sejo[r]
Qui est espris de fine *amor*,   14.950
Ausint com est Dyo[medes],
Qui n'a nul jor joie ne pes.
Poor a grant, n'et m[ie fiz],
355 Que il soit ja de li saisi[z]
En la fille Calcas de T[roie]   14.955
Est l'espérance de sa [joie];
Crient soi que soz un [covertor]
Ne soit o li ne nuit [ne jor]:
360 De ce se voldroit m[olt pener],
A ce tornent tuit si [penser].   14.960
Se ele ainsint ne l[i consent]
Morz est sanz nul re[covrement].
Par maintes foiz...
365 Mes cele est trop de g[rant saveir]
Mont le conoist bien...   14.965
Qu au li est del tot...

Toujorz a fame te[l nature],
Porce l'en est. iij. ta[ns plus dure].
370 Se fame voit que vo[s l'ameiz]
Et que por li soiez dest[reiz],   14.970
C. verso Sempres mosterra [ses orgoilz],
Por vos fera ne mes [les] *oils*
Qu'il n'i ait dangier [ne fierte] ;
375 Mont chier auroiz ainz [compare]
Le bien qu'ele vos vue*lle* [fere] ; 14.975
C'est une chose mon[t contraire]
Amer la et non estre [amez],
De ce soiez sëurs toz...   14.978
380 Iceste chose avient [sovent],
Trop en doit l'en estre *dolenz* ;
A merveille puet l'en te[nir] 14.979
Commant ic'en puet av[enir]. 14.890
Cil deprie qui mes [n'en puet]
385 Fort james il mes.......
Prier estuet Diome[des],
Qui tant aime qu'il ne [puet mes].
Ne puet sofrir ne......   14.986
Sovent li vet merci [crier]   14.985
390 Et sovent li dit, por [s'amor]
Ne peut durer ne [nuit ne jor] ;
Le mangier pert et [le dormir],
Pensser et lermes [et sospir] 14.990
Le font pensser et [esmaier] ;
395 Mont est vilains [de li preier] ;
Ne cuit que *riens* q[ui bien amast]
Tan*t* demantres [com il preiast],
Que il n'en fust auques [vilains] ; 14.995
En ses paroles dit [motz mains]
400 Que mestiers ne li es......
Esbahiz est iluec......
Ja nus n'iert si bien......
Que il ne soit mont [obliiez] ; 15.000
De ce se test qui plu[s valdreit]
405 Et qui greignor [leu li tendreit].
Dyomedes fe[t altresi],
Soventes f[eiz met en oubli]
[Co que il mielz li vendroit dire]

M. WILMOTTE.

LEÇONS DU MS. 89 sanc ; 90 un.... autre ; 109 meuetz ; 120 nes ; *le vers 159 est écrit 2 fois* ; 212 for ; 213 un ; 242 ele ; 252 ainsinc, pris ; 269 fez, ovrez ; 270 esmerez ; 273 vils ; 288,.. oir. *L'imprimé nous indiquait la leçon...* oil ; 296 Beleti ; is *a été ajouté ensuite* ; 316 senglant ; 358 sor ; 373 *le ms. étant défectueux, nous avons préféré la forme* oilz *à celle de l'imprimé :* iclz ; 375 auroit ; 378 et mer ; tan.

CHRONIQUE BIBLIOGRAPHIQUE

Eiffman. — **Beitræge zur Baugeschichte Triers.** Fribourg, 1890.

L'école du Louvre, qui a aujourd'hui de nombreux auditeurs et quelques élèves sérieux, devrait publier, comme son aînée l'École pratique des Hautes Études, les travaux ou thèses des professeurs et des jeunes érudits qui lui paraissent intéressantes. C'est ce qu'a fait l'Université de Fribourg. Elle publie en ce moment le travail de M. Eiffman sur la chapelle de Heiligkreuz et sur l'église collégiale de Pfalzel, toutes deux dans la banlieue de Trèves. Ce sont deux églises très importantes, la première surtout est de la deuxième moitié du xi° siècle et n'a presque subi aucune modification. On peut y étudier le commencement de l'architecture romane dans cette contrée. On ne peut pas en dire autant de l'église de Pfalzel. Ici il faut la plus grande prudence et suivre pas à pas les différentes constructions de l'édifice. C'était d'abord, nous dit M. Eiffman, un monument romain, transformé au viii° siècle en une église, qui fut ensuite reconstruite au xi° siècle et qui subit différentes restaurations au xiii° et au xvii° siècles. Cette partie du travail dénote un sens critique très pénétrant, l'étude consciencieuse du sujet et la connaissance exacte des différents monuments du Rhin. Disons aussi en finissant que nous déplorons avec l'auteur que l'église soit devenue une grange. Espérons que l'étude sérieuse de M. Eiffman décidera les archéologues de Trèves à revendiquer cette église importante au point de vue de l'histoire de l'art.

A. M.

Trial by combat by George Neilson. Glasgow, 1890, in-12, xvi-348 pages.

Après un coup d'œil très général sur l'usage du duel comme moyen de preuve dans les tribunaux du moyen âge, M. Neilson aborde ce qui fait l'objet spécial de son livre, à savoir l'histoire du duel judiciaire en Angleterre et en Écosse. Le duel n'est pas mentionné dans les lois anglo-saxonnes. Il n'apparaît en Angleterre qu'à la suite de la conquête normande. Mais dès la fin du xii° siècle, son emploi fut restreint par l'institution du jury. Si en Angleterre il tomba d'usage plutôt qu'en France, d'autre part il resta plus longtemps inscrit dans la loi, car ce n'est qu'en 1820 qu'il fut aboli. Le bill de 1820 fut provoqué par un fameux procès d'homicide, dans lequel le frère de la victime appela en duel devant la Cour l'assassin présumé. Le livre de M. Neilson est un livre de vulgarisation. La partie consacrée à l'Écosse est peut-être plus étendue que celle relative à l'Angleterre. En somme les historiens du droit ne tireront pas grand profit de la lecture de cet ouvrage.

M. Prou.

I codici francesi della Regia biblioteca Estense per Giulio Camus, Modena, 1890, 74 p. in-8° (Extrait de la Rassegna Emiliana, II). Parmi les manuscrits de la Bibliothèque d'Este décrits soigneusement ici par M. Camus, il n'en est guère

qu'un qui ait été l'objet d'une étude particulière, c'est le chansonnier provença
dont M. Mussafia s'est occupé dans les *Sitzungsberichte d. Wiener Akademie*,
en 1867. Il contient, en outre, des pièces françaises dans sa partie la plus ancienne
(1254) ; je signalerai encore un manuscrit qui contient le *grand Herbier* et sur
lequel on peut lire un travail de M. Camus dans les *Mémoires* de l'Académie de
Modène, ii, iv. Un troisième manuscrit intéresse particulièrement la Belgique.
Il est, en effet, rédigé dans un dialecte qui offre avec celui du Tournaisis de sin-
gulières analogies ; je renvoie à ce que j'ai dit ici même (iii, p. 201) de l'un des traités
qu'il contient ; un autre, *la Confession des VII péchés mortels*, sera bientôt publié
par M. Camus et par moi ; M. Paris a déjà attiré l'attention des lecteurs de la
Romania (xix, 498) sur un autre de ces mss., copie du *Perceval* en prose « bien préférable, dit-il, à celle du manuscrit Didot, seule connue jusqu'à présent et imprimée par
Hucher ». — On trouvera encore p. 48 une utile collation du texte donné par
M. Pannier du *Lapidaire* de Modène.

W.

France. — Archéologie

(2e semestre de 1890)

L'Ami des monuments. 1890. — P. 131-136, Eugène Muntz, *A travers le
Comtat venaissin, le mausolée du cardinal Lagrange à Avignon*. — P. 166-169,
Piton, *Détails inédits sur deux artistes français, Raimond du Temple et Estienne
Grand Renoy*. — P. 191-192, Robida, *Le château de Gisors*. — P. 196-205, Henri
Vuagneux, *Visite des amis des monuments de l'abbaye des Vaulx de Cernay*. —
P. 259-260, Albert Lenoir, *Prieuré de S.-Martin des Champs à Paris* (une analyse
de l'abside). — P. 261-283, Marie de Launay, *Constantinople au moyen âge : L'en-
ceinte génoise de Pera* (Galata actuel). L'auteur étudie le séjour des Italiens à
Constantinople et l'enceinte de Pera aujourd'hui détruite. — P. 304-305, L. Beclard,
Le bas-relief de l'église d'Ecos (Eure). Un bas-relief en pierre : Le Christ mort,
deux anges à côté du sépulcre, il signale cette œuvre intéressante aux archéologues.

Gazette des Beaux-Arts. 1890, tome IV, 3e période. — P. 30-58, Müntz,
Le musée de l'École des Beaux-Arts. L'auteur passe en revue les différents objets
dignes d'intérêt que possède l'école des B.-Arts. C'est une histoire courte, abrégée
de la sculpture ; on y trouve quelques objets du moyen âge : des chapitaux provenant de Sainte-Geneviève (style roman) encore tout grossiers, puis la vasque de
l'abbaye de S.-Denys (1197-1204), un Abraham debout tenant une âme dans les plis
de son manteau, et qui a conservé sa polychromie. Le musée possède aussi
une Sainte Marthe et une Sainte Madeleine du xive siècle provenant de l'église
Bonne-Nouvelle à Paris ; trois dalles tombales. Le xive siècle est représenté encore
par des sculptures comme l'Amende honorable, les marmousets, etc.—P. 68-81, Léon
Palustre, *Exposition rétrospective de Tours*. Décrit rapidement les principaux objets
de cette exposition : quelques œuvres appartenant à la fin du moyen âge. — P. 88-96,

— 42 —

De Wyzewa, *Le mouvement des arts à l'Étranger*. Le critique rend compte du travail sur Botticelli Filippino Lippi, Rafaellino del Garbo que Julius Meyer publie dans l'Annuaire des collections royales de Prusse, ainsi que des études sur l'école de Ferrare de M. Venturi. — P. 97-104, H. De Geymuller, *La vierge à l'œillet*, peinture attribuée à Léonard de Vinci. — P. 214-216, De Wyzewa, *Le Portrait d'Oswald Krell par Durer* (description un peu trop littéraire des œuvres et des différentes manières de Durer). — P. 416-426, Henri Bouchot, *Jean Fouquet* (2⁰ et dernier article) [rien de nouveau]. — Bibliographie, p. 515-519, E. Müntz, *Histoire de l'art pendant la Renaissance*, (L. G. Compte rendu qui ne dit rien de l'ouvrage; on dirait même que le critique, ce qui arrive malheureusement trop souvent, n'a pas lu cet important travail).

Revue de l'art chrétien, 1890, 2ᵉ semestre. 269-280, C. Dehaisnes, *L'Art à Amiens vers la fin du moyen âge dans ses rapports avec l'école flamande primitive*. L'auteur étudie quels sont les rapports qui existent entre l'art flamand des XIVᵉ et XVᵉ s. avec celui qui était pratiqué à Amiens à la même époque. M. Dehaisnes veut bien reconnaître les opinions émises par MM. Dusevel, Rigollot et Breuil au sujet des relations fréquentes et ininterrompues entre la Flandre, l'Artois et le Hainaut, ainsi que celles de la Picardie et d'Amiens avec les Pays-Bas, mais il ne veut accepter l'avis des trois archéologues, lorsqu'ils déclarent que les statues et les tableaux exécutés à Amiens n'auraient été faits que par des artistes ou des disciples des maîtres flamands. Il a prouvé dans différents travaux antérieurs que les villes du Nord faisaient rarement appel à des artistes étrangers, que les sculpteurs ou peintres, résidant dans les villes industrielles, pouvaient suffire aux besoins religieux de cette époque. Amiens devint ainsi un centre artistique et un certain nombre d'artistes, orfèvres, peintres, sculpteurs, verriers y demeurèrent et y travaillèrent de père en fils. Il voit donc une école locale nettement formée dont le complet développement date du XVᵉ siècle. Il énumère alors les artistes d'Amiens qui ont exécuté de belles œuvres d'art, le retable d'autel en vermeil ciselé par Pierre Fauvel et Pierre Dury, les sculptures d'Antoine Aucquier, etc. Il étudie ensuite les différentes écoles qui ont existé à Amiens pendant la fin du moyen âge. C'est d'abord l'influence de l'Ile de France, au XIIIᵉ siècle, on sculpte, on travaille comme à Paris ; aux XIVᵉ et XVᵉ se constate une influence flamande. On abandonne le style spiritualiste du XIIIᵉ pour imiter directement la nature. [Depuis les savants travaux de M. Courajod, on connaît désormais le développement de l'art franco-flamand du XIVᵉ au XVIᵉ]. Comme conséquence de ce beau et intéressant travail, basé sur des documents nombreux et sur une critique pénétrante des monuments, M. Dehaisnes reconnaît la prépondérance de l'influence flamande sur l'école d'Amiens, sans méconnaître l'action d'un centre artistique local, du milieu français et du voisinage de Paris. — P. 281-292, E. Muntz, *Les épées d'honneur distribuées par les papes pendant les XIVᵉ, XVᵉ et XVIᵉ siècles*. L'auteur continue l'inventaire des épées. On y trouve des noms d'artistes ayant exécuté ces épées. — P. 293-296, James Weale, *La reliure au moyen âge* (2ᵉ article). — P. 297-306, De Mely, *Les croix des premiers croisés*. M. M. a reconnu sur un vitrail de Saint-Denis du XIIᵉ s., donné par Montfaucon dans ses *Monuments de la monarchie française*, la croix des Croisés sur le casque et l'étendard. Cette croix a la forme d'une croix grecque. Il la retrouve ensuite dans les sujets reproduits sur la chasse de Charlemagne à Aix-la-Chapelle. [Article délayé, où la méthode et la netteté manquent]. — P. 307-311, X. Barbier de Montault, *L'iconographie romaine de S. Agnès*. M. de M. fait la description des églises, des reliques de la sainte sans aucun ordre chronologique. A quoi peuvent bien servir de pareils travaux ? On prend ici et là des renseignements historiques et artistiques, que l'on réunit ensuite, et on croit avoir fait un travail utile. Certes non. Pour arriver à se rendre compte de l'influence d'un saint, pour étudier son importance iconographique, son influence artistique, l'attachement des populations pour son culte, il faut avant tout discuter sa vie, la date de son martyr, voir la propagation de ses reliques les premières œuvres artistiques naissant de son temple élevé, en un mot apporter dans ces travaux une méthode sévère, une critique sûre et pénétrante. Rien de tout cela ici. — Mélanges. 312-316, C. Dehaisnes, *Jean Bellegambe est-il certainement l'auteur du retable de l'abbaye d'Auchin*. L'auteur arrive à la conclusion que le *retable d'Auchin* et le *bain mystique* doivent être rangés parmi les œuvres qui sont certainement de Jean Bellegambe. — P. 317-320, *Revue des publications épigraphiques relatives à l'antiquité chrétienne*. — P. 320-327, X. Barbier de Montault, *Revue des inventaires*. — P. 331-345, Dans les travaux des sociétés savantes, M. L. C. signale la conférence de M. Wauters à la société archéologique de Bruxelles. La thèse de M. W. est originale et mérite à coup sûr une certaine attention. Elle est assez sommairement décrite par le critique et nous en rendrons prochainement compte. Nous remercions toutefois M. L. C. de nous l'avoir signalée. — Bibliographie. — A l'avenir, nous ne mentionnerons pas cette série de comptes rendus qui n'indiquent aucune lecture sérieuse de l'ouvrage et qui abondent aujourd'hui dans nos revues. C'est un spectacle fait pour attrister ceux qui lisent les périodiques, pour en faire le dépouillement, que de voir avec quelle légèreté on décerne l'éloge et le blâme. Que de fois le critique n'a fait qu'entr'ouvrir le volume ! — P. 345-346, H. de Curzon, *La maison du temple de Paris, Histoire et description* (Hachette). L. C. [favorable]. — P. 359-361, Baron de Baye, *La croix de Dmitri Donskoï du XIVᵉ siècle*. — P. 361-273, Baron Jean Bethune de Villers, *Anciennes peintures murales aux ruines de Saint-Bavon à Gand*. L'auteur décrit les quelques traces de peinture qui se trouvent encore à Saint-Bavon et les quelques vestiges de cet art dans certains monuments de Gand. — P. 373-380, Jules Guiffrey, *Les trésors des églises du diocèse de Reims en 1690*. [Inventaire intéressant]. — P. 380-390, Ladislas Glinka, *Porte d'airain de la cathédrale de Gniezno*. Elle est du XIIᵉ s., et fut donnée par Boleslas II. L'auteur en signale les principaux sujets. On la trouve gravée dans les principaux ouvrages allemands. — P. 390-398, X. Barbier de Montault, *Iconographie romaine de Saint-Agnès* (2ᵉ et dernier article). — Mélanges. 398-404, Esperandieu, *Revue des publications épigraphiques relatives à l'antiquité chrétienne*. Mazerolle, *Le Clouet du Musée de Cherbourg* [article assez obscur ; ce portrait n'est qu'un produit de l'école du maître]. — Mélanges. X. Barbier de Montault, *Revue des Inventaires*. — Bibliographie. 444-422, Sont analysés très rapidement la *Collection de M. Spitzer*, l'ouvrage de M. Schlumberger : *Un empereur byzantin au Xᵉ siècle*. Celui de M. Gesprach, les *tapisseries coptes* et le travail de M. Muntz : les *collections des Médicis au XVᵉ siècle*. —P. 455-467, Pitt, *Le travail du cuivre dans les Pays-Bas aux XIVᵉ et XVIᵉ siècles* (article très original et très étudié). Ce travail peut servir à l'histoire de la propagation de l'art flamand et de son influence sur les arts à l'étranger. — P. 467-471, Omont, *Notice sur un manuscrit à peintures ayant appartenu au duc Louis de Bourbon conservé à la bibliothèque ambroisienne de Milan.* C'est un exemplaire de la *Somme le Roi* composée à Paris en 1279 pour Philippe le Hardi par le dominicain Frère Laurent, confesseur du roi de France. L'auteur décrit les principaux sujets de miniatures. — P. 471-482, Arthur Verhaegen, *L'art héraldique.* Mélanges. — P. 482-485, Esperandieu, *Revue des publications épigraphiques relatives à l'antiquité chrétienne.* — P. 485-491, l'abbé Rigolet, *Monographie de l'église de Saint-Géosmes près Langres* (Haute-Marne). — P. 450-452, Chronique *La Renaissance.* M. L. C. analyse les théories de M. Courajod et raconte l'émoi qu'elles ont occasionné dans un certain monde qu'on ne peut dire savant. Là les petitesses, les mesquines rivalités abondent. La lecture des attaques du *Courrier de l'art* est peu faite pour encourager les travailleurs, qui ne désirent ni prébende ni monopole. M. Courajod, comme M. L. C. nous le montre, attaqué par un certain nombre d'archéologues, les uns sans le nommer, les autres comme M. Daumet proclamant un dogme artistique, n'en continuera pas moins ses recherches si importantes et si savantes. Les clameurs du reste se taisent, elles jaillissent d'une croyance toute factice et non d'une de ces convictions sincères, basées sur des recherches longues et sérieuses, que nous sommes les premiers à respecter. — P. 491-499, X. de Montault, *Revue des Inventaires.* — P. 499-505, Louis de Farcy, *La Broderie du XIᵉ s. jusqu'à nos jours d'après des spécimens authentiques et les anciens inventaires* (favorable). — P. 505-507. Antoniewiez, *Iconographisches zu Chrestien de Troyes.* — P. 507-508, Muntz, *Les archives des Arts.* — P. 518-520, De Rossi, *Musaici cristiani delle chiese di Roma* (X. B. de Montault).

Gazette des Arts décoratifs. 1890 2ᵉ semestre. Aucune étude relative au moyen âge.

Revue Archéologique. 2ᵉ semestre 1890. — P. 16-26, A. Blanchet, *Contribution à l'épigraphie gallo-romaine de Saintes.* — P. 26-63, Mowat, *Inscriptions de la cité des Lingons conservées à Dijon et à Langres* (suite). — P. 63-66, L. Delisle, *Imitation d'anciennes écritures par des scribes du moyen âge.* M. D. arrive à prouver qu'au moyen âge « certains calligraphes savaient admirablement contrefaire les écritures de différentes chancelleries et que des hommes de mauvaise foi ont pu mettre à profit l'habileté de tels calligraphes pour se procurer des actes faux ». — P. 76-82, Salomon Reinach, *Sur un passage de Sidoine Apollinaire. Les prétendus volcans de la France centrale au Vᵉ siècle.* L'auteur prouve que les éruptions volcaniques du vᵉ siècle sont un roman géologique dont Sidoine Apollinaire n'est pas l'auteur. — P. 107-115, G. Jourdanne. *Restitution d'un pagus de l'Aude.* — Bibliographie. P. 129-130, Berthelé, *Recherches pour servir à l'histoire des arts en Poitou* (A. de Barthelemy regrette l'absence d'une table des noms de lieux et de personnes, mais trouve le livre excellent). — P. 130-131, Adrien Blanchet, *Nouveau manuel de numismatique du moyen âge et moderne* (Gustave Schlumberger, bon). — P. 132-133, D'Arbois de Jubainville, *Recherches sur l'origine de la propriété foncière et des noms de lieux habités en France* (époque celtique et romaine) (M. X. analyse simplement la thèse de l'auteur). — P. 158-172, Pigeon, *Voie romaine dans les départements de la Manche et de l'Ile-et-Vilaine.* [Il arrive à cette conclusion que la route de Cherbourg à Rennes est la seule voie romaine qu'on puisse citer entre ces deux villes ayant pour stations Cherbourg, Valognes, Coutances, Avranches, Romazy et Rennes.] — P. 176-203, J. De Morgan, *Note sur les nécropoles préhistoriques de l'Arménie russe.* [On lira avec plaisir ce travail intéressant l'art primitif des peuples : on remarquera les motifs d'ornementation géométrique presque identiques chez tous les peuples à l'aurore de la civilisation.] — Bibliographie. Helbig, *La sculpture et les arts plastiques au pays de Liège et sur les bords de la Meuse*, (F. de Mely, favorable). — Schlumberger, *Un empereur byzantin au X⁰ siècle*, Nicéphore Phocas (H.). [Compte rendu qui ne donne aucune idée du livre ; je crois qu'on devrait se dispenser de faire de pareils articles.] — P. 349-365, A. Maignan, *Notes archéologiques.* L'auteur signale des cercueils de plâtre mérovingiens trouvés à Ermont (Seine-et-Oise) ornés de croix insérées dans un cercle analogues à ceux que possédaient les cimetières mérovingiens d'Abbiges, de l'abbaye de Saint-Vincent. Il passe ensuite à la description de certains objets, boucles, vases trouvés dans les cimetières. — P. 365-390, Deloche, *Étude sur quelques cachets et anneaux de l'époque mérovingienne* (suite). C'est toujours la longue série des anneaux et cachets mérovingiens. M. Deloche doit désirer, ainsi que nous-même, la fin de cette interminable description.

Bulletin des Musées. — Première année, 1890. — P. 70-71, Durand-Gerville, *Deux tableaux français du XV⁰ siècle.* — P. 114-116, E. Molinier, *Les Arts industriels au Louvre.* — P. 147-153, Louis Courajod, *Leçon de réouverture du cours de l'histoire de la sculpture du Moyen Age et de la Renaissance.* — P. 187-199, Louis Courajod, *Récents enrichissements du Musée de la sculpture moderne au Louvre* Étude minutieuse et documentée. — P. 265-271, Louis Courajod, *Sculptures de Saint-Martin de Montmorency* Chapiteaux et fusée qui viennent d'entrer au Louvre ; l'auteur leur consacre une étude fort intéressante.—P. 311-314, J. L. *Inscription chrétienne trouvée en Algérie (mission de MM. Audollent et J. Letaille).* C'est la dédicace d'une *memoria* consacrée le 7 septembre 359 en l'honneur des martyrs Victorinus et Miggin par deux chrétiens Benenatus et Pequaria. Important au point de vue de la propagation des reliques et le plus ancien document épigraphique africain concernant le culte des reliques de la vraie Croix. — P. 343-347, Maurice Prou, *Le Musée de Sens.* M. P. passe en revue les principales sculptures que possède le Musée de Sens. [Sens forme avec des villes du Rhin, Trèves, Neumagen, etc., un centre de sculpteurs qui ont abandonné la mythologie romaine et qui ont figuré les divers métiers ou simplement le portrait du mort. Un sentiment vif du portrait, un esprit naturaliste se montre ici. M. Hettner a publié pour les provinces du Rhin un article fort intéressant sur la sculpture dans la *Westdeutsche Zeitschrift für Geschichte und Kunst*, 1882.]

Bulletin monumental, 6⁰ tome, 1890. — P. 103-114, A. de Dion, *Notes sur quelques églises de la Corrèze.* Notes sur un voyage entrepris par la société française d'Archéologie pendant le congrès de Brive. L'auteur cherche à caractériser une église du XII⁰ siècle de la Corrèze : un porche souvent surmonté d'une tour, une nef divisée en trois ailes par des piliers carrés, les bas côtés presque aussi hauts que la nef principale, ayant des fenêtres peu élevées, mais une voûte soit en berceau, soit sur croisée d'ogives, une nef transversale très prononcée. La croisée de la nef est souvent voûtée en coupole et surmontée d'une tour centrale. Le chœur est peu profond, formant rond point avec déambulatoire et chapelles rayonnantes. Le plan montre encore deux chapelles en abside s'ouvrant sur les bras de la croix, polygonales souvent. L'église ne possède aucune crypte sous le chœur. — P. 114-131, Comte de Marsy, *Discours prononcé à l'ouverture de la 57ᵉ session du congrès archéologique de France à Brive* (17 juin 1890). Passe en revue les différents travaux des membres ou collaborateurs du congrès. — P. 131-137, L. Delisle, *Deux contrats du XIIIᵉ siècle.* Publication détachée du 1ᵉʳ fascicule de M. L. Delisle consacré à la littérature latine et à l'histoire du moyen âge (Paris, Leroux, 1890), qui contient l'un le marché pour la construction du château de Dannemarche à Dreux en 1224, l'autre un traité passé entre l'évêque de Beauvais et son orfèvre fieffé. Quelques notes sont ajoutées par l'éditeur en tête de chaque texte. — P. 137-153, Emile Travers, *L'exposition rétrospective forézienne.* Signalons. parmi les œuvres appartenant au moyen âge un retable intéressant du xvᵉ siècle en os sculpté provenant de l'abbaye de Cluny et possédé par M. Gillier, une tapisserie de Flandre de la fin du xvᵉ siècle, représentant les Preux. — P. 153-164, L. Brugnier-Roure, *Découvertes et travaux archéologiques dans le Gard.* Parle des fouilles faites à Fondorgues près Saint-Julien-de-Peyrolas, c'était une villa gallo-romaine. — P. 164-170, De Baye, *Note sur des épées trouvées en Suède et en Norvège.*

Bulletin et Mémoires de la Société nationale des Antiquaires de France. 3ᵉ année, tome 10ᵉ. 1889 (1890). — P. 1-133, Abbé Douais, *saint Germer, évêque de Toulouse au VIᵉ siècle.* — P. 135-142, P. Brune, *Notice sur trois cloches anciennes dans le Jura.* L'une est de 1488, dans le village des Prads, avec inscriptions. Les deux autres sont du xviᵉ siècle. L'auteur a donné un fac-similé des inscriptions. — P. 143-161, De Baye, *Note sur quelques antiquités découvertes en Suède.* Intéressante étude pour connaître les éléments de l'art barbare. L'auteur décrit ensuite les objets trouvés dans la nécropole d'Habblingbö (Gotland). — P. 162-182, Lecoy de la Marche, *Le bagage d'un étudiant.* — P. 184-294, A. Prost, *Saint-Servais, examen d'une correction introduite à son sujet dans les dernières éditions de Grégoire de Tours.* M. P. cherche à prouver qu'il n'y a qu'un saint et que son nom Servatius doit être rétabli partout dans tous les textes de Grégoire de Tours. C'est un long et intéressant travail. — P. 320-336, Mowat, *Notice sur quelques bijoux d'or au nom de Constantin.* — P. 336-416, L'abbé Duchesne, *Mémoire sur l'origine des diocèses épiscopaux dans l'ancienne Gaule.* M. D. avait fait paraître un travail sur les évêchés de la province ecclésiastique de Tours et avait prouvé qu'aucune église ne peut remonter au delà de Constantin. Il complète ce travail limité et, en se servant de la belle étude de M. Delisle sur les catalogues des évêchés de France, il passe en revue toutes les listes épiscopales. Nous ne pouvons donner ici les conclusions de ce mémoire. Il fera le sujet d'une variété dans un des prochains numéros du *Moyen Age.*

A. MARIGNAN.

FRANCE NUMISMATIQUE
(1890)

Annuaire de la Société française de numismatique.

Janvier-février 1890. — P. 5, Ponton d'Amécourt, *Monnaies royales de la première race des rois de France* (suite) [sans valeur]. — P. 48, Caron, *Monnaies du Vexin*. — P. 55, R. Vallentin, *Les écus d'or avignonnais du pape Paul III* (1535) [publication d'ordonnances monétaires]. — Chronique. — P. 93, A. de Belfort, *Vente de monnaies* [monnaies seigneuriales]. — P. 95, A. de Witte, *Les ventes monétaires en Belgique pendant l'année 1889.*

Mars-avril. — P. 122, C. Robert, *Monnaies, jetons et médailles des évêques de Metz* (suite) [Raoul de Coucy, à Nicolas de Lorraine, 1388-1548]. — P. 187, M. de Marchéville, *Le rapport entre l'or et l'argent au temps de saint Louis* [Article très important. L'auteur démontre que le rapport légal des deux métaux était non pas de 12 1/2 mais de 10]. — P. 175, Frœhner, *Le gant dans la numismatique byzantine*. — Chronique. — P. 180, Baron de Haneffe, *Numismatique de la principauté de Liège* [Travail remarquable. A. de Witte]. — P. 184, A. de Belfort, *Note sur une pièce d'argent de Théodebert Ier.*

Mai-juin. — P. 226, A. Blanchet, *L'amputation de la main dans les anciennes lois monétaires* [Peine édictée par les lois des Lombards, les lois wisigothes, les capitulaires et les lois anglo-saxonnes]. — Chronique. — P. 241, R. Serrure, *M. Deschamps de Pas* [Article biographique et bibliographique]. — Bibliographie. — P. 244, A. Blanchet, *Nouveau manuel de numismatique du moyen âge et moderne* (Excellent. Caron).

Juillet-août. — P. 298, R. Serrure, *Les florins d'or luxembourgeois de Philippe le Bon.* — P. 301, R. Vallentin, *Notes sur deux nouveaux ateliers monétaires* [Ateliers d'Aramon et de Sérignac]. — P. 310, C. Robert, *Monnaies, jetons et médailles des évêques de Metz* (suite) [de Charles Ier, cardinal de Lorraine à Robert de Lenoncourt, 1550-1555].

Septembre-octobre. — P. 333, Duplan, *Un tiers de sol inédit* [Tiers de sol au nom de Clotaire II, frappé à Genève]. — P. 335, Jolivot, *Un tiers de sou de Monaco* [Attribution résultant d'une mauvaise lecture. Il ne faut pas lire *Monecü*, mais *Climone*]. — P. 337, P. d'Amécourt, *Un denier de Gui de Châtillon, comte de Blois.* — P. 339, R. Serrure, *Note sur une trouvaille de monnaies carolingiennes faite en Hollande* [Monnaies de Charlemagne, Louis le Débonnaire et Lothaire Ier]. — P. 346, A. de Belfort, *Description générale des monnaies mérovingiennes*. Notice et fragment [Les monnaies sont rangées par ordre alphabétique, depuis *Aballone* jusqu'à *Ambaciaco*]. — Bibliographie. — P. 393, L. Delisle, *Le médailleur Jean de Candida* (Découverte du plus grand intérêt. R. Serrure). — P. 394, M. Prou, *Note sur le peuple gaulois des Antobroges* (Ingénieux. R. Serrure). — P. 395, A. Chabouillet et Morel Fatio, *Catalogue raisonné de la collection de deniers mérovingiens des VIIe et VIIIe siècles de la trouvaille de Cimiez* (Très intéressant. A. de Belfort).

Novembre-décembre. — P. 397, Blancard, *Du rapport de l'or à l'argent sous saint Louis et ses successeurs* [Combat la théorie de M. de Marchéville et maintient que la valeur de l'or sous saint Louis était de plus de douze fois celle de l'argent]. — P. 429, Mater, *L'atelier de Bourges sous les Capétiens*. — P. 450, C. Robert, *Monnaies, jetons et médailles des évêques de Metz* (suite et fin). — Chronique. — P. 479, Serrure, *Note sur un tiers de sou de Climone attribué à tort par M. Jolivot à Monaco*.

Revue numismatique, 3ᵉ série, t. VIII, 1890.

1ᵉʳ trimestre. — P. 12, Maxe-Werly, *Monnaies mérovingiennes. Trouvaille de Saint-Aubin* [Étudie les monnaies trouvées à Saint-Aubin en 1840]. — P. 71, A. de Witte, *Un nouvel atelier monétaire artésien.* Monnaies frappées par Philippe de Saint-Pol à Ruminghem et à Elincourt. — P. 87, Guiffrey, *Médailles de Constantin et d'Heraclius acquises par Jean, duc de Berry en 1402.* — Chronique. — P. 132, Prou, *Monnaies mérovingiennes du Cabinet de Madrid* [Ateliers de *Thaisa, Lugduno, Aurelianis* et *Vereduno*]. — Bibliographie. — P. 135, Gnecchi, *Saggio di bibliografia numismatica delle zecche italiane medioevali e moderne.* (Quelques oublis. A. E.). — P. 143, P. Fabre, *Le liber Censuum de l'Église romaine.* (Renseignements nombreux sur l'histoire monétaire du xiiᵉ siècle. M. P.).

2ᵉ trimestre. — P. 145, Prou, *Inventaire sommaire des monnaies mérovingiennes de la collection d'Amécourt acquises par la Bibliothèque nationale.* — P. 241, R. Vallentin, *Un denier coronat inédit de Charles VIII frappé à Marseille.* — Bibliographie. — P. 270, Engel et Serrure, *Répertoire des sources imprimées de la numismatique française.* (Quelques lacunes. Livre indispensable aux historiens. M. P.).

3ᵉ trimestre. — P. 273, Prou, *Inventaire sommaire, etc.* (suite et fin). — Bibliographie. — P. 401, Schlumberger, *Un empereur byzantin au dixième siècle.* (Contribuera à réformer le jugement du public lettré sur Byzance. E. B.). — P. 412, Blanchet, *Nouveau manuel de numismatique du moyen âge et moderne.* (Très utile aux numismatistes).

4ᵉ trimestre. — P. 446, Caron, *Monnaies semi-royales frappées au Puy* [au nom du roi Robert]. — *Un denier de Châteauvillain, sire de Bourbon-Lancy.* — Chronique. — P. 493, Mary, *Note sur la trouvaille de Montfort-l'Amaury* [signale la présence dans ce trésor de deniers normands analogues à ceux que M. Chabouillet a publiés et qui portaient d'un côté la légende *Normannia* et de l'autre un nom de monétaire.]

Revue belge de numismatique, 1890, 46ᵉ année.

Première livraison. — P. 5, Maxe-Werly, *Études numismatiques à l'époque mérovingienne* (suite et fin). — P. 34, Préau, *Méreaux inédits du chapitre d'Evreux.* — P. 49, Dancoisne, *Méreaux communaux d'Arras.* — P. 97, Préau, *Étude sur la Cour des Monnaies de France.* — P. 129, Blanchet, *Le bracelet considéré comme moyen d'échange antérieur à la monnaie frappée.*

2ᵉ livraison. — P. 212, Cumont, *Monnaies franques découvertes dans les cimetières francs d'Eprave* [Article très important. Il s'agit de petites monnaies d'argent pseudo-romaines, à flan mince.]

M. Prou.

LE MOYEN AGE

BULLETIN MENSUEL D'HISTOIRE ET DE PHILOLOGIE

DIRECTION :

MM. A. MARIGNAN ET M. WILMOTTE

MARS 1891

COMPTES RENDUS

Adolph Hasenclever. — **Der altchistliche Græberschmuek.** Braunschweig, Schwetscke, 1886, 264 pp. 8°.

Wilpert. — **Prinzipienfragen der christlichen Archæologie.** Freiburg, Herder, 1889, 103 pp. 8°.

Schultze. — **Die altchristlichen Bildwerke und die wissenschaftliche Forschung.** Erlangen Deichert, 1889, 40 pp. 8°.

Wilpert. — **Nochmals prinzipienfragen der christlichen Archæologie.** Freiburg, Herder, 1890, 20 pp. 8°.

Aucune étude historique n'est plus digne d'attention que celle des origines chrétiennes. Un grand nombre de savants, à partir de la Réforme, se sont occupés du culte et des institutions du christianisme, mais on peut dire que notre siècle aura fait tous les efforts pour en expliquer le développement, l'extension progressive sur la surface de l'empire romain. Malgré tant d'œuvres sérieuses, bien des points sont encore laissés dans l'ombre, et il faut surtout regretter le gaspillage des forces qu'entraînent les polémiques fâcheuses entre les différents partis voués à l'étude des origines chrétiennes, partis correspondant aux diverses confessions. A côté des catholiques et des protestants, il n'y a pas assez d'érudits qui, forts d'une méthode scientifique et sans y mêler de préoccupation religieuse, ne vouent à ces quelques siècles que l'attention de l'historien. Il faut toutefois reconnaître que grâce à quelques professeurs allemands, un progrès dans l'étude des origines chrétiennes est à signaler. Ils ont apporté, dans ces travaux, la méthode scientifique et l'esprit traditionniste qui y sont obligatoires.

Ce champ de recherches historiques, autrefois le monopole presque exclusif des Italiens, à cause même des catacombes, est devenu la préoccupation de tous les savants de nos grandes nations occidentales : l'Angleterre, la France, l'Allemagne, l'Italie et même la Suisse et la

Grèce. L'Allemagne surtout n'est pas restée en arrière ; des chaires y ont été créées (elles sont au nombre de quatre) et les travaux succèdent aux travaux sans interruption. Quelle différence il faut constater chez nous ! Ceux qui pourraient facilement s'adonner à de tels labeurs, prêtres et pasteurs, théologiens par nécessité et par devoir, préfèrent oublier bien vite ce qu'ils ont appris au séminaire et s'occuper plus ou moins de travaux pratiques. Là-bas, au contraire, les maréchaux ont des armées, le maître dirige les recherches ; chez nous, ils sont, seuls, coryphées de la science qu'ils étudient ; leurs ouvrages mêmes ne sont pas lus malgré l'éloge emphatique qu'on en fait. C'est à se demander, dans l'humilité d'un jugement impartial, si l'érudition sérieuse est bien un apanage de notre race.

On comprendra bien vite la situation des savants français et allemands qui s'occupent des antiquités chrétiennes. Depuis de nombreuses années, cette science était entre les mains du clergé, du parti catholique. Il avait ses revues, publiait même de loin en loin un certain nombre d'ouvrages. Ces recherches étant son domaine, malheur à celui qui vient apporter une autre solution que la sienne. Nous l'avons vu : volées de bois vert, silence absolu sur les œuvres publiées, mais malgré ce, il arrive que le battu consciencieux et honnête dans son labeur finit par avoir raison et qu'il voit bien vite un certain nombre d'adhérents le soutenir et l'encourager.

Si le parti catholique compte des maîtres illustres qui ont .fait progresser cette science, MM. de Rossi, Le Blant, Duchesne, voire même le professeur Kraus, il est triste de trouver à leur suite une cohue de disciples qui se montrent pleins de haine et de parti-pris. Il est à craindre que la vraie et la juste interprétation des monuments ne puisse se faire, en un mot que l'archéologie chrétienne soit en danger. Toute science traverse, en effet, trois périodes. La première est avant tout analytique. On rassemble les documents, on les groupe, on les discute au point de vue de l'authenticité ; la seconde période est dogmatique ; elle permet des jugements qui le plus souvent sont erronés, car on n'a pas encore la conception de l'ensemble ; la troisième est la période synthétique, celle qui appartient aux hommes indépendants, dont la tâche consistera précisément à contrôler d'après tous les documents et à modifier au besoin les conclusions de leurs prédécesseurs.

Les solutions proposées par le parti catholique européen ont été complètement revisées par quelques savants professeurs d'universités allemandes, les Schultze, les Usener, les Lœning, les Harnack, les Hasenclever, etc. Grâce à leur activité intellectuelle, une nouvelle orientation est née, presque inconnue, il est vrai, au public français. Mais le point de vue de ces maîtres est encore religieux ; une nouvelle émancipation est nécessaire ; il faut que cette branche de la science fasse un pas de plus, il faut que le christianisme ne soit plus considéré que comme un fait purement historique ; alors seulement nous pourrons l'étudier avec les méthodes de l'évolution.

Nous aurions voulu résumer ici l'état des recherches auxquelles n'ont
cessé de se livrer les savants d'Allemagne jusqu'à la présente année ;
mais la place nous manque et nos lecteurs le trouveront bientôt ailleurs.
Nous parlerons aujourd'hui de la polémique de M. Schultze et de
M. Wilpert, elle intéresse au plus haut point l'avenir des sciences religieuses. On y découvre une fois de plus le point de vue de l'école catholique et le but qu'elle poursuit dans l'étude du christianisme. Ce n'est
certes pas l'amour objectif du passé, le désir de relier l'époque romaine
à celle du moyen âge qui inspirent ces chercheurs ; bien au contraire,
leur seule préoccupation est d'appuyer des dogmes sur une base très
ancienne. Et s'ils vont demander aux catacombes des informations
nouvelles, c'est qu'ils espèrent y découvrir de quoi fortifier leursy stème.

C'est l'étude des monuments épigraphiques et iconographiques contenus
dans les catacombes, qui a fait naître le débat dont nous allons entretenir
nos lecteurs. Pour M. Schultze comme pour nous [1], les catacombes sont
de simples cimetières, où les chrétiens venaient déposer leurs morts et
où les riches s'élevaient un tombeau assez somptueux par rapport aux
simples *loculi* réservés aux classes pauvres. Lieu sombre, dit saint Jérôme,
où la lumière pénètre à peine ; ajoutons aussi : lieu dangereux à cause
des émanations qui s'en dégageaient. Elles ne servaient donc pas d'églises
aux premiers chrétiens, ni même de place de refuge pendant les persé-
cutions. Connues de l'autorité romaine, elles furent quelquefois fermées.
L'art qui s'y révèle est un art encore tout païen. Les premiers chrétiens
n'ont pu improviser ni une peinture, ni une plastique particulières.
Ils sont, tant au point de vue des conceptions religieuses qu'à celui de
la création artistique, enchaînés étroitement au passé et ils continuent à
concevoir la tombe comme les païens qui les entourent. Aucune différence
dans les monuments épigraphiques, nous dit M. Hasenclever. Ici un
rapport étroit entre les formulaires chrétien et païen, la mention même des
servi sur les tombes chrétiennes [2]. La tentative de M. Wilpert, qui veut
esquisser le développement de l'épigraphie chrétienne avec les inscriptions
de Saint-Priscille, est tout d'abord impossible [3]. Nous possédons à peu
près 13000 inscriptions, et le cimetière de ce nom n'en contient que 252 !
L'étude est donc vaine et frivole, malgré le ton prétentieux de l'auteur.

Après avoir attaqué M. Hasenclever, M. Wilpert s'occupe de
M. Schultze. Les travaux du savant professeur de Greifswald ont eu
un très grand retentissement. Il a réfuté les études de M. de Rossi avec
une critique pénétrante et a montré dans des monographies le dévelop-

(1) Cf. nos Études d'iconographie religieuse, 1887. Paris.

(2) On les trouve mentionnés quelquefois, mais ce que nous savons des églises
africaines d'après les écrits de Tertullien nous prouve que les classes étaient
reconnues. Eloignons l'idée d'une confraternité trop grande ; l'Église a continué
à posséder des esclaves pendant la première partie du moyen âge et elle n'a rien
fait pour les affranchir.

(3) L'affirmation que les inscriptions du cimetière de Saint-Priscille ne contiennent rien qui rappelle le paganisme est fausse.

pement iconographique de certaines grandes dévotions chrétiennes, celles à Jésus-Christ, à la Vierge, etc. Il a pu constater, aussi bien que nous, l'absence de dogmes dans les catacombes. De là haine et colère contre ses travaux. De là les brochures de M. Wilpert. Mais quelle méthode dans ces attaques ! Avec quelle légèreté on réfute le docte et laborieux professeur ! Prenons un exemple entre vingt : la représentation iconographique de Moïse. Les lecteurs du *Moyen âge* savent que parmi les scènes relatives à ce prophète que nous possédons, trois portent le nom de saint Pierre. Le parti catholique a voulu y voir tout de suite la preuve de l'assimilation de Moïse frappant le rocher à saint Pierre qu'elle considère comme le Moïse de la nouvelle alliance. M. Wilpert ajoute même que cette scène se trouve seize fois à côté de saint Pierre reniant son maître. Prenons vite Garrucci et cherchons parmi les planches signalées par M. Wilpert les 16 exemples. Cette scène n'est représentée que deux fois ! On peut juger par là du reste. Et pourquoi tant d'efforts ? Vous le devinez à coup sûr. Il s'agit ici d'attester le triomphe du primat de Rome, du grand apôtre saint Pierre.

L'artiste, s'il fallait en croire l'école catholique, n'aurait eu aucune liberté ; le clergé avait toujours les yeux sur lui et lui dictait les scènes qu'il allait représenter. Il devait avant tout figurer aux yeux les dogmes de la nouvelle foi ; point d'erreurs de sa part, aucune licence. On devine tout de suite les conséquences de cette maxime : l'art étroitement lié au dogme. Et pourquoi ? Parce qu'il est nécessaire de maintenir le dogme à tout prix, qu'il est nécessaire d'affirmer, malgré l'évidence, la préexistence dans les catacombes des dogmes chrétiens. Il sera donc interdit aux artistes de prendre de ci de là un symbole païen, une représentation qui aurait conservé un sens mythologique.

Un tel système conduit à une méthode peu scientifique, et l'attaque de M. Wilpert est avant tout subjective : aucune règle, aucune mesure, mais la plus capricieuse fantaisie.

Comment le parti catholique va-t-il expliquer les différentes scènes qui se trouvent dans les catacombes ou sur les sarcophages ? Croyez-vous qu'il va s'occuper du but de ces œuvres, de la place où les premiers chrétiens les ont logées ? Au contraire, on s'efforcera de nous les expliquer par des passages empruntés aux Pères de l'Église. Vite compilons les Pères, prenons fiches sur fiches pour savoir comment ils considèrent Jésus, les différents miracles qu'il a faits, le symbole du poisson, etc., et affirmons que les cordiers, les cardeurs de laine, les simples et les pauvres qui formaient alors le principal noyau de l'Église, se rappelant les phrases de rhétorique des Pères, interprétaient aussi ces monuments.

Tout cela est faux, puéril, par cela même que cela est contraire à toutes données historiques. Autre chose était ce que pensaient les Pères, autre chose ce que sculptaient les artistes, autre chose ce que croyait le peuple. Il ne nous est pas permis de prendre ici et là des lambeaux de phrases oratoires et de les adapter tant bien que mal aux représentations figurées. La conséquence de ce système est même assez plaisante : les partisans du symbolisme à outrance arrivent à se trouver fort embarrassés devant les sens multiples qu'ils évoquent. Lequel choisir ?

Arrêtons-nous. L'attaque de M. Wilpert est sans fondement sérieux ; elle n'empêchera pas que M. Schultze défende le bon sens aussi bien que la méthode scientifique. Nous n'avons qu'un regret, c'est de voir M. Wilpert, qui aurait pu dépenser un temps si utile à quelqu'étude neuve et sérieuse, gaspiller de longs jours pour édifier une œuvre de haine et de vanité.

A. Marignan.

Völuspa, *Eine Untersuchung, von* E.-H. Meyer. Berlin, Mayer et Müller, pp. 80. — *Julius Hoffory*, Eddastudien. I. Mit 3 Tafeln. Berlin, Reimer ; in-12 de 173 pp. — *W. Golther*, Lohengrin (tiré-à-part des *Romanische Forschungen*, V).

Nous continuons à assister à la réaction contre les théories auxquelles avaient attaché leur nom certains mythologues allemands, les frères Grimm en tête et à un degré inférieur Simrock.

M. Golther a exposé ici même (iii, 34) quelques-uns des résultats dus aux pénétrantes recherches de Sophus Bugge dans ses *Studien über die Entstehung der nordischen Götter-und Heldensagen* (1). Parallèlement nous trouvons dans M. Zimmer un champion décidé de la thèse qui attribue au christianisme une part considérable dans la formation mythologico-poétique des Celtes d'Angleterre (2). Que tout soit assuré de part ni d'autre, nul n'oserait l'affirmer ; mais des démonstrations positives et des raisonnements ingénieux de ces savants a résulté une orientation nouvelle, dont le livre de M. E.-H. Meyer est un curieux reflet. M. Meyer, plus mythologue que philologue, applique à l'un des anciens poèmes de l'*Edda*, au plus vénérable peut-être, *Völuspa* (la prophétie de la voyante), la même critique que M. Bugge avait triomphalement promenée à travers les ombres du Panthéon germanique ; pour lui aussi la *Völuspa* renferme une sérieuse proportion d'éléments chrétiens ; elle est l'œuvre d'un théologue, Sœmund († 1133) et c'est à Honorius d'Autun que son auteur a

---

(1) C'est le titre donné par M. Brenner, professeur à l'Université de Munich, à la traduction allemande de l'ouvrage. Voyez-en l'appréciation *littéraire*, mais vivement attrayante, par deux maîtres français dans le *Journal des Savants*, oct.-nov. 1889, (Michel Bréal) et dans le *Journal des Débats*, n°s des 2 et 4 novembre 1890 (James Darmesteter).

(2) Dans ses *Keltische Beiträge*, publiées par la *Zs. f. D. Alterthum*. La dernière de ces *Beiträge* (75, vol. xxxv de la collection) est consacrée aux traces d'influence germanique dans la primitive épopée irlandaise. Nous y reviendrons.

emprunté ses principales lignes doctrinales. On conçoit que des hypothèses présentées avec cette netteté sans un appareil de preuves toujours décisives ait soulevé en Allemagne, en Angleterre et dans les pays scandinaves de vives contestations. Un seul fait semble mis hors de doute, la part d'alliage chrétien que renferme *Völuspa*, son titre même, certaines de ses imaginations telles que l'arbre Yggdrasil qui n'est autre que l'*arbre* de la Croix, dont la légende a passionné tous les siècles du moyen âge (1), d'autres traits encore dans l'examen desquels, en cette revue sommaire, on nous excusera de ne pas entrer. Quant au livre lui-même, il a les défauts et qualités des précédents travaux de M. E.-H. Meyer sur la mythologie indo-européenne (2). De ces défauts le principal est une absence de composition littéraire qui touche à l'extravagance et à la confusion même. C'est aller trop loin, sans doute, que d'opposer comme un de nos confrères parisiens le faisait naguère, un *non possumus* aussi dédaigneux que commode à l'analyse de la savante compilation de M. E.-H. Meyer ; mais il est juste de reconnaître que celui-ci foule aux pieds toutes les convenances d'auteur à public, dans ce qu'elles ont de formel et peut-être de formaliste.

Les études de M. Hoffory sont, au contraire, d'une lecture aisée et même agréable ; cette première série renferme quatre articles déjà publiés par le professeur de Berlin ; le premier est consacré à la *Deutsche Alterthumskunde* de Müllenhoff ; notons que M. Hoffory diffère d'opinion avec l'illustre germaniste sur un point d'interprétation de la *Völuspa* et sur sa date qu'il juge postérieure à 950. C'est aux strophes 5 et 6 du même poème que se rapporte le 2e article ; M. Hoffory s'accorde avec Müllenhoff à les considérer comme interpolées et il essaie d'en déterminer le sens. Le 3e article est une critique nullement favorable du *Corpus poeticum boreale* de G. Vigfusson et G. Powell ; M. H. revient encore sur la *Völuspa* dont il a en vue cette fois la dernière partie. Le 4e article est consacré au *Dieu du Ciel* des Germains, *Tivaz* ; il en reconstitue certains traits et des attributs qui achèvent de l'identifier avec Ζεύς, son correspondant hellénique. La découverte d'une figure de ce dieu sur un bas-relief trouvé à Horsehead et deux inscriptions d'autel complètent la démonstration de M. H. qui a joint à son livre la reproduction du tout, en trois planches très bien venues. La première nous montre le dieu porteur de la lance et ayant un cygne à côté de lui, c'est-à-dire dans un de ces groupements familiers aux divinités helléniques. Peut-être M. H. a-t-il dépensé de l'ingéniosité en pure perte pour expliquer la présence de ce cygne et l'enchâsser, en quelque sorte, dans le bagage obligatoire de son *Dieu*. En tout cas, s'il est un point

(1) Voyez à ce sujet Mussafia, *Sitzungsberichte d. Wiener Akademie*, 1869, t. 63, p. 165, et W. Meyer (de Spire) dans les *Abhandlungen* de l'Académie de Münich, Classe I, vol. xvi, 2e partie.

(2) M. Meyer, qui a débuté, croyons-nous, par une étude sur *Roland* parue à Brême en 1868, a publié depuis lors, entre autres travaux, deux remarquables volumes : *Indogermanische Mythen* I et II, ce dernier consacré à la légende mythique et épique d'Achille.

intéressant dans sa dissertation, c'est lorsqu'il rattache la légende de *Lohengrin* à celle de *Tivas*. Pareil à Ζεύς, Tivas a pu prendre une forme animale pour accomplir quelque exploit héroïque ou amoureux. M. Golther, dans la dissertation que nous nous bornons à annoncer ici, a pris pour point de départ la conclusion de M. Hoffory et il a basé là-dessus des recherches intéressantes, dans lesquelles il envisage le rapport des versions littéraires (allemandes) que nous avons conservées de cette poétique légende des anciens Germains. La légende, réduite aux proportions d'un conte populaire, n'a cessé d'être localisée dans une région qui correspond à peu près au N.-O. de la Germanie. C'est de là qu'elle est partie pour se propager en Allemagne et pour greffer, d'autre part, un de ses rameaux les plus luxuriants sur l'arbre généalogique des seigneurs de Bouillon. Rien d'étonnant que l'imagination du m. âge ait créé de toute pièce au libérateur du Sépulchre une de ces généalogies à base divine, comme les imaginations grecques, romaines et germaniques se plaisaient à les forger pour leurs héros d'élection. M. G. est amené par son sujet à émettre une opinion motivée sur les rapports du *Graal* et de *Lohengrin* et, incidemment, à reprendre l'éternelle *Kyôtfrage*. Il n'admet pas que Wolfram le premier ait enchâssé l'histoire de Lohengrin dans celle de Perceval ; ç'aurait été l'œuvre du mystérieux Guiot, à qui reviendrait aussi l'honneur d'avoir « dégagé la légende du Graal de ses imaginations mystiques et de l'avoir située sur le sol du roman de chevalerie breton ». En outre Wolfram n'a pas ouvert la polémique contre Chrétien dans les vers fameux de son *Parzival* (827, 1) ; il l'hérita, en quelque sorte, de son modèle français. Des deux poètes allemands qui ont associé des talents très divers pour chanter *Lohengrin,* l'un appartient à la Thuringe ; il a connu un modèle français. L'autre a composé sa partie plus tard, vers 1280 ; tous les deux se sont inspirés de Wolfram d'Eschenbach. Voilà quelques-uns des points à l'élucidation desquels M. G. a consacré son intéressante étude (1). Nous ne pouvons entreprendre ici le départ de ce que nous considérons comme démontré par lui et de ce qui garde encore à nos yeux les caractères d'une ingénieuse postulation. Il est tel passage où nous avons été convaincu, et autre où nous demanderons au jeune savant de Munich un temps de réflexion et de réserve. Ce qu'il dit, par exemple, du rapport frappant entre la question qu'il *ne fallait pas* poser à Lohengrin et celle qu'il *fallait* poser à Amfortas (p. 126), est bien spécieux et je serais plus porté à voir de côté et d'autre l'idée du héros libérateur, idée qui s'accorde mieux avec le caractère adventice du Graal. Mais ce sont là des divergences d'appréciation qui exigeraient, pour être motivées, d'assez longs développements que la nature de ce compte rendu m'interdit à regret de leur consacrer.

E

(1) Plusieurs de ces résultats étaient déjà assurés auparavant. Voyez surtout Bartsch, *Germanistische Studien*, II, et Elster, *P.-B. Beiträge*, 10, 81. Ici comme dans les premières pages où il résume les recherches de M. Hoffory, comme aussi dans ce qu'il dit des versions françaises d'après de Reiffenberg, M. Golther a surtout fait preuve de patience ; dans la *Kyôtfrage*, il a été plus personnel et plus à l'aise dans sa critique.

English Miracle Plays, Moralities and Interludes. Specimens of the Pre-Elisabethan Drama edited, with an Introduction, Notes and Glossary by Alfred W. Pollard, M. A. St Johns College, Oxford. — Oxford, At the Clarendon Press. 1890.

L'auteur nous donne, dans son introduction, une histoire très complète du drame anglais au moyen âge. Si elle n'offre rien de nouveau, — ce qui est en parfait accord avec le but vulgarisateur que M. Pollard se propose, — elle n'en a pas moins le mérite de l'information. Signalons entre autres livres cités par l'auteur, celui du docteur Brambs (Lipsiæ 1885) qui semble prouver une fois pour toutes que l'on ne peut attribuer à Grégoire de Nazianze, le χριστὸς πάσχων, — ce drame dont on a fait tant de cas comme étant le principal lien entre le théâtre classique et celui du moyen âge.

Passons de suite aux textes, en débutant par une remarque générale. Nous ne pouvons nous empêcher de regretter que M. Pollard n'ait pas jugé bon de reproduire les textes en entier. Il est vrai que dans quelques cas cette observation ne tient pas ; les moralités surtout se répètent de temps en temps — encore plus que l'histoire ! — mais dans d'autres cas je serais d'avis qu'il aurait fallu tout donner. Pourquoi — pour ne citer qu'un exemple — le commencement de l'*Everyman* a-t-il été donné en abrégé ? Les passages omis intéressent justement la question de savoir si dans « God spekyth » (p. 78) *God* signifie Dieu ou bien Jésus-Christ. (Voir Dodsley, ed. Hazlitt I, p. 100). On ne saurait en juger que d'après le texte entier. Si seulement on voyait pourquoi ces passages ont été supprimés. Mais M. Pollard nous paraît trop scrupuleux. Il ne se borne pas à supprimer des expressions telles que *whoreson* — ce qu'à la rigueur on pourrait comprendre — mais aussi dans *Christ's curses* il remplace *Christ's* par *Heavens curses !* etc.

L'auteur donne en tout dix-sept extraits dont quatre en appendice. Nous les énumérerons en accompagnant chacun d'eux de quelques observations, s'il y a lieu.

I. *The creation and the fall of Lucifer* ; emprunté à la collection dite les *York Plays*. Voir sur cette collection, outre les articles et les ouvrages antérieurs à celui de M. Pollard, le *Herrigs Archiv*, vol. LXXXV. pp. 411 seq. (1890).

II. *The Watter Leaders and the Drawers of Dee Playe*, et

III. *The sacrifice of Isaac*. Ce sont deux des « Chester plays ». Je signalerai deux travaux tout récents sur cette collection : H. Deimling, *Text-Gestalt und Text critik der Chester Plays* (Inaug-Diss.) Berlin (1) 1890 et H. Ungemach, *Die quellen der fünf ersten Chester Plays*. Sur la question d'un original français pour ce cycle (Pollard p. xxi) voir la dissertation de M. Ungemach.

(1) Les Chester Plays seront réédités prochainement pour la Early English Text Society par M. Deimling.

Vs. 25-27, on dit de l'arche de Noé :

> 25 Three hundreth cubettes it shall be longue
>
> And fiftie brode, to make yt stronge ;
>
> 27 Of heighte fiftie the meete thou fonge, etc.

Le passage du Vieux Testament sur lequel est basé notre texte (Genèse, VI, 15) a: Trecentorum cubitorum erit longitudo arcæ, quinquaginta cubitorum latitudo et triginta cubitorum altitudo illius (Ungemach p. 109). Il faudra donc lire, vs. 27 : Of heighte *thrittie* the meete, etc. Ce sont bien les *chiffres* 50 et 30 qui auront été confondus. Cette hypothèse me semble confirmée par la leçon autrement corrompue que présente un autre texte du même drame, celui publié par M. Marriott (1) en 1838, où je lis (p. 4).

> 25 300 cubytes it shall be longe
>
> And *so* of breadeth, to make it strong,
>
> Of heighte *so*, the mest (2) thou fonge
>
> 28 Thus measure it about.

Remarquez bien que 300 est en chiffres.

100. *frynish* est expliquée dans le glossaire comme *ingenious, nice*. La variante *frankishfare* dans Marriott, expliquée par: *nonsense* me semble aussi étrange comme forme, mais la signification qui lui est attribuée par Marriott, je ne saurais dire sur quelle autorité, me paraît plus satisfaisante, étant donné le contexte.

Vs. 246 voir la note p. 183. En effet, un autre manuscrit ajoute *Et dat alepam victa.*

M. Pollard croit que les vss *269 — *307 sont publiés par lui pour la première fois ; il n'en est pas effectivement ainsi ; M. Marriott les a déjà donnés dans sa « Collection of english miracle plays or mysteries. »

Quant à l'hypothèse que les différents auteurs du sacrifice d'Isaac, auraient suivi un original commun (Pollard, p. 165) elle vient d'être soutenue aussi par M. Ungemach, p. 128.

IV. *Secunda pastorum*, le n° 13 des *Townely ou Wakefield Plays*, renfermant un passage comique que M. Pollard appelle à juste titre « notre première comédie anglaise. »

V. *The salutation and the conception,* le commencement du n° XI des *Coventry Plays.*

VI. *Mary Magdalen,* une des *Digby Plays.*

Est-ce que le mot *memoryall* dans le vs. 1134 ne serait pas en réalité *memory all*?

Le vers 1201 aussi me semble avoir besoin d'une légère émendation, peu importante d'ailleurs : *galowys* pour *galows*.

VII. *The Castell of Perseverance,* une moralité jusqu'ici inédite ; elle n'est ici donnée qu'en partie. Une édition complète nous est promise par l'auteur. Vs. 267 *wele a woo* et vs. 271 *wele away* seraient à écrire respec-

____

(1) Je ne puis malheureusement pas comparer l'édition Wright.
(2) Var. lect. *meet, next.*

tivement : *Weleawoo* ou *Welawoo* et *welaway* (hélas) en un mot, ou du moins le glossaire devrait les expliquer, l'édition étant destinée à des commençants. Est-ce qu'on a le droit — comme le fait M. Pollard — d'expliquer la forme purement phonétique *the tone* comme « ignorant writing » ? (p. 199.)

VIII. *Everyman*, une moralité, dont le sujet se retrouve dans d'autres littératures. (*Homunculus, Elckerlyc* etc., voir la brochure de M. Gœdeke, 1865.)

Il a paru un article sur ce sujet dans la *Tydschrift voor Nederlandsche Taal en Letterkunde*, ix, pp. 12-20, où l'auteur, M. Kalff, cherche à démontrer que le texte Néerlandais est l'original du texte Anglais ainsi qu'il l'est pour les textes Latin et Allemand (1).

IX. *Interlude of the Four Elements.* — C'est par une simple inadvertance que dans le vers 13 M. Pollard corrige *yngnorant* du texte en *ygnoraunt* tandis que dans le vers 29 *prengnaunt* est resté. Pour moi le *yngnorant* aurait pu rester aussi, cette graphie étant très intéressante ; voir *le Moyen-Age,* avril 1890 p. 88.

X. *Skeltons Magnyfycence.* Je n'oserais pas changer le *of* de
    Beholde, howe fortune of hym hath frounde !
en *on,* vu que les prépositions *of* et *on* se remplacent bien souvent l'une, l'autre, *Englische Studien* XIII, 363, et plus bas le vs. 1996.

XI. *Heywood's the Pardoner and the Frere.* — Publié aussi dans Dodsley-Hazlitt vol. I. Parmi les reliques que le « Pardonour » prétend avoir rapportées de terre sainte, il est fait mention (vs. 105) d'un *Jewes shepe:*
    Fyrst here I shewe ye of a holy Jewes *shepe.*
    A bone.

Le *shepe* serait, me semble-t-il, assez difficile à expliquer. Je préfère la correction de M. Hazlitt : of a holy Jewes *hip.*

Quant au mot *ragman rolles* (vs. 552) voir l'Academy (de Londres), nos 923, 924, 925, 947.

XII. *A new enterlude called Thersytes,* ce qui « Dothe Declare howe that the greatest boesters are not the greatest doers. »

XIII. *Bale'sking John,* basé en partie sur la tragédie de Pammachius par Naogeorgos (Thomas Kirchmayer), d'après une notice (dans l'Athenæum du 10 juillet 1886 p. 41) que je ne puis vérifier en ce moment.

M. Pollard éprouve une difficulté à expliquer le vers 2107 :
    And syngefor my sowle a masse of Scala celi.
Voir sa note p. 223.

La *Scala celi* était une chapelle, hors des murs de Rome sur le chemin

---

(1) M. Kalff fait observer (p. 18) que de temps en temps l'auteur anglais semble avoir mal compris son original. Je ne vois cependant pas qu'il en soit ainsi dans le seul cas cité. « Dattet bloet cruypet, daert niet welgaen en mach » est parfaitement bien rendu par « For kynde wyll crepe where it may not go » (Pollard vs. 316). Le même proverbe se trouve dans un des Towneley mysteries (Pollard p. 37) vss. 602, 603.

d'Ostie, à laquelle des indulgences spéciales étaient attachées (1), ce qui explique l'allusion.

Les textes en appendice sont : *Mysterium Resurrectionis* ; *Ludus super Iconia Sancti Nicolai; the Harrowing of Hell* et un fragment du *Broome Play of Abraham and Isaac.*

Des mots aussi faciles à comprendre que *stylle, substanciall, sum* etc., ayant été donnés dans le glossaire, il me semble que les formes suivantes auraient pu y figurer aussi : *Drowpy*, magn. 2044 ; *Dylf* pp. 52, 55 ; *Fryska* Ev. 419 ; *ho* Co. 87 ; *rēst* Ev, 116 (Hazlitt écrit : *'rrest)* *Solom.* MM. 1536 ; *state and stye* C. P. 79.

La plupart des additions que j'ai faites ne portent, on le voit, que sur des questions de détail. Du reste, elles sont en partie telles que M. Pollard n'est pas responsable de l'omission citée, puisque le livre en question dans presque tous les cas a paru après celui qui nous occupe. Encore sont-elles un témoignage, indirect il est vrai, mais non moins sincère, en faveur de l'intérêt que cette collection nous semble avoir, en tant qu'elle est destinée à introduire dans l'étude du Drame Anglais au moyen âge.

H. Logeman.

L. Constans. **Chrestomathie de l'Ancien français** (ixe-xve siècles). Nouv. édition. Paris, E. Bouillon, 1890.

Nous saluons avec plaisir cette seconde édition du recueil de M. Constans, non seulement à cause de sa valeur intrinsèque, mais aussi comme signe de la poussée irrésistible qui entraîne aujourd'hui la France vers l'étude de ses origines littéraires. En six ans, une chrestomathie d'ancien français arrive à la seconde édition malgré la concurrence redoutable du livre de Bartsch et Horning ! Le fait mérite d'être noté.

L'ouvrage de M. Constans a reçu de notables augmentations ; sept morceaux nouveaux, d'un choix très heureux, ont pris place dans le volume ; l'auteur a fondu dans les notes, avec infiniment de raison, le *Supplément* qu'il avait d'abord publié à part et qui contient, comme on sait, la traduction des textes les plus anciens et d'abondantes notes philologiques. Les unes comme les autres, clairement rédigées, seront du plus grand secours pour les commençants. Cependant il est de notre devoir de faire à M. Constans un reproche assez grave : il n'a pas tenu son travail suffisamment au courant. De là vient que tantôt il lui arrive d'employer de ces expressions vagues ou impropres que l'on pouvait peut-être encore tolérer il y a vingt-cinq ans, mais qui semblent aujourd'hui absolument insupportables ; tantôt il continue à donner cours à des affirmations maintenant controuvées, tantôt enfin, il commet de véritables inexactitudes. Les faits de ce genre se rencontrent, il est vrai, assez rarement, mais ils choquent d'autant plus qu'ils se trouvent dans

---

(1) Voir l'Academy n° 974, p. 15 et une note de la page 224 d'un livre de M. Jusserand : *La vie nomade et les routes d'Angleterre au moyen âge.*

un ouvrage élémentaire. Les livres de cette espèce devraient être absolument impeccables ; comme, pendant longtemps peut-être, ils constitueront la seule source de renseignements de l'élève, il sera sans recours contre les erreurs qui pourraient s'y glisser ; il les acceptera bénévolement et ne s'en débarrassera dans la suite qu'avec beaucoup de difficulté, tant sont durables les premières impressions reçues dans l'étude d'une science quelconque.

Nous relèverons ici quelques-unes des inadvertances qui nous ont frappé en parcourant le volume de M. Constans. Il nous dit dans sa *Préface*, p. ij, qu' « il a visé par le choix de ses morceaux à donner une idée des différents dialectes qui ont *contribué à former* la langue française. » M. Constans oublie-t-il que le français ne doit que fort peu de choses aux dialectes et qu'il s'est formé et développé bien malgré eux ? Chaque jour voit restreindre la liste des irrégularités françaises que pour plus de facilité on disait dialectales. L'expression, comme on voit, est très équivoque. L'ouvrage en contient encore d'autres qui ne le sont pas moins : la terminologie de M. Constans est souvent défectueuse. Nous n'insisterons pas davantage sur les inconvénients que présente ce manque de précision dans un ouvrage destiné à l'enseignement secondaire. — M. Constans a laissé subsister, sans lui faire subir de modifications, le tableau sommaire de la littérature française au Moyen Age qu'il avait mis en tête de la première édition. Cependant l'apparition du *Manuel* de M. Paris lui en imposait, sinon la suppression absolue, du moins une refonte complète. M. Constans ne peut se dissimuler que ce résumé, condensé au possible, « bourré à éclater », disait Darmesteter dans son compte-rendu de la *Revue critique*, est, malgré tout, en même temps incomplet ; il est donc peu recommandable pour des élèves de lycée. M. Constans aurait dû abandonner l'idée de dresser un inventaire complet des richesses littéraires du Moyen Age français, cet inventaire ayant été fait par M. Paris, et employer ces cinquante pages à esquisser d'une manière vivante les grandes lignes de l'évolution des différents genres à cette époque. Il eût ainsi mieux répondu aux besoins de ses lecteurs. De plus, en soumettant son travail à ce remaniement, il aurait prêté plus d'attention à en faire disparaître un certain nombre de détails inexacts. Il ne dirait plus (p. viii) que « l'Alexis a été écrit dans cette belle langue qu'on *parlait* dans l'ancienne » Neustrie... vers le milieu du xiᵉ siècle, avant qu'apparussent les diver- » gences qui ont distingué, dès le xiiᵉ siècle, le français et le normand. » M. Constans doit savoir que cette idée est universellement abandonnée aujourd'hui, même par son auteur (1). Le *neustrien* n'a pas plus existé que la *langue romane* de Raynouard et est tout aussi invraisemblable pour les mêmes raisons. — De même, il aurait tenu compte de la rectification du nom de l'auteur de la *Vengeance d'Alexandre* signalée par la *Romania*, t. xv, p. 623, et ne continuerait pas à imprimer *Jean le Nivelois* pour *Jean le Venelais*.

(1) Voy. *Romania*, t. xiv, p. 599.

Passons maintenant aux textes et aux notes qui les accompagnent. On y voit clairement que les études de M. Constans l'ont porté plutôt vers l'histoire littéraire que vers la dialectologie. Les termes dont il se sert, chaque fois qu'il parle du picard et du wallon, en sont une preuve palpable. C'est ainsi qu'il nous dit, p. 151, l. 28, que « l'auteur de *Richars li biaus*... Maistre Requis... écrivait dans la seconde moitié du XIIIe siècle, dans le dialecte du pays de Liège. » Ce texte est absolument picard ainsi qu'il ressort à l'évidence des formes suivantes que nous trouvons dans l'extrait même publié par M. Constans : 3 *fache*, 4 *cache*, 21 *lanche*, 107 *acaterons*, 112 *cuich*, 116 *maisiaus*, etc. Aucune de ces formes n'est possible ni à Liège, ni à Namur. L'erreur de M. Constans s'explique quand nous lisons à la note 4 de ce texte : « On sait que le picard et le wallon conservent sans altération *ca* latin, » tandis qu'ils transforment en chuintante le *c* doux du français (?) » = *ci, ti* + voyelle. » et p. 118, l. 32 : « Le dialecte de Jean (de Thuin) est naturellement le wallon qui diffère par quelques traits du picard pur. » M. Constans devrait savoir que le picard et le wallon constituent des dialectes bien tranchés et la comparaison avec des textes picards aurait dû le mettre en garde, car le parler de Thuin n'est nullement wallon et ne l'a jamais été (1).

Une dernière observation pour finir. P. 182, l. 44, M. Constans dit de la chanson *De moi dolereus vous chant* qu'elle est « anonyme (dans un manuscrit sur deux) ». Elle est en réalité attribuée dans Pb[3] (M) f° 174 à Guiot de Dijon et dans Pb[11] (T) f°s 35 et 84 à Gillebert de Berneville. Dans Pb[3], elle fait partie de tout un groupe de chansons mises à tort sous le nom de G. de Dijon; dans Pb[11] 35, elle est la cinquième d'un groupe de neuf chansons authentiques de Gillebert; l'attestation du f° 84, où elle est isolée, a la valeur d'un nouveau manuscrit, parce qu'elle y fait partie d'un groupe de chansons (Tx) étrangères au fond commun (μ') de Pb[3] (M) et Pb[11] (T), et ajoutées d'après d'autres sources dans ce dernier manuscrit. Elle doit donc être attribuée à Gillebert de Berneville.

Jules SIMON.

---

(1) Voici, d'après des notes que nous avons recueillies sur place, les traits généraux qui nous autorisent à rattacher le parler de Thuin au picard : 1° *è* libre ton. > *iè*, non *i* : *pedem* > *pyè*, non *pi* (Charleroi, Namur, Liège); 2° *ellu* > *iau*, non *ya* (Ch., N.), *capellu* > *kapiau*, non *tchapya*, cf. J. de T. *biautet*, p. 118, l. 23 de Const.; 3° *è* + *y* > *i*, non *é* (Ch., N., L.), *pectus* > *pi*, non *pé*; 4° *ò* entr. > *ò* bref, non diphtongué en *wa* (Ch., N.) ou en *wè* (L.), *dormire* > *dormi*, non *dwârmi*, ou *dwèrmi*; 5° *c* + *a* > *k*, non *tch* (Ch., N., L.), captiatorem > *kacheu*, non *tchèsseu*, cf. J. de T. *capiaus* = capellum, éd. Settegast, 16, 7; 6° *g* + *a* > *g*, non *dj* (Ch., N., L.), gambonem > *ganbon*, non *djanbon*; 7° *c* + *e, i* > *ch*, non *ç* (Ch., N., L.), porcellum > *pourchau*, non *pourcya* (Ch., N.) ou *pourcè* (L.), cf. J. de T. *Marchiaus* = Marcellus, éd. Settegast, 17, 14; 8° *ty* > *ch*, non *ç* (Ch., N., L.), cominitiare > *kouminchi*, non *k'minci*, cf. J. de T. *coumenche*, éd. Setteg. 1, 1; 9° *sc* > *sk*, non *ch* (Ch., N.) ou *h* (L.), auscultare > *askouté*, non *chouté* (Ch., N.) ou *houté* (L.), cf. J. de T. *ascouteront*, éd. Setteg. 3, 6. Nous nous réservons, d'ailleurs, d'étudier de plus près la langue de J. de T. d'après le ms. V qui est d'une admirable fidélité, en nous entourant de tous les renseignements que l'étude des documents anciens et des patois modernes pourront nous fournir.

CHRONIQUE BIBLIOGRAPHIQUE

Philologie romane. — L'éditeur Bouillon a mis en vente plusieurs volumes d'un vif intérêt pour nos études ; ce sont : le tome II des œuvres de Gautier d'Arras, qui renferme Ille et Galeron ; le premier volume d'un important ouvrage de M. Étienne sur *La langue française jusqu'au XI⁰ siècle,* les feuilles 1-14 imprimées depuis longtemps, du grand travail que J. Brakelmann avait entrepris sur les chansonniers français. Brakelmann est mort depuis 1870 et on a perdu tout espoir de retrouver le reste de son manuscrit; on peut juger par ce trop court fragment de l'intérêt qu'aurait présenté l'œuvre entière ; on y retrouve classées, d'après une méthode qui nous échappe sans doute, mais que les premiers essais du jeune savant autorisent à présumer bonne, les pièces de Gautier d'Espinal, de Crestien de Troyes (trois seulement ?) de Morisse de Créon, de Huon d'Oisy, de Conon de Béthune, du Chastelain de Coucy, de Blondel de Nesle et de Richart d'Engleterre (2 pièces). C'est dire que ce volume qui compte, tel qu'il nous est légué, 228 pages agréablement imprimées, deviendra indispensable à tous ceux qui s'occupent de notre ancienne lyrique et, en général, à tous les fervents de l'histoire de nos lettres au moyen âge. Sa publication rend inutiles ou à peu près celles de Tarbé, du moins en ce qui concerne les trouvères cités, et même le travail plus récent et nullement critique de M. Fath. Il est à désirer que l'on reprenne l'œuvre de J. Brakelmann, non pour la continuer simplement, mais pour la renouveler dans sa préparation même ; celui que cette tâche ardue n'effraiera point aura déjà devant lui un sillon tracé et une moisson debout ; et si, comme il faut le souhaiter, il s'accommode de cette première moisson, il lui sera loisible de faire du fruit de ses propres recherches l'utile continuation de ce qui nous est livré aujourd'hui ; à ce titre déjà M. Bouillon a droit à notre gratitude et à celle du futur éditeur du *corpus* de nos anciens poètes lyriques. Il sera rendu un compte plus détaillé de l'œuvre de Brakelmann dans le *Moyen âge.* M. Simon, qui a accepté cette tâche, prépare lui-même une édition critique des trouvères belges, dont au moins un figure ici ; il a choisi pour sujet de sa prochaine thèse la classification des manuscrits de ces trouvères. Signalons enfin *le Français et le Provençal,* par H. Suchier, traduction de P. Monnet. Le savant article de M. Suchier dans le *Grundriss* de Gröber, revu et complété par lui-même, est rendu accessible au public français sur le conseil de M. G. Paris. « C'est là, aux yeux du public savant, l'une des meilleures » recommandations ». Ainsi s'exprime M. Monnet dans sa préface, et nous ne pouvons qu'approuver l'idée et le parti qu'on en a tiré.   W.

Alphonse Bellesheim, **Geschichte der katholischen kirche in Irland.** — Mayence, F. Kirchheim, 2 vol. 8°.

L'église d'Irlande n'avait préoccupé aucun savant allemand et nous aurions de la peine à citer une œuvre sérieuse. M. Bellesheim vient de combler une lacune regrettable. Le travail réclamait la lecture de sources nombreuses, une critique exercée. Cela n'a pas arrêté M. E. et il nous donne aujourd'hui une histoire fort intéressante de cette contrée. L'auteur, on peut le dire, a vaincu bien des difficultés et nous lui devons un livre assez sûr, bien fait, basé sur une construction solide. On lira avec plaisir ce qu'il dit de la période qui nous intéresse le plus, celle où les moines irlandais ont exercé une salutaire influence sur le continent. Il faut

pourtant avertir le lecteur que le point de vue de M. B. n'est pas objectif et
que cela nuit à son œuvre. Il écrit non pour l'historien, pour ceux qui aiment la
vérité pour elle-même et sans aucun parti pris, mais pour développer une thèse.
C'est pourquoi en lisant ces deux gros volumes on éprouve un regret, M. Bellesheim a obéi à une suggestion de Louis XIII ; celui-ci lui a quasi fourni le sujet.
De là le reproche assez grave d'avoir cédé trop à la légende, d'avoir manqué de
critique dans les vies de saints, de nous avoir donné un Patrice de fantaisie.
Avouons cependant que ceux qui entreprendront la lecture de ce livre la termi-
neront avec profit. L'œuvre est vraiment sérieuse et nous devons remercier
M. E. de l'avoir entreprise.   S.

A. HAUCK, **Kirchengeschichte Deutschlands.** — 2ᵉ partie. Auflösung der
  Reichskirche. Leipsig, Hinrich, 1890.

M. Hauck a fait paraître la deuxième partie de son deuxième volume sur l'histoire de l'église en Allemagne ; elle comprend les vii, viii et ix siècles, une des
plus intéressantes périodes de son développement. On y remarque les mêmes soins,
la même critique pénétrante et ce qu'il faut constater avant tout, c'est une connaissance précise des sources que l'auteur domine, un esprit élevé, la conception vraie
du développement historique. On ne peut pas plus demander. Que d'autres relè-
vent ici et là quelques erreurs, l'oubli de quelques livres nouveaux ; nous laissons
cela à une critique pédante fort à la mode aujourd'hui, qui saisit même avec joie
les fautes d'impression échappées par hasard. Nous recommandons surtout à nos
lecteurs l'exposé de la politique de Pépin à l'égard de la papauté, le portrait de
ce roi ainsi que de Charlemagne, de Louis le Pieux, et de Nicolas Iᵉʳ ; rien n'est à
reprendre dans ces parties excellentes.   S.

Philologie anglaise, 1889 [1]

Academy (the) 5 janvier. — P. 7, *English wayfaring Life in the Middle
Ages*, by J.-J. Jusserand, translated from the french by Lucy Toulmin Smith.
Illustrated (Cf. Athenœum, 2 mars 1889. Favorable) — P. 10, Correspondance J.-O.
Westwood *Milton and Cœdmon*. Revient sur la question soulevée par le prof.
Cook (29 déc. 1888, p. 420) touchant l'effet produit sur Milton par la paraphrase du
pseudo Cœdmon, publiée par Junius — 12 janvier — P. 20, Mary Robinson, *The
end of the Middle Ages* (Étude sur le mysticisme allemand et les relations entre la
France et l'Italie. Cf. Athenæum, 29 décembre 1888. Élogieux). P. 28, J. Earle, *A
Handbook to the Land-Charters and other saxonic Documents*, Oxford (Henry
Bradley. Recueil utile pour ceux qui n'ont pas l'accès des grandes collections.
Quelques réserves sur l'accentuation) — 19 janvier. — P. 13, Correspondance A.-S.
Cook. *The Cliff of the Dead among Teutons.* Combat des conjectures de M.
Stevenson, *ibid.* 8 déc. 88. Au sujet de l'étymologie de *neowol* et *nifol, næs* et *nes—*

_____

(1) Ce dépouillement a subi un retard bien imprévu, dont ni M. O. ni le *M. A.*
ne sont responsables. Le dépouillement de 1890 suivra à date prochaine. Le *Folk-
lore Journal* et l'*Archæological Review* étant désormais fondus en un seul périodique, *Folklore*, daté de mars 1890, celui-ci sera analysé avec les revues de
mythologie populaire. — N. d. l. R.

26 janvier. — P. 58-9, Correspondance E. Moore. *Dante's references to Alexander the great* (2 allusions), la première [*Inf. XIV*, 31-36] remonte à la lettre apocryphe d'Alexandre à Aristote. La deuxième, plus incertaine, est dans DE MON. II, 9]. P. 59. Réponse de M. Stevenson à M. Cook ; Cf. 9 mars, p. 168. Réplique de ce dernier — 2 février. P. 67, Sir Edwin Arnold. *with Sadi in the Garden or the Book of Love* (W. Hunter). P. 75-6. Correspondance. Paget Toynbee. *Dante's references to Alexander the Great* (Renseignements complémentaires) — P. 76, J.-H. Hessels. *The old English Gloss* « Elmawes » lat. « Lameres » in Wight-Wülker's Vocabularies, col. 591 (*Lemures*, écrit quelquefois *Lemores* et *Lœmures*, anglais *Helmawes*. P. 94, n° du 9 février, M. Wright préfère voir dans Elmawes une corruption pour *Eluawes*, autre forme de *Elves*). P. 96, M. Symonds revient encore sur la question soulevée par M. Moore, p. 58, il rattache la deuxième allusion dantesque à Walther de Lille — 16 février. P. 113, R. Röhricht. *Deutsches Pilgerreisen nach dem heiligen Lande* (A. N. Favorable). P. 115, Correspondance, J.-H. Hessels propose de lire *Elf-Mawes* d'accord avec M. Skeat pour la glose précitée. P. 134, Nouvelle tentative de M. Eirikr Magnusson. Il n'y a pas de raison pour que cela finisse. — 2 mars. P. 148, Annonce d'une collection de *Welsh Classics for the people,* notam. divers traités du M. A., sous la direction de M. Gwenogwyn Evans — P. 150, Correspondance. W. Skeat, *Chaucer's « Puella » and « Rubens »*. Il s'agit de deux personnages, *Tale* II, 1183 et 1187, qui seraient l'un Vénus, l'autre Mars.— 9 mars. P. 166, Annonce de *Blanchardyn and Eglantyne* ed. Kellner (pour la Early English Text society) de la *Early English romance of Ipomedon* et de *Apthom and Merlin* par le prof. Kölbing. — 16 mars. P. 178-79. Chaucer, *the Minor Poems,* éd. Skeat (A.-W. Pollard. Élogieux, avec quelques réserves au sujet de certains poèmes et des changements apportés au mètre. M. Skeat répond à ces objections dans le numéro du 23 mars). — 30 mars. P. 221, Correspondance. G. Stephens. *A facsimile of the Oldest swedish ms.* Il contient la loi provinciale du Gotland occidental. P. 222. W. Skeat revient sur un point soulevé dans une lettre à l'*Academy* du 23 février et restitue au professeur Kölbing l'honneur d'avoir découvert depuis douze ans les sources du *Second Nun's Tale* de Chaucer — 13 avril. P. 249-50. B. Ten Brink *Geschichte der englischen Litteratur,* II, 1 Hälfte (H. Herford. Élogieux) P. 305-6, 342-43, 379-80, 413. Polémique entre M. Palgrave, qui reproche un excès de subtilité conjecturale à M. Ten Brink et M. Herford qui prend vivement le parti de ce dernier) — 11 mai. P. 315-16, E. Moore. *Contributions to the textual criticism of the* Divina Commedia (Paget Toynbee. Continue sur une base plus scientifique les recherches de Witte). — 25 mai. P. 360. Correspondance. — 8 juin. P. 390-91. Tunison. *Master Virgil,* etc. (Ugo Balzani. Favorable. Cf. les numéros du 6 juillet et du 10 août). — P. 396. Correspondance. Whitley Stokes. *Folklore in the* Divina Commedia [cite certains passages précieux pour les études de mythologie populaire]. P. 397. A.-L. Mayhew. *The Etymology of the word God,* cf. p. 413. — 15 juin. P. 405-6. Dom Lawrence Hendicks. *The London Charterhouse, its Monks and its Martyrs — Historia aliquot martyrum anglorum maxime Octodecim Cartusianorum sub Rege Henrico Octavo,* etc. a patre D. Mauritio Chauncy (James Gairdner. Le premier ouvrage raconte sous une forme populaire l'histoire du *Charterhouse* de Londres jusqu'à son récent transfer à Godalming ; le deuxième est la réimpression d'un livre de 1559. Favorable). —

6 juillet. Correspondance. P. 10. Vietor, *Virgil in the Middle Ages*. Le compte-rendu que le comte Balzani a fait du livre de M. Tunison: «*Master Virgil, etc., in the Middle Ages*» a engagé M. Vietor a exposer de nouveau son opinion sur la formation de la légende de Virgile, déjà exprimée dans la Gröber's Zeitschrift I (Halle 1877) et qui diffère notablement de celle de Comparetti qui admet deux formes de la tradition de Virgile, l'une littéraire, l'autre populaire et locale. P. 10, Albert S. Cook. *The Old Northumbrian Glosses in ms. Palatine 68*. Est d'avis que l'âge de ce ms. pourra être déterminé après avoir examiné certaines particularités phonétiques ou graphiques des mots northumb. P. 11. Joh. Jressl. *Die Skythen-Saken: die Urväter der Germanen*. München, Lindauer (Karl Blind. Article élogieux). 13 juillet. P. 16-17. Henry H. Howorth. *History of the Mongols from the 9th to the 19th century*. London-Longmans. (Stephen Wheeler. Très favorable. Contient de nombreux renseignements sur des pays et des peuples dont l'histoire ne peut être négligée plus longtemps par les Anglais), Correspondance. P. 24. Walter W. Skeat, Chaucer's Compleint to his Lady. Dans son édition des Chaucer's *Minor Poems*, M. Skeat a attribué ce poème à Chaucer, ce qui, selon lui, est prouvé par l'intéressante découverte que vient de faire M. Furnivall d'un second ms. P. 24-25. Henry Bradley. *Some obscure words in Midlle English*. Jaudewin ou Jandewin, dans Alexandre et Dindimus — épithète burlesque adressée à Jupiter que Mätzner dit d'origine inconnue. Bradley la rappproche de « Jean des Vignes » cité par Littré — lourdaud, niais, nigaud. Facrere = faire croire dans Gower, Confessio Amantis. Eyne expliqué comme passage étroit (A. S. engur) ce qui est impossible phonétiquement ; eynis = eyuis, eaves. Lysoun dans l' « Alliterative Poem » édité par le docteur Morris = trace, sans en donner l'étymologie ; cury, lac. 10 août. P 88. J. S. Tunison: « *Virgil in the Middle Ages* » Répond au comte Ugo Balzani en maintenant son opinion et en se déclarant d'accord avec les conclusions de M. Vietor V. Academy 6 juillet. P. 89. Albert S. Cook. *The Old Northumbrian Glosses in ms. Palatine 68*, V. Academy 29 juin. P. 91 Kölbing. *Middle English Versions of Ipomedon*, a romance originally written in French by Hue de Rotelande. (L'introduction et les notes révèlent « a marvel of exhaustive research. » — P. 91. A.-L. Lorange. *Den Yngre Yernalders Svœrd*, with Engravings and eight color-printed Plates. Bergen, John Griegs Bogtrykkeri. (George Stephens. Ouvrage très intéressant). — 17 août. P. 95 W. W. Skeat. Chaucer, *The Legend of Good women*. (Alfred W. Pollard. Édition recommandable sous tous les rapports. V. Athenæum 28 septembre [favorable].) P. 104. A. L. Mayhew. *The Etymology of « whole »*. 24 août. P. 112. Alfred Nutt. *Studies of the Legend of the Holy Grail*, with especial Reference to the Hypothesis of its Celtic origin. London, David Nutt. (F. York Powel. Personnel aussi bien qu'exactement informé) P. 119. A. S. Napier. *The Old Northumbrian Glosses in ms. Pal. 68*. (ajoute aux mots déjà indiqués Academy 19 mai et 29 juin, un autre, *herutbeg* pour *herutbergœ*= W. S. heorotberge = mûre, mora. — 31 août. P. 139 et 7 septembre P. 155. A.L. Mayhew, *The Etymology of « Clough »*. P. 153. J. A. H. Murray. « Cleo, Cleve, Cleeve» (Cleo — cleof, cleove — moderne cleve, ou cleeve, doublet de cliff et deep slope, et non hank, bowstring, comme le veut D'Morris, dans son Old English Miscellany). 5 octobre, P. 221. A. S. Napier. *A Sign used in Old English Mss. to indicate Vowel-shortness*. (Attire l'attention sur un signe qu'il a découvert dans le « Cotton

Ms. Cleopatra B 13 » et qui sert à indiquer la brièveté de la voyelle. Ce signe a la forme d'un c ou d'un ᵕ employé dans les mss. latins, tourné vers un côté. M. Napier l'a compté 119 fois — 73 fois sur le mot gòd (Deus) et 46 fois sur d'autres mots). 12 octobre. P. 239. H. Logeman constate qu'il a rencontré le même signe déjà auparavant et pense en avoir fait part à M. Napier ; il ajoute quelques exemples à ceux donnés par M. Napier. La réponse de M. Napier, p. 254 — 19 octobre. P. 248-249. John Saunders, Chaucer's *Canterbury Tales*. Annotated and accented with. Illustrations of English Life in Chaucer's Time. New and Revised Edition, with Illustrations from the Ellesmere Ms. London, Dent, (Alfred W. Pollard. Le titre pourrait induire en erreur. Ce n'est pas une édition de « Chaucer's Canterbury Tales » annotated and accented », mais des paraphrases et des dissertations de M. Saunders). P. 254. Henry Bradley. *The Etymology of* Neorxnawang = « paradisus. » [Contraction de nĕo-rohsnawang-got, nawi-rŏhsnewaggs = champ des palais des morts.] — 23 novembre. P. 341. A. H. Murray « Clough » « Clow » [Clough = Lat. clūsa (clausa), A. H. A. chlūsa ; m. h. a. Klūse, Klūs, a. m. Klause,ndl. Kluis.

Anglia, xii, P. 13-20 et add. P. 631-632. E. Flügel : *Pyramys and Thisbe.* (Reproduction de certains passages du « Boke of the Cyte of Ladyes » et d'une collection manuscrite de légendes, etc., se trouvant à la bibliothèque du Balliol College, à Oxford, et datant de la fin du xvᵉ ou du commencement du xvi° siècle). — P. 21-40. J. Kail : *Ueber die parallelstellen in der angelsächsischen poesie.* (Supplément aux passages cités par M. Sarrazin dans ses « Beowulfstudien ».) — P. 158-204. Oscar Hofer. *Ueber die Entstehung des angelsächsischen Gedichtes* « Daniel ». Comptes rendus. — P. 206-207. Gadertz, Karl Theodor. *Zur Kenntniss der altenglischen Bühne nebst anderen Beiträgen zur Shakespeare-Literatur.* Bremen 1888. (E. F. favorable.) — P. 207-208. *John Wycliffe and his English Precursors* by Prof. Lechler. Translated from the German, with additional Notes by the late Prof. Lorimer. A new Edition revised. London, Relig. Tract. Soc. (E. F. Traduction et notes dignes d'éloge.) — P. 216-218. Hunt, William. *The English Church in the Middle Ages.* London, Longmans, Green and Co. 1888. (G. S. favorable.) — P. 219-220. Poole. *Reginald Lane. Wycliffe and Movements for Reform.* London, Longmans et Cᵒ 1889. (G. S. Ouvrage solide et bien écrit.) — P. 311-374. J. K. Haase : *Die altenglischen bearbeitungen von Grosseteste's* « Chasteau d'Amour » verglichen mit der Quelle. — P. 375-387. G. Sarrazin : *Die Fata Apostolorum und der Dichter Kynewulf.* — P. 396-400. Th. Miller. *The Position of Grendel's Arm in Heorot.* Beowulf 834 sqq., 983 sqq. — P. 437-453. Karl Luick. *Zur Metrik der Mittelenglischen reimend-Alliterierenden Dichtung.* I Die Kurzzeilen. II. Der einfluss des endreims auf die rhythmik des verses. III Zu « The Awntyrs of Arthure ». Comptes rendus. P. 465-467. K. Müllenhoff, *Beovulf.* Untersuchungen über das angelsächsische Epos und die älteste Geschichte der germanischen Seevölker. Berlin. Weidmann. 1889. (G. S.) — P. 469-475. B. ten Brink. *Geschichte der englischen Literatur.* 2 bd. Bis zur Tronbesteigung Elisabeth's I. hälfte. Berlin, R. Oppenheim, 1889. (R. W. Élogieux.) — P. 475-476 Chaucer, *The Legend of good Women.* Ed. by Rev. W. W. Skeat. Oxford, Clarendon Press. (R. W. Édition propre à répandre l'intérêt pour la Légende des bonnes femmes.) — P. 476. *Ipomedon in drei englischen Bearbeitungen,* herausgegeben von Eug. Kölbing Breslau, Köbner 1889. (R. W. Mérite la gratitude de tous les spécialistes pour cette belle édition.) — P. 476-477. Schmidt, Aug. *Untersuchungen über König Aelfred's Bedaübersetzung.* Inaugural Dissertation. Berlin 1889. (R. W.) — P. 477. Dewitz, Alb. *Untersuchungen über Alfred's des Grossen westsächsische Uebersetzung der* Cura pastoralis *Gregor's und ihr Verhältniss zum Originale.* Bresslauer Inaug. Diss. Bunzlau 1889. (R. W.) — P. 477-478. *Le Morte d'Arthur* by Syr Thomas Malory. The Original Edition of William Caxton now reprinted and edited with an Introduction and Glossary by H. Oskar Sommer, with an Essay on Malory's Prose Style by Andrew Lang. Vol. I. Text. London, David Nutt. 1889. (R. W.) — P. 478. Tiete, Georg. *Zu John Gower's* Confessio Amantis. I. Lexikalisches. Inaug. Diss. Breslau 1889. (R. W.) — P. 478. Günther, Ernest. *Englisches Leben im vierzehnten Jahrhundert.* Dargestellt nach « The Vision of William concerning Piers the Plowman by Will. Langland. Inaug. Diss. Leipzig 1889. (R. W.).— P. 479. Cossack, Herm. *Ueber die altenglische metrische Bearbeitung von Boethius,* de Consolatione Philosophiae. Leipziger Inaug. Diss. Leipzig, Reudnitz 1889. (R. W.)— P. 479. Schleich, Gustav. *Ueber das Verhältniss der mittelenglischen Romanze* Ywain und Gawain *zu ihrer altfranzösischen Quelle.* Programm des Andreas-Realgymnasiums zu Berlin. Ostern 1889. (R. W.) — P. 479. Landshoff, Herm : *Kindheit Jesu,* ein englisches Gedicht aus dem 14. Jahrh. I. Verhältniss der Hss. Inaug. Diss. Berlin 1889. (R. W.) — P. 480-481. *English Wayfaring Life in the Middle Ages* (XIV th. Century) by J. J. Jusserand. Translated by Lucy Toulmin Smith. II. Ed. London, T. Fisher Unwin 1889. (E. F. Elogieux). — P. 497-518. H. Logeman. *Anglo-Saxon Minora.* (Second article, a continuation of Anglia XI 97-120) Collection intéressante. — P. 528-531. H. Logeman. *Stray Gleanings.* — P. 532-577. A. Graef : *Die präsentischen tempora bei Chaucer.* I Teil. Das præsens.— P. 578-584. W. Heuser: *Zu Fischer, Sprache und autorschaft der mittelengl. legenden St. Editha und St. Etheldreda.* — P. 598-605. J. Lawrence : *On Codex Junius* XI (p. 143, t. 212). 1. Stoddard B. C. D. — 2. Additions to Siever's Collation. 3. Grein's Variations. — 4. Kluge's Variations. — P. 607-620. R. Wülker : *Zu Partanope of Blois.* — Comptes rendus. — P. 628-629. Chaucer's *Canterbury Tales.* Annotated and accented, with Illustrations of English Life in Chaucer's Time. By John Saunders, New and Revised Edition. With Illustrations from the Ellesmere Ms. London 1889. (R. W. Recommandable à tous les amateurs de la littérature anglaise. V. cependant Academy 19 oct., p. 248-49.) — P. 629-631. *Library of Anglo Saxon Poetry :* vol, III *Cynewulf's Elene.* An Old English Poem, edited with Introduction, Latin Original, Notes, and complete Dictionary. By Charles W. Kent. Boston and London 1889. (R. W. : « Le livre devrait porter le titre suivant : Cynewulf's Elene, ed. with the Latin Original and Complete Glossary by Zupitza. Translated by Charles Kent. Car le texte et le glossaire sont de Zupitza; l'introduction et les notes seules sont de M. Kent. Les notes sont bien élémentaires. » V. Athenæum 2 nov., p. 595.)

Archæological Review (The), vol. III, 1 (mars 1889). — P. 20-23. F. Seebohm, *The Rise in the value of Silver between 1300 and 1500.* Cf., p. 295-6 une lettre de M. Ramsay sur le même sujet. — P. 24-38. K. Blind. *A fresh scottish Ashpitel and glass shoe tale.* [Intéressant par les rapprochements que suggèrent les mythologies du Nord; la fin est presque une dissertation sur le commerce de l'ambre, à laquelle le « Soulier de verre » de la populaire héroïne du conte étudié fournit une base bien fragile. M. W.] — E. S. Hartland. *Robberies from Farryland*. Essai d'interprétation historique, d'après les formes qu'il a revêtues chez les Celtes et les Teutons, du mythe de l'objet (coupe, cornes, etc.,) dérobé par un mortel à une fête d'êtres surnaturels à laquelle il se trouve admis, et des conséquences de ce rapt. — Comptes rendus. P. 68-70. Dunlop, *history of Prose fiction*, revised by H. Wilson, 2 vol. (J. Jacobs.).

2 (Avril.). — P. 73-88. A. Nutt, *Recent Archeological research*, II. Folk-Lore. Exposé très intéressant de l'évolution scientifique dans les études de mythologie comparée. — P. 89-98. T. W. Shore. *Old Roads and Fords of Hampshire*. — P. 134-44. *Quarterly Summary of archœological discoveries and work*, etc. Les pp. 137-50 sont consacrées au moyen âge.

3 (Mai.). — P. 165-74. Miss Russel. *The early church dedications of the South of Scotland*. Fait suite à un article paru dans le cahier de décembre 1888 de la *Revue* sur la même question. — P. 197-205. J. S. Stuart Glennie. *The science of Folk-Lore*. Reprend et discute sur quelques points l'exposé de M. Nutt (2, p. 73) et propose une classification du folk-lore renouvelée de ses *Greek Folk-Songs* et améliorée. Aux deux thèses en présence sur l'histoire des phénomènes religieux, celle de l'évolution et celle de l'adaptation, M. St. Gl. entend joindre une troisième, celle de la coexistence et du conflit de races inégalement douées. — M. Nutt. *Hennessy's Todd Lectures*, Annonce d'un ouvrage posthume consacré aux cycles irlandais, dont la première partie a pour titre : *Mesca Ulad, or the Intoxication of the Ultonians*. — P. 215. M. J. Jacobs apporte une rectification à un article qu'il a publié dans le t. II, p. 399.

4 (Juin.). P. 217-42, G. L. Gomme. *Totemism in Britain*. Beaucoup de renseignements sur d'anciens usages, sur les noms de tribus et de personnes chez les Anglo-Saxons, etc. La fin, particulièrement intéressante, dans le n° de juillet, p. 350-75. — P. 243-56. C. F. Kairy. *Recent archœological research*. Consacré surtout à l'antiquité classique et orientale, cet article passe rapidement en revue les travaux relatifs « to the coinage of the Middle Ages ». — Comptes rendus. — P. 290-94. S. W. Williams. *The Cistercian Abbey of Strata Florida*. (T. F. Tout. La partie historique ne vaut pas la partie documentaire.)

IV, 1 (Août.). — P. 1-26. David Mc. Ritchu. *The Finn-men of Britain*. Ce seraient des écumeurs de mer d'origine finnoise, dont le nom et le souvenir auraient survécu altérés dans l'imagination populaire. La fin p. 107-29. P. 232. Une lettre de M. Nutt défavorable à cette interprétation. — P. 32-50. D. Tesoroni. *The Anglo-Saxons at Rome*. Essai qui paraît consciencieusement écrit d'après les sources et les travaux récents. — P. 51-56. Dr M. Gaster. *A gothic inscription from the Land of Ulfilas*. Au sujet d'un bracelet d'or, portant des caractères runiques, qui a été découvert en 1838 à Petrosa (Valachie) avec d'autres objets précieux. — P. 57-63. E. Bell. *The Abbey Church of Bernay*. En Normandie. Elle a été fondée en 1013. — P. 64-74. *Quarterly summary of Archœological Discovery & Work in Gt Britain*. Une section est réservée aux « anglo-saxon remains », une autre aux « mediæval churches », etc.; enfin, quelques mots sont consacrés à la découverte d'anciennes monnaies. — Correspondances. — P. 78-9. J. H. Round. *The Norman Exchequer*. Concerne un article publié en février dans l'A. R.

2 (Septembre.). P. 130-40. J. H. Round. *Domesday measures of Land*. Revient

sur une question traitée dans le nᵒ de Juin 1888 de la *Revue*, pour contester de nouveau certaines opinions de M. Pell. Celui-ci réplique dans le nᵒ de Novembre, p. 241-58. Cf. encore p. 391-2 des lettres de MM. Round et Maitland. — Correspondance. — P. 72. A N. Palmer. *Quasi totemistic personal Names in Wales.* Quelques renseignements suggérés par la lecture des art. de M. Gomme.

3 (Octobre.). — P. 184-207. David Mc. Ritchie. *British Dwarfs.* [Même méthode que celle appliquée aux traditions sur les *Finn-Men* ; M. M. R. conclut que le nom de *Picte* donné à une race qui a peuplé l'Écosse « indicates nothing more than *Trow* or *Dwarf* ». Mais n'est-ce pas aller bien loin que d'ajouter que *Finns* et *Dwarf* forment un même groupe ethnique ? M. W.].

4 (Novembre.). — P. 233-40. F. W. Maitland. *Surnames of english villages.* — P. 286-91. T. W. Shore. *Early boroughs in Hampshire.* — P. 292-5. C. L. Thompson. *Walbrook.* Un des petits cours d'eau de la vieille cité de Londres.

5 (Décembre.). — P. 313-27. W. H. Stevenson. *The long Hundred and its use in England.* P. 460-3, une lettre de M. Pell rectifie différents points de cet article le concernant. — P. 328-43. F. S. Hartland. *Fairy Births and Human Midwives.* Contes et croyances roulant sur l'interdiction de prendre des aliments dans les lieux enchantés où vous conduit un esprit, lorsqu'il recourt à l'assistance humaine. — P. 366-74, H. Round. *Communal House demolition.* Coutume illustrée par différents ex. du M. Age. — P. 380-90. *The destruction of ancient Monuments.* Réponses, venues de divers points, à un appel de M. Gomme sur l'état actuel de restauration ou de dégradation des monuments archéologiques de la province anglaise.

6 (janvier 1890.), — P. 393-421. David. Mc. Ritchie. *Earth houses and their Inhabitants.* — P. 422-38. G. L. Gomme. *The conditions for the survival of archaic custom.* Article sur la méthode et les conditions d'investigation, illustré d'exemples — P. 439-45. Montagu Burrows. *The antiquity of the cinque ports charters..* Répond à quelques objections de M. Round dans un précédent article — Comptes rendus. — P. 448. Paul's *Grundrifs der Germanischen Philologie.* (A. Nutt.) — P. 449-50. Golther, *Lohengrin.* (A. Nutt.) [Une précieuse suggestion du critique sur l'origine d'un des thèmes du *Chevalier au Cygne.* W.] — P. 454-7. Paul B. Du Chaillu. *The Viking Age* (Gomme. Riche collection de documents.). — P. 458-9. Barrett, *The Tower* (L. T. S.).

Archiv für das Studium der neueren Sprachen und Litteraturen
Lxxxii B. — P. 167-197. C. Horstmann, *Sermo in festo Corporis Christi,* aus den Mss. mitgeteilt. — P. 307-353 et 369-422. C. Horstmann. *Des Ms. Bodl. 779 jüngere Zusatzlegenden zur südlichen Legendensammlung.*

Lxxxiii B. — P. 413. O. Thiergen. *Die Sitten der Hochschotten im Mittelalter.* Eine kulturhistorische Skizze (ne répond nullement à ce que le titre fait prévoir et espérer.).

Comptes rendus sommaires. — P. 351-2. H. Leiding : *Die Sprache der Cynewulfschen Dichtungen.* Crist, Juliana und Elene. (J. Dieter) — P. 352-3. G. Sarrazin. *Beowulfstudien,* ein Beitrag zur Geschichte altgermanischer Sage und Dichtung (J. Dieter.)

Athenæum (The), 9 février. — P. 176. Rev. A. Jessopp. *The Coming of the Friars and other historic Essays.* (Recueil d'articles intéressants publiés dans le

Nineteenth Century et traitant de l'état social de l'Angleterre au M. A.). P. 181-2. Article nécrologique de G. Vigfusson, par Edm. Gosse. — 20 avril. P. 497-8. *Memorials of the Church of S. S. Peter and Wilfrid, Ripon.* Ed. by the Rev. J. T. Fowler, III. Surtees Society. (Fin d'un excellent recueil de matériaux relatifs à l'histoire d'une des grandes maisons religieuses du comté d'York.) — 27 avril. P. 530-1. *The Battle Abbey Roll, with same account of the Norman Lineages*, by the duchess of Cleveland, 3 vols. (Agréable, érudit, mais point définitif.) — 18 mai. P. 626. J. Shallow. *The Templar's Trials*, an Attempt to estimate the Evidence published and to arrange Documents in chronological order. (Livre sérieux et concis, dont le critique n'accepte pas toutes les opinions, surtout celle qui concerne la culpabilité des Templiers.) — 1er juin. P. 690-91. Solm Earle. *A Handbook to the Land Charters, and other Saxonic Documents.* (Compte rendu peu favorable d'une publication défectueuse et incomplète.) — 21 juin, p. 783-4 et 29 juin, p. 819-21. A. Gasket, *Henry VIII and The English Monasteries*, an attempt to illustrate the history of their suppression. 2 vols. (Favorable.) — 13 juillet. P. 62. Karl Meyer. *John Gower's Beziehungen zu Chaucer und König Richard II.* Bonn, Georgi. (Méritoire sans être toujours concluant ; l'appendice contenant la liste de tous les mss. de Gower est d'une valeur spéciale. V. *Neuphilologisches Centralblatt*, février 1891, p. 54. A. Brandl.) — 24 août. P. 262-263. Stephen W. Williams. *The Cistercian Abbey of Strata Florida.* (Bien des détails précieux soigneusement illustrés, mais une disposition confuse et des conjectures historiques souvent contestables.) — 7 septembre. P. 330-331. Ernest Faligan. *Histoire de la Légende de Faust.* (Le critique termine son compte rendu en disant que « M. Faligan aurait pu présenter son sujet sous une forme plus condensée, mais *il* ne croit pas qu'il existe, en anglais, un ouvrage si bien approprié à nous montrer le canevas de la pièce des marionnettes dont les « voix multiples » murmuraient à l'oreille de Gœthe comme elles murmurent à présent à celle du monde entier ».) — 12 octobre. P. 483. Helen Zimmern, The Hansas Towns. Fisher Unwin. (« Une excellente monographie ».) V. Academy 26 octobre. C. L. Kingsford. Bien des réserves. — 19 octobre. P. 517. *Lestorie des Engles selum la Translacion Maistre Geffrei Gaimar.* Edited by the late Sir Thomas Duffus Hardy and Charles Trice, Martin. vol. I text. vol. II translation. Eyre & Spottiswoode. (La première édition basée sur la collation de tous les mss. existants. L'introduction de M. Martin semble renfermer tous les renseignements relatifs aux sources du chroniqueur et au degré de la valeur historique de son ouvrage ; mais l'ouvrage laisse fort à désirer au point de vue philologique. Pas de glossaire.) — 2 novembre. P. 594 *The Gothic Handbook* : being an Introduction to the History of the Goths and the Study of the Gothic tongue. By W. M. Ramsay and Cl. D. Ramsay. Wills, Gardner & Co. (Bien des réserves au point de vue de la grammaire comparée.)— P. 595. 1) *Elene: an Old English Poem.* Edited with Introduction, Latin original, Notes and Complete Glossary, by Ch. W. Kent. — 2) *Elene ; Judith ; Athelstan, or the fight at Brunanburgh ; and Byrhtnoth, or the Fight at Maldon :* Anglo-Saxon Poems. Translated by James M. Garnett. Id. L'édition du prof. Kent, bien qu'elle ne soit pas une œuvre de premier ordre, sera cependant d'une grande utilité pour les élèves peu avancés. Le glossaire est basé sur celui de Zupitza et suivi de plusieurs pages de notes. — Quant à la traduction du prof. Garnett, elle est beaucoup trop littérale pour être lisible.) — 16 novembre. P. 663-4. Paul B. du Chaillu. *The Viking Age*, 2 vols with 1366 illustrations and Map. (Le critique constate à chaque pas l'ignorance philologique de l'auteur ; c'est pourtant le meilleur aperçu général sur les antiquités scandinaves.)

Englische Studien. XIIe vol. — P. 1-37. G. Willenberg. *Die Quellen con Osbern Bokenham.* Étude sur les sources des légendes de saintes publiées par M. Horstmann. [M. Will. n'utilise que les textes latins et particulièrement la *Légende dorée.* Est-il bien sûr que les textes français ne lui eussent pas fourni certaines données ? Je signalerai à ses recherches ultérieures la vie de Sainte Catherine, par la nonne de Barking, et les vies de Sainte Marguerite, publiées par M. Scheler et d'autres savants ; cf. *Romania*, XIX, 477 pour une vie française de Sainte Marguerite écrite en Angleterre ; de même encore pour la vie de Sainte Anne, qui pourrait appartenir à la compilation anglaise sur l'enfance de Jésus, dont M. P. Meyer (ibid. XVIII, 128) a prouvé qu'elle était traduite du français. M. W.] Littérature (comptes rendus.). — P. 78-83. *Sir Gowther, eine englische romanze aus dem* XV *Jahrh.* Kritisch herausgegeben... von Karl Breul. (M. Kaluza ; favorable.) — P. 83-91. *Ywain and Gawain* hsgb. von G. Schleich. — ·P. Steinbach, *Ueber den Einfluss des Crestien de Troies auf die altenglische Litteratur.* (M. Kaluza; favorable.) — P. 91-2. H. Sweet. *A Second Anglo-Saxon Reader.* (A. Schröer.) Mélanges. — P. 138-9. M. Konrad. *Zu Exodus* 351b.-353^a. — P. 139-42. G. Schleich. *Collationen zu m. e. dichtungen (Ywain, Sir Perceval* et *sir Degrevant.*). — P. 101-86. A. Brandl. *Ueber einige historische anspielungen in der Chaucer-dichtungen.* — I Zu « the squyeres Tale ». — II Zu Ch: «Dream». — Littérature.— P. 283-96. E. Einenkel. *Streifzäge durch die m. e. Syntax unter besonderen berücksichtigung der sprache Chaucer's.* (K. D. Bülbring... « E'. s buch ist der schöne erfolg einer langen u. sorgsamen Arbeit ».) Mélanges. — P. 305-7. W. S. Logeman. *Zu den* « Indicia monasterialia ». Remarques adressées d'abord par lettre à l'éditeur des *I. m.,* le prof. Kluge, et publiées ici à son instigation. — P. 323-66. *Kleine publicationen aus der Auchinleck-Hs.* J. Caro. *Horn Childe and Maiden Rimnild.* Texte précédé d'une introduction littéraire et grammaticale. — Littérature. — P. 432-9. *Torrent of Portyngale,* reedited... by E. Adam, Early English Text Society, Extra Series, n° II. (M. Kaluza. Bon travail.) — Mélanges. — P. 451-8. M. Kaluza. *Zu den Quellen und dem Handschriftenverhältniss des Cursor mondi.* — P. 459-63. M. Konrath. *Die Lateinische Quelle zu* Ayenbitte *ed. Morris u. zu* Sawles Warde. — P. 463-8. J. Zupitza. *Zur Meditacio Ricardi Heremite de Hampole de Passione Domini.* Révision du texte, éd. *Engl. St.* VII. 454. — P. 468-9. Le même. *Zu dem Anfang des Speculum vitæ.* (*Engl. Stud* VII, 468.) — Ehrhart. *Das Datum der Pilgerfahrt nach Canterbury.* Le 19 avril 1388.

Modern Language Notes. — Janvier. Col. 7-15. A. S. Cook. *The affinities of the* « Fata Apostolorum ». Étudie la langue de ce document en elle-même et dans ses rapports avec les autres ouvrages de Cynewulf; le résultat est d'accord avec l'attribution établie par M. Napier; cf. *Academy* 8 sept. 88. — Comptes rendus. — Col. 47-52. H. Morley. *English writers.* III. From the conquest to Chaucer. (J. M. Garnett.) — Février. Col. 73-81. J. G. R. Mac Elroy *Not... nor* or *Not... or* ? — Mars. Col. 129-33 C. F. Mac Clumpha. *Chaucer's Dream.* Confirme et complète les conclusions d'autres savants contre l'attribution à Chaucer de ce poème, conclut avec le prof. Skeat qu'il est écrit dans « a midland dialect exhibiting Northumbrian tendencies ». — Col. 151-4. H. Logeman. *The Northumbrian* Ebolsung. [A propos d'une question d'étymologie soulevée par M. Cook dans l'*Academy* du 7 août 1886.] —Col. 156-7. W. H. Browne. *Gansell*. Un mot qu'on retrouve (n. de col. 157) dans les livres culinaires du xve siècle. — Avril. Col. 193-202. W. H. Browne. *Certain considerations touching the structure of english verse.* Quelques considérations sur le vers du M.' Age. — Col. 206-10. J. W. Bright. *The Etymology of Gospel.* — Comptes rendus. — Col. 240-44. A. S. Cook. *Judith,* an old english epic fragment. (J. W. Bright. Élogieux.) — Mai. Col. 257-8. A. S. Cook. *The old Englishword* « Synrust ». Propose de traduire « *rubigo* peccati » plutôt que « *aerugo* peccatorum » avec Grein au v. 1321 du *Christ* de Cynewulf. — Col. 274-80. A. S. Napier. *Odds and Ends,* Cinq contributions, dont les trois premières consistent en fragments inédits de pièces pieuses empruntées respectivement aux ms. Laud Lat. 95 de la Bodléienne, à un ms. latin de la bibl. du marquis de Lothian à Blicking Hall, Aylsham (Norfolk) et au ms. Hatton 43 de la dite Bodléienne: le n° iv élucide les vv. 254-5 d'*Andrees* et un passage de *Anglia,* xi 261 ; le n° v concerne l'histoire de quelques mots dont M. N. allègue des ex. plus anciens que ceux connus. — Col. 285-6. A. H. Tolman. *Not... nor* or *Not... or* ? or *Both* ? Revient sur la question étudiée en février par M. Mc. Elroy. Lettre de celui-ci en juin, col. 386. Comptes rendus. — Col. 290-4. Dr J. Schipper. *Englische Metrik.* 2e partie, moderne. La 1re partie a paru il y a sept ans. — Juin. Col. 341-52. A. S. Cook. *Cynewulf's principal source for the third part of* « Christ ». S'efforce d'établir que cette 3e partie du poème de Cynewulf est basée sur un hymne anonyme des vi[e]-viie siècle dont le début est cité par Bède dans son *De Arte Metrica.* Comptes rendus. Col. 355-8. H. Morley. *English writers,* iv. (C. J. M. Garnett). — Col. 359-634 M. Skeat, Chaucer, *The minor Poems.* (J. M. Bright.) — Col. 375-8. J. Earle, *A Hanbook to the Land Charters and other Saxonic documents.* (C. M. Andrews.) — Novembre. Col. 402-6. C. F. Mac Clumpha. *Origin of The Flower and the Leaf.* D'accord avec les critiques qui refusent à Chaucer la paternité de ce poème, y signale de nombreuses analogies avec le *Lay de Franchise* d'Eustache Deschamps. — Col. 417-8. G. Hempl. *The Etymology of* O. E. oébre, oéfre, E. ever. [M. H. propose 2 étymologies, dont la 2e plus probable que la 1re.] — Col. 418-23. F.-B. Gummere. *Widsid* Essai de traduction. — Décembre. Col. 475-8. A. S. Cook. *Germans in England in the eigth Century.* Il s'agit de Wizo et Fredegis, dont Mullinger, dans son livre : *Schools of Charles the Great,* fait les compatriotes d'Alcuin, et sur lesquels M. C. apporte un supplément d'informations. Il les croit, au contraire, d'origine continentale et attirés plus tard en Angleterre par la renommée d'Alcuin. — Col. 478-9 W. H. Brown. *Definitions wanted.* Au sujet de quelques vocables des *Awntyrs of Arthurs.* — Col. 502. Correspondance J. M. Hort. *The Legend of St. Margaret.* Quelques renseignements de sources anglaises sur un sujet traité plutôt au point de vue des littératures romanes par M. Spencer dans le numéro de novembre.   O. Orth.

CHALON-SUR-SAÔNE, IMPRIMERIE DE L. MARCEAU.

LE MOYEN AGE

BULLETIN MENSUEL D'HISTOIRE ET DE PHILOLOGIE

DIRECTION :

MM. A. MARIGNAN ET M. WILMOTTE

AVRIL 1891

COMPTES RENDUS

Stephan Beissel. — **Die Verehrung der Heiligen und ihrer Reliquien in Deutschland bis zum Beginne des 13ten Jahrhunderts.**

M. Beissel vient de faire paraître un travail sur le culte des saints en Allemagne. Ce n'est pas à proprement parler *culte* qu'il faudrait dire, mais *vénération* de leur corps ou de leurs reliques. Il a voulu montrer à quel point cette adoration était primitive et combien elle était profondément enracinée chez les peuples chrétiens, surtout chez les nations germaniques. Il n'a eu qu'un seul but : prouver que cette vénération s'appuie sur la tradition et fournir à ce culte une base historique. Elle est aussi ancienne, nous dit-il dès la première ligne de ce travail, que l'Église elle-même. Il faut pourtant s'entendre : une institution ne naît pas complètement formée, et le culte des saints des v⁰ et vi⁰ siècles n'est certainement pas le même que celui des premiers siècles. On ne peut nier que dans l'âge héroïque de l'Église on ait eu un grand respect pour les martyrs, qu'on ait cherché par tous les moyens à les approcher, et à être bénis et confessés par eux. Les chrétiens les suivaient au supplice. L'avaient-ils subi, on cherchait à tromper la police romaine, à déjouer ses calculs pour pouvoir posséder les restes sacrés. On les ensevelissait dans des endroits écartés, à distance de la ville, et c'est à cette pratique que nous devons l'éloignement des premières basiliques du centre des cités. Tout ce qu'avait porté le saint était soigneusement recueilli. Mais les premiers martyrs, encore tout pénétrés de la conception antique ne voulaient pas être dispersés de tous côtés et demandaient au contraire à être ensevelis dans un tombeau. Aussi voulut-on tout d'abord reposer auprès d'eux : les places des cimetières, plus tard celles des basiliques se payèrent fort cher, à l'aide de donations. Il en fut de même en Orient, où l'on montra toutefois moins de réserve et où nous voyons, vers le iii⁰ siècle, se répandre ici et là les reliques des martyrs. Ce n'était pas seulement comme en Occident de simples étoffes ayant touché le tombeau ou la *capsa* qui contenait la relique sainte, mais les os du saint, quelque fragment de son corps. L'Occident resta longtemps fidèle à cette conception et d'après les lettres de Grégoire le Grand, adressées à Constantinople, nous pouvons comparer les deux coutumes.

Le désir de posséder la relique d'un saint ne fit donc que s'accroître ; on les vendit, on les vola, on en acheta même fort cher. On dévasta les tombeaux, les cimetières pour trouver un corps saint. La vie de saint Martin en Occident nous montre la même manie pieuse. Dans des cas nombreux on eut affaire à des morts païens. L'enquête n'était pas facile et le miracle arrivait trop souvent. Mais encore ici nous n'avons pas le culte des saints tel que le vi⁰ siècle le vit fleurir. Autre chose est d'adorer un reste sacré, de désirer porter au cou comme talisman une relique, autre chose est d'instituer un culte autour du corps saint, culte qui se développa chaque jour et qui jeta une certaine ombre sur la haute et vraie religion chrétienne (1). Ces différents degrés ne se trouvent pas indiqués dans le livre de M. B. Il traite de la vénération des corps saints dès qu'elle se montre en Allemagne, sans se préoccuper de sa naissance et de son développement. Je crois pour ma part que l'Orient n'est pas étranger au culte des saints ; les tombeaux de saint Pierre et de saint Paul et des martyrs romains n'auraient pas suffi. Nous verrons ailleurs qu'on eut peu de mémoire pour les premiers martyrs. Constantinople voulut rivaliser avec Rome. Elle voulut avoir les reliques des apôtres. Dès l'an 356, saint Timothée, disciple de saint Paul, fait son entrée dans la ville de Constantin, puis arrivent, l'année suivante, les apôtres saint André et saint Luc. On peut voir dès cette époque le culte des saints installé dans l'église orientale. L'Occident ne resta pas en arrière : saint Ambroise découvre les corps de saint Gervais et de saint Protais. Cette translation, accompagnée de nombreux miracles, dont l'impératrice Justine et les Ariens se moquaient, eut un grand retentissement dans la chrétienté (386). Dès ce moment nous avons des imitations nombreuses ; c'est par le songe qu'on arrive à découvrir ces restes sacrés. Les légendes se groupent tout autour des cimetières : la légende thébaine naît aussitôt. En 406 on amène en grande pompe à Constantinople les reliques du prophète Samuel, et en 415 le corps de saint Étienne fut découvert. On sait la joie de saint Augustin en apprenant cette invention. De nombreuses églises voulurent posséder une relique du saint (2).

M. B. a donc écarté cette préface nécessaire et il nous parle de l'histoire religieuse des villes de l'Allemagne. Nous ne savons pas grand chose sur les évêchés du Rhin et nous devons être d'une grande prudence en étudiant les légendes de cette contrée. Pour M. B. aucun doute, il est sur

(1) Cf. notre étude sur *La médecine dans l'Église au VI⁰ siècle*, Paris, Bouillon 1887.
(2) De Rossi. *Bullet. christ.* 1872.

un terrain sûr. Il ne cherche pas à donner une base historique à la légende de sainte Ursule. L'inscription seule suffit. Or nous savons que ce n'est guère que vers la fin du ix⁰ siècle qu'on arrive à trouver une mention bien simplifiée de cette légende. Aussi croyons-nous que l'inscription de l'église de Cologne est fausse (1).

La partie historique de l'ouvrage est bien traitée. Une seule chose manque à ce travail, c'est le culte des saints et le profit qu'en tira l'Église. Les reliques jouèrent un très grand rôle au moyen âge. On donna au saint et l'église se trouva bientôt propriétaire d'une très grande partie de la France. On promenait la relique et où la procession s'arrêtait, la terre appartenait au saint. On le voit, le livre de M. B. est très incomplet, il s'occupe avant tout de faire l'histoire de la vénération de certains saints et de la suivre jusqu'au xiii⁰ siècle. Les coutumes pieuses, la vie dans l'Église qui ont pour cause cette vénération sont laissées dans l'ombre. Pour quelques-uns c'est le point capital. On trouvera dans ce volume un chapitre excellent sur les saints de la maison Carolingienne, un autre sur l'abus du culte des reliques, une analyse assez bonne du livre de Guibert de Nogent, le premier critique des reliques des saints. Après l'utile travail de M. Beissel sur le salaire au moyen âge nous étions en droit d'exiger de lui une œuvre plus complète. J'espère que M. Beissel complétera son étude et nous donnera le culte des saints en Allemagne pendant le moyen âge.

A. M.

Ernest Mahaim. *Études sur l'Association professionnelle*. Dissertation inaugurale. Liège. Vaillant-Carmanne, 1891, in-8⁰ XXIII 263 p.

Cette dissertation, destinée à valoir à son auteur le diplôme spécial de docteur en droit public et administratif, est avant tout une étude d'économie politique. Les chapitres qui en occupent la majeure partie, ceux qui rentrent le plus directement dans le champ des investigations et le domaine des études de M. M., sont ceux qu'il consacre aux syndicats professionnels de France, aux trade-unions d'Angleterre, aux associations professionnelles d'Allemagne, d'Autriche et de Belgique, et au rôle de ces groupements de patrons et d'ouvriers. Mais M. M., comme M. J. Drioux l'avait fait avant lui dans son *Étude économique et juridique sur les Associations* (Paris 1884, in 8⁰, 402 p.), a voulu donner d'abord un aperçu de ce qu'ont été les unions professionnelles dans le passé. De là ses deux pre-

---

(1) Je ne parle pas de l'inscription en elle-même, où se relève certain mot latin qui étonne, mais nous étudierons bientôt cette légende avec celle de la légion thébaine. Sidoine Apollinaire, Fortunat, Grégoire de Tours, les auteurs ultérieurs ne la connaissent pas, et les martyrologes jusqu'à celui de Waudebert l'ignorent complètement. Voilà bien des doutes. En parlant des reliquaires, M. B. aurait dû nous signaler ceux que l'on possède encore aujourd'hui. Cf. Garrucci. A. vi, p. 27. CCCCXXXVI. CCCCXLIII. Il y en avait en ivoire ; cf. De Rossi *Bulletin Monumental*, 1889, p. 40.

miers chapitres consacrés aux collèges d'artisans romains et aux corporations du moyen âge et de l'ancien régime. Disons tout d'un coup que comme abondance et excellence d'informations il dépasse de beaucoup son devancier : c'est qu'il lui a été donné de profiter de nombreux travaux récents (et même d'encore inédits) sur cette question de plus en plus passionnante de l'histoire « populaire ». La liste de ses sources pour ces deux chapitres, donnée dans l'avant-propos, occupe plus de quatre pages et est fort bien composée. L'étude sur l'Association romaine nous a paru tout spécialement intéressante. Quant aux recherches sur la corporation médiévale, elles aussi sont excellentes, et dénotent le travail le plus consciencieux. Peut-être cependant manquent-elles un peu de fondu et de précision au point de vue historique. On ne saisit pas trop quelle a été la voie de développement de l'Association professionnelle au moyen âge. On ne pourrait néanmoins en faire bien vivement un reproche à l'auteur. Sur cette histoire corporative, les notions particulières s'entassent et s'accumulent comme au hasard dans les pays les plus divers, tant que les arbres finiraient bien par cacher la forêt. Un aperçu de ce développement ne sera clair qu'à condition de distinguer soigneusement, et les temps, et les pays : travail capable de lasser un bénédictin! Le côté religieux et le côté militaire de l'institution corporative auraient également mérité, penseront d'aucuns, au moins une courte mention? Rappelons-nous que l'étude de M. M. n'est et ne prétend être qu'une dissertation économique. A ce point de vue plus étroit, elle est remarquable ; et ceux pour qui les travaux de la docte Allemagne sur l'histoire du « quatrième état » sont difficilement abordables y trouveront la moelle des meilleurs auteurs d'Outre-Rhin.   G. C.

Arturo Graf. — *Il Diavolo,* 3ᵉ éd. Milano, Fratelli Treves. 1890. — VIII, 463 pp.

La société du moyen âge, dans sa naïve crédulité, s'est emparée de l'esprit du mal, personnifié par le Satan biblique ; elle en a fait la cause présumée des maux qui l'accablaient, et, emportée par le rêve, elle a échafaudé sur le diable et sa puissance toute une croyance qui tenait debout comme une doctrine, on pourrait dire comme un dogme, dans les livres de théologie et dans les récits populaires. A côté du monde réel qu'elle n'observait pas, elle a imaginé un monde diabolique qu'elle connaissait à merveille et que sa fantaisie a peuplé de poétiques extravagances. Ce livre — étude d'ensemble — coordonne les histoires légendaires façonnées sur la personne du diable par la tradition médiévale et reconstitue au moyen d'elles la théorie populaire de la puissance satanique. Le diable au moyen âge a joué un rôle prestigieux. L'inquiétude maladive de l'imagination aux époques de malaise social a rendu l'armée infernale maîtresse de tous les esprits. Les démons, savamment organisés, se sont répandus dans le

monde et ont déployé autant de finesse que d'énergie pour duper, tour-
menter et harceler les humains. Ces pages racontent au long les prouesses
diaboliques. Elles les classent par genre et dévoilent l'activité multiple
des malins esprits. L'auteur a voulu surtout faire œuvre littéraire. Il fait
dire à sa plume spirituelle et railleuse ce que l'on racontait du diable au
bon vieux temps, sans souci de demander à la psychologie ou à la physio-
logie l'explication de ces croyances maladives. Il prend un plaisir de lettré
à exposer ces fantaisies de l'imagination, et cause du diable en homme
d'esprit plutôt qu'en savant. Son livre est curieux : il se lit avec d'autant
plus d'intérêt que l'érudition de l'auteur n'a rien d'encombrant.

A.

La naissance du Chevalier au cygne ou les Enfants changés en
cygnes, french poem of the XII^the Century published for the first
time, together with an inedited prose version, from the mss. of the
National and Arsenal libraries at Paris, with introduction, notes and
vocabulary by HENRY-ALFRED TODD. Baltimore, 1889 (*Publications of
the modern Language Association of America*, vol. IV, nᵒˢ 3-4 (july-
december).

L'intérêt de cette version des *Enfants-Cygnes* (ou de la première
partie du *Chevalier au cygne*) ne consiste pas seulement dans sa pureté
relative, qui en fait, avec le récit du *Dolopathos*, ce qui nous aide le
mieux à reconstituer une vieille légende wallonne ; il est aussi dans le
mérite artistique de ces 3500 vers. Après les vingt pages que M. Paris
lui a consacrées dans la *Romania* de 1890 (1), que reste-t-il à dire du
poème édité par M. Todd, sinon à glaner quelques corrections au texte
et quelques additions au glossaire, les unes et les autres omises par
M. Paris ? Nous les soumettons à l'éditeur, qui a entouré de soins pieux
son travail et qui y a joint des notes nombreuses, surtout destinées aux
simples lettrés ; elles attestent dans leur ensemble une connaissance déjà
étendue des méthodes philologiques :

V. 444 Supp. la prem. virgule — 817 Reporter la virgule à la fin —
842 *ot carn.* — 854 Pas de virgule avant *une* — 920 *la g.* — 933 Pourquoi *qu'i*, non *qui* ? — 1010 *anonbrer* ; pas de virgule à la fin, de façon
à faire de *escrivens* le sujet de *poroit* — 1326 *sor s. v.* — 1339 l. avec A
—1628 est mal interprété ; *douce nee* se retrouve encore dans G. de Berneville 11, 43, etc. ; de même on a *bele nee* dans notre texte (2338 cf. Godefroy s. v.), *riens nee* dans Chast. Coucy, *Romania* IV, 379 ; Berte 1649,

---

(1) Quelques chiffres des vers cités aux pp. 328-30 de ce tome XIX et redressés
par M. Paris doivent être corrigés ainsi : p. 328, l. 17 *du bas* 242 ; l. 15, 258, 711
(*non* 345) ; l. 14, 345 ; l. 13, 366 ; p. 329, l. 11, 1354, 1358 ; l. 13, 1479 ; l. 24, 2186,
2189 ; l. 36, 2787 ; l. 38, 2845 ; p. 330, l. 1, 3350.

1982 ; de Reiffenberg, *Monuments*, etc., iv, 162—1737 *faire. Mais e. m. anblant Montés* — 1753 *Con mes* — 1796 *a trait* — 1804 *Laseté?* — 1841 *soiés* = sciez, cf. s. ent. de l'herbe ; 1842-5, la note est à supprimer — 1976 *doulor gr.* — 1997 *tans* — 2184 pas de virgule — 2347 *amainc,* cf. *ainc* et autres formes septentrionales — 2606 *enn'en* plutôt que *en n'en* — 2674 je lis *la vint. i. p. qui la nuit h.* — 2901 *ansi* ou *quel f.* — 3141 *li enfant* — 3218 est corrompu. P.-ê. l. *Li r. q. t. est larges les fist ap.*

Aux lacunes du glossaire signalées par M. Paris j'ajouterais : *aombrer* 1365, 1427 ; *aparant* dans deux acceptions, l'une au v. 1736, l'autre 3144 et 3159 ; *bender* 967 ; *boskellon* 2332 ; *cerubins* 3342 ; *contredire* 817 ; *departement* 729 ; *doler* 964 ; p.-ê. *durté* 2715 ; *enploier* 785 ; *enterrer* 975 ; *escarlate* 445 ; *faus* 963 (m. T. a *fou* 98); *harnas* 998 ; *lignier* 964 ; *restraindre* 213 ; *ricement* (valeur d'intensité) ; *soufrance* 202 ; *vivaire* 2135.

Quelques articles de ce glossaire doivent être complétés ou rectifiés : *Acouveter* add. 1049 — *A manevi (plus —)* 2852 = moins farouche ; — *Asseoir* = établir 66, etc. — *Corsaire* 2 = couru, fréquenté — *Dangier* ; *faire d.* de 528 doit être rangé à part — *Desceplie (metre en — =* soumettre) — *Departie* 1196 a aussi le sens de « distribution » — *Deviner* 643 = interpréter — *Deviser* 1478 = assigner, attribuer — *Escourre*, non *escoudre* 2895 — *Feste joïe* 722 se rattache à *joïe* 2 — *A le* add. *places lees* 773 = pl. nettes — *Ombrage* = timide, inquiet 3033, add. 3055 — *Porlraire* 919 = faire avancer — *Puer.* Add. *giete puer* 511 et *ruer puer* 2139, 2998 — *Querriés* 1924 est le cond. de *croire* — *Remaindre* 3363 est employé négativement avec le sens de « ne pas avoir lieu »; c'est celui que j'ai noté dans *Yvain*, 1804 ; *Er. Enide* 2942 ; *Manekine* 359, etc. *Il remaint* = « il est en arrière, il s'en faut », sens constaté au v. 681 de notre poème et qu'on trouve plus fréquemment avec la négation et l'emploi personnel ou impersonnel, *Gir. Ross.* tir. 135, *Yvain* 2510; *Charrete* 694, 2928 ; *Perceval* 608, 5036 ; 7050 ; *Aym. Nb.* 726 ; *Otinel* 1270, 1274, etc.

M. W.

Les Cabochiens et l'ordonnance de 1413, par Alfred Coville. — Paris, Hachette, 1888, in-8°. xix-456 p.

« Il est étonnant que l'histoire des Cabochiens n'ait encore tenté personne, » dit M. Coville au début de son livre. Peut-être a-t-elle tenté quelqu'un, mais il est certain que personne n'avait encore cédé à la tentation. La cause en est, ce semble, dans la nature même du sujet. Si on la considère en elle-même et par ses côtés extérieurs, l'émeute cabochienne offre une suite de scènes pittoresques, qui pourraient séduire un peintre d'histoire, mais qui ne sauraient être pour un historien que la matière d'une besogne assez vulgaire. Veut-on au contraire en étudier les causes profondes? C'est alors toute la question de l'état politique et du régime administratif de la France au commencement du xv⁰ siècle, qui se pose dans sa complexité, et le cadre devient singulièrement étroit pour un tableau de cette étendue. Telle n'est point l'opinion de M. C. Il a hardiment traité en 135 pages de « la France sous Charles VI ». C'est bref, incontestablement. Toutefois, il serait excessif de chercher dans ces prolégomènes une description minutieuse et fouillée : l'essentiel est que tous les traits importants soient marqués, et que la physionomie de l'époque reste vraie, quoique simplifiée. Est-ce ici le cas? Il est permis d'en douter. Non que M. C. avance des faits inexacts : c'est un érudit trop scrupuleux. Mais cette longue énumération d'abus plus ou moins réels manque de relief, de perspective, de proportion, de vie en un mot. Un incident futile y paraît côte à côte avec un fait dominant. Tous les griefs défilent pêle-mêle : ceux qui sont une conséquence permanente des institutions et ceux qui dérivent d'une situation politique transitoire, ceux qui tiennent au système et ceux qui tiennent aux hommes, ceux qui existaient sous les prédécesseurs de Charles VI et ceux qui appartiennent en propre à son règne. Il résulte de cet amalgame une image confuse, sans précision et sans justesse. Un seul exemple. On lit dans le résumé qui termine le livre Iᵉʳ : « A la Chambre des comptes, la confusion est encore plus grande : on s'y permet mille irrégularités de comptabilité, dont chacun tire profit; des scènes de désordre et de violence s'y passent; il y a lutte ouverte avec le Parlement. » Le portrait est peu flatteur : est-il ressemblant? De mille irrégularités, M. C. en cite une seule, que la Chambre elle-même punit aussitôt. Il y a au contraire de fortes raisons de croire que l'examen des comptes se faisait très scrupuleusement; et ne sait-on pas d'ailleurs avec quel zèle, avec quel courageux entêtement la Chambre des comptes défendait pied à pied les droits du domaine, ne cédant qu'à la violence et après avoir épuisé tous les refus, tous les délais, toutes les procédures, toutes les ruses? — Des scènes de violence? Un trésorier et un maître des eaux et forêts s'adressent en termes peu respectueux à la Chambre, et en font amende honorable ; des trésoriers que la Chambre refuse d'instituer viennent prendre leurs places et se retirent à la première injonction; enfin, deux maîtres des comptes, qui avaient quelque différend, échangent des gifles dans la cour du Palais. Et c'est tout. — Le conflit avec le Parlement? mais partout où se rencontrent deux corps constitués, ils entrent en conflit, aussi nécessairement que deux masses s'attirent. Cela est normal : à quoi bon en parler? On voit par cet unique exemple que si les faits cités par M. C. sont vrais, la manière dont il les présente et l'importance qu'il leur donne sont au moins discutables.

Le récit des épisodes qui marquèrent le règne des Cabochiens est fait avec beaucoup d'art et d'exactitude. Mais la conclusion soulève quelques objections. M. C. loue chaleureusement la sagesse, l'habileté, la modération des Cabochiens. Or, ce parti, qui n'aboutit qu'au plus misérable échec, avait trouvé un terrain d'action incomparable : le trône vacant en

fait ; les princes divisés en deux factions, cherchant partout des auxi-
liaires, et à tout prix ; le peuple conscient de sa force ; l'appui moral de
l'opinion, et en particulier de l'Université. En face, rien ; ou presque.
Dans cette situation si favorable, que fit le parti révolutionnaire ? Rien
n'est nouveau sous le soleil : il institua une commission. Cette commission compila les dispositions de cinq ou six ordonnances, et en fit un
code, « un beau traité divisé par chapitres. » On est confondu d'une
pareille niaiserie : le mal auquel il fallait remédier, c'était l'inexécution
des ordonnances : tout ce qu'imaginèrent ces braves gens fut de faire une
ordonnance de plus. C'étaient en vérité de pauvres cervelles que les
cervelles cabochiennes !

Ces divergences d'appréciation ne nous empêchent nullement de
reconnaître le rare mérite de l'ouvrage de M. C., ouvrage habilement
composé et parfaitement écrit, avec un égal souci des idées générales et
du détail précis, au total extrêmement intéressant. La plupart des défauts
qu'on peut y relever tiennent d'une part à un plan défectueux, d'autre
part à une étude peut-être un peu sommaire des alentours du sujet.
Lorsque M. C. aura pénétré plus avant dans l'intimité de cette si curieuse
époque, lorsqu'il aura choisi un sujet assez large et une période assez
étendue pour que ses idées puissent s'y développer à l'aise, il écrira un
livre excellent, dont celui-ci est l'annonce et la promesse.

L. F.

Le collège de Tournon en Vivarais d'après les documents originaux
inédits par MAURICE MASSIP. — Paris, 1890, in-8, 323 pages.

Fondé en 1536 par le cardinal François de Tournon, le collège de
Tournon fut donné à la compagnie de Jésus en 1560 et resta entre ses
mains jusqu'en 1762. M. Massip n'a pas pris pour modèle le livre où
M. Carré, à propos de l'histoire de l'enseignement secondaire à Troyes,
a fait une étude développée des méthodes pédagogiques des Oratoriens.
Le collège de Tournon ayant été un des plus célèbres et des plus floris-
sants parmi ceux des Jésuites, M. Massip aurait pu sans doute élargir
son cadre et s'étendre davantage sur la façon dont l'enseignement était
donné dans les maisons d'éducation de la compagnie de Jésus. Il n'a pas
eu pareille ambition. C'est à peine s'il consacre une vingtaine de pages
aux programmes. Suivant le plan tracé par le fondateur lui-même le
collège comprenait sept classes. Pendant les trois premières années on
apprenait aux enfants à décliner, à conjuguer et à composer. Deux ans
étaient ensuite consacrés à la Rhétorique et à la Poésie. Enfin, l'étude de
la Philosophie durait deux ans : une année pour les Mathématiques et la
Logique, une autre année pour la Physique et la Métaphysique d'Aristote.
Les lettres patentes de 1552 qui donnèrent au collège de Tournon le titre

d'Université autorisèrent l'enseignement des lettres hébraïques. L'enseignement de la théologie ne fut permis qu'en 1584. Mais plus que l'histoire intérieure, l'histoire extérieure du collège a préoccupé M. Massip; les ressources pécuniaires, les démêlés avec l'Université de Valence, les relations avec la municipalité, l'histoire du personnel, les constructions de bâtiments, tels sont les points auxquels l'auteur s'est surtout attaché. Il a écrit en effet pour les anciens élèves du Lycée de Tournon. Son livre leur plaira sans doute et par surcroît il plaira à d'autres, étrangers à Tournon, car il est bien composé et malgré « son cadre rétréci », pour employer ses propres expressions, il ne laisse pas d'être intéressant. Les documents, puisés aux meilleures sources, bien commentés, ont été heureusement choisis. Pas de détails fastidieux et inutiles. Le style est clair et élégant, avec une certaine recherche, sans prétention, qui mérite d'être louée quand tant d'érudits négligent si volontiers la forme sans que d'ailleurs le fond y gagne rien. — Après l'expulsion des Jésuites, le collège fut quelque temps confié à des professeurs de l'Université de Paris sous la surveillance d'un bureau présidé par l'évêque diocésain. Essai infructueux. On eut recours aux Oratoriens qui lui rendirent son éclat. Ils y furent installés par lettres patentes du 16 août 1776. Telle fut la considération qu'ils ne tardèrent pas à gagner qu'après avoir prêté serment de fidélité à la Constitution civile du clergé les ci-devant Oratoriens purent traverser la tourmente révolutionnaire sans avoir à subir de trop violentes attaques, toujours défendus par la majorité de la population, sachant se taire à propos sans rien perdre de leur dignité, tout entiers à leurs fonctions et maintenant, au milieu des agitations populaires et en dépit de l'esprit d'insubordination qui s'était emparé des enfants eux-mêmes, les principes d'une sage discipline et d'une forte éducation.　　　　　M. PROU.

Die franzœsischen Wœrter im mittelhochdeutschen von Dr. JOSEPH KASSEWITZ. Strassburg i. E., C. Gœller, 1890.

Dresser un inventaire des mots français qui ont pénétré dans le moyen-haut-allemand, en faire la phonétique comparée et enfin étudier la valeur de ces graphies nouvelles au point de vue de l'histoire des sons français, tel est l'objet du travail de M. Kassewitz. La matière, comme on voit, est aussi neuve qu'intéressante. M. Kassewitz a su en tirer bon parti. Certes on ne doit user qu'avec la plus grande circonspection de ces transpositions germaniques; forcément cette naturalisation doit entraîner dans la plupart des cas l'abdication des caractères propres les plus essentiels. En revanche, cette étude nous présente des ressources que l'examen des documents originaux est parfois loin de nous offrir. Dans tel cas donné où la langue primitive, figée dans une orthographe traditionnelle, ne nous donne qu'une figuration trompeuse des sons, la forme étrangère, dégagée sous ce rapport de toute entrave, sera souvent phonétique ; qu'il me suffise de citer comme telles des formes comme *tziment* (p. 41) = afr. ciment et *tschanzûn* (p. 39) = afr. chançon, témoins d'une évolution phonétique dont les graphies françaises ne nous offrent guère d'exemples ; d'autres comme *fòreht* (: *sleht*) p. 50 = afr. forest, *mehnie* (p. 50) = afr. maisnie, sont plus précieuses encore, car seules elles nous permettent de nous faire une idée de la manière dont *s* s'est amuie (à noter cependant les sérieuses objections de M. K. contre cette opinion défendue en dernier lieu par M. F. Neumann, *Zur Laut -u. Flexionslehre*, etc.). Ce qu'il faut demander tout d'abord d'un travail de ce genre, c'est un départ exact entre le fond original et ce qui n'est que le produit de conditions phonétiques nouvelles. L'ouvrage de M. Kassewitz est bien fait pour nous orienter de ce côté ; il témoigne d'une habileté de main philologique déjà grande, en même temps que d'une information étendue dans les deux vastes domaines qu'il avait à explorer. Un point cependant appelle la contradiction : l'auteur prétend retrouver dans les dialectes de l'Est l'origine d'une série de formes qu'il croit avoir été empruntées directement soit au lorrain, soit au bourguignon, soit au wallon. Il y a là, croyons-nous, deux formations identiques, mais indépendantes. Il ne faut pas oublier que ces dialectes doivent leur individualité linguistique à l'élément germanique qui a été plus dense et plus vivace dans les régions où on les parle que partout ailleurs.

Ces rapports sont donc tout fortuits. D'ailleurs la nature seule des mots empruntés montre bien qu'ils ne sont pas dus à une infiltration par les frontières, mais bien à un commerce tout littéraire dans lequel les dialectes n'ont rien à voir. De plus, en tous cas, on sait que c'est plutôt par les Flandres que par l'Est que la culture française a pénétré en Allemagne. Les mots importés de la sorte ont été alors modifiés par la loi toute naturelle de l'adaptation à des organismes vocaux différents. Nous pouvons être tous les jours témoins du phénomène dans les villes frontières. — Le glossaire qui termine l'ouvrage, outre que l'absence de toute référence le rend peu pratique, semble de plus bien incomplet ; rien que dans un petit texte de 1520 vers d'Hartmann von Aue, *der arme Heinrich,* nous trouvons trois mots qui n'y figurent pas : 119 *miselsuht,* 1027 *hermin,* id. *samit,* outre une série d'exemples intéressants de formes déjà connues. Cependant cette œuvre aurait dû avoir d'autant plus de prix aux yeux de M. Kassewitz qu'elle n'est faite d'après aucun prototype français connu ; les termes que l'on y rencontre étaient donc courants dans la langue littéraire.   Jules SIMON.

CHRONIQUE BIBLIOGRAPHIQUE

Livres scandinaves traitant du moyen âge et publiés en 1889-90. —
K. H. Karlsson. *Den svenske konungens domsrätt under medeltiden* I. Stockholm.
III-103 p. Dissertation pour le doctorat (La juridiction du roi de Suède au moyen
âge; ne va que jusqu'à l'année 1470). — G. Thulin. *Om konungens ekonomiska
lagstiftning.* 260 p. in-8. Lund. (Sur la législation économique du roi, étude de droit
constitutionnel). —J. Mankell. *Ofversigt af svenska krigens och krigsinrättningarnes
historia* I. XIV-578 p. Stockholm (Histoire des guerres de la Suède; ce premier
volume n'embrasse que le moyen âge). — L. Baltzer. *Glyphes des rochers du
Bohuslän,* 14ᵉ et 15ᵉ fasc. in-folio. Gothembourg (fin de cette élégante publication).
— G. Cederschiöld. *Kälfdrapet och vänpröfningen.* 41 p. Lund (Soupçonner les
témoignages des sagas sur des faits historiques).—E. Brate. *Dalalagens böjnings-
lära.* 44 p. in-4º. Stockholm (La flexion de la loi de Dalécarlie). — F. Famm.
Etymologisk svensk ordbok, I. 80 p. Stockholm (Dictionnaire étymologique d'une
importance capitale). — C. Wahlund. *Ouvrages de philologie romane et textes
d'ancien français faisant partie de la bibliothèque de M. Carl Wahlund à Upsal.*
Liste dressée d'après le Manuel de littérature française au moyen âge de M. Gaston
Paris. Avec quatre appendices et deux tables alphabétiques. Upsal, 1889. La litté-
rature narrative. XXII-243 p. in-8 (pas dans le commerce. V. MOYEN AGE III, p. 9.)
— K. K. Siljestrand. *Ordböjningen i Västmannalagen, I Substantivets böjning.*
Linkoping. 182 p. in-4º (La flexion dans la loi de Vestmannie, I : les substantifs).
— A. U. Baath. *Nordiskt forntidslif* (La vie dans le Nord aux anciens temps)
Stokholm, 1890. IV-241 p. in-8. — J. Paulson. *Notice sur un manuscrit de saint
Jean Chrysostome utilisé par Erasme et conservé à la bibliothèque royale de
Stockholm.* Lund. 65 p. in-8. — A. Kalkar. *Ordbog til det äldre danske sprag*
(Dicttionnaire du vieux danois). 16ᵉ et 17ᵉ fasc. 517-656 : *kirkel* à *kulmet.* Copenhague
1890. — F. Lundbeck. *Det engelske drama for Shakespeare* (Le drame anglais
avant S.) Copenhague 1890. 246 p. in-8. — H. S. Vodskov. *Rig-Veda og Edda*
(Rig-V. ou E. études de mythologie comparée). Copenhague, 234 p. in-8 (deux fasc.
seulement, à suivre). — L. Zinck. *Nordisk Archœologi* (Études sur l'âge de pierre).
116 p. in-8. — J. Clausen, P. Levin. *Island i fristatstiden* (l'île d'I. comme république). 46 p. in-8. — C. Kjer. *Valdemars själlandske Lov* (La loi du Själland
publiée par le roi Valdemar; contributions à l'histoire du droit du Danemark).
244 p. in-8. — P. Köbke. *Om runerne i Norden* (Sur les runes, ouvrage populaire
2ᵉ éd. 100 p. in-8. — H. Schwanenflügel. *Kalevala, Finnernes nationale epos,*
62 p. in-8.—*Fornaldarsögur Nordhurlanda* (Sagas nordiques) Reykiavik 1889. III.
IV 527 p. in-8.—J. Thorkelsson. *Beyging sterkra sagnordha i islenzku* (Flexion des
verbes forts de l'islandais) 2, p. 81-160. Reykiavik, 1889, in-8. — M. Nygaard. *Spro-
gene i Norge i fortid og nutid* (Les langues de la Norvège anciennement et de
nos jours; notes additionnelles à la grammaire de l'ancien norvégien de l'auteur).
Kristiania. 15 p. in-8. — J. Fritzner. *Ordbog over det gamle norske sprog* (Dictionnaire du vieux norvégien). 17-18, p. 689-880. Nouv. éd. Kristiania.

PÉRIODIQUES

France. Histoire (2ᵉ semestre 1891)

Académie des Inscriptions, comptes rendus, 1890. Mai-juin. P. 193. R. de Lasteyrie, *Inscription énigmatique sur un chapiteau de S. Julien de Brioude.* (Ce chapiteau, du commencement du XIIᵉ siècle env., représente deux démons entraînant un usurier en enfer. L'inscription doit se lire : « Mille artifex scripsit, tu periisti usura. » *Mille artifex* est un des noms du diable). — P. 207. G. Paris, *Robert Courte-Heuse à la première croisade.* (Le vitrail de Saint-Denis, représentant le combat de Robert contre un Sarrasin, ne fournit pas, comme on l'a dit, un *terminus ad quem* pour la date de la *Chanson d'Antioche,* car cette compilation n'est qu'un vestige de tout un cycle épique dont Robert était le héros). — P. 219. D'Arbois de Jubainville, *Notice sur les Celtes d'Espagne.* (Les Celtes se sont établis en Andalousie : c'est mal à propos qu'on a contesté ce fait ; ils se sont partout tenus à distance des côtes espagnoles de la Méditerranée. De 500 à 300, leur politique paraît avoir été de s'appuyer sur les Grecs contre les Phéniciens. A cette dernière date, l'unité politique du monde celtique disparaît, d'où leur défaite et la fondation de l'empire romain). — P. 262. Id., *Un gentilice romain tiré d'un nom gaulois : étymologie du nom de Ligugé (Vienne).* (*Ligugé,* en latin *Lucoteiacus* est formé du gentilice *Lucoteius,* dérivé du nom gaulois *Lucotos,* identique au breton *logod* = souris.)

Juillet-août. P. 323. S. Luce, *Jeanne d'Arc dixième preuse.* (Un tableau de l'hôtel de ville de Hondschoote, du commencement du XVIIᵉ siècle (!!), représente Jeanne d'Arc faisant suite aux neuf preuses.)

Septembre-octobre. P. 394. P. Batiffol, *Note sur les sources de la chronique arabe dite de Cambridge* (Chronique grecque remaniée par un Arabe).

Académie des sciences morales et politiques. Compte rendu. — Mai 1890. P. 721. Glasson, *Les rapports du pouvoir spirituel et du pouvoir temporel au moyen âge.* (La fin au cahier de Juin, p. 878.)

Bibliothèque de l'Ecole des Chartes. Tome II. Livr. 3-4. Mai-août 1890. P. 213-237. J. Havet, *Questions mérovingiennes. VI. La donation d'Etrépagny.* (Restitutions ingénieuses du texte de quelques chartes mérovingiennes, entre autres de la charte de Dagobert portant donation du village d'Etrépagny à l'abbaye de Saint-Denis. Cette charte, considérée comme apocryphe, est authentique.) — P. 238-267. J. Viard, *Gages des officiers royaux vers 1320.* — P. 268-269. M. Prou, *Fragment d'ardoise du moyen âge trouvée à Foigny.* (Ecriture de la fin du XIIIᵉ siècle ou du commencement du XIVᵉ ; paraît être la défense d'un moine accusé de nécromancie.) — P. 270-297. H. Omont, *Inventaire sommaire des manuscrits de la collection Renaudot conservés à la Bibliothèque Nationale.* — P. 298-304. Ch. V. Langlois, *Documents relatifs à l'Agenais, au Périgord et à la Saintonge à la fin du XIIIᵉ et au commencement du XIVᵉ siècle.* (Signale plusieurs pièces intéressantes conservées au British Museum et à la Bodléienne.) — P. 305-309. L. Delisle, *Le libraire Frédéric d'Egmont et la marque parisienne aux initiales F E. et I B.* — P. 310-312. L. Delisle, *Le médailleur Jean de Candida.* (Conseiller de Charles VIII, qui l'envoya en ambassade à Rome en 1491 ; on a de lui une médaille d'Antoine Gratia Dei et une autre du chancelier Robert Briçonnet.)

Bibliographie. P. 313-334. W. D. Macray, *Annals of the Bodleian library* (Delisle). — P. Batiffol, *La Vaticane de Paul III à Paul V* (Id.). — Briquet, *Papiers et filigranes des archives de Gênes* (Stein). — Requin, *L'imprimerie à Avignon en 1444.* — Duhamel, *Les origines de l'imprimerie à Avignon* (H. Stein : La date la plus reculée qu'on puisse admettre pour l'existence de l'imprimerie à Avignon est 1446 et non 1444. De plus rien ne prouve qu'il y ait eu autre chose que des essais non suivis d'effet). — Ragey, *Histoire de S. Anselme* (J. Viard. Rien de nouveau). — N. Parisio, *Due documenti greci inediti della certosa di S. Stefano del Bosco* (Le Blancard, Chartes grecques de 1116 et 1156 portant donation de terres à la Chartreuse de S. Etienne du Bocage en Calabre. Édition faite avec soin). — H. Pirenne, *La version flamande et la version française de la bataille de Courtrai* (Ch. V. Langlois). — H. Vander Linden, *La révolution démocratique du XIVe siècle à Louvain* (M. Prou). — J. Finot, *Le train de maison d'une grande dame au XIVe siècle. Étude sur les comptes de l'hôtel des sires de Cassel et particulièrement sur ceux d'Yolande de Flandre, comtesse de Bar* (J. M. Richard). — Ch. de Beaurepaire, *Note sur les juges et les assesseurs du procès de condamnation de Jeanne d'Arc* (L. Delisle. Très instructif). — *Un cartulaire de la Howarderie : actes scabinaux, mémoriaux et documents divers*, publié par le comte du Chastel de la Howarderie-Neuvireuil (A. d'Herbomez). — H. Stein, *Jean Goujon et la maison de Diane de Poitiers à Etampes* (F. Mazerolle). — J. Denais, *Les poésies de Germain-Colin Bucher* (G. Lefèvre-Pontalis). — H. Jouin, *Charles Le Brun et les arts sous Louis XIV* (J. Guiffrey. Très bon).

Chronique et mélanges. P. 371-380. *Ancien terrier breton livré aux relieurs.* (Ce terrier du commencement du XIVe siècle a servi à relier le Jardin des racines grecques publié par Delalain en 1822.) — Manuscrits français acquis par le Musée britannique. — Delisle, *Manuscrits de l'abbaye cistercienne de la Charité au Musée britannique. — Premiers monuments de l'imprimerie en France* (Annonce du livre de M. Thierry-Poux). — L. Lex, *Enregistrement des décès et des mariages au XIVe siècle.* (Un registre des archives communales de Givry [Saône-et-Loire] contient la mention des mariages et des décès entre 1335 et 1350. C'est le plus ancien registre de ce genre actuellement connu.) — Delisle, *Fausseté d'une charte de S. Louis pour l'abbaye de la Trappe* (Charte de septembre 1246 publiée par M. de Charencey dans son cartulaire de la Trappe ; elle est l'œuvre d'un faussaire, et ne peut être antérieure au XVIe siècle). — *Écusson sculpté dans la cour de l'École des Chartes.* (C'est celui de la famille Clausse, d'après M. Roman.) — *La première édition du Calendrier des Bergers.* (Le n° 518 des vélins de la Bibliothèque nationale est un exemplaire de l'édition de 1493.)

Livr. 5 (septembre-octobre). — P. 381-419. G. Digard, *La papauté et l'étude du droit romain au XIIIe siècle, à propos de la fausse bulle d'Innocent IV*, Dolentes. (Cette bulle qu'on a crue authentique ne l'est pas : l'auteur de ce faux — peut-être un simple pamphlet — devait être un étudiant de la Faculté des arts d'Oxford, dont le but était « d'assurer aux nourrissons de la philosophie les survivances que convoitaient les hommes de loi. ») — P. 420-442. H. Moranvillé, *Remontrances de l'Université et de la ville de Paris à Charles VI sur le gouvernement du royaume.* (Texte authentique de ces remontrances dont on ne connaissait que les extraits donnés par le religieux de S.-Denis et Monstrelet.) — P. 443-476. M. Fournier, *Les* *bibliothèques des collèges de l'Université de Toulouse. Étude sur les moyens de travail mis à la disposition des étudiants au moyen âge.* — P. 477-515. F. Aubert, *Les sources de la procédure au parlement de Philippe le Bel à Charles VII.* — P. 516-525. P. M. Perret, *Les règles de Cicco Simonetta pour le déchiffrement des écritures secrètes* (4 juillet 1474).

Bibliographie. P. 526. Kretschmer, *Die physische Erdkunde im christlichen Mittelalter* (Himly. Renseignements utiles). — P. 527. Daniel Grand, *Leçon d'ouverture du cours de paléographie de la Faculté des lettres de Montpellier* (M. Prou). — P. 528. Haureau, *Notices et extraits de quelques manuscrits latins de la Bibliothèque nationale* (Delisle). — P. 532. *Analecta Bollandiana* (Delisle). — P. 536. *Le Liber censuum*, publié par Paul Fabre (E. Berger). — P. 538. W. Lippert, *Des Ritterordens von Santiago Thätigkeit für das heilige Land* (Delaville Le Roulx). — P. 539. J. Roman, *La saincte vie et glorieux trespassement de Jean Esmé, sire de Molines, chronique de la deuxième moitié du XIVe siècle est-elle un document authentique ?* (Delisle). — P. 539. L. Brièle, *L'hôpital de Sainte-Catherine en la rue Saint-Denis* (L. Le Grand). — P. 541. A. Leroux, *Inventaire des archives communales de la Haute-Vienne, 1* (Id.). — P. 543. Jules Chevalier, *Quarante années de l'histoire des évêques de Valence, 1226-1267.* — Jules Chevalier, *Amédée de Roussillon, évêque de Valence et de Die, 1276-1281* (A. Prudhomme). — P. 547. A. Gabrielli, *Epistolario di Cola di Rienzo.* — Rodocanachi, *Cola di Rienzo* (L. Auvray). — P. 554. Van der Haeghen, *Bibliotheca belgica* (Delisle).

Chronique et mélanges. P. 569. Comte de Pange, *Jean monseigneur de Lorraine.* (Gaston Raynaud, dans son édition des Rondeaux et aux poésies du xve siècle, attribue à Jean de Calabre les poésies qui portent le nom de Jean monseigneur de Lorraine : c'est une erreur ; l'auteur est Jean de Lorraine, fils d'Antoine de Vaudemont. De plus, Raynaud attribue à tort à ce dernier les pièces qui portent le nom du comte de Guise : Antoine ne fut jamais comte de Guise).

Bulletin critique. — 15 juillet. L. Duchesne, *Origines du culte chrétien* (Réponse de l'abbé Duchesne à ses critiques, particulièrement à M. Sabatier, type du « critique doctrinaire ». Les deux autres espèces sont : les critiques qui ne vous lisent pas [type : la *Revue critique*], et ceux qui vous lisent avant d'avoir fait leurs dents et atteint l'âge de discrétion [type : les *Études* des PP. Jésuites].)

1er août. E. Müntz, *Les Archives des arts* (P. Leprieur). — J. Berthelé, *Recherches pour servir à l'histoire des arts en Poitou* (A. Bouillet).

1er septembre. C. Diehl, *Études sur l'administration byzantine dans l'Exarchat de Ravenne.* (P. Fabre discute en détail la question des *duces* et des *tribuni*. Très élogieux).

15 septembre. Darmesteter & Hatzfeld, *Dictionnaire de la langue française* (A. Tougard). — F. Aubert, *Le Parlement de Paris* (Utile, quoique d'une composition hâtive).

1er octobre. A. Blanchet, *Numismatique du moyen âge et moderne* (A. de Barthélemy). — Em. Molinier, *Venise* (P. Leprieur).

15 octobre. N. Valois, *Le Conseil du Roi aux XIVe, XVe et XVIe siècles* (H. Gaillard).

1er novembre. F. Liénard, *Monographie de la numismatique verdunoise* (Maxe-Werly. Mauvais). — Beautemps-Beaupré, *Recherches sur les juridictions de l'Anjou et du Maine pendant la période féodale* (Louis Lucas. Œuvre consciencieuse et très neuve). — E. Jarry, *La vie politique de Louis d'Orléans* (Un peu d'inexpérience).

15 novembre. D. M. Richard, *Cartulaire de l'hôpital Saint-Jean en l'Estrée d'Arras* (De Marsy).

1er décembre. Max Bonnet, *Narratio de miraculo a Michæle archangelo Chonis patrato* (L. Duchesne. Textes très bien publiés). — *Publications récentes relatives à Jeanne d'Arc* (De Marsy).

Journal des savants. — Août. *Les Registres de Nicolas IV*, publiés par E. Langlois, fasc. 1-3 (Hauréau). — M. Berthelot, *Sur les traces des écrits alchimiques grecs conservés dans les traités latins du moyen âge, et sur l'ouvrage intitulé* Turba philosophorum (suite et fin au cahier suivant).

Septembre. *Egberts von Lüttich Fecunda Ratis*, publié par E. Voigt. (G. Paris, La langue maternelle d'Egbert devait être le roman et non l'allemand. La date de sa naissance n'est pas établie. Beaucoup de proverbes qui se rencontrent dans Egbert ne sauraient remonter à l'antiquité allemande, sont de date relativement récente et ont probablement été conçus et élaborés dans le monde roman).

Octobre. A. Darmesteter & Hatzfeld, *Dictionnaire général de la langue française* (G. Paris, suite et fin au cahier suivant).

Polybiblion. Tome 59 (juillet-décembre). P. 38. M. Bonnet, *Le latin de Grégoire de Tours* (C. Huit. Travail remarquable). — P. 61, F. Aubert, *Le Parlement de Paris de Philippe le Bel à Charles VII* (J. Viard). — P. 63. M. Prou, *Manuel de paléographie* (Bou). — Lecoy de la Marche, *Les sceaux* (Très utile). — P. 66. Gebhart, *L'Italie mystique* (M. Formont). — P. 67. P. Fournier, E. Maignien, A. Prudhomme, *Catalogue des manuscrits de la Bibliothèque de Grenoble* (E. Ledos). — P. 254. Schlumberger, *Nicéphore Phocas*. — P. 255. Jules Zeller, *Les empereurs du XIVe siècle* (H. de l'Epinois). — P. 336. D'Arbois de Jubainville, *Recherches sur l'origine de la propriété foncière en France.* (H. Gaidoz : « L'ouvrage est tel qu'on pouvait l'attendre d'un érudit qui, après avoir mis la main sur deux lundi bien différents, l'histoire du droit et la linguistique, les occupe aujourd'hui, non plus à titre précaire, mais bien à titre éminent » !) — P. 450. J. Stænder, *Chirographorum in regia bibliotheca Paulina Monasteriensi catalogus* (E. Ledos).

Revue critique. — 7 juillet 1890. K. Kretschmer, *Die physische Erdkunde im christlichen Mittclalter* (Auerbach. Répertoire complet de tout ce que le moyen âge a su de géographie).

14 juillet. H. Bresslau, *Handbuch der Urkundenlehre für Deutschland und Italien* (Pirenne. Travail excellent et aussi complet que possible).

21 juillet. H. Pirenne, *La version flamande et la version française de la bataille de Courtrai.* — *Bulletin de la Société historique de Compiègne*, t. VII (A. Lefranc). — *Quellen zur Schweizer Geschichte*, 322-325 (E. Favre).

28 juillet. Gudmundson, *L'habitation en Islande* (E. Beauvois. Ouvrage fait avec soin).

4 août. D. Bernoni, *Dei Torresani, celebri Stampatori a Venezia e Roma nel XV e XVI secolo* (P. de Nolhac. Sans valeur).

11-18 août. Hauréau, *Des poèmes latins attribués à S. Bernard* (A. Molinier). — Desilve, *De schola Elnonensi S. Amandi* (H. Pirenne. Mauvais). — Mahrenholtz,

Jeanne Darc in Geschichte (Ch. Pfister. L'auteur a l'esprit critique et une bonne méthode, mais il va trop loin dans la négation, et diminue la part de l'histoire au profit de la légende).

22-29 septembre. E. Bernheim, *Lehrbuch der historischen Methode* (A. Lefranc. Répertoire commode: il faudrait un index). — *Les Registres de Grégoire IX*, publié par L. Auvray, I (M. Prou analyse les bulles relatives à l'histoire de France).

6 octobre. — *Inventio S. Crucis.* Documents publiés par A. Holder. — H. Knust, *Geschichte der Legenden der h. Katharina von Alexandrien und der h. Maria Ægyptiaca* (P. Lejay). — *Comptes rendus des échevins de Rouen* (1409-1701), publiés par J. Félix (A. Delboulle). — L. M. Hartmann, *Untersuchungen zur Geschichte der Byzantinischen Verwaltung in Italien*, 540-750 (Ch. Diehl. Erreurs de détail, mais les points essentiels sont bien mis en lumière). — Geiger, *Sur quelques cas de labialisation en français.* — Carl. Wahlund, *La philologie française au temps jadis* (Ch. J.).

20 octobre. A. Gasquet, *L'empire byzantin et la monarchie franque* (Schlumberger. Livre tout à fait remarquable). — J. Zeller, *Histoire d'Allemagne*, t. VI (Ch. Pfister. Très élogieux).

27 octobre. A. Ebert, *Geschichte der Litteratur des Mittelalters*. Bd. I. 2te Aufl. (P. Lejay signale les modifications apportées à la première édition). — E. Bratke, *Wegweiser zur Quellen — und Litteraturkunde der Kirchengeschichte* (Ch. V. Langlois. Œuvre confuse et pédantesque). — J. A. Blanchet, *Nouveau Manuel de numismatique* (Utile et bien au courant).

3 novembre. Omont, *Catalogue des manuscrits celtiques et basques de la Bibliothèque nationale* (H. Gaidoz). — G. F. Duckett, *Visitations of English Cluniac foundations* (M. Prou. L'auteur aurait mieux fait d'éditer ces procès-verbaux de visite que d'en donner une traduction, qui encore est peu exacte). — Paul Fredericq, *Corpus documentorum Inquisitionis hœreticœ pravitatis Neerlandiœ* (Très bon).

10 novembre. Hauck, *Kirchengeschichte Deutschlands. Erster Theil* (Pfister. Livre remarquable par la sûreté de l'érudition et la netteté de l'exposition).

8 décembre. *Documenta de S. Patricio*, ed. E. Hogan. — *Anecdota Oxoniensia. Lives of saints from the Book of Lismore.* — *The three shafts of death, of Geoffrey Keating*, ed. by R. Atkinson. — J. Loth, *Chrestomathie bretonne.* — F. M. Luzel et A. Le Braz, *Soniou Breiz-Izel. Chansons populaires de la Basse-Bretagne* (H. d'Arbois de Jubainville). — Strassburger, *Zunft und Polizei-Verordnungen des 14 und 15 Jahrhunderts*, publiés par J. Brucker (C. Pfister. Édition d'une correction irréprochable, mais le plan laisse à désirer).

15 décembre. D'Arbois de Jubainville, *L'origine de la propriété foncière et des noms de lieux habités en France* (S. Reinach). — C. Nisard, *Le poète Fortunat.* — Kurt Groh, *Geschichte des oströmischen Kaisers Justin II* (C. Diehl. Recherches consciencieuses, mais beaucoup d'inexpériences). — *Die Statuten des Deutschen Ordens*, hrsg. v. Max Perlbach (C. Pfister. Édition parfaite). — A. Seyboth, *Das alte Strassburg.* (Bon).

29 décembre. K. Müllenhoff, *Deutsche Alterthumskunde* Bd. I. Neuer Abdruck besorgt durch Max Roediger (D'Arbois de Jubainville). — Audisio, *Histoire des papes de Constantin à Charlemagne*, traduit de l'italien par Labis (Pfister. Livre arriéré : les érudits peuvent le négliger).

Revue des questions historiques. 1er juillet. P. 5-28. A. Lecoy de la Marche. *La prédication de la croisade au XIIIe siècle* (Étude sur un manuel à l'usage des prédicateurs de la croisade, composé entre 1266 et 1274 par Humbert de Romans, maître général de l'Ordre des Frères Prêcheurs et intitulé « Tractatus solemnis de prædicatione sanctæ Crucis »). — P. 29-61. Delaville Le Roulx, *La suppression des Templiers* (Rien de nouveau). — P. 174-183. P. Piolin, *Bérengère, reine d'Angleterre, dame du Mans.* — P. 183-204. G. Kurth, *Les institutions franques* (Critique des ouvrages de Fustel, Glasson et Viollet). — P. 204-216. E. Jarriand, *L'évolution du droit écrit dans le Midi de la France* (Étudie la lutte entre les éléments coutumiers et le droit romain, qui se termine par la victoire de celui-ci au xviiie siècle).

Bulletin bibliographique. P. 310. De Mas-Latrie, *Trésor de chronologie, d'histoire et de géographie.* — P. 313. Roland de Denus, *Dictionnaire des appellations ethniques de la France* (De Charencey). — P. 318. Delarc, *Grégoire VII*, t. i-ii (U. Chevalier). — P. 321. P. Ragey, *Histoire de S. Anselme* (D. Piolin). — P. 322. *Le Manuel de Dhuoda*, publié par Bondurand (G. Kurth. Médiocre publication. L'adultère de Judith et de Bernard de Septimanie est loin d'être prouvé). — P. 324. *Lettres de Servat-Loup*, publiées par Desdevizes du Désert (E. Ledos. Critique insuffisante : le classement chronologique des lettres n'est pas établi). — P. 341. Lamprecht, *Etude sur l'état économique de la France pendant la première partie du moyen âge*, traduit en français par A. Marignan (Travail curieux et instructif, recherches immenses). — P. 342. Jarriand, *Histoire de la Novelle* 118 (P. Guilhiermoz. Renseignements très incomplets ; l'histoire des successions ab intesta[t] présente, pour le Midi, beaucoup moins d'intérêt que celle des successions testamentaires).

1er octobre. P. 353-420. N. Valois, *L'élection d'Urbain VI et les origines du grand schisme d'Occident.* (Conclusion : « Les cardinaux ont eu peur, ce point est hors de doute. Mais il n'est pas bien sûr qu'en l'absence de toute peur, les cardinaux n'eussent pas de même porté leurs voix sur Prignano. On a pu relever en faveur d'Urbain VI de fortes présomptions : toutefois qui oserait conclure à sa légitimité ? ») — P. 577-586. C. Douais, *L'Université de Paris au XIIIe siècle.*

Bulletin bibliographique. — P. 648. Duchesne, *Origines du culte chrétien* (U. Chevalier). — P. 649. C. Nisard, *Le poète Fortunat* (P. Allard). — P. 650. Delarc, *Grégoire VII*, t. iii (U. Chevalier). — P. 651. Luchaire, *Les communes françaises à l'époque des Capétiens directs* (Labande. Très bon livre de vulgarisation). — P. 674. E. Gebhart, *L'Italie mystique* (H. de l'Epinois).

Revue historique. — T. 43. II. Juillet-août 1890. P. 274-316. B. de Mandrot. *Jacques d'Armagnac, duc de Nemours 1433-1477* (Jeunesse de Jacques d'Armagnac ; sa participation à la guerre du Bien public). — P. 343-373. Bulletin historique. France. Principaux ouvrages appréciés : Hauréau, *Poèmes latins attribués à S. Bernard.* — M. Bonnet, *Le Latin de Grégoire de Tours.* — A. Tardif, *Histoire des sources du droit français au moyen âge.* — Luchaire, *Les communes françaises à l'époque des Capétiens directs.* — S. Luce, *La France pendant la Guerre de cent ans.* — H. Blaze de Bury, *Jeanne d'Arc* (Mauvais). — E. Lesigne, *La Fin d'une légende : Vie de Jeanne d'Arc* (Simple paradoxe basé sur une ignorance complète). — Coville, *Les Cabochiens et l'ordonnance de 1413.* — Schlumberger,

Nicéphore Phocas (Travail considérable). — E. Gebhart, *L'Italie mystique* (Excellent). — P. 378-399. *Roumanie* (Xénopol).

Comptes-rendus critiques. P. 400. Duchesne, *Origines du culte chrétien* (C. Bayet. Érudition étendue et clairvoyante, mais le titre n'est pas exact et la façon dont l'auteur a limité son sujet est discutable). — P. 402. Hinschius, *Das Kirchenrecht der Katholiken und Protestanten in Deutschland*, Bd. IV. Abth. 2, H. 1-2 (Viollet). — P. 403. F. Ehrle, *Die Spiritualen, ihr Verhältniss zum Franciscanenorden und zu den Fraticellen* (Ch. Molinier. Élogieux).

T. 44. I. Septembre-octobre. P. 43-55. Ch. V. Langlois, *Les Archives de l'histoire de France.* (Sous ce titre, M. L. parle d'un livre qu'il va publier avec M. Stein, contenant un inventaire sommaire des documents d'archives relatifs à l'histoire de France). — P. 136-155. Bulletin historique : *Danemark* (J. Steenstrup). — P. 156-163. *Alsace* (R. Reuss).

Comptes-rendus critiques. — P. 164. H. Derenbourg, *Ousâma ibn Moun Kidh, un émir syrien au Ier siècle des croisades*, 1095-1188. (J. Havet. Précieux répertoire de renseignements ; mais une traduction de l'autobiographie d'Ousâma eût peut-être été préférable). — P. 166. M. Halbe, *Friedrich II und der päpstliche Stuhl bis zur Kaiserkrönung.* — C. Kœhler, *Das Verhältniss Kaiser Friedrichs II zu den Päpsten seiner Zeit* (G. Blondel). — P. 168. A. Baer, *Die Beziehungen Venedigs zum Kaiserreiche in der Staufischen Zeit* (Id.). — P. 170. John Schmitt, *Die Chronik von Morea* (C. Kohler. L'auteur aurait dû commencer par une édition critique des documents dont il prétend établir la filiation). — P. 173. A. Wauters, *Supplément à la Table chronologique des diplômes imprimés concernant l'histoire de la Belgique* (Funck-Brentano). — P. 175. H. Ulmann, *Kaiser Maximilian's I. Absichten auf das Papstthum in den Jahren* 1507-1511 (G. Blondel).

II. Novembre-Décembre. P. 241-312. B. de Mandrot, *Jacques d'Armagnac, duc de Nemours*, suite. (Histoire de Jacques d'Armagnac jusqu'à sa mort. L'auteur juge assez naturel que le chef d'une grande maison féodale ait été l'adversaire de Louis XI ; toutefois son infidélité et son ingratitude à l'égard du roi, dont il avait accepté tant de bienfaits, souillent sa mémoire et expliquent la vengeance impitoyable de Louis XI.) — P. 313-327. M. Prou, *De la nature du service militaire dû par les roturiers aux XIe et XIIe siècles.* (Le devoir d'ost et de chevauchée était un devoir justicier, non féodal, et avait son origine dans l'obligation où tout homme libre était, à l'époque carolingienne, d'aller à l'ost royale.)

P. 331-362. Bulletin historique : France. M. Fournier, *Les statuts et privilèges des universités françaises* (Publication hâtive). — Lanéry d'Arc, *Mémoires et consultations en faveur de Jeanne d'Arc par les juges du procès de réhabilitation* (renferme des faits intéressants). — *Livre des Syndics de Béarn*, publié par L. Cadier (Excellent). — *Livre de comptes des frères Bonis, marchands montalbanais du XIVe siècle*, publié par Forestié (Beaucoup de détails intéressants sur des sujets très variés). — J.-A. Blanchet, *Manuel de numismatique* (Erreurs dans la partie qui traite de la numismatique féodale). — Fustel de Coulanges, *L'Alleu et le domaine rural pendant l'époque mérovingienne.* — Id. *Le bénéfice et le patronat pendant l'époque mérovingienne.* (Exposé complet et lumineux. Mais Glasson paraît avoir prouvé dans sa réplique à Fustel qu'il y avait, à l'époque franque, des communautés de village. En ce qui concerne le bénéfice, Fustel soutient, mais ne prouve pas que toute concession in beneficium était nécessairement temporaire et conditionnelle.) — O. Delarc, *Grégoire VII*, t. III. — V. Mortet, *Maurice de Sully* (Beaucoup de soin et de scrupule). — Chapotin, *Études historiques sur la province dominicaine de France*. (Contient une réponse victorieuse aux assertions de Siméon Luce sur le rôle des Dominicains lors du procès de Jeanne d'Arc, mais il n'en est pas moins vrai que ce sont réellement les Cordeliers plus que leurs rivaux qui ont créé au XVe siècle ce mouvement d'enthousiasme auquel nous devons Jeanne d'Arc.) — P. 363-384. *Alsace* (suite et fin).

Comptes-rendus critiques. P. 406. Briquet, *Papiers et filigranes des archives de Gênes* (Ed. Favre). — P. 408. *Publications de la société historique d'Utrecht* (A. Waddington).   L. Finot.

Pays scandinaves. — Histoire et Archéologie (1890) (1)

SUÈDE. — **Historisk Tidskrift.** — X, 12 P. 1-22. S. Djurklou. *Arfstvisten mellan Nils Nilssons till Traneberg orh fru Ingegerds till Oeja afkomlingar* (Procès survenu au sujet d'une succession entre les descendants de Nils Nilsson et de la dame Ingegegerd d'Oeja ; étude sur le droit héréditaire des XIVe-XVe siècles). — P. 23-40, 107-36 ; E. W. B. *Strödda bidrag till Västerbottens œldre kulturhis_ toria* (contributions à l'histoire de l'ancienne culture de la Vesterbotnie). — P. 74-77. Hd. *Doktor Claus Ryting och Grabrödraordens mästarc.* (Le Dr Claus Ryting et le maître des franciscains. Qui était le chancelier Claus Ryting, qui vécut au XVe siècle ?) — X, 4. P. 313-39. O. S. Rydberg, *Ettinlagg i fraga om unionsdokumentet af ar 1397.* (Nouvelle tentative pour expliquer le document de l'union des pays scandinaves de 1397, dite de Kalmar.) — P. 364-7. K. V. Key-Aberg. *Yttergigare nagra ord om eriksgatan.* (Encore sur l' « ériksgata », c'est-à-dire le premier voyage officiel d'un roi de Suède du moyen âge.)

Comptes rendus. — P. 7-12. Ehd, *Om Eriksgatan, Kritiska Studier i gammalsvensk Statsrätt af R. Kjellin,* Upsal 1889. (Sur l' « ériksgata, » étude critique de droit public ancien suédois). — P. 38-9. K. Grandinson. *Bidrag till Södermanlands äldre Kulturhistoria,* pp. J. Wahlfisk. Upsala 1886 (Contributions à l'histoire de l'ancienne culture de la Sudermannie ; voir le M. A. II, 111). — P. 51-9. L. **Hr,** *Finlands historia,* pp. Schybergson. Helsingforss 1887-89.

Svenska Autografsallskæpets Tidskrift II, 2. — P. 33-5. K. H. K. *Drotsen Bo Jonssons (Grip) härstamning.* (Origine du grand sénéchal B. J.. surnommé Grip, gentilhomme puissant du XIVe siècle.)

Nordisk Tidskrift fœr vetenskap, konst och industri 1890, 2. — P. 179-82. E. W. Dahlgren. Compte rendu de *A. E. Nordenskiold, facsimile atlas till Kartografiens äldsta historia.* (Atlas fac-similé pour servir à l'histoire de la cartographie ancienne jusqu'à l'an 1600 ; ouvrage capital publié en suédois et en anglais à Stockholm, 1889). — P. 201-12. A. Noreen. *Ett nytt uppslag i fraga om den nordiska mytologien.* (Une nouvelle théorie sur la mythologie nordique ; à propos d'un livre de M. E. H. Meyer, intitulé *Voluspa* et publié à Berlin 1889. Les hypo-

---

(1) Suite du Moyen Age III, p. 109,

thèses hardies et assez mal fondées de M. Meyer ont été vigoureusement rejetées par MM. Jonsson et Detter ; cf. plus bas ; Noreen les rapporte sans critique essentielle.) 4. — P. 364-8. S. Dahlgren. Compte rendu de *J. Centervall Romas ruiner*. Stockholm 1889. (Les ruines de Rome).—6.—P. 504-14. F. Jonsson, *Voluspa* (critique du livre de M. Meyer). — P. 523-4. O. Montelius. Compte rendu de *B. Salin, Ur djur och växtmotivens utvecklingshistoria Stockholm 1890*. (Contributions à l'histoire du développement des motifs ornementaux pris dans les règnes animal et végétal ; ouvrage d'une grande importance qui cherche à tracer l'origine des ornements de la période romane en tenant compte des résultats de l'histoire de la culture générale et de ceux de l'archéologie historique ; une part spéciale est faite à la Suède ; cf. plus bas.)—7.—P. 598-604. Jón Stefánsson et O. Montelius. Compte rendu de *Du Chaillu, The Viking age, The early history, manners and customs of the englishspeaking nations*. Londres 1889, deux vol.

Kongl. Vitterhets Historie och Antiquitets Akademiens Manadsblad, n⁰ˢ 196-8, avril-juin 1888. — P. 49-70, Fr. Nordin. *Gotlands. S. K. Kämpagrafvar.* (Les tombes dites « Kämpagrafvar » dans l'île de G.). — P. 74-83. A. O. Heikel. *Fynd fran bronsaldern i Finland.* (Trouvailles de l'âge de bronze faites en F.). — P. 89-95. O. Sundel. *Fynd pa Helgeandsholmen ar* 1805. (Trouvailles dans l'île de H. [Stockholm] en 1805.)— N⁰ˢ 199-201. Juillet-sept. 1888 (publiés en 1890 comme tous les n⁰ˢ suivants). — P. 97-141. Fr. Nordin. *Gotlands S. K. Kämpagrafvar* (suite). N⁰ˢ 208-10. Avril-juin 1889. — P. 77-96. C. D. Reventlow. *Fynden fran Ringsjön.* (Les trouvailles de R.) — N⁰ˢ 211-13. Juillet-sept. — P. 97-106. H. H. *Gotlands medeltidskonst.* (L'art du moyen âge dans l'île de G. 1 : les placards des églises).— P. 107-16. C. D. Reventlow *Fynden fran Ringsjon* (suite). — P. 121-5. S. Welin. *Nyfunna grafvar vid Skara domkyrka.* (Tombes récemment découvertes près la cathédrale de S.) —P. 125-40. O. Montelius. *Ett bronskärl funnet vid Bjersjöholm i Skane.* (Vase de bronze trouvé à B. en Scanie.) N⁰ˢ 214-16. Oct.-déc. — P. 145-85. C. D. Reventlow. *Yxformer fran Stenaldern i Ringsjöfynden.* (Sur les formes des haches des trouvailles de l'âge de pierre faites près le Ringsjo ; contributions à la question du développement de la forme des haches.) — P. 190-5. O. Montelius. *En bronsaldersgraf vid Bjärlöf i Skane.* (Une tombe de l'âge du bronze découverte près B. en Scanie.)

Antikvarisk Tidskrift, XI, 1-2. — P. 1-141. B. Salin. *Studier i ornamentik.* (Études d'ornementation ; cf plus haut le compte rendu de M. O. Montelius dans la Nordisk Tidskrift, p. 523.)

Svenska Fornminnes fœreningens Tidskrift VII, 3, 4. — P. 215-37. F. J. Bœhrendtz. *Fynd fran den äldre järnaldern i Kalmar län.* (Trouvailles du premier âge du fer faites dans le gouvernement de K.) — P. 238-46. H. Schück. *En romersk statyett funnen i svensk jord.* (Une statuette romaine découverte dans le sol suédois.) — P. 247-62. E. Brate. *Tyska runinskrifter.* (Inscriptions runiques allemandes, à propos d'un livre de M. R. *Henning: Die deutschen Runendenkmäler,* Strasbourg 1889.) — P. 263-85. E. Ekhoff. *Tvenne Sköldar fran Slutet af medeltiden.* (Deux boucliers de la fin du moyen âge.)

Bidrag tell kœnnedom om Gœteborgs och Bohuslæns fornminnen och historia IV, 6. — P. 443-90. E. Ekhoff. *Bohusläns fasta fornlemningar.* (Les antiquités immobilières du gouvernement de B.: continuation.)

Publications de la Société pour la littérature suédoise. — SAMLAREN (revue annuelle de la Société) XI. — P. 43-75. L. Bygdén. *Om ursprunget till den historiska mythen om Fale Bure.* (Sur l'origine du mythe historique de F. B.) — G. E. Klemming. *Sveriges bibliografi* 1481-1600 ; deux fasc. 1889-90 ; 120 p. grand 8°.

Ny Svensk Tidskrift 1890, 2, 3. — P. 117-36. — R. Steffen. *De nyaste forskningarna i nordisk mytologi.* (Les dernières recherches sur la mythologie nordique).

Svenskt Diplomatarium III, 4, 5. — P. 293-528. Années 1418-19.

Jæmtlands læns fornminnes fœrenings Tidskrift, Oestersund 1889, I, 1.— P. 1-30. P. Olsson. *Om Jämtlands och Härjedalens forntid och forntidsminnen.* (Sur l'ancienne histoire des gouvernements de J. et de H. et sur les antiquités qu'on y a trouvées.)

' **Læsning fœr folket** 1090, 3.— P. 113-43. C. O. Arcadius. *Minnen ur fäderneslandets häfder*, III *Den helige Sigrid.* (Souvenirs des annales de Suède, III : Saint S., prêcha le christianisme au sud de la Suède, au XI° siècle.)

NORVÈGE. — **Tidsskrift for retsvidenskab**, III, 2.—P. 257-80. Mlle M. Wergeland. *Aettleidhing.* (Une manière d'introduire dans la famille les enfants bâtards, selon le droit ancien norvégien.) III, 3.—P. 415-45. G. Storm. *Bemärkninger til de i Norges gamle love 5te bind optagne oldnorsk islandske lovtexter.* (Remarques sur les textes de lois anciens norvégiens-islandais compris dans le 5° volume des anciennes lois de Norvège.)

Theologisk Tidsskrift III, 3, 1. — P. 153-62. G. Storm. *De äldste kirklige optegnelser om St Olaf* (Le plus ancien écrit relatif à St Olaf ; se trouve dans le ms. Harley 296 du Musée britannique, ms. qui a appartenu à Leofric, évêque d'Exeter, mort en 1072 ; il constate définitivement que la mort de St Olaf a eu lieu le 29 juillet 1030).

Christiania Videnskabs Selkabs Forhandlinger 1889 et 1890. — (Actes de la Société des sciences de Christiania, publiés en 1890). L. B. Stenersen. *Om et myntfynd fra Imsland i Ryfylke* 13 p. (Sur des coins trouvés à I. en R.) — S. Bugge. *Beiträge zur etymologischen Erläuterung der armenischen Sprache*, 51 p. (en allemand). — E. Hertzberg. *De gamle loves mynding* 51 p. (Sur l'argent ou les présents offerts dans l'antiquité comme gage de fiançailles.)

DANEMARK. — **Historisk Tidsskrift**, VI, II, 2. — P. 264-318. W. Scharling. *Kirketallet og folketallet i Danmark i det 13 arhundrede.* (Nombre des églises et de la population du Danemark du XIII° siècle.) — P. 319-58. H. Petersen. *Hvor laa Kongsgaarden i Roeskilde ?.* (Où était situé le château royal de R. ? Étude archéologique et topographique.) — P. 359-442. K. Erslev. *Erik Plovpennings strid med Abel.* (La guerre entre E. P. et A., études sur les sources vraies et fausses de l'histoire de Danemark.) VI, II, 3. — P. 623-33. A. D. Jörgensen. *Kampen mellem kongerne Sven og Valdemar* 1157. (La guerre entre les rois S. et V. en 1157.) — P. 634-43. A. D. Jörgensen. *Sognetallet i Jutland i Middelalderen.* (Le nombre des paroisses du Jutland du moyen âge.) — P. 644-65. Thiset. *Genealogiske undersögelser over Niels Ebbesen.* (Recherches généalogiques sur N. E., gentilhomme puissant du milieu du XIV° siècle.) — P. 706-8. A. D. Jörgensen. *Om tilnavnet Menvæt.* (Sur le surnom de Menvæt ou Menved porté par le roi Erik, mort en 1319.)

Aarbœger for nordisk oldkyndighed og historie, II, V, I. — P. 1-104. E.

Vedel. *Bornholmske undersögelser*. (Recherches archéologiques et historiques dans l'ile de B., portant surtout sur le second âge de fer et contenant : I : tombes et objets nouvellement trouvés; II : le style des ornements ; III : l'origine du style irlandais ; IV : sur quelques agrafes en forme d'écuelle; V : date des perles trouvées dans les tombes. Corrections et additions.) V, 2. — P. 105-84. J. Lange. *Bemärkninger om Roeskildes Domkirkes alder og stil*. (Remarques sur l'âge et le style de la cathédrale de R.; une partie achevée dès 1233 ; peut être considérée comme une fille de la cathédrale de Tournai. — Note additionnelle de Löffler pages 365-75.) V. 3. — P. 209-52. H. Petersen. *Hypothesen om religiöse offer og votivfund fra Danmarks forhistoriske tid*. (Hypothèses sur des sacrifices religieux et des objets votifs de l'âge préhistorique, du Danemark.)

V, 4. — P. 253-66 Jónsson. *Fornyrdhadrapa (Mälshättakvœdi)*. — P, 267-86. C. Neergaard. *Grundläggningen af Mariebo Kloster*. (La fondation du monastère de M. consacré à sainte Brigitte.) —P. 287-94. G. L. Grove. *Erik Lams Gavebrev* 1140 *til Nœstved Kloster*. (Lettre de donation de 1140 de E. L. au monastère de N.) — P. 295-364. S. Müller. *Den gamle strid om stenalderens tvedeling*. (La vieille querelle de la délimitation de l'âge de pierre.)

Theologisk Tidsskrift, VII, 1. — P. 68-100. H. Hoffmeyer. *Clemens Romanus* (l'un des premiers évêques de Rome, auteur de la lettre aux habitants de Corinthe). VII, 2. — P. 229-75. F. Helveg. *Deapokryfe ev angelier*. (Les évangiles apocryphes étude historique). — VII, 3. — P. 431-53. Grove-Rasmussen. *Var Middelalderen i kristelig Henseende en mörk tid* ? (Le moyen âge était-il au point de vue chrétien une période triste ? Note additionnelle par Teisen, pages 581-5.)

Oversigt over det Kongel. danske Videnskabs Selskabs Forhandlinger IV. — P. 198-204. J. L. Heiberg. *Et lille bidrag til belysning af middelalderens Kjenskab til Grœsk*. (Contributions à la question des connaissances du grec au moyen âge.)

Naturen og Mennesket. (La nature et l'homme), 1890. — P. 34-56. S. Mörk-Hansen. *Om kjokkenmoddingernes og Tervmosernes vidnesbyrd om forandrede naturforhold og om œldgamle spor af mennesker i Danmark*. (Sur les témoignages des kjokenmöddinger et des tourbières relativement à une altération des conditions physiques du Danemark et à sa population primitive.) — P. 356-63. A. Andersen. *Svanen*. (Le cygne, étude d'histoire et de culture ; « chanter son chant de cygne » est tiré d'Aristote, qui rapporte une ancienne croyance selon laquelle les âmes des poètes passaient dans des cygnes.)

Publications de la Société pour l'histoire et la topographie du Jutland. — *Samlinger til jydsk historie og topographi* II, 2-4 ; 100 t 92 p. 8°. — K. Gjerding. *Bidrag til Hellum Herreds beskrivelse og historie I;* 96 p. 8°. (Contributions à la topographie et à l'histoire du district de Hellum ; publiées par D. H. Wulff.) — E. F. Kristensen. *Nogle Efterretninger om Herregaarden Lerchenfeldts (Bonderups) œldre historie;* 104 p. 8°. (Sur l'ancienne histoire de la terre de L.)

Personalhistorisk Tidsskrift V, 2. — P. 106-15, A. Thiset. *Bidrag til den danske adels slägthistorie*. (Contributions à l'histoire généalogique de la noblesse danoise). I : *Om « onde Jösse Eriksens » Herkomst*. (Sur l'origine du « méchant J. E. », un des gouverneurs du roi Eric de Poméranie fameux pour ses cruautés surtout en Suède et une des principales causes de la défection de ce pays de l'union de Kalmar.)

Danske Magazin II, 1-2 (1889-90) 40. — P. 28-38. O. Nielsen. *Levninger af Stubbegaards Arkiv.* Restes des archives de S.). — P. 83-107. K. Erslev. *Klageskrifter fra Erik af Pommerns Retsstrid med Holstenerne.* (Pamphlets relatifs à la querelle entre le roi Eric de Poméranie et les Holstéinois, pendant les années 1409-15). — P. 108-19. A. D. Jorgensen. *Klaus Lembeks frafald.* (Le trépas de K. L. en 1421). — 119-26. A. Thiset. *Optegnelse om de fyenske Len* 1473. (Notes sur les fiefs de l'île de Fyen en 1473.) — P. 180-92. C. Neergaard. *Aktstykker vedrörende Helligaandsklostret i Aalborg.* (Documents sur le monastère du Saint-Esprit à Aalborg, comprenant les années 1436-55, à suivre.)

FINLANDE. — **Finsk Tidskrift** XXVIII, 6. — P. 371-83. II. Wendell. *Om hufvudmotiven i Nylands äldre riddarevisor och romanser.* (Des motifs principaux des anciennes chansons et romances chevaleresques du Nyland.) XXIX, 6. — P. 363-7. W. Söderhjelm. *Madonnan och gycklaren.* (La madone et le jongleur, traduction d'une légende française du XIIIe siècle.)

•

Philologie (1)

SUÈDE.—Arkiv fœr nordisk filologi, nouv. série II, 3.— P. 225-45. S. Bugge. *Bidrag til nordiske navnes historie.* (Contributions à l'histoire de noms propres nordiques.) — P. 246-61. A. Olrik. *S. Grundtvigs og J. Blochs Föroyakvædhi og färöske ordbog.* (Explication de textes des îles Ferœ publiés par G. et B.) — P. 262-71. E. Hertzberg. *Efterskrift angaaende tvivlsomme ord.* (Note additionnelle à l'article de l'auteur sur des mots douteux des anciennes lois norvégiennes publié dans l'*Arkiv* V, 3.) — P. 272-80. K. Maurer. *Reksthegn.* (R. n'est pas, comme on l'a cru le descendant d'un affranchi, mais un homme libre au service d'un autre.) — P. 280-4. F. Jónsson. *Vingolf.* (V. est le château de Frigg.) — P. 285-7. Th. Hjelmqvist. *Anmärkningar till en vers i Heimskringla.* (Remarques sur un vers de H. de la Saga d'Olaf Tryggvason.) — P. 291-300. J. Compte rendu des *Islandske Annaler indtil* 1578. (Les annales d'Islande jusqu'à 1578, publiées par G. Storm, Christiania 1888.) — P. 300-2. R. Arpi. Compte rendu de *Valtyr Gudhmundsson, Privatboligen paa Island.* (L'habitation particulière islandaise au temps des Sagas.) — II, 4. — P. 303-39. A. Noreen. *Nagra fornnordiska judlagar.* (Quelques lois phonétiques des anciennes langues nordiques.)—P. 340-50. G. Storm. *Ginnungagap i mythologien og i geografien.* — P. 351-7. Le même. *Om Biskop Gisle Oddsons Annaler.* (Sur les Annales de l'évêque G. O.) — P. 358-84. A. Noreen. *Etymologier* s(uédois) *ansa,* s. *ärna,* s. *bredvid,* s. *jämte,* s. *mellan.* s. *ensam samman,* s. *i sänder, sönder,* s. *omsider.* s. *hit* et *dit,* ancien s. *altit, aldrit,* ancien s. *dœrla, dörla, dorla,* isl. *dœlla,* ancien s. *durligha,* ancien s. *kamgirogher,* ancien s. *en(n)œt,* ancien s. *eldes band,* ancien s. *tunna, thynna,* ancien s. *grith, gruth,* ancien s. *forsia, forséa,* ancien nordique *Erla,* ancien s. *diœkn dœkn*).—P. 384-91. F. Jónsson. Compte rendu de R. M, Meyer, *Die altgermanische Poesie nach ihren formellen Elementen beschrieben.* Berlin 1889.— VII, 1.—P. 1-62. E. Hellquist. *Bidrag till läran om den nordiska nominalbildningen.* (Contributions à l'étude de la formation des noms nordiques, à suivre). — P. 62-74. O. H. Gering. *Textkritische Studien zu skaldischen dichtungen.* I.

---

(1) Quelques articles des périodiques cités ci-dessus se rapportent à la philologie.

Haustlong. — P. 75-85. A. Erdmann. *Bidrag till* **ini** *stammarnes historia i fornnordiskan.* (Contributions à l'histoire des radicaux anciens nordiques en **ini**.— P. 86-9. A. Olrik. Compte rendu de *S. Bugge, Studier over de nordiske Gude och Heltesagns oprind.* (Études sur l'origine des épopées anciennes nordiques.) — P. 89-93. F. Detter. Compte rendu de *E. H, Meyer, Völuspa,* Berlin 1889 (hypothèses gratuites, pas de progrès réel). — P. 94-6. L. Larsson. Compte rendu du *catalogue des manuscrits dits « arnamagneanska ».* — VII, 2. — P. 91-141. S. Bugge *Harpens Kraft.* (Études sur la ballade ainsi appelée et sur les ballades nordiques.) — P. 142-4. E. Hellquist. *Continuation de l'article sur la formation des noms.*—P. 175-91. A. Kock. *Etymologier* (*kcäll, a methan, mæthans, Onas, barmnorska, framtugh, brullunge, brylunge, jämte, bredvid hv*(*it*)*vitna, hvetvetna*). — P. 191-5. K. Maurer. *Nécrologie de Th. Möbius.* — P. 198-204. G. Cederschiöld. Compte rendu de *Orvar-Odds Saga, herausgegeben von R. C. Boer,* Leiden 1888.

Upsala Universitets Arsskrift 1890. E. Wadstein, *Fornnorska Homilie-bokens ljudlära* XII et 160 p. (Phonétique d'une collection d'homélies anciennes norvégiennes.)

Publications de la Société pour les anciens textes, 101ᵉ fasc. *Svenska edeltidspostillor.* (Sermons suédois du moyen âge.) 3. 160 p. K. F. Söderwall *Ordbok öfver svenska medeltidsspraket* 12ᵉ fasc. (fin du tome I, jusqu'à page 831, *lövend;* additions et corrections).

Acta Universitatis Lundensis XXV (1889). — J. Paulson. *De codice Linco-pensi homiliarum Chrysostomi in epist. ad Cor. I. habitarum.* 88 p. avec un fac-similé. — XXVI. *Idem. Symbolæ ad Chrysostomum patrem. II. De libro Holmiensi.* V (obs. un seul mot) 96 p.

DANEMARK. — **Nordisk Tidskrift for filologi** IX, 4. — P. 324. Kr. Nyrop. Compte rendu de *Löseth, Tristanromanens gammelfranske prosahaandskrifter.* (Les anciens manuscrits français en prose du roman de Tristan; Kristiania 1888).

Publications de la Société de littérature ancienne nordique.—*Laxdœla Saga,* pp. Kr Kaalund, 2ᵉ fasc. p. 193-320. (Copenhague 1890). — *Ostnordiska och latinska medeltidsordsprak. Peder Laales ordsprak och en motsvarande svensk samling.* I, 2 ; p. 97-250 (pp. A. Kock et C. de Petersen ; Copenhague 1890). — *Smaastykker* 15. J. Thorkelsson. *Hättalykill Lopts.*

Blandimger til oplysning om dansk sprog i ældre og nyere tider (Miscellanea pour servir à l'étude de la langue danoise ancienne et moderne). II, 1. — P. 1-16 J. Paludan. *Gammel dansk literatur i Upsala universitetsbibliotek.* (Littérature ancienne danoise de la bibliothèque de l'Université d'U.) — P. 17-38, *Bidrag til fortolkning af danske stednavne.* (Contributions à l'explication des noms de lieux danois.)

Dania (revue pour les patois et les traditions du Danemark) I, 1. — P. 1-32. Kr Nyrop. *Kludeträet.* (Un arbre médicinal selon la tradition populaire, étude comparée de traditions populaires.)

Videnskabs Selskabets Skrifter, 6ᵉ série. V. Thomsen. *Beröringen mellem de finske og de baltiske sprog.* (Le croisement des langues finnoises et baltiques ou lithuaniennes lettiques I, 308 p. 40.) Joh. Vising.

CHALON-SUR-SAONE, IMPRIMERIE DE L. MARCEAU.

LE MOYEN AGE

BULLETIN MENSUEL D'HISTOIRE ET DE PHILOLOGIE

DIRECTION :
MM. A. MARIGNAN ET M. WILMOTTE

MAI 1891

COMPTES RENDUS

La sculpture et les arts plastiques au pays de Liège et sur les bords de la Meuse, par Jules Helbig. Bruges 1890.

Ce livre superbement édité par MM. Desclée et de Brouwer, contient de très consciencieuses descriptions des principaux monuments de la contrée. L'auteur a voulu y ajouter de nombreuses planches qui, comme il le dit trop modestement dans sa préface, permettront de juger de la valeur des travaux, mieux que les chapitres du livre. Tout de même le texte de M. Helbig sera consulté avec intérêt par ceux qui entreprendront une étude comparative des différentes écoles d'art dans les Pays-Bas et dans le Nord de la France.

A ce point de vue cependant, le livre aurait gagné en valeur si l'auteur, avec une vue plus large, avait indiqué la place que le mouvement artistique de la vallée de la Meuse occupe dans le développement général des arts dans l'Europe du Nord. Quelques lacunes auraient été comblées, quelques erreurs auraient été évitées.

C'est certainement une erreur de croire que, pendant le règne des Carolingiens, les arts en général apparaissent comme l'écho affaibli de l'antiquité romaine, déjà mêlée à des influences byzantines. Dans les grandes constructions le style byzantin dominait l'ancienne méthode gallo-romaine et l'orfévrerie, tout particulièrement, a conservé le style barbare. L'œuvre de saint Éloi a tous les traits caractéristiques des objets trouvés à Pétrossa, etc. Pourquoi l'auteur n'a-t-il pas étudié le style de ces monuments, ce qui aurait donné une idée plus précise des objets énumérés d'après les textes des inventaires ?

La conclusion de M. H. à la fin de son étude sur les ivoires est intéressante. Il revendique certaines plaques pour l'art mosan, antérieur à la fin du xe siècle. Cependant nous croyons qu'il faut y reconnaître une forte influence byzantine et l'opinion de M. H. qui veut que ces ivoires ne soient, par leur style, ni grecs, ni italiens, est un peu risquée.

Une comparaison critique entre la châsse de saint Hadelin, la cuve baptismale de Lambert Patras et le reliquaire de l'église Sainte-Croix de Liège, comme l'a tentée M. J. Demarteau dans son livre sur l'Exposition de l'art ancien au pays de Liège (1881), nous aurait montré les rapports entre les villes liégeoises et l'unité du génie artistique de la contrée. Déjà à cette époque (la cuve de Lambert Patras date de 1111) il dut exister une véritable école.

Nous venons de parler de la cuve baptismale de Lambert Patras, à l'église de Saint-Barthélemy, à Liège, M. H. ne semble pas douter de la vérité du récit de J. d'Outremeuse, chroniqueur du xive siècle, comme le fait M. Pinchart dans son Histoire de la dinanterie, etc., parue dans le Bulletin des commissions royales d'art et d'archéologie tome xiii, pp. 308 et 482 et tome xiv, p. 79.

L'école d'orfévrerie de Maestricht est très bien établie par l'auteur. Ici M. H. a vu des analogies probantes.

Nous avons été heureux de voir que M. H. n'hésite pas à attribuer le tombeau de la reine Philippa, femme d'Édouard III, dans Westminster abbey, à Jean ou Hennequin de Liège, nous aussi nous sommes de cet avis ; mais alors on aurait désiré une analyse consciencieuse du style de ce monument et un rapprochement des sculptures contemporaines, de l'œuvre de Beauneveu par exemple. Car le texte, où le nom *Hawkins of Liege* fait penser à *Hennequin de Liège*, ne nous autorise pas à tenter l'attribution.

Le cinquième chapitre donne une liste très complète de sculptures intéressantes en bois, en marbre et en pierre du pays de Liège, mais là encore nous reprochons à l'auteur l'absence d'une analyse profonde des différents styles des xiie, xiiie, xive et xve siècles. Le lecteur doit faire lui-même ce travail, à l'aide des nombreuses figures dans le texte. C'est à lui également de faire des comparaisons avec les sculptures des Flandres, de la France, de la Bourgogne et d'apprécier à sa réelle valeur l'école mosane.

M. H. est un chaleureux partisan de l'art du Nord. Dans son dernier travail, paru dans la revue de l'Art chrétien, dans sa critique de l'*Histoire de l'Art pendant la Renaissance. Italie — les Primitifs* par M. Muntz, il démontre, d'une façon fort judicieuse, l'engouement pour l'art païen, qui, en Italie, a fait du tort à l'œuvre de la Renaissance. A ce propos il rappelle un article de M. Courajod, paru dans la *Gazette des Beaux-Arts*, 1888, intitulé « *les véritables origines de la Renaissance.* » — « La
» Renaissance des arts, lit-on dans cet article, fut un besoin général,
» universel, qui pesa sur l'Europe pendant tout le xive siècle, qui se
» manifesta partout à la fois et qui, à ses débuts, n'a rien eu, mais rien
» du tout à voir avec l'antiquité. »

Quel puissant argument pour cette cause M. H. n'aurait-il pas pu tirer de son travail sur les arts plastiques de l'école mosane, en étendant un peu la vue ! Pour l'historien, l'art d'un pays, somme toute, n'a d'intérêt que faisant partie d'un mouvement général, avec ses influences, ses importations et ses exportations.   A. P.

Kunstvolle Miniaturen und Initialen aus Handschriften des 4 bis 16 Iahrhunderts mit besonderer Berücksichtigung der in der Hof-und Staatsbibliothek zu München befindlichen Manuskripte. *Geschichtliche Beiträge*, von L. v. Kobell. Münich, s. d., in-fol. 1ʳᵉ livraison, 12 pages, 7 fac-s. phototypiques.

Le décousu des idées, les lacunes et les hors-d'œuvre tout ensemble ne permettent pas de voir dans le livre de M. L. von Kobell une histoire de l'ornementation des manuscrits ; aussi bien, l'auteur n'a-t-il pas eu la prétention de reprendre un sujet si récemment traité de main de maître par le Dʳ H. Janitschek dans son histoire de la peinture allemande. La vraie qualification de son œuvre il l'a inscrite sur la couverture : *Geschichtliche Beiträge*. Ce ne sont en effet que des renseignements épars sur quelques manuscrits illustrés, les uns célèbres, d'autres peu connus, avec une étude particulière des manuscrits de la bibliothèque royale de Münich. Une courte introduction est consacrée à des généralités sur les origines de l'écriture, sur la forme, la confection et l'ornementation des livres dans l'antiquité ; rien de nouveau par conséquent, et la matière a été mieux traitée en bien d'autres livres. Dans le premier chapitre l'auteur étudie la dernière floraison de l'art antique. Il insiste avec raison sur les miniatures du Virgile du Vatican, sur leur caractère de copies de modèles plus anciens. Mais pourquoi, puisqu'il n'en offre aucune reproduction, ne pas renvoyer aux livres où des images en ont été données, spécialement à l'étude que leur a consacrée M. P. de Nolhac dans les Mélanges de l'Ecole française de Rome. Généralement M. L. v. K. s'est montré peu prodigue de références. Lui eût-il coûté beaucoup d'indiquer quelques bons fac-similés des manuscrits dont il ne donne aucune reproduction. En fait de miniatures les descriptions, si exactes soient-elles, sont toujours insuffisantes ; il faut y joindre des dessins. Une seule planche correspond au premier chapitre ; c'est le fac-similé d'une page de la bible gothique d'Ulfila, conservée à Upsal pour la plus grande partie, quelques feuillets étant dispersés dans les bibliothèques de Wolfenbüttel, Turin et Milan. Cette bible est écrite en lettres d'argent sur parchemin pourpre, à l'exception de la première ligne de chaque chapitre qui est en lettres d'or. La marge inférieure de chaque page est ornée d'une arcature soutenue par des colonnes à chapiteaux corinthiens. Les traditions de l'art antique persistèrent longtemps non seulement dans le dessin ornemental, mais dans les représentations de personnages, leurs costumes, la disposition et le décor des scènes. Témoins les illustrations d'un manuscrit grec de la genèse à la bibliothèque de Vienne, celles d'un autre fragment de la genèse au Musée Britannique. Un bijou de la bibliothèque de Vienne est le livre des plantes de Dioscoride, écrit à la fin du Vᵉ siècle pour la princesse Juliana Anicia, fille de Placidia et de l'empereur Olybrius ; en tête se trouve une peinture représentant la princesse, entourée de personnages allégoriques et recevant la dédicace de l'auteur. Le second chapitre est intitulé : l'influence des moines irlandais sur l'écriture et la peinture des manuscrits dans le haut moyen âge. Les scribes irlandais se sont montrés particulièrement habiles dans le tracé des initiales ornées d'entrelacs dont ils ont varié les combinaisons à l'infini. M. L. v. K. insiste avec raison sur la ressemblance entre les ornements des grandes lettres, dans les manuscrits, et les ornements des objets d'orfèvrerie barbares, boucles de ceinturons, fibules etc., rapprochement d'ailleurs signalé par le Dr Janitschek. Non moins fréquentes que les lettres à entrelacs sont les lettres ichtyomorphes et ornithomorphes. Les Irlandais ont même su plier le corps humain aux formes des lettres. De l'Irlande l'art de l'enluminure a passé en Angleterre puis sur le continent. M. L. v. K. indique avec raison comme caractéristiques des manuscrits anglo-saxons les initiales noires entourées d'une ligne de points rouges. Certains manuscrits anglo-saxons dénotent une influence byzantine, comme l'évangéliaire de s. Cuthbert, que l'abbé Eadfrith a orné de figures dans le monastère de Lindisfarme au VIIIe siècle. La calligraphie anglo-saxonne du VIIIe siècle est représentée dans le recueil de M. L. v. Kobell par deux planches reproduisant deux pages du manuscrit des Homélies de saint Augustin, attribué à saint Corbinien et conservé jadis à Freising, aujourd'hui à la bibliothèque royale de Münich. L'école irlandaise n'a pas seule cherché dans le règne animal des motifs d'ornementation pour les initiales ; les moines grecs dans le même temps avaient les mêmes pratiques. Mais quelle différence entre les deux arts, l'un grossier et lourd. souvent puéril, l'autre élégant et svelte, toujours raffiné. Pour permettre à ses lecteurs d'établir la comparaison M. L. v. K. a eu l'excellente idée de disposer sur une planche toute une série de capitales grecques empruntées à un manuscrit de saint Grégoire de Naziance.

Avec le 3e chapitre de M. L. v. K. aborde la période carolingienne. « Les miniatures carolingiennes, dit-il très justement, montrent l'union magistrale de l'art antique et de l'art irlandais et anglo-saxon. Si les lois de l'anatomie et de la perspective sont encore inconnues, en revanche, sous l'influence de Charlemagne et des savants de son entourage, les miniaturistes prennent un sentiment net de la vie qu'ils s'efforcent d'introduire dans leurs représentations. » Les manuscrits décorés et illustrés que M. L. v. K. passe en revue sont tous célèbres ; l'évangéliaire de Godescalc, ceux de Saint-Médard et de Saint-Riquier, celui du trésor de Vienne qu'on prétend avoir été trouvé dans le tombeau de Charlemagne, le livre d'Ada, le manuscrit de l'invention de la sainte croix connu sous le nom de « Wessobrunner gebet » et conservé à Münich, le sacramentaire de Drojon, etc. Mais il était naturel que l'auteur, qui a voulu mettre en relief les trésors de la bibliothèque de Münich, s'arrêtât avec complaisance à la description du *Codex Aureus* de Saint-Emmeran écrit en 870 pour Charles le Chauve par les clercs Bérenger et Liuthard. « Il intéresse tout à la fois les amateurs d'orfèvrerie par sa reliure, les chrétiens par son contenu, *les patriotes français par son origine*, les archéologues par la reproduction fidèle des costumes et des meubles anciens et les

amateurs d'initiales par ses lettres d'une si admirable composition. »
Trois planches nous donnent trois peintures de ce manuscrit. Voici
d'abord l'empereur assis sur son trône, en costume d'apparat, accosté
de deux soldats tenant ses armes, et plus loin de deux femmes coiffées
d'une couronne murale et tenant une corne d'abondance, imitations évi-
dentes des figures de Rome et de Constantinople. Une autre peinture
représente le Christ entouré des quatre grands prophètes et des quatre
évangélistes. Enfin la troisième peinture, ajoutée au manuscrit en 975,
nous montre l'abbé Ramwold (Ramuoldus) accompagné des quatre
vertus cardinales et des symboles des évangélistes.

La publication de M. L. v. K. malgré ses défauts, sera très utile aux
archéologues. Outre qu'elle apporte des observations nouvelles — en petit
nombre, il est vrai — à l'histoire de la peinture, elle a ce mérite très
appréciable de mettre à la portée de toutes les bourses d'excellents fac-
similés phototypiques de miniatures choisies parmi les plus intéressantes ; et à ce point de vue il serait à souhaiter qu'elle fît école en France.
Les critiques que j'ai formulées en commençant ce compte rendu exi-
geaient, pour que ma pensée parût tout entière, que je finisse par des
éloges. M. Prou.

L'abbé Duchesne. — **Les anciens catalogues épiscopaux de la
province de Tours.** Paris, Thorin, 1890. — **Étude sur l'évangélisation de la Gaule** (Mémoires de la société des Antiquaires de
France, 1889 (1890).

L'établissement du Christianisme en Gaule, son développement régulier, sa marche croissante ou son recul momentané, l'influence profonde ou superficielle qu'il exerça sur les idées et les sentiments de la
population, tout cela forme un chapitre capital dans l'histoire de la
civilisation française. Si ce chapitre reste encore à écrire, c'est à la
méthode avec laquelle on a essayé d'en grouper les matériaux et d'en
tracer les lignes qu'il faut s'en prendre uniquement. Les historiens de
l'évangélisation en Gaule n'ont guère eu recours qu'aux sources historiques. Ils ont discuté les légendes, certains conciles, les prétentions
des différentes Églises, enfin les quelques passages des écrivains des
IVe-VIe siècles se rapportant à leur sujet. On les a vu rassembler les
signatures des évêques qui étaient présents aux synodes provinciaux et
invoquer tout particulièrement les témoignages de Sulpice Sévère et de
Grégoire de Tours, qui présentent l'immense avantage d'ignorer encore
les passions des âges ultérieurs. A côté de ces documents historiques,
ils ont accepté les témoignages les moins certains, les légendes les plus
insoutenables pour prouver la naissance des églises des Gaules dès les
premiers siècles. Dans des travaux un peu hâtifs, mais destinés simplement à préparer une histoire des croyances populaires à l'époque mérovingienne, nous étions arrivé à des conclusions assez différentes de celles

de nos devanciers. Nous constations en Gaule des évêchés fort rares et sans influence sur les masses païennes, la civilisation superficielle des villes, l'abaissement des caractères et la diminution croissante des ressources dès le IIIe siècle, la faible résistance opposée aux envahisseurs et l'égoïsme du despote romain, favorisé par une aristocratie oublieuse de tout, hormis de ses ambitions et de ses vices.

M. Delisle, en publiant son mémoire sur les anciens catalogues des évêques des églises de France, a donné une orientation toute nouvelle à ces études attachantes et permis aux érudits, et en particulier à M l'abbé Duchesne, d'étudier sur de nouvelles bases l'évangélisation en Gaule. Le savant éditeur du *Liber Pontificalis* vient de passer en revue tous ces catalogues qui ont besoin (inutile de le dire) d'une critique très pénétrante, et dans une étude publiée dans les mémoires des Antiquaires de France de 1889 (1890), il arrive aux résultats suivants : Avant la fin du IIIe siècle nous avons peu d'évêchés en Gaule. La région du Bas-Rhône et de la Méditerranée ont quelques églises. On n'y constate que de rares évêchés et établis seulement dans les villes importantes. Si nous voulons remonter plus haut, au IIe siècle, nous ne trouvons qu'une seule église, Lyon ; au IIIe siècle, Arles, Toulouse, Vienne, Trèves, Reims. A la fin de ce siècle, vers 300, les évêchés deviennent plus nombreux, Rouen, Cologne, Bordeaux, Bourges, Paris (1) et Sens. Sous Constantin, après la paix de l'Église nous voyons qu'ils se multiplient ; au concile d'Arles nous comptons les évêques d'Autun, Apt, Sauze, Marseille, Mende, Nice, Orange, Vaison. Le milieu du IVe siècle voit la fondation des évêchés de Die (325), Poitiers (355), Agen (359), Périgueux (361), Fréjus (374), Sion (381), Cavaillon (394). Parmi les évêchés sans date, mais qui peuvent remonter à l'époque constantinienne, M. Duchesne nous donne Tours (2), Auxerre, Orléans, Soissons, Tongres, Clermont, Troyes, Chartres, Chalon, Langres, Nantes, Le Mans, Toul, Verdun, Noyon, Senlis, Beauvais, Viviers, Grenoble, Embrun, Digne.

M. Duchesne fait remarquer, comme nous l'avons dit nous-même, que le nord de l'Italie avait peu d'évêchés avant la paix de l'Église. Milan était le seul centre chrétien. On voit donc que l'évangélisation de la Gaule, je dirai même de l'Occident, a été relativement récente et ce n'est qu'au IVe siècle qu'on a pu s'occuper vraiment à transformer les croyances païennes des habitants de la Gaule. Ce ne fut qu'après la période héroïque,

---

(1) Je ferai une observation. Aucun évêque de Paris n'assiste au concile d'Arles, en 314. Je crois qu'il faut ici placer un point d'interrogation tout au moins.

(2) Dans mon étude : *Le Triomphe de l'Église*, j'avais essayé de montrer les idées très confuses de Grégoire de Tours sur la mission des sept évêques envoyés par Rome ; j'avais indiqué que la date même de 250, suivant M. Duchesne, était impossible puisqu'il n'y avait pas d'évêque alors à Rome mais je n'avais pas voulu retarder l'évangélisation de ces villes et je les avais indiquées comme ayant connu la doctrine chrétienne dès le milieu du IIIe siècle. L'étude de M. Duchesne *sur les catalogues épiscopaux de la province de Tours* vient prouver le contraire. Tours et ses évêchés n'ont qu'une date relativement récente et leur fondation ne remonte pas au delà de Constantin.

lorsque le catholicisme commença à pénétrer partout, qu'il eut conscience de sa force et de sa durée, que chaque évêché songea à renouer le présent avec le passé le plus lointain et à composer cette série d'évêques qui auraient été soit des disciples des apôtres, soit des envoyés de saint Pierre. Chaque grande province eut son cycle, qui se rattache le plus souvent à l'un des soixante disciples ou à saint Pierre. Ce travail s'opéra surtout vers la fin du VIIᵉ siècle. Il va de Grégoire de Tours, qui ne sait rien à leur sujet, jusqu'à Adon de Vienne, qui les connaît presque toutes, et à l'époque de qui ce travail d'imagination fut terminé (1).

On voit donc l'importance des deux études de notre illustre maître ; un seul point me sépare de lui. M l'abbé Duchesne, s'appuyant sur le témoignage d'un écrivain ultérieur, Théodore, évêque de Mopsuète, en Cilicie, qui raconte qu'à l'origine on en vint à établir d'abord deux ou trois évêques par province « comme cela se pratiquait il n'y a pas bien longtemps dans la plus grande partie de l'Occident, » nous dit, sans l'affirmer cependant, que plusieurs églises pouvaient exister en Gaule, mais pas encore pourvues d'une organisation épiscopale. Nous ne le pensons pas. Ce témoignage de la fin du IVᵉ siècle, venant d'Orient, n'indiquant qu'imparfaitement les contrées occidentales, n'est pas d'accord avec les affirmations de Sulpice Sévère pour le centre, de celui qui a écrit la passion de saint Saturnin pour le sud-ouest, de la vie de saint Victor pour le sud-est, de l'opinion des évêques insérée dans la lettre au sujet de sainte Radegonde pour la région de Poitiers.

Pendant les premiers siècles de l'Église il n'y eut aucune mission, aucun plan arrêté, nettement défini, mais bien des ilots clairsemés et perdus çà et là sur l'étendue de la Gaule. La forme la plus simple était qu'un *sacerdos* dirigeât la corporation. Saint Jérôme qui voyagea en Occident, saint Hilaire, Sulpice Sévère ne nous font aucune mention d'un autre mode de groupement ecclésiastique. Le peu de communications, l'orgueil municipal des villes, la difficulté des routes, tout poussait à mettre dans chaque cité un chef responsable du troupeau chrétien.

Un petit mot encore : nous aurions aimé qu'à côté de ces études si savantes, si minutieuses, qui indiquent l'esprit intègre le plus large et le plus pénétrant, M. Duchesne arrivât à une conclusion intéressant l'histoire de la civilisation. Il nous importe peu de savoir que l'Église a une origine relativement récente dans notre patrie, si nous ne pouvons juger de son activité sur les esprits païens et des villes et des villages gallo-romains.

A. M.

---

(1) La carte que nous avions rapidement tracée des centres religieux *avant l'édit de Milan*, contenait Narbonne, Arles, Marseille, Lyon, Vienne, Toulouse, Tours, Bordeaux, Autun, Limoges, Clermont, Cologne, Trèves, Mayence. Nous avions indiqué que ces centres n'avaient pas été choisis par une pensée unique, étrangère à la Gaule mais qu'ils étaient bien la résultante de noyaux inopinément créés par les marchands orientaux qui habitaient notre patrie. On ne croit plus aujourd'hui à l'influence des armées romaines sur la propagation du culte chrétien. Les légions on le sait, restaient de très longues années sur le Rhin; elles n'ont pu être un facteur de propagande. Ajoutez à cela l'antipathie des premiers chrétiens pour l'armée.

Cours de littérature celtique par H. D'ARBOIS DE JUBAINVILLE et
J. LOTH, tomes III et IV. *Les Mabinogion* par J. Loth, Paris, Thorin,
1889-90, 360 et 387 pp. in-8°.

M. Dottin nous a rendu le service d'annoncer ces deux volumes
et d'en indiquer le contenu ; peut-être aurai-je encore à les utiliser
dans un prochain travail d'ensemble sur les origines du roman breton. Ils offrent le plus vif intérêt, non seulement pour les celtisants
et les romanistes (spécialement ceux que les questions de notre vieille
littérature ne laissent pas indifférents), mais aussi pour tous les
amateurs de folk-lore. Après les travaux de ces vingt dernières années,
il est devenu puéril de constater l'importance des contes populaires
pour l'histoire de notre ancienne littérature narrative. Telle version
recueillie hier d'une bouche illettrée nous permet de retrouver sous
l'habit d'élégance dont l'a revêtu un poète courtois un vieux thème
de récits inépuisables qu'il n'a fait qu'emprunter à la tradition orale. Les
Mabinogion sont les contes du Mabinog (c'est-à-dire d'un « apprenti litté-
rateur ») ou les « récits que le barde lui enseignait » ; ils ont le mérite de
nous reporter à une date ancienne et d'associer à la pureté traditionnelle
des exemples intéressants de l'influence exercée par la littérature sur le
folk-lore. Des deux volumes que nous donne M. Loth, le premier contient
des récits plus particulièrement gallois (non tant par tel ou tel des thèmes
traités que par leur entrelacement et leur combinaison formelle). Ce sont
les suivants : Pwyl prince de Dyvet ; Branwen, fille de Llyr ; Mana-
wyddan, fils de Llyr ; Math, fils de Mathonwy ; le songe de Maxen
Wledic ; Llud et Llevelys ; Kulhwch et Olwen et le songe de Rhonabwy.
Chacun d'eux a son prix ; mais je signalerai particulièrement Kulhwch
et Olwen, qui, s'il faut en croire des articles récents de M. Zimmer (1),
constitue un excellent spécimen du conte en prose arthurien, tel que les
Cymriques et les Bretons le connaissaient aux XIe-XIIe siècles, déjà mentionné par Nennius, il ne peut remonter sous sa forme actuelle au-delà
du dernier quart du XIIe siècle, car il renferme une allusion très précise à
la campagne entreprise par Henri II d'Angleterre en 1171. Le tome II de
la publication de M. Loth renferme trois contes d'un caractère différent :
Owen et Lunet (*Yvain*), Peredur ab Evrawc (*Perceval*) et Geraint et
Enid (*Erec*). Il suffit de rappeler entre parenthèses le titre de ces trois
romans de Chrétien pour qu'aussitôt se pose la question de savoir comment
on doit envisager le rapport de ces romans avec leurs variantes galloises.
L'éditeur se refuse à admettre que les trois *Mabinogion* soient traduits
de Chrétien ; il veut qu' « ils remontent à une source commune, c'est-à-
dire à des romans français écrits en Angleterre, et reposant sur des légendes
bretonnes ». C'est bientôt dit. Et pourquoi ces intermédiaires français ?
Parce qu' « il est évident qu'ils (les *Mabinogion*) serrent de près une source

____

(1) *Göttingische Gelehrte Anzeigen*, 10 juin et 1er octobre 1890.

française ». Or M. Loth ne veut pas que cette source soit Chrétien ; il préfère admettre que « les originaux ont disparu ». Je suis convaincu que M. L., disciple zélé de M. Paris, a ici dépassé le point de vue du maître ; ce dernier, dans un remarquable article sur *Erec* qu'il vient de publier dans la *Romania* (xx, 148), est conduit à émettre un avis sur le rapport de ce *conte* de Chrétien avec le *Gereint* gallois, et il déclare « hors de doute l'utilisation de l'*Erec* français par le rédacteur du *Gereint* gallois ». Qu'en pense M. Loth? Je compte reprendre moi-même la question en ce qui concerne *Yvain* ; elle ne peut encore une fois se résoudre autrement. Mais de ce que l'auteur des trois *Mabinogion* a connu les romans du poète champenois, résulte-t-il nécessairement qu'il n'a pas eu d'autre source? Là est toute la question, à mon sens, et c'est mal la placer (et trop s'avancer en tout cas) que de s'exprimer comme le fait M. Loth. Celui-ci est, d'ailleurs, en contradiction forcée, sinon formelle avec lui-même, lorsqu'il recourt dans ses notes à des passages de Chrétien pour dissiper l'une ou l'autre obscurité de son texte. J'ajouterai qu'il aurait pu multiplier les rapprochements au grand profit de ses lecteurs. Au lieu d'insister sur ce point, en somme secondaire dans la publication de M. Loth, je préfère louer celui-ci des efforts qu'il a faits pour rendre cette nouvelle traduction supérieure à celle de Lady Guest. Tout profane que je suis en la matière, il m'a suffi de jeter un coup d'œil sur ses *Notes critiques* pour me convaincre de la longue étude préparatoire qu'il a dû faire de son texte. La seconde moitié du tome ii renferme un certain nombre de documents précieux pour l'histoire et spécialement pour l'onomastique bretonne. Je signalerai surtout les *triades galloises* dont l'annotation est aussi abondante qu'elle paraît érudite. Un *Index des noms propres* à la fin du tome ii facilite singulièrement les recherches.

W.

CHRONIQUE BIBLIOGRAPHIQUE

Trede. — **Das Heidenthum in der rœmischen Kirche. II et III.** *Gotha, Andreas Perthes, 1890-91.* — M. Trede continue son travail sur les coutumes et les croyances populaires de l'Italie méridionale. Il a choisi cette contrée, nous dit-il, parce que le paganisme se montre au grand jour, que la religion populaire n'y est pas contrainte, étouffée comme à Rome; il nous en décrit les fêtes, les cérémonies, et nous·donne bien des renseignements intéressants. Ce sont des sujets différents qui forment les volumes que l'auteur a composés. Peut-être cette division nuit-elle à l'ouvrage; j'aurais préféré celle de M. Schmidt sur les croyances populaires en Grèce, et l'historien, l'érudit ne peut se servir de ce livre qui est très curieux et très vivant. L'auteur, comme M. Schmidt, a vécu de longues années en Italie, il a écouté les discours des prêtres durant les fêtes, a assisté aux processions, a suivi très assidûment les cultes, et a comparé ce qu'étaient Naples et les villages voisins de nos jours à ce qu'ils étaient aux temps antiques. Une idée domine les volumes de M. T., c'est la survivance du paganisme. Il le voit partout, sans en trop savoir la cause. On ne peut reprocher à l'Église de n'avoir rien fait pour déraciner le vieux culte de son sein; l'Église a beaucoup tenté, mais elle a été envahie à toutes les époques par le fétichisme du bas peuple. Elle a eu ses révolutions, sa guerre des iconoclastes en Orient, sa réforme en Occident, et cela sans aboutir à de bien grands résultats. L'historien doit être avant tout objectif et raconter *sine ira* les croyances populaires. Il en est ainsi par la force même des faits. Cet ouvrage, sans avoir *l'apparatus* scientifique, sera d'une lecture utile à tous ceux qui veulent connaître ce qu'est l'Église en ce moment dans la partie méridionale de l'Italie. Mais cette portion de l'Occident ne ressemble-t-elle pas aux autres?

A. M.

PÉRIODIQUES

Philologie romane [1890] (1)

Annales du Midi, revue archéologique, historique et philologique de la France méridionale, publiée par Antoine Thomas, Toulouse, Privat. — N° 5 (janvier 1890). — P. 36-64. C. Douais : *Les manuscrits du château de Merville.* I. *Histoire de la guerre de Simon de Montfort contre le comte de Toulouse et les Albigeois,* ms. autographe d'un Toulousain, du xv° siècle, et allant seulement, à cause des mutila·tions qu'il a subies, du siège de Carcassonne au second siège de Toulouse (1218). Comparaison avec *La Chanson de la croisade contre les Albigeois* et avec l'*Histoire*

---

(1) Le dépouillement des revues italiennes sera publié prochainement. M. Frati ayant cessé de faire partie·de la rédaction de notre bulletin, M. Novati, le savant professeur de l'Académie de Milan, a consenti à se charger de la partie philologique et littéraire des revues de son pays; M. A. L. Ferraj, l'historien padovan, s'occupera de la partie historique.

— 107 —

de la guerre des Albigeois, en languedocien ; leurs ressemblances et leurs différences : le ms. de Merville se rapproche ou s'éloigne tantôt du premier de ces textes,
tantôt de l'autre, tantôt de tous deux. II. *Histoire des Albigeois et gestes de Simon
de Montfort*, en latin, par le moine Pierre de Vaux de Sernay, traduite par Armand
Sorbin de Sainte Foy, évêque de Nevers. (A suivre.) — Mélanges et documents. —
P. 65-71. Pierre de Nolhac, *Une date nouvelle de la vie de Pétrarque*. M. de N. a
découvert, à la bibliothèque de l'Université de Padoue, un *Saint-Augustin* (*Cité de
Dieu*) ayant appartenu à Pétrarque dès le mois de février 1325. — P. 94-100.
Manuscrits méridionaux de la bibliothèque de sir Thomas Philipps, à Cheltenham,
extrait du travail de M. Henri Omont, *Bibliothèque de l'École des chartes* (1889).
— Comptes rendus critiques. — P. 101. E. Jarriand : *Histoire de la Novelle 118
dans les pays de droit écrit depuis Justinien jusqu'en 1789*. (P. G. Étude attentive,
mais quelque peu inexpérimentée.) — P. 105. Dr L. Barthélemy : *Histoire d'Auba-
gne, chef-lieu de baronnie, depuis son origine jusqu'en 1789*, t. I, VIII-541 pp.
(L.-G. Pélissier. Favorable). — Revue des périodiques. — P. 106-128. Périodiques
français méridionaux. — P. 132-4. Chronique. — P. 135-6. Livres nouveaux, en
France et à l'étranger.

N° 6 (avril).—P. 170-208. C. Douais : *Les manuscrits du château de Merville*. III.
*Interrogatoires de Bernard de Castanet, évêque d'Albi, de Nicolas d'Abbeville et
de Bertrand de Clermont, inquisiteurs (2 décembre 1299 — 30 mars 1300)*.—Exemplaire original de Bernard de Castanet. Manuscrit du XIVe s., exécuté avec le plus
grand soin (M. D. en donne deux fac-simile), moins complet que le ms. latin 11847
de la Bibliothèque Nationale. IV. *Cérémonies et complimens d'honneur qui se gardent
annuellement par les Capitoulz à l'entrée de leur charge et durant le cours de leur
année*. M. DC. XIIX. par Nicolas de Saint-Pierre, chef du Consistoire, docteur en
droit, avocat au Parlement. V. *Confirmationes statutorum et libertatum ordinis
Premonstratensis*, ms. de la fin du XIIIe s. VI. *Statuti della sacra religione di san
Giovanni Gierosolimitano*, tradotti dal latino in volgare da Iacomo Bosio, etc., ms.
de 1597. VII. *Chronica fr. Martini Poloni de romanis pontificibus et imperatoribus*,
ms. postérieur à 1295, publié dans les *Monumenta Germaniae historica*, XXII.
M. Douais décrit minutieusement ces divers manuscrits, en recherche la provenance
et donne d'intéressantes notices biographiques sur les auteurs des ouvrages qu'ils
renferment. (A suivre.) — P. 209-232. A. Thomas : *Rodrigue de Villandrando en
Rouergue*, d'après des renseignements tirés des archives communales de Rodez, de
Milau et de Saint-Affrique. Rodrigue parut trois fois en Rouergue, en 1431, 1433 et
1436. L'auteur appuie ses conclusions de 8 pièces justificatives. — Comptes rendus
critiques. — P. 241. Sternfeld : *Karl von Anjou als Graf der Provence* (1245-1265).
(L.-G. P. Utile contribution à l'histoire de Provence.) — P. 242-7. Al. Eyssette,
Histoire administrative de Beaucaire depuis le XIIIe siècle jusqu'à la Révolution
de 1789. (P. Dognon fait l'historique de l'ouvrage, qui, selon lui, manque de
méthode et de précision.) — P. 247-9. A. Coville : *De Jacobi Magni vita et operi-
bus*. (A. T. : M. C. a tiré bon parti de son sujet.) — P. 252-77. Revue des périodiques. — P. 276-7. Chronique.

N° 7 (juillet). P. 281-304. A. Jeanroy : *La tenson provençale*. A propos de trois
thèses allemandes sur la tenson (Streitgedicht) dont il fait la critique, M. J. distingue
la tenson et les *coblas* du *partimen* ou *joc partit*, montre par des exemples que la

tenson apparait la première; puis vient, à l'extrême fin du XII° s., le *partimen*, suivi de près par les *coblas*. Dans la suite de son article, l'auteur étudie les conditions où cette forme poétique s'est développée et propose un essai d'explication de la genèse du genre. — P. 304-64. C. Douais : *Les manuscrits du château de Merville* (suite et fin). VIII. *Sermones*, au nombre de soixante-cinq, composés au XV° siècle par un religieux d'origine languedocienne et probablement prédicateur de renom. IX. *Ceremoniale romanum, auctore Augustino Patrizzi,* ms. du XV° s., de provènance italienne. X. *Tractatus de Episcopatu, idem.* XI. *Humbertus de Carmona, Super criminibus, idem.* XII. *Études de droit,* du XVII° siècle. XIII. *Chronique du règne de Charles VI. — Fragment* (1413-1419). XV° siècle. XIV. *Prosologion fratris Johannis Egidii ordinis Minorum.* XIV° siècle. XV. *Lactanti Firmiani liber sextus [divinarum Institutionum],* manuscrit exécuté, en 1439, en Italie. XVI. *Valerii Maximi urbis romane juris peritissimi Factorum simul et dictorum memorabilium [libri novem],*1408. XVII. *M. Fabii Quintiliani Institutionum oratoriarium ad Victorium Marcellum libri duodecim,* exécuté au XV° siècle en Italie. XVIII. *Sexti Pompei Festi glossarium,* XV° siècle. XIX. *Alexandreis, sive gesta Alexandri Magni,* auctore Gualtero ab Insulis. Fin du XIII° siècle. Gautier de Lille, ou de Châtillon, composa peu après 1176 l'*Alexandréide*, poème épique en dix livres, comprenant 5464 vers, qui supplanta l'*Énéide* dans l'enseignement classique du XIII° siècle. XX. *Discours de la nature des choses divisé en six livres,* 1644. Cette notice descriptive et analytique montre que les 20 mss. de Merville provenaient en partie de la bibliothèque de La Capelle, monastère de Prémontrés, qu'ils contiennent des matières d'une belle variété, que dix d'entre eux sont inédits et que cette collection est l'œuvre de la famille de Chalvet. — P. 365-385. Alfred Spont : *La taille en Languedoc de 1450 à 1515.* Étude sur l'*origine* et la *répartition* de cet impôt. (A suivre.) — Mélanges et documents. — P. 385-418. A. Thomas : *Notice sur un recueil de mystères provençaux du quinzième siècle.* Description extérieure du ms., écrit en Rouergue au XV° s., analyse du contenu formé de 12 mystères dont M. T. nous donne plusieurs fragments considérables. — P. 418-9. A. T(homas) : *Rodrigue de Villandrando en Auvergne :* extraits de quelques registres de comptes de la ville de Montferrand. — P. 420-1. L'abbé Requin : *L'Imprimerie à Avignon en 1444.* (L. Delisle : Peut-être les plus anciens témoignages qui existent aujourd'hui en original sur la découverte de l'imprimerie.) — Comptes rendus critiques. — P. 422-3. L. Delisle : *Instructions adressées par le Comité des travaux historiques et scientifiques aux correspondants du ministère de l'Instruction publique et des Beaux-Arts. Littérature latine et histoire du moyen âge.* (A. T. cite les exemples de *communications* qui intéressent le Midi.) — P. 424. L'abbé Granet: *Histoire de Bellac.* (A. T.: Sans valeur pour la période antérieure au XVII° siècle.) — P. 424-6. A. Leroux : *Géographie et histoire du Limousin.* (A. T. : Étude fort réussie.) — P. 435. Chronique. — P. 438. Livres nouveaux.

N° 8 (octobre). — P. 441-62. A. Jeanroy : *La tenson provençale* (fin). — P. 463-77. A. Deloye : *Pétrarque et le monastère des Dames de Saint-Laurent.* A propos de l'annonce de la mort du poète, qualifié d' « amicus noster », dans un obituaire de ce couvent, copié par l'abbé de Massilian. — P. 478-513. A. Spont : *La taille en Languedoc de 1150 à 1415* (fin). — Mélanges et documents. — P. 24-33. A. Pagès : I. *Notice sur le chansonnier provençal de Saragosse.* (C'est le ms. déjà décrit par

Mila y Fontanals, mais sommairement et non sans inexactitudes dans la *Reoue des l. Romanes*, 1876, p. 225.)—P. 534-7. Ch. Lécrivain, *La lutte d'Arles et de Vienne pour la primatie des Gaules*. (A propos d'un livre récent de Gundlach sur cette question. Les *Epistolæ viennenses* destinées à étayer les prétentions de Vienne sont fausses; elles sont probablement dues à l'archevêque Guy, qui fut pape sous le nom de Calixte II.)—Revue des Périodiques.—P. 538-50. Périodiques français méridionaux. P. 550-4. Périodiques français non méridionaux. — P. 555-7. Périodiques étrangers. — P. 559-60. Chronique. — P. 561. Livres nouveaux.   A. DOUTREPONT.

Archiv für lateinische lexicographie, VII. P. 35-64. G. Gröber : *Vulgärlateinische Substrate romanischer Wörter*. Article important, dans lequel l'auteur déduit des mots et des formes de mots auxquels ses recherches l'ont conduit, les résultats relatifs à la chronologie des variations du latin dans les différentes provinces de l'Empire.— P. 65-72 G. Ihm : *Vulgærformen lateinischer Zahlwörter auf Inschriften.* — P. 443. Frick : Ex. de *colpus, colpora = golphus,* pour servir de base au frç, *gouffre.* — P. 445 W. Meyer-Lübke : *Malacia = «* Windstille » a dès la latinité entraîné par une étymologie populaire *bonacia* », d'où l'ital. *bonaccia,* le franç. *bonasse.*

Archiva Societatii stiintifice si literare din Jasi I, P. 385-417, 556-547. Gh. Ghibănescu, *Istoria unii mosii.* (Histoire d'une propriété. C'est la propriété de *Plotunesti,* aujourd'hui de la famille Mavrodi, dont l'histoire est tracée à l'aide des chartes et d'autres documents de 1440 jusqu'à nos jours.)— P. 418-437. J. Găvănescul, *Ereditatea cului clemental tragica* (Étude esthétique et psychologique sur l'hérédité dans la poésie dramatique). — P. 498-502. Charte de 1673. — P. 510-529. N. Jorga, *Jubirea in literatura modernă* (L'amour dans la littérature moderne). — P. 530-555. A. D. Xenopol, *Joan Voăda cel cumplit.* (Histoire d'un arrière-petit-fils d'Étienne le Grand, prince de Moldavie de 1572 à 1574). — P. 626-630. Charte de 1648. — P. 637-665. A. D. Xenopol. *Ideile conducătoare in dezvoltarea popurului romin.* (Les vues principales sur le développement du peuple roumain. Introduction au tome VI de l'histoire des Roumains de l'auteur).—P. 666-681. H. Tiktin, *Cărtii saŭ Cărtei.* (L'histoire du développement phonétique montre que la seule forme correcte du gén. dat. est *cărtii.*) — Gh. Ghibănescu, *Pascalia si Cronicaria* (traite la question de l'exactitude des dates dans les anciennes chroniques et la vérification au moyen du calendrier perpétuel). —P. 727-746 H. Tiktin, *Viata cuvintului* (la vie des mots).—II, 79-91.—S. Tanocivianu, *Suirea petron a primului Ghica.* (L'avènement du premier prince Ghica 1657.)— P. 115-124. G. Ghibanescu, *Deux registres obituaires du XVIIe s.*—124 Chartes en langue slave de 1495.—P. 167-170. Compte rendu par D. Xenopol de Episcopul Melchisedek, *Biserica ortodoxa in luptă cu protestantizmul.*— P. 170-176. Compte rendu par G. Ghibănescu de S. Dobrescu. *Sinodul din 1642* et Boroianu *Reforma lui Luther.* 176. *Chartes de 1533 et 1628* (slaves). — 244. Xenopol et H. Tiktin. Compte rendu de A. Lupul. Antonescul Veacul *XVI. Limba si literatura romînă.*—P. 378. *Chartes roumaines de 1637.*   W. MEYER-LÜBKE.

Literaturblatt für germaniche und romanische Philologie, XI (1890). Janvier.—C. 22. J. U. Jarnik: *Neuer vollständiger Index zu Diez etymologischem Wörterbuche der Romanischen Sprachen.* (F. Neumann. Favorable.) — C. 23-4. H.

Carnoy : *Les contes d'animaux dans les Romans du Renard.* (C. Voretzsch : copié, arriéré et peu scientifique.) — C. 24-8. J. Ulrich : *Beaudous Roberts von Blois.* (A. Mussafia : nombreuses améliorations ; travail peu soigné). — C. 31 E. Trojel : *Middelalderens Elskovshoffer.* (K. Nyrop : travail consciencieux mais sans critique). — C. 31-2. H. Vaschalde : *Histoire des Troubadours du Vivarais, du Gévaudan et du Dauphiné.* (E. Lévy : sans valeur.) — C. 32. C. Salvioni : *La Storia di Apollonio di Tiro.* (A. Gaspary : soigné.) — C. 32-4. R. Wendriner : *Die Paduanische Mundart bei Ruzante.* (W. Meyer-Lübke : quelques corrections.) — C. 34. F. G. Robles : *Leyendas de José, hijo de Jacob, y de Alejandro Magno.* (H. Morf : favorable.) — C. 34-5. J. E. Valentin-Smith : *La Loi Gombette.* (H. Suchier.) — C. 36-43. Revues, etc.

Février. — C. 68-70. J. Groéne : *C vor a im französischen.* (W. Meyer-Lübke : travail excellent.) — C. 70-72. J. Lange : *Heinrichs der Gleissners Reinhart und der Roman ae Renart.* (C. Voretzsch conteste les conclusions de M. L.) — C. 74. Zambaldi : *Vocabolario etimologico italiano.* (W. Meyer-Lübke : information insuffisante.) — C. 78. Revues, etc.

Mars. — C. 105-8. A. Mussafia : *Osservazioni sulla fonologia francese. La formola tj fra vocali.* (A. Horning : le point de vue de M. est vraisemblable, mais soulève des difficultés qu'il ne paraît avoir complètement résolues). — C. 108-9. M. de Fréville : *Les quatre âges de l'homme, traité moral de Philippe de Navarre* [lisez Novare : V. *Romania*, 1890, janv., p. 99]. (E. Lévy : quelques corrections au texte et au glossaire.) — C. 109-10. F. Martens : *Die Anfänge der französischen Synonymik.* (P. A. Becker.) — C. 110. F. Novati : *Studi critici e letterari.* (Wiese : études savantes et intéressantes.) — F. X. Kraus : Dante-Literatur. — C. 110-2. G. Locella : *Zur deutschen Dante-Literatur* (Utile). — G. Gietmann : *Die Göttliche Komödie und ihr Dichter Dante Alighieri.* (Bon pour les commençants.) — Id., *Beatrice.* (B. serait une allégorie de l'Église!) — G. M. Cornoldi : *La Divina Commedia di Dante Alighieri.* (Édition ridicule, commentaire sophistique et de parti-pris.) — Ruggero della Torre : *Poeta Veltro.* (Manque de clarté.) — L'*Alighieri.* (Nouvelle revue). — C. 117, Revues, etc.

Avril. — C. 146-50. J. Bédier : *Le Lai de l'ombre.* (W. Förster montre que le poète était picard.) — C. 150-2. H. Varnhagen. *Un samedi par nuit.* (A. Mussafia. Corrections.) — C. 152-5. R. Reinsch. *Le Bestiaire* de Guillaume le Clerc. (M. F. Mann : pas d'ordre et peu d'intérêt dans l'introduction.) — C. 157. Revues, etc.

Mai. — C. 186. E. Görlich. *Der burgundische Dialekt im XIII u. XIV Jahrhundert.* (W. Meyer-Lübke ne voit dans l « *i-nachlaut* » qu'une particularité orthographique.) — C. 191-9. K. von Reinhardstöttner : *Die Klassischen Schriftsteller des Alterthums in ihrem Einflusse auf die späteren Literaturen. I. Plautus.* (A. L. Stiefel. Enumération sèche, sans originalité.) — C. 199. Revues, etc.

Juin. — C. 226-7. M. Kuttner : *Das Naturgefühl der Altfranzosen und sein Einfluss auf ihre Dichtung.* (L. Fränkel : favorable). — C. 227-8. E. Löseth ; *Tristanromanens gammelfranske prosahaandskrifter i Pariser nationalbibliotheket.* (E. Muret.) — C. 228-35. A. Thomas. *Poésies complètes de Bertran de Born.* (E. Lévy. Corrections et observations nombreuses ; glossaire incomplet, cf. *Zs. P. R. Ph.* 1890, p. 185 ff.) — C. 235. Revues, etc.

Juillet. — C. 263-72. G. Paris : *La littérature française au m. âge.* (W. Förster.

Nombreuses observations et corrections de détail ; discussion sur les sources et l'histoire du roman breton.) — C. 272-3 : Y. v. Antoniewicz : *Ikonographisches zu Chrestien de Troyes*. (H. Suchier. Le titre ne se justifie pas.) — C. 273-4. C. Negroni. *Sul testo della divina commedia*. (C. Täuber. M. N. voudrait que l'on se bornât pour la classification des mss. à ceux de la première moitié du xiv⁰ siècle. T. défend le principe de la classification généalogique.) — C. 277. Revues, etc.

Août. — C. 309-13. Noulet et Chabaneau. *Deux mss. provençaux du XIV⁰ siècle*. (E. Lévy. Livre excellent. Quelques observations.) — C. 313-4. J. Ulrich. *Altitalienische bibliothek* i. (W. Meyer-Lübke. Laisse à désirer.) — C. 317. Revues, etc.

Septembre. — C. 329. G. Piper, *Die geistliche Dichtung des Mittelalters*. (A. Waag. Utile, quoique ne répondant pas tout à fait à son but.) — 334-5. H. Wunderlich. *Steinhöwel und das Dekameron*. (G. Binz. W. montre que S. n'est pas le traducteur du D.) — C. 337-9. J. Vising. *Die realen Tempora der Vergangenheit im Französischen und den übrigen roman. Sprachen*. (Le plus important travail syntactique publié depuis longtemps.) — C. 340-5. P. Rajna. *Un frammento di un codice perduto di poesie provenzali*. (E. Lévy. Étude approfondie.) — E. Monaci, *Lo romans des auzels cassadors*. (E. Lévy propose de nombreuses corrections.) — C. 345. Revues, etc.

Octobre. — C. 378-81. W. Mushacke. *Altprovenzalische Marienklage des XIII Jahrhunderts*. (C. Appel. Utile, mais défectueux.) — C. 383-4. H. Gaidoz. *La rage et saint Hubert*. (K. Nyrop. Critique pénétrante et connaissances philologiques étendues.) — C. 386. Revues, etc.

Novembre. — G. Raynaud. *Rondeaux et autres poésies du XIII⁰ siècle*. (E. Schwan : favorable.)

Décembre. — C. 456-60. P. Rajna. *Le corti d'amore. Tre studi per la storia del libro di Andrea Cappellano*. (W. Söderhjelm. Intéressant.) — C. 463. Revue, etc.

Modern Language notes, V. 2 (février). Comptes rendus. Col. 99-105. *Parasitic l in old French and Provençal*. (Dissertation de Waldner et Sabersky, appréciée par J. E. Matzke.)

3 (mars). — Col. 129-41. H. Eveleth Greene. *Seventh annual convention of the modern language association*. Quelques renseignements sur des communications intéressant l'ancien français. — 141-50. Frédéric Spencer. *The legend of St Margaret* ii. Le texte de Cambridge. Cf. 4, 213-321, iii. La version du ms. York, xvi, k, 13.

5 (mai). — 257-270. F. M. Warren. « *Uncle Remus* » *and the* « *Roman de Renard*. » L'auteur énumère une longue série de récits offrant le même thème des deux parts et conclut à la transmission des contes d'animaux en Amérique, transmission que la comparaison avec le *Renard* flamand rend encore plus vraisemblable. — Comptes rendus. Col. 283-88. E. L. Walter. *The text of the divine Comedy*. (Analyse de l'ouvrage de Edward Moore, *Contributions to the textual criticism of the Divina Commedia*.) — 283-8. F. M. Warren. *A primer of french Literature*. (Jos. A. Fontaine). — M. Prou, *Manuel de Paléographie*. (H. A. Todd.)

6 (juin). — 353-57. J. E. Matzke. *The devlopment of cl into the romance languages*. Reprend et discute un point de la *Grammaire* de M. W. Meyer-Lübke (§ 421, ss.; § 487, ss.)

7 (novembre). — Comptes rendus. 432-6. F. Lauchert, *Geschichte des Physiologus*. (A. Gerber). — 438. Correspondance. J. S. Sheftoe. Cll *in Jersey-french*. Se rattache à l'article de M. Matzke.

8 (décembre).— 449-59- .F. Spencer. *The poetry of the Franks*. Résumé historique
où les résultats acquis à la science par M. P. Rajna sont particulièrement mis à
profit. — 463-65. Th. Logie. *Notes to Meyer-Lübke's treatment of vowels in picard*.
[Ajoute quelques renseignements à ceux qu'a réunis M. M. sur l'alternance des
formes *plœm* et *plüm* et autres pareilles, et sur le passage de *i* et *ü* à *œ*. Les
données de M. L. sont très vagues et de seconde main ; il fait du montois un dialecte
wallon et paraît étranger aux travaux récents sur la matière. M. W.]

Revue de philologie française et provençale (ancienne **Revue des
patois**), tome IV, 1890. Fascicule 1 (1ᵉʳ trimestre). — P. 1-9. L. Clédat. *Sur la
double valeur des temps du passif français*. L'auteur montre que «dans les verbes
qui expriment une action à durée limitée, chaque temps du passif a deux valeurs :
la valeur ordinaire (exprimant l'action en train de s'accomplir) et une valeur accomplie » (marquant l'action accomplie au moment présent). — P. 10-18. A. Devaux
prouve, par un examen grammatical (I. Phonétique II. Flexion III. Glossaire) du
Compte du prévôt de Juis en 1365 (voy. *Revue de philologie française* III, 293-309),
que ce texte présente tous les traits caractéristiques notés par M. Philipon dans son
étude sur le dialecte bressan. — P. 41-46. L. C. *Mélanges de phonétique française*.
L'auteur explique par l'analogie les formes avec *ié* tonique du singulier de l'indicatif
présent de *getter*. — *Avec* et *donc* ont conservé le *c* final sous l'influence des
formes *aveque* et *donque*, qui ont coexisté dans l'ancienne langue. — Dans les mots
où *o* fermé tonique a été traité comme un *o* ouvert, L. C. voit l'influence d'une
consonne palatale qui précède et qui a dégagé un *u* devant les voyelles labiales *o*,
u (toniques et libres). Cet *u* aurait formé avec l'*o* fermé une diphtongue *uo* qui se
serait identifiée avec *uo* dérivé de l'*o* ouvert. — Par des exemples tirés du Saint-
Alexis et du Saint-Léger, L. C. montre que les dentales *posttoniques* placées entre
une voyelle et une liquide se sont maintenues plus longtemps que les *antétoniques*.
— P. 76-79. Livres et articles signalés.

Fasc. 2 (2ᵉ trimestre). — P. 81-93. L. Clédat. *Questions d'orthographe et de
grammaire* II. *Les flexions du singulier de l'indicatif présent dans les verbes
français en* DRE *et dans quelques verbes en* OIR. L'auteur, approuvé par sept savants
qu'il a consultés, propose de substituer le *t* étymologique au *d* de certaines formes
(*coud, moud*) et de supprimer celui-ci, conformément à l'usage ancien, devant l's
des deux premières personnes (*pers* pour *perds*, etc.). Il adopte aussi, pour l'impression de la *Revue*, quelques autres modifications orthographiques. — P. 154-160.
Livres et articles signalés.

Fasc. 3 (3ᵉ trimestre). — P. 178. L. C(lédat) propose une interprétation du *vers 127
du Pélerinage de Charlemagne*, que M. Koschwitz suppose incomplet. *Lavacre*
désignerait le signe du Verseau. — P. 215-6. E. Philipon. *Coq à l'âne en patois
lyonnais*, vers 1594, chanson populaire en couplets de quatre vers, tirée du *Formu-
laire fort récréatif de tous contracts et aultres actes passez par devant notaires et
tesmoings*. — P. 238-40. Livres et articles signalés.

Fasc. 4 (4ᵉ trimestre). — P. 241-3. Ch. Lebaigue propose de simplifier, dans certains cas, *les consonnes doubles.*—P. 244-6. L. Clédat voudrait provisoirement laisser
le dédoublement facultatif. — P. 246-53. Les savants consultés diffèrent d'opinion.
—P. 253-79. L. Clédat propose des règles à observer et trace un *plan général de*

réforme orthographique ; il donne, comme exemple d'application, une tirade de Chimène. — P. 308-10. L. C. *Différentes valeurs de « tout » : Tout* adverbe est variable au singulier et invariable au pluriel. — P. 315-6. Livres et articles signalés.

Revue des langues romanes, 4ᵉ série, tome ɪv (xxxɪv de la collection) 1890. 1ᵉʳ fascicule (janvier-mars). — P. 5-35. Carl Appel : *Poésies provençales inédites tirées des manuscrits d'Italie*. M. A. publie 15 pièces ou fragments de N'Aimars Jordans, N'aimerig de Pegugnan, lo vesques de Basaz, Garin d'Apchier et Torcafol, Giausem Faditz, Guillems Ranols, en éclairant sa publication de notes bibliographiques, critiques, grammaticales. Il établit, par des recherches historiques et comparatives et des inductions, la paternité de certaines pièces et l'identité des auteurs dont les noms sont connus. (A suivre.) — P. 36-100. Charles Barbier : *Le libre de memorias de Jacme Mascaro*. Un court avant-propos donne quelques indications sur l'époque approximative et les fonctions de Mascaro, sur la nature et le contenu de l'ouvrage, sur le manuscrit (conservé à Béziers) et sur une édition de 1836. M. B. publie en appendice deux pièces qui se trouvent dans le même volume que le *Libre de Memorias*. — P. 101-9. J. P. Durand (de Gros) : *Notes de philologie rouergate. Table des Notes avec sommaire, corrections et additions*. A lire : ɪɪɪ, t. vɪɪ (1882), p. 218 : Dissertation sur l'étymologie du mot *trabalh*, fr. *travail* ; xvɪɪɪ, 4ᵉ série, t. ɪɪɪ (1889), p. 45 : Examen critique de la thèse de MM. P. Meyer et G. Paris de la non-existence de dialectes dans le gallo-roman.— P. 125-85. E.-Daniel Grand : Compte rendu du *Congrès de philologie romane* (26-27 mai 1890), organisé à Montpellier par la *Société pour l'étude des Langues Romanes*. Questions traitées : dialectes (M. de Tourtoulon), cours d'amour (M. Trojel), épopée provençale. — Périodiques. — P. 186-89. *Zeitschrift f. rom. Phil.*, xɪɪɪ, 1-2. (L. Constans). — Chronique. — P. 189-92. E.-Daniel Grand : *Congrès d'études languedociennes* organisé à Montpellier, du 28 mai au 2 juin 1890. On y a fait un certain nombre de communications sur des sujets philologiques.

2ᵉ fasc. (avril-juin). — P. 209-303. C. Chabaneau et G. Raynaud : *Légendes pieuses en provençal*, tirées du ms. 461 de la bibliothèque de Carpentras, dont 44 feuillets, comme le démontre C. C., avaient été arrachés par Libri et se trouvent à la Bibliothèque Nationale, *Nouv. acq. franç*, 4505. (Libri, 107). La perte de l'*incipit* et de l'*explicit* nous laisse ignorer le titre donné au recueil par l'auteur ou par le copiste. — P. 304. Bibliographie. — *Chrestomathie de l'ancien français (IX-XVᵉ siècles)*, nouvelle édition, par L. Constans. (E. R. Ouvrage utile et excellent.)

Romania, 1890, Janvier. — P. 1-62. P. Meyer : *Des rapports de la poésie des trouvères avec celle des troubadours*. L'auteur croit que l'ancienne poésie lyrique (p. strophique chantée) de la France est aussi originale au nord qu'au sud, mais que, dans le Midi, des circonstances plus favorables déterminèrent un développement plus rapide, que cette poésie méridionale se transporta dans les pays de langue d'oïl, où elle exerça une influence appréciable. Il prouve cette opinion 1º par les témoignages historiques : le mariage d'Éléonore d'Aquitaine, qui amena à la cour de France toute une suite de rimeurs, les allusions des trouvères, la création des *puys Notre-Dame*, le séjour des trouvères dans les cours du Midi, les croisades ; 2º par les rapports d'idée, surtout dans les chansons d'amour; 3º par les rapports de forme, surtout dans les strophes; 4º par les dénominations techniques adoptées par les trouvères : *sirventois, estampie* et *ballade.* Mais, par contre, la poésie lyrique française a été connue, sinon imitée, au Midi, grâce aux voyages et au séjour des trouvères dans ce pays. En Appendice, M. M. publie *les souhaits de Pistolela* imités dans quatre rédactions françaises.—P. 63-72. G. Paris : *Henri de Valenciennes.* M. P. recherche la personnalité de l'auteur et la forme première de son récit : C'est une traduction en prose, où l'on retrouve encore la trace des rimes du poème primitif et une allure épique particulière. Henri de Valenciennes était un auteur de profession déjà connu par d'autres ouvrages.—P. 72-98. M. Wilmotte: *Études de dialectologie wallonne* (suite et fin). III. La région namuroise. Suivent 15 pièces justificatives allant de 1240 à 1283 et une table des chartres analysées. — Mélanges.—P. 90-102. G. P(aris) : *Philippe de Novare* (et non de Navarre), l'auteur des *Quatre temps d'âge d'homme,* était d'origine italienne. — P. 102-6. P. M(eyer) : *Rotruenge en quatrains,* écrite dans la seconde moitié du XIIIe siècle par un écrivain anglais, suivie d'un petit poème latin de cinq couplets sur la misère de la condition humaine. — P. 106-9. G. Paris : *L'auteur du « Comte d'Anjou »* s'appelait Jehan Maillart. — P. 109-12. Jan Te Winkel : *Le conte des trois perroquets,* en vers néerlandais, du XIVe siècle ; texte avec traduction. — P. 112-7. Em. Picot: *Note sur l'auteur du Contreblason de faulces amours,* imitation du poème du frère Guillaume Alexis : *Le Blason des faulces amours,* qui serait l'œuvre d'un certain *Estrées.* — Comptes rendus. — P. 118-30. *Recueil de mémoires philologiques* présenté à monsieur Gaston Paris par ses élèves suédois, etc. (G. P. Importantes contributions.) — P. 131-5. *Dante ne'tempi di Dante.* Ritratti e studi di Isidoro del Lungo. (N. Zingarelli : Livre admirable.)—P. 136-9. A. Bartoli. *Delle opere di Dante Alighieri. La Divina Commedia,* parte II. (Vol. VI. 2, della *Storia della Letteratura Italiana.*) (N. Zingarelli fait quelques réserves). — P. 139-41. *El renacimiento clasico en la literatura catalana,* per D. Antonio Rubio y Lluch. *Discurso leido en la Universidad Central en la solemne inauguracion del curso académico de 1889 à 1890,* por el doctor D. Marcelino Menendez y Pelayo. (A. Morel-Fatio. Favorable.) — P. 141-8. *Le Songe de Bernat Betge,* auteur catalan du XVe siècle, publié et traduit pour la première fois en français, avec une introduction et des notes, par J.-M. Guardia. (A. Morel-Fatio persiffle agréablement la prétention, le ton doctoral et la demi-science de l'auteur.) — Chronique.

Avril. — P. 161-200. Fr. Novati : *I codici francesi dei Gonzagua secondo nuovi documenti.* L'auteur prouve, contre Braghirolli, que la plupart des 60 mss. français décrits dans l'Inventaire de 1407, bien loin d'avoir été réunis par Francesco Gonzagua, existaient depuis un demi-siècle au moins dans sa bibliothèque domestique. Le fonds français demeura intact jusqu'au jour où la ruine du dernier Gonzague le dispersa par toute l'Europe. — P. 201-36. Paul Meyer : *Fragment d' « Aspremont » conservé aux archives du Puy-de-Dôme, suivi d'observations sur quelques mss. du même poème.* Les mss. sont nombreux, dissemblables, dispersés et incomplets : *Aspremont* a joui d'une grande popularité. Le fragment en question offre un mauvais texte des 381 derniers vers : l'éditeur s'aide des variantes du ms. 25529. Dans un *Appendice,* M. M. donne quelques extraits des mss. du poème, surtout un morceau de 70 vers qu'il essaie ensuite de rétablir en leur leçon primitive. — P. 237-59. Arthur Piaget : *Oton de Granson et ses poésies.* M. P. trace la biographie de ce chevalier-poète tué dans un duel et s'efforce de prouver son innocence dans l'empoisonnement d'Amé VII, comte de Savoie. (A suivre.)—P. 260-82. E. Picot : *Fragments inédits de mystères de la passion*. M. P. décrit et publie un fragment d'un mystère représenté à Amboise. (A suivre.)—Mélanges. — P. 283-6 J. Cornu : *Ambulare* : L'auteur essaie d'établir la genèse des verbes romans qu'on suppose venir de ce type latin. — P. 287-90. G. P(aris) soutient, contre M. Ad. Tobler, que *accoutrer* vient de **accosturare*, étymologie proposée par Diez. Il suppose que *fa(s)tras* vient du verbe *fastrer*, *farstrer* = **farsurare*, formé lui-même de *farsura* (Tertullien) employé pour *fartura*. — P. 290-3. Ferdinand Lot : *Guillaume de Montreuil* ne serait pas, comme le croit G. Paris, un personnage historique. — P. 294-6. G. P(aris) établit que *l'auteur de « La Complainte de Jérusalem »* est Huon de Saint-Quentin, dont nous possédons aussi une chanson relative aux affaires d'Orient. — P. 297-9. P. M(eyer) étudie trois *Chansons françaises en l'honneur de la Vierge*, tirées du ms. de l'Arsenal 3517. — P. 300-2. A. Bos : *Juge* viendrait de **judicum*, qui a pu exister à côté de *judicem* ; *marner* de *marginare*, border ; *mettre en plein* = m. au plain, à la plaine, à la côte. — P. 302-4. P. M(eyer) émet l'opinion que le mot *bouquetin* dont il cite, après A. Delboulle, de nouveaux exemples anciens pourrait bien être d'origine romane.—Comptes rendus.—P. 305-14. *Notices et extraits des manuscrits de la Bibliothèque Nationale et autres bibliothèques*, t. xxxII. (P. M. et E. Picot émettent quelques observations.) — P. 314-40. Todd : *La Naissance du Chevalier au Cygne, ou les Enfants changés en cygnes*. (G. P(aris) publie quelques résultats de recherches qu'il a faites sur cette légende ; il voudrait adopter comme titre : *les Enfants-cygnes*. Il étudie successivement les quatre versions du même thème et leur relation et propose quelques corrections au texte de Todd ; enfin, il examine le poème au point de vue esthétique.)—P. 340-4. *Novelle e poesie francesi inedite o rarissime del secolo XII*. (P. M(eyer) : Véritable joyau typographique. Intéressante publication.)—P. 344-7. C. Taeuber : *I capostipiti dei manoscritti della Divina Commedia*.(C. de Lollis. Publication inutile et déraisonnable.)— Périodiques. — P. 348-55. *Zs. f. Rom. Phil.*, xIII, 3-4. (G. P.) —P. 355-7. *Literaturblatt für germanische und romanische Philologie*, x, 1889. (E. M.) — P. 357-9. *Modern Language Notes*, 1889. (P. M.)—P. 359-60. *Bulletin de la Société des anciens textes français*. XVᵉ année, 1889, nº 2. — P. 360-3. *Giornale storico della letteratura italiana*, nº 37-9 (t. xIII, 7ᵉ année, 1889). (P. M.) — P. 363. *The Academy*, 22 février 1890. (A. M.-F.) — P. 364-75. Chronique et livres annoncés sommairement. Juillet. — P. 377-93. Ferd. Lot : *Geoffroi Grisegonelle dans l'épopée*. Ce comte d'Anjou provoqua du xᵉ au xIIᵉ siècle un mouvement épique célébrant particulièrement la part qu'il avait prise à la lutte de Lothaire et Hugues Capet contre les Allemands en 979. M. L. étudie : 1º sa lutte contre les Danois et le géant Hethelulf ; 2º la défaite des envahisseurs de Soissons ; 3º les prétentions d'Edelthed, le duel de Geoffroi et de Bertold. — P. 394. Alf. Jeanroy : *Sur la tençon « Car vei fenir a tot dia »*. M. Zenker y a vu un dialogue entre Guilhalmi et Raimon de Miraval. M. J. montre qu'on n'y peut trouver qu'un jongleur famélique, faisant ses doléances à un personnage indéterminé, probablement jongleur comme lui. — P. 403-48. Arthur Piaget : *Oton de Granson et ses poésies*. III. L'auteur montre que les 35 pièces qui remplissent les ff. 71 rº à 104 vº du ms. français 2201 de la B. N., pièces liées entre elles par un même sujet, sont toutes l'œuvre d'Oton de Granson. Le poète chante son amour malheureux pour une grande dame. Oton est au moyen âge le premier poète de la Suisse romande, en date comme en importance. — Mélanges.—P. 448-55. G. P(aris) soutient que *andain*, au point de vue de la forme et du sens, répond au latin *indaginem*, non à *andamen*.—P. 455-8. J. Loth étudie *Les noms « Tristan et Iseut» en gallois*. — P. 459-62. P. M(eyer) décrit et publie un *Fragment de « Méraugis »*, trouvé à Draguignan. — Comptes rendus. — 463-4. A. Darmesteter : *Reliques scientifiques*. (G. P. Bel ensemble.) — P. 464-77. H. d'Arbois de Jubainville : *Recherches sur l'origine de la propriété foncière et des noms de lieux habités en France*. (G. P. Livre considérable et important, sur lequel M. P. présente nombre d'observations de détail). — P. 477-8. F. Spencer : *La vie de sainte Marguerite*. (P. M. fait des réserves.) — P. 479-88. H. Rœttgen : *Vokalismus des alt-genuesischen*. (E.-G. Parodi propose de nombreuses rectifications.) — Chronique et livres annoncés sommairement.

Octobre. — P. 505-61. S. Berger : *Nouvelles recherches sur les Bibles provençales et catalanes*. L'auteur compare le ms. n° 436 (fonds espagnol) de la B. N. avec les bibles catalanes du xv⁰ siècle qui en dérivent, tandis que celle du xiv⁰ siècle dérive d'une Bible en langue d'oïl, traduite à Paris, vers le milieu du xiii⁰ siècle. Il compare ensuite entre eux les dix Psautiers catalans ; il en constate trois versions indépendantes, dont la plus ancienne a été traduite sur le français. Puis il établit la parenté des *évangiles catalans avec le texte provençal* du ms. fr 6261 de la B. N. Enfin, il s'occupe des *livres historiques de l'ancien testament en provençal*. Comme conclusion, M. B. trace le tableau de l'histoire de la Bible en langue vulgaire, dans le midi de la France et en Catalogne. — P. 562-90. G. Paris : *La chanson d'Antioche provençale et la Gran conquista de ultramar*. (Suite.) L'auteur, après avoir fait un récit rapide du siège d'Antioche par les Sarrazins, rapproche les divers épisodes de l'histoire du poème français, puis du fragment provençal, puis de la compilation espagnole, qui a imité les deux œuvres précédentes. *(La fin à un prochain cahier.)* — Mélanges. — P. 592. E. Muret propose une nouvelle conjecture pour expliquer *le suffixe ISE = ITIA*. — P. 593-4. J. Loth, *A propos d'ESTALER*, remarque que *ostal* et *ostalor* ont leur correspondant en breton armoricain. — P. 594-5. F. Lot montre, par des textes, que *Gormond et Hasting* sont un seul et même personnage. — P. 595-8. Picot : *Fragments d'un lai inédit d'Arnoul Greban*, renfermant, dans un acrostiche final, le nom du poète. — Comptes rendus. — P. 599-608. *Notices et extraits des manuscrits de la Bibliothèque nationale et autres bibliothèques*, t. xxiii, 2⁰ partie. (A. Thomas complète le travail de M. Langlois : *Notices des manuscrits français et provençaux de Rome antérieurs au XVI⁰ siècle*.)—P. 609-15. J. Bédier. *Le lai de l'Ombre*. (G. Paris adopte trois familles de manuscrits au lieu de deux et présente quelques observations sur le texte, tout en reconnaissant la finesse et la pénétration de l'éditeur.) — Périodiques. — P. 616-7. *Revue des langues romanes*, 4⁰ série, t. iii, avril-juin 1889. (P. M.) — P. 617-20. *Zeitschrift für romanische philologie*, xiv, 1-2. (G. P.) — P. 620-1. *Archiv für das studium der neueren Sprachen und Litteraturen*, lxxxiv. (G. P.) — P. 621-5. *Studj di filologia romanza* (1886-90). (P. M.) — P. 625-7. *Archivio glottologico italiano*, vol. xi 1890. (G. P.) — P. 627-9. *Literaturblatt für germanische und romanische Philologie*, xi, 1890 (E. M.) — 629. *Journal des savants*, 1889. — P. 630-8. Chronique et livres annoncés sommairement.

Romanische Forschungen, vol. ɪᴠ, fasc. 2 (publié le 15 novembre 1890). P. 220-309. B. Herlet. *Studien über die sog. Yzopets (Lyoner Yzopet, Ysopet I und Ysopet II.)* L'auteur examine séparèment *les deux traductions en ancien français de l'Anonymus Neveleti.* Par l'étude de 44 fables, il établit que l'Yzopet de Lyon a été traduit du ms. latin de l'An. Nev.; mais il trahit aussi des réminiscences de l'Ésope de Marie de France. Yzopet I est une traduction beaucoup plus exacte du même texte latin. Dans la 2ᵐᵉ partie de son travail, M. H. étudie *la rédaction de l'Y. Avionnet en relation avec Y I.* Dans la 3ᵐᵉ, il recherche les rapports du *Novus Aesopus* d'Alexandre Neckam avec *Yzopet II.* — P. 310-6. E. Dannheisser. *Zum Schlusskapitel von Adolf Ebert's « Entwicklungsgeschichte der französischen Tragödie ».* — P. 317-32. G. Sarrazin. *Zur Geographie und Geschichte der Tristan-Sage.* L'auteur veut prouver, par l'étude des noms de lieux, que *Tristan* renferme des traces de légendes bretonnes plus claires et plus nombreuses qu'on ne le croit; il conclut que la légende de Tristan s'est formée en Bretagne. Un certain nombre d'éléments sont d'origine scandinave.

V, fasc. 1 (14 novembre 1889). — P. 3-12. F. Lauchert : *Zum Physiologus.* (L'auteur montre que la première partie du 3ᵉ livre des *Acerba* de Cecco d'Ascoli est un remaniement du *Physiologus*. Il cite quelques passages d'un ouvrage espagnol du xvᵉ siècle, la *Celestina*, où les traits relatifs aux histoires d'animaux ont une application figurée.) — P. 13-36. F. Hommel : Anhang, *Der äthiopische Physiologus* übersetzt von F. L. « Voilà les 49 discours (explications) qu'il (le bienheureux Physiologus) a composés sur les animaux et les oiseaux, où sont contenus beaucoup de symboles divers ». — P. 65-97. E. Koeppel : *Studien zur Geschichte des englischen Petrarchismus im sechzehnten Jahrhundert*. L'auteur examine d'une manière approfondie en ce qui concerne leurs éléments italiens les deux œuvres qui, au xvɪᵉ siècle, se trouvent au commencement et au zénith du pétrarquisme anglais : *Miscellany* de Totel (1557) *Astrophel and stella* de sir Philipp Sidney. — P. 103-36. W. Golther : *Lohengrin.* Loherangrin, fils de Parzival, le chevalier du Graal,... est le sujet d'un poème de Wolfram d'Eschenbach, reposant sur un court extrait tiré d'un des poèmes français du chevalier au cygne ». — P. 136-71. T. M. Auracher : *Der altfranzösische Pseudoturpin der Arsenalhandschrift* BLF 283. L'auteur collationne ce ms. sur « Der Pseudoturpin in altfranzösischer Uebersetzung nach Cod. gall. [Monacencis] 52 herausgegeben durch Th. Auracher » 1876, Program des Maximiliansgymnasiums in München. — P. 172-82. R. Bechstein : *Zu Heinrich's von Freiberg Schwank vom Schrätel und vom Wasserbären.* L'auteur complète et confirme la dissertation de J. Wiggers : *Heinrich von Freiberg als Verfasser des Schwankes von Schrätel und von Wasserbären.* Rostock, 1877. — P. 183-92. O. Brenner : *Ein Kapitel aus der Grammatik der deutschen Urkunden.* M. B. montre que les anciens documents de Münich (à partir du xɪɪɪᵉ siècle) reproduisent bien le dialecte local. — P. 221-33. J. Baechtold : *Ueber die Anwendung der Bahrprobe in der Schweiz.* (Cette ordalie était fréquemment employée en Suisse dès une époque assez reculée.) — P. 234-40. K. v. Reinhardstöttner : *Eine dem Leonardo Bruni zugeschriebene Sallustübersetzung.* (Cette traduction, contenue, avec plusieurs écrits de L. B., dans le Cod. ital. 163 de la bibliothèque de Münich, pour des raisons linguistiques, matérielles et historiques, ne peut pas être attribuée à l'Arétin. — P. 240-68. J. v. Antoniewiez : *Ikonographisches zu Chrestien de*

Troyes. (Cf. *Literaturblatt,* xi, 1890, c. 272.) — P. 268-79. P. Zimmermann : *Zu Wolfram's Parzival.* Publie un fragment d'un ms. du xiiie siècle trouvé à Wolfenbüttel. Il décrit une tapisserie du xive siècle représentant des épisodes du Parzival avec des inscriptions en bas-allemand. — P. 341-52. K. Vollmöller : *Spanische Funde.* I. *Die Tercera Parte de la Silua de varios Romances.* Saragoça M. D. L. I. (qu'on avait cru perdue et qu'on a retrouvée dans un volume signalé par M. A. Bohn, de Berlin, dans son Catalogue cxcii).

Fasc. 2. (Octobre 1890). — P. 353-91. K. Vollmöller : *Spanische Funde* (ii. Hälfte). ii. *Die zweite Auflage der Segunda Parte de la Silua de varios Romances, Çaragoça M. D. L II.* Description d'une édition de 1552 récemment acquise par le Bristish Museum. iii. *Vergel de amores* (ne renferme rien de nouveau).—P. 392-418. A. Mayer : *Der waldensische Physiologus* ou *De las Propreitas de las animanças* œuvre d'un *Magister Jacobus* (de Vitry ?). M. M. publie pour la 1re fois le ms. C. 5.21 du Trinity College de Dublin (xve siècle) comprenant 55 chapitres. (L'ouvrage a été composé vers 1240.) — P. 409-45. W. Meyer : *Petri Abaelardi Planctus* i-vi. Nouvelle édition, donnant un texte critique, précédée d'une étude sur la forme des strophes, sur la rime, sur le mécanisme des vers (hiatus), sur la rythmique, sur la notation musicale. — P. 436-58. G. Baist : *Der gerichtliche Zweikampf, nach seinem Ursprung und im Rolandslied.* M. B. fait l'historique de la question. Il montre que le duel judiciaire et l'ordalie remontent à une très haute antiquité. Dans la *Chanson de Roland* le duel est un usage engendré par les relations féodales. — P. 449-513. A. Hartmann : *Hans Heselloher's Lieder.* 4 chansons (dont 3 inédites) suivies de copieuses notes explicatives, de recherches biographiques, etc., sur Heselloher basées sur les documents anciens et modernes. — P. 519-89. J. Schmitt. *Zur Ueberlieferung der Chronik von Morea.* L'auteur fait ressortir l'importance historique et littéraire de ce texte si mal édité par Buchon : il énumère méthodiquement les différences qu'il a relevées entre l'édition de B. et le ms. de Copenhague. Suivent quelques indications générales sur le ms. en question et une annexe relative aux travaux de Landois sur cette chronique. — P. 539-82. L. Scherman : *Eine Art visionärer Höllenschilderung aus dem indischen Mittelalter, nebst einigen Bemerkungen über die älteren Vorstellungen der Inder von einer strafenden Vergeltung nach dem Tode.* — P. 583-618. R. Otto : *Altlothringische geistliche Lieder.* (Reproduction diplomatique du cod. gall. 33 de la bibliothèque royale de Münich. M. O. en fait la description : il contient 9 chansons, roulant pour la plupart sur l'amour).

Sitzungsberichten der philos.-philol. und histor. Classe der K. bayer. Akad der Wiss. 1890. Bd. ii. Heft ii. — P. 174-217. W. Golther : *Chrestiens conte del graal in seinem verhältniss zum wälschen Peredur und zum englischen Sir Perceval.* Conclusions : *Peredur* est directement imité du *Perceval* de Chrestien. Le texte de C. se reflète en grande partie jusque dans les mots du *mabinogi,* qui en est une imitation : l'hypothèse d'une source anglo-normande plus ancienne est inadmissible. *Sir Perceval* est une libre imitation du *conte du graal.* La matière de ces récits n'a aucune espèce de rapport avec les restes d'épopées celtiques. Tout cela provient de Chrestien, qui a réuni ces éléments épiques répandus dans le peuple et qui les a mis en relation avec la légende d'Arthur. Cf. Nutt : *Les derniers travaux allemands sur la légende du saint Graal,* **Revue celtique,** n° 46.

Zeitschrift fur romanische Philologie. T. xiv, fasc. 1 et 2 (1890).—P. 1-20.

J. Wieprecht : *Die lateinischen Homilien des Haimo von Halberstadt als Quelle der altlothringischen Haimo-Ubersetzung.* Après avoir énuméré les 5 textes qu'il a utilisés et les 2 rédactions du recueil des Homélies latines de Haimon, l'auteur étudie très méthodiquement le rapport des textes latins entre eux et les différences qui séparent la traduction en ancien lorrain de son modèle. — P. 21-65. E. Gessner : *Die hypothetische Periode im Spanischen in ihrer Entwickelung.* Cette étude, faite avec beaucoup de méthode, traite I. *Der irreale Fall* (partie très longuement et minutieusement développée). II. *Der reale Fall.* III. *Der potentiale Fall.* — P. 66-68. C. Bonnier : *Étude critique des Chartes de Douai de 1203 à 1275.* (v. *Zs. f. R. P.*, XIII, 431). IIe partie : *Caractéristique des Chartes de Douai.* L'auteur, par une comparaison des chartes de Douai avec celles de Tournai, du Ponthieu et de Saint-Quentin, essaie de tracer la physionomie du scribe de Douai. Selon lui, les chartes représentent, non pas la langue vulgaire (dialectes), mais la langue mêlée (Sprach-mischung) des écoles où les scribes apprenaient leur art). — P. 89-127. G. Schiavo : *Fede e Superstizione nell'antica poesia francese.* Ce travail, divisé en 12 chapitres traitant les principaux sujets qui avaient exercé l'imagination des Français du m. à. (*Dieu, Marie,* le *Diable,* l'*Enfer, les Fées,* etc.) s'inspire des poèmes épiques et chevaleresques, des *Fableaux, Contes, Dits* et autres ouvrages d'un caractère populaire. (A suivre). — P. 128-32. V. Crescini : *Azalais d'Altier* serait une amie charitable dont l'entremise aurait maintenu la bonne entente entre le troubadour Ugo de sain Circ et son amie la poétesse Clara d'Anduza : de là une lettre en octo-syllabes rimant deux à deux d'Azalais, que M. C. publie ici, d'après le cod. provenç. de la Marciana, f. 149. — Mélanges. — *Zur Litteraturgeschichte :* P. 159-60. G. Baist : *Die Todtenbrücke.* (Des deux textes signalés ici (Greg. de Tours : *Hist. Franç.* IV, 33 et la vision de Tundalus : *Zs. f. r. P.* VI, 125), l'un semble prouver l'origine orientale, l'autre l'origine celtique de cette tradition). — P. 160-8. C. Appel : *Drei Trobadors (Guillem Ademar, Grimoart Gausmar und Guillem Gasmar)* sont des personnages différents, contrairement à ce que prétend Zenker, *Zs. f. r. P.*, XIII, 294 ff. — P. 169-72. E. Kœppel : *Ist Bice Portinari Dante's Beatrice ?* (L'au-teur retourne contre les Allégoristes l'argument tiré du nombre neuf et montre que la solution de l'énigme du nombre neuf nous fournit le lien inaperçu entre la Béa-trice de la Vita Nuova et Bice Portinari : en effet, ce nom, à l'aide des lettres qui le composent, peut être attiré dans le cercle mystérieux des nombres trois et neuf. — II. *Handschriftliches.* — P. 172-4. G. Binz : *Zum Evangile des femmes.* (Reproduc-tion d'un ms. inconnu jusqu'ici trouvé dans la Bibliothèque de l'Université de Bâle). — III. *Textkritisches.* — P. 175. H. Suchier : *Zu Aucassin.* (Rectifie la lecture *cate-ron = tateron = téteron. Soisté* (societatem) trisyllabique est un mot savant). — IV. *Wortgeschichtliches.* — P. 175-83. H. Schuchardt : 1. L'espagnol *dengue.* — 2. *Mimus, momus.* — 3. *Malandria.* — 4. franç. *gilet.* — 5. espagn. port. *tomar.* — 6. franç. *mauvais ;* anc. franç. *mauvé.* — P. 183-4. G. Baist : *Mañera* — Comptes rendus. — P. 185-218. A. Thomas : *Poésies complètes de Bertran de Born.* (H. Andresen : le glossaire est incomplet. Nombreuses corrections au texte). — P. 218-23. N. du Puitspelu : *Dictionnaire étymologique du Patois lyonnais.* (A. Horning : quelques corrections). — P. 223-6. L. de Eguilaz y languas : *Glosario etimologico de las palabras espanolas... de origen oriental...* (G. Baist). — P. 226-8. A. Pressner : *Bibliothek spanischer Schrifsteller.* (H. R. Lang : insuffisant). — P. 228-35. Joan

Urban Jarnik : *Doine si Strigaturi din Ardeal.*—Fl. Marian : *Descántece poporane románe* (W. Rudow). — P. 235-42 : M. Schwarzfeld : *Poesiile populare Colectia Alecsandri sau cum trebu culese si publicate canticele populare.* (W. Rudow). — P. 244-4. A. D. Xenopol : *Storia Rominilor din Dacia Traiana.* (W. Rudow) — P. 242-6. J. Bédier : *Le Lai de l'ombre.* (H. Suchier placerait le poète dans le département de l'Oise). — P. 246-55. *Giornale Storico della Letteratura Italiana.* Anno VII-VIII. Vol. XIV-XV. (A. Gaspary insiste encore longuement sur A. Luzio : *Nuoce Ricerche sul Folengo* (fin).—P. 255-9. *Il Propugnatore.* N. 5., vol. II, parte I e II. (A. Gaspary). — P. 260-3. *Romania.* Nᵒˢ 72 et 73. (A. Tobler). — P. 263-4. *Archivio Glottologico Italiano X. 3.* (W. Meyer-Lübke). — Livres nouveaux.

Fasc. 3-4.—P. 275-97. G. Schiavo : *Fede e Superstizione nell'antica poesia francese.* Suite. III. *Les Saints.* Quels sont les plus souvent cités ? Comment sont-ils traités dans les *Fableaux ?* Ils accomplissent des miracles avant et après leur mort ; les pèlerins vont vénérer leurs reliques, etc. IV. *Les Anges.* (A suivre). — P. 298-343. C. Bonnier : *Etude critique des Chartes de Douai de 1203 à 1275.* (Suite). Texte de cent chartes ; leur objet. Identification sommaire des noms de lieux, dans l'ordre alphabétique. Bibliographie. Table. — P. 344-62. G. Osterhage : *Studien zur fränkischen Heldensage* cherche, dans les origines de l'épopée franque, des preuves nouvelles pour les éléments mythiques surtout des quatre schemata principaux d'une chanson de geste complète. — P. 363-70. D. Behrens : *Etymologisches* (Suite. 18. franç. *mazette.* 19. Berry *sener, cener.* 20, a. frç. *maufé.* 21. franç. *accon* 22. franç. *flétrir.* 23. norm. *flet.* 24. espag. port. *tepe.* 25. port. *gomo.* 26. franç. *mat.* 27. ital. *calafatare.* — P. 371-375, 386. G. Salvioni : *Per la fonte della Sequenza volgare di Santa Eulalia.* On aurait attribué à l'Eulalie de la séquence le martyre entier de sainte Agnès. — P. 376-96. A. Horning : *Zur Lautgeschichte der ostfranzösischen Mundarten.* Discute les opinions de W. Meyer-Lübke sur ces dialectes. — P. 467-520. O. Schultz : *Der provenzalische Pseudo-Turpin.* Le texte est précédé d'une recherche sur les travaux relatifs au Pseudo-Turpin, sur le texte latin suivi par le traducteur provençal, sur le ms. (XIVᵉ siècle), sur les contresens commis par le traducteur, sur la phonétique, la flexion, la syntaxe et le style : un court glossaire termine le travail. — P. 521-39. A. Schmidt : *Aus altfranzösischen Handschriften der Gr. Hofbibliothek zu Darmstadt.* Le nᵒ 2534 contient les trois romans en prose: *Le Grand Saint Graal, Merlin, Roman d'Artus;* le nᵒ 3306, un *fragment de la chanson de geste « Gui de Bourgogne »,* dont M. S. publie une partie considérable; le nᵒ 3133 présente un *fragment de la chanson de geste « Hervis de Metz »,* fin du XIIIᵉ ou commencement du XIVᵉ siècle.— Comptes rendus.—P. 540. João Ribeiro : *Grammatica portugueza.* (Lang : grammaire *scientifique,* mais manque de critique.) — P. 542-3. W. Storck : *Luis'de Camoens Leben.* (Reinhardstöttner : rend inutiles tous les travaux antérieurs.) — P. 543-86. E. Schwan : *Grammatik des Altfranzösischen.* (F. Neumann : livre utile, bienvenu, louable dans son dessein comme dans son plan, mais susceptible d'être corrigé en bien des endroits.) — P. 588-90. Sach-und Stellenregister. — P. 590-1. Wortregister.   A. DOUTREPONT.

LE MOYEN AGE

BULLETIN MENSUEL D'HISTOIRE ET DE PHILOLOGIE

DIRECTION :

MM. A. MARIGNAN ET M. WILMOTTE

JUIN 1891

COMPTES RENDUS

DŒLLINGER, IGNAZ V. — **Beitræge zur Sektengeschichte des Mittelalters I Teil : Geschichte der gnostisch-manichæischen Sekten.** 2 volumes, Munich 1890.

On sait le rôle que le savant professeur de Munich a joué récemment dans la politique de l'Église ; son activité scientifique ne semble pas s'en être ressentie, car, peu de temps avant sa mort, il a fait paraître la première partie d'une histoire des sectes du moyen âge. Faut-il dire ce que cette histoire a fait de progrès à notre époque, grâce aux travaux de Charles Schmid, de Jund, de Reuter, de Karl Müller entre autres? Mais bien des points restent encore obscurs et notre espoir doit résider dans de nouvelles découvertes documentaires. Ce sont les sources fraîches qu'il faut avant tout multiplier. Or le principal intérêt de la publication de M. de Döllinger consiste précisément dans l'inédit qu'il nous offre. Dans son deuxième volume l'auteur n'a pas mis au jour moins de 72 documents rassemblés par lui en France, en Italie, en Autriche et en Allemagne, au cours des années antérieures. Il est vrai qu'un certain nombre de ces documents ont déjà été publiés par d'autres savants dans l'intervalle, mais la part de l'inédit est encore assez considérable.

Une partie seulement a été mise à profit dans le premier volume, celle qui se rapporte aux Cathares ; l'histoire de ces hérétiques absorbe, en effet, la meilleure part de l'exposé systématique qui précède les documents ; les autres hérésies décrites par M. de D. sont celles des Pauliciens, des Bogomiles, de Pierre de Bruys, de Henri de Toulouse, des Apostoliques et de Tanchelm. L'exposition a gardé, avec cette limpidité de style propre à l'auteur, tout ce qu'il faut pour permettre une vue nette dans les communautés religieuses du moyen âge. On observe dans les jugements de M. de D. la circonspection qui convient à ces matières délicates. Tout au plus voudrait-on parfois une critique plus pénétrante. Quant au point de vue de l'auteur, il est conforme à la tradition.

VICTOR SCHULTZE.

Annales de la Faculté de Philosophie et Lettres de l'Université Libre de Bruxelles. T. ɪ, 1er et 2e fascicules. Bruxelles. Weissenbruch, 1890, in-8º.
Université de Louvain. Recueil de travaux publiés par les membres de la Conférence d'histoire, sous la direction de M. Ch. Mœller. 2e et 3e fascicules. Louvain. Ch. Peeters, 1890, in-8º.

C'est l'Université de Liège qui a eu l'honneur de contribuer la première, par l'institution de cours pratiques, au relèvement des études historiques en Belgique. Mais le mouvement inauguré par elle s'est rapidement propagé dans les trois autres établissements d'enseignement supérieur de ce pays. Il a porté ses fruits. Plusieurs bonnes dissertations en sont sòrties : parmi les meilleures compteront certainement celles que renferment les publications dont nous allons rendre compte.

M. Martin Philippson (qui depuis a quitté l'Université Libre de Bruxelles) a fait étudier par l'un de ses élèves, M. Léon Leclère, l'*Élection du pape Clément V* (*Annales*, fasc. 1, p. 7-39). Après avoir passé en revue les quatre groupes d'opinions au sujet des relations de Bertrand du Got et de Philippe le Bel, M. L. relève la faiblesse de l'argumentation de Rabanis, qui soutient que l'élection de l'archevêque de Bordeaux a été parfaitement libre et régulière. Villani attribue l'élection à une entrevue entre le roi et le futur pape, près de Saint-Jean-d'Angély : récit invraisemblable et de pure invention ! La conduite du roi et du pape, l'un superbe et exigeant, l'autre humble et soumis, est un témoignage que le second a dû se trouver dans la dépendance du premier, par le fait de son exaltation. M. L. est donc, dans cette question tant discutée, de l'avis de M. Boutaric : malgré l'absence de preuves directes, il faut admettre l'existence de négociations entre Philippe et Clément avant l'élection. Dissertation bien conduite et de tous points digne d'éloges !

M. François Vercruysse a élaboré, pour le même cours pratique, un *Essai critique sur la chronique d'Albert d'Aix* (*Annales*, fasc. 1, p. 43-103). Le premier livre du chroniqueur lorrain fait seul l'objet de cette étude. Outre les raisons alléguées pour assigner Aix-la-Chapelle comme patrie d'Albert, l'auteur relève la forme bien germanique des noms de personnes et de lieux traduits en latin dans son œuvre. Albert fait jouer à Pierre l'Ermite un rôle certainement exagéré, semblable à celui qu'attribue au même la *Chanson d'Antioche*. Il a donc emprunté certains de ses récits à la légende populaire qui s'est formée de bonne heure autour des personnages de la première croisade, et aux chansons de geste qui en procédaient. Deux opinions très opposées se sont fait jour au sujet d'Albert d'Aix et de sa valeur comme source : celle de von Sybel, défavorable, celle de Kugler qui exagère dans un sens opposé. Pour M. Vercruysse, la Chronique n'est qu'une autorité de second ordre, bien inférieure aux *Gesta* : Albert a écrit d'après le récit de témoins oculaires, mais il a l'imagination vive et beaucoup de souci de l'effet et du style. Dans une note annexe, l'auteur s'attache à démontrer, contre von Sybel, qu'Albert a emprunté à la *Chanson d'Antioche* son récit de la bataille de Civitot.

Les dissertations qui suivent ont été faites sous la direction de M. Vanderkindere. Louis WODON, *du Wergeld des Romains libres chez les Francs Ripuaires* (*Annales*, fasc. 1, p. 107-118), démontre que, contrairement à l'opinion de M. Thonissen, ce wergeld était de 100 sous : le romain libre en Ripuadrie est dans la même situation que le romanus possessor de la loi salique, que l'advena romanus de la loi ripuaire, et l'inégalité entre vainqueurs et vaincus subsistait donc chez les Ripuaires aussi bien que chez les Saliens.

Le fasc. 2 des *Annales* (p. 121-196) contient du même une étude sur *le droit de vengeance dans le comté de Namur aux XIV⁰ et XV⁰ siècles*, étude excellente, quoiqu'un peu sèche. Province encore aujourd'hui très féodale, le Namur a conservé, en droit, la guerre privée jusqu'au privilège de Marie de Bourgogne de 1477 : il y avait deux siècles ou à peu près que cette institution si essentiellement germanique avait disparu en Flandre. En plein xvᵉ siècle, on voit des particuliers, de simples hommes libres, exercer à Namur le droit de vengeance tout comme les Francs Saliens, ou les Germains du temps de Tacite. Non seulement le meurtre, mais aussi les coups, les injures donnent lieu à la guerre. Ni en France, ni même en Allemagne ou à Liège, ce droit de vengeance n'était aussi étendu que dans le Namur : tout homme libre, noble ou roturier, bourgeois ou manant, a le droit de guerre; la solidarité familiale s'étend aux bâtards; le droit du plus proche parent de la victime, s'il est encore mineur, est réservé dans le cas où les deux familles composent; la paix, d'après l'estimation de M. W., ne liait que ceux qui l'avaient acceptée. Cette paix était scellée dans une cérémonie qui rappelle l'ancienne *festucatio* germanique. Il n'y avait d'autre entrave au droit de guerre que les trêves. Dans le Namur point de traces de trêves-le-comte comme dans les provinces voisines; mais à leur place, des quarantaines-l'évêque, dont l'institution remontait probablement à ce Henri de Verdun, évêque de Liège, qui implanta le premier en Allemagne les trêves de Dieu et créa le Tribunal de la Paix de Lorraine (1082). Les sanctions pénales contre ceux qui violaient les trêves ou les paix intervenues entre belligérants donnent l'occasion à l'auteur de fournir une intéressante contribution à l'étude des pèlerinages considérés comme moyen de répression dans l'ancien droit pénal de la Belgique. A Namur, le droit de guerre est donc de nature strictement légale, juridique, il est accepté comme une institution normale; et tandis qu'ailleurs il se meurt et disparaît de lui-même, il faut ici un décret du souverain pour le supprimer.

Ce caractère si particulier du droit de vengeance à Namur se remarque encore mieux, lorsqu'on lit l'étude suivante des *Annales* : FÉLICIEN CATTIER, *La guerre privée dans le comté de Hainaut aux treizième et quatorzième siècles* (fasc. 2 p. 199-292). Cette dissertation repose non seulement sur des textes imprimés, mais surtout sur un registre aux plaids manuscrit des archives de Mons. Très bien composée, méthodique,

claire, elle s'imposera à quiconque voudra avoir une idée exacte du droit
de guerre au moyen âge en Lotharingie. Plus industrieux que le Namur,
de bonne heure en relations intimes par des mariages princiers àvec la
Flandre, où l'influence des communes contrebalançait ou surpassait la
puissance de la noblesse, le Hainaut voit déjà le xıı° siècle apporter des
restrictions au droit de vengeance. Quoiqu'une charte de 1391 considère
encore comme cause de guerre privée, outre l'homicide et le membre
« tollu », les « naverure, cop ferut et injurieuzes paroles », les actes
judiciaires et d'autres témoignages permettent d'affirmer qu'en aucun de
ces cas moindres l'exercice du droit de vengeance n'était autorisé en
Hainaut au xıv° siècle. La solidarité familiale est extraordinairement
réduite en ce pays : au contraire du Namur, la parenté illégitime est
exclue en ce qui concerne le droit de vengeance; surtout, les parents
peuvent, et même, sous peine d'être assimilés au coupable cause de la
guerre, doivent « fourjurer » ce coupable, le rejeter, en quelque sorte,
hors de la famille. Le droit de vengeance ne portant plus que sur une
seule personne, la guerre privée est de fait supprimée. M. C. maintient
qu'il faut, avec Gislebert de Mons, attribuer cette remarquable institution du fourjur à Baudoin V, en 1171. Les trêves ont fourni un autre
moyen de combattre le fléau des querelles de familles : le Hainaut a
connu les quinzaines-le-comte, des trêves légales, des trêves judiciaires.
La guerre privée n'est pas interdite en Hainaut dans les villes franches,
comme c'est le cas à Liège et à Namur : elle est certainement encore en
usage à Valenciennes et à Mons, villes industrieuses pourtant aux xııı° et
xıv° siècles. La paix se fait souvent entre les parties au moyen d'une composition pécuniaire, un véritable wergeld. Brunner affirme qu'en Hainaut
la paix devait se faire entre le coupable d'une part, et d'autre part les
parents de sa victime, dans les deux lignes, directe et collatérale : c'est
une erreur que M. C. renverse sans trop de peine En ces points comme
en beaucoup d'autres, la dissertation de M. Cattier fournit des renseignements curieux et très importants. On peut féliciter M. Vanderkindere
et ses élèves d'avoir choisi un tel thème pour leur exégèse, et de l'avoir
ainsi traité.

Le Recueil des travaux de la conférence d'histoire du professeur Mœller,
de Louvain, comprendra quatre fascicules dont le premier et le dernier,
dus comme le second à M. Cauchie, sont sous presse (1). M. Cauchie,
a étudié la *Querelle des Investitures dans les diocèses de Liège et de
Cambrai*, et dans ce premier volume (xcıı-124 p.) examine *Les Réformes
Grégoriennes et les agitations réactionnaires (1075-1092)*.
Le sujet d'étude choisi par M. C. est l'un de ceux qui diviseront
éternellement les hommes, et sur lequel toujours ils penseront diverse-

(1) Nous venons de recevoir le quatrième fascicule. M Cauchie y donne la
deuxième partie de la *Querelle des Investitures dans les diocèses de Liège et de
Cambrai : les schismes (1092-1107).* Nous en rendrons compte prochainement.

ment, selon la nature de leurs idées politiques ou philosophiques. Constater que M. C., catholique sincère et convaincu, prend position dans le débat du côté des prétentions papales, et juge tout de là n'est donc point lui en faire un reproche. Mais, si jamais un écrivain impartial peut se rencontrer qui attribue à chaque parti son droit et ses torts, il trouvera nombre de données précieuses et suggestives dans cette dissertation. L'introduction nous a paru tout particulièrement remarquable. Le rôle des Belges dans la Querelle des Investitures a été considérable, et M. C. a heureusement comblé une lacune en s'attachant à le mettre en lumière. Il s'est informé d'abord des rapports de l'Eglise et de la société politique dans les diocèses de Liège et de Cambrai au xi° siècle et précédemment ; et il montre, avec une impartialité dont il faut grandement le louer, quels ont été les avantages de l'alliance de l'épiscopat et du pouvoir impérial, surtout pour l'épiscopat. Son chapitre consacré aux inconvénients de cette alliance nous laisse même encore dans l'esprit une impression plutôt favorable au pouvoir temporel. Très fouillé est le chapitre consacré à « l'Église et la société religieuse » dans les deux diocèses lotharingiens. Il traite, et de la réforme dans le clergé et dans les couvents, et de la situation des écoles à cette époque; contrairement à l'opinion de Wattenbach, de Bittner, de Ladewig, il soutient que l'école de Liège conserva son éclat sous l'évêque Nithard, et rompt de ci de là une lance contre Voigt, Bresslau, etc., à propos de l'histoire de Liège au xi⁰ siècle. Des couvents, des écoles sortit le mouvement d'affranchissement de l'Église vis-à-vis du pouvoir impérial. L'auteur met en avant, et soutient par des arguments qui méritent examen, l'hypothèse que Grégoire VII a pu puiser ses idées sur l'indépendance de l'église et la suprématie universelle du pape dans les doctrines du fameux évêque de Liège Wason.

Le sujet proprement dit prête plus que l'introduction le flanc à la critique. Très bien ordonné, le récit est néanmoins d'une lecture moins attrayante parce qu'il repose sur une longue suite de menus faits d'histoire locale et sans horizon. M. C. examine successivement les troubles religieux et politiques, puis le mouvement monastique à Cambrai sous l'épiscopat de Gérard II ; ensuite l'attitude de l'évêque de Liège, Henri de Verdun, et de son clergé dans la querelle des deux pouvoirs, et les luttes dans les monastères du diocèse sous le même prélat. On pourrait, à plus d'une reprise, faire à l'auteur, à propos de ces chapitres, un procès de tendance : ce n'est pas un mal, car tout esprit impartial se rebiffera naturellement contre des conclusions peu d'accord avec les textes invoqués. Signalons en passant l'une de ces affirmations échappées à un zèle religieux plus louable que circonspect : il paraît plausible à M. C. d'excepter le haut clergé du diocèse de Liège du nombre des prêtres simoniaques et concubinaires, rebelles aux décrets ! Sincèrement religieux, l'auteur admet complètement les prétentions du pape ; non moins sincèrement patriote, il ne peut d'autre part se résoudre à blâmer l'Église de Liège de s'être, comme il dit, « inviolablement attachée à la cause de l'empereur ».

Un chapitre consacré aux polémiques de Sigebert de Gembloux termine ce premier volume. M. Cauchie, contre Scheffer-Boichorst, Giesebrecht et Wattenbach, estime le ms. de Bruxelles de la *Discordia pape et regis* préférable à ceux de Vienne et de Paris ; pour des raisons de fond et de forme, il rejette le préambule dont Scheffer-Boichorst admet l'authenticité ; il n'hésite pas à attribuer les *Dicta* à l'écolâtre de Gembloux. Il base cette opinion notamment sur le fait qu'il y a concordance d'idées entre cet écrit et ceux qu'on sait être de Sigebert, sur une note marginale du ms. de Bruxelles qui le lui attribue, sur la similitude des sources des *Dicta* et de sa chronique, sur les erreurs même dans lesquelles il verse, enfin sur son style. Quant à la lettre de Sigebert en faveur des clercs mariés, que S. Hirsch datait d'après 1074-1075, et Bethmann de 1075, M. C. en place la rédaction après mars 1084. Son argumentation est moins forte quand il veut y voir la source à laquelle l'anti-pape Guibert de Ravenne et le concile de Rome de 1089 ont alimenté leur polémique contre la politique de Grégoire VII.

Le 3ᵉ fasc. du recueil des travaux de la conférence d'histoire de Louvain est consacré à un chapitre d'histoire diplomatique : *Les droits de Charles-Quint au duché de Bourgogne,* par A. DE RIDDER. Cette étude relève du moyen âge par les documents et les arguments invoqués par Charles-Quint et François Iᵉʳ à l'appui de leurs prétentions contradictoires, et elle conclut au rejet des raisons invoquées par Louis XI pour spolier sa filleule, et à la vive critique de la politique de ce roi aussi habile que peu scrupuleux. L'argumentation de l'auteur est bien conduite. Il a joint en appendice le texte de la donation de Jean le Bon à Philippe le Hardi, avec la ratification de cet acte par Charles V.   G. C.

Erec und Enide von CHRISTIAN von TROYES, herausgegeben von WENDELIN FŒRSTER (Christian von Troyes sämtliche Werke, t. III) Halle, Max Niemeyer, 1890, LV-340 p., in-8°, plus une page de « Zusätze ». — *Das Verhältnis von Christian's von Troyes* EREC ET ENIDE *zu dem Mabinogion des roten Buches von Hergest* GERAINT AB ERBIN. Inaug. Diss... von *Karl Othmer*. Köln, Du Mont impr., 70 p. in-8°.

Le livre de M. Förster et la dissertation de M. Othmer, son élève, ont trait au même sujet ; M. F. nous donne une édition définitive d'*Erec*, l'œuvre la moins achevée de Chrétien, mais non la moins intéressante, car on peut y étudier sur le vif les procédés à l'aide desquels cet habile artiste est arrivé à la domination si personnelle d'une matière ingrate ; M. Othmer a examiné le rapport de ce roman avec le *Mabinogi* de

Gereint, le maître a consigné dans la préface de son livre les résultats auxquels l'élève a été conduit. La question soulevée et résolue par l'un et par l'autre présente un vif intérêt. L'auteur gallois a-t-il connu le poème français? N'a-t-il connu que lui? Jadis on posait une troisième question : n'est-ce pas Chrétien qui s'est inspiré des *Mabinogion*? Aujourd'hui tout le monde est à peu près d'accord pour affirmer la postériorité de ces derniers (1). M. Paris vient de se rallier officiellement à la première de ces manières de voir, en ce qui concerne *Erec* (2), et nous croyons que l'étude comparative de *Perceval* et d'*Yvain*, poussée plus loin, et dans une voie plus minutieuse qu'elle ne l'a été jusqu'ici, fournira des conclusions analogues. Reste à savoir si la démonstration de M. O. est convaincante de tous points. Déjà M. Paris s'est plu à y relever certaines méprises et un ou deux jugements peu fondés. Ayant entrepris moi-même une étude détaillée du texte édité par M. F., j'ai été frappé du grand nombre de désaccords entre la manière de voir de M. O. et la mienne, désaccords qui s'expliquent d'autant moins que nos conclusions restent identiques dans ce qu'elles ont d'essentiel. En réservant donc les observations positives que je crois avoir faites indépendamment de mon devancier (et souvent en contradiction avec lui), je me bornerai à indiquer ici les passages de son travail où il me paraît inexact ou mal informé.

Ce travail est fait, je m'empresse de le dire, avec une méthode généralement louable; mais il a le grave défaut de nous révéler chez l'auteur une ignorance absolue, non seulement des littératures celtiques (3), mais aussi des œuvres et des usages dans lesquels la chevalerie française a laissé un reflet. Tout est sujet à étonnement pour M. Othmer, et je n'en veux que ces deux exemples : — P. 17. Le comte ayant fait préparer un bain pour Erec, le gallois ajoute : « En peu de temps le bain fut prêt; Gereint s'y rendit, et on lui lava la tête. » M. O. voit là « un trait celtique », l'usage étant, à son su, ignoré de nos vieux romans! — P. 32. Après avoir analysé le passage où Arthur exige une caution pour Yder, fils de Nut, au cas où il guérirait, M. O. déclare que c'est là un « trait sûrement étranger et vraisemblablement propre aux Celtes ». On me dispensera d'accumuler des exemples d'un usage constant dans nos chansons. D'autre part, M. O. est enclin à refuser toute valeur à un détail fort caractéristique de M., le rôle assigné au nain dans le combat de Geraint et d'Edern. Pareil au conducteur du char de Cuchulain (4), il aiguillonne la bravoure emportée de son maître, mais il le fait à sa

___

(1) Je réserve naturellement l'hypothèse d'une deuxième source de ces M., indépendante de Chrétien.

(2) *Romania*, xx, 1, Je compte reprendre ce travail et grouper les trois œuvres françaises et les trois œuvres galloises dans une comparaison plus générale qui aura du moins l'avantage de nous initier plus intimement aux procédés du traducteur.

(3) Ignorance fort excusable et que M. Nutt a mise en lumière dans *Folk-lore*, i, 253, sans épuiser d'ailleurs une matière fertile.

(4) Zimmer, *Zeitschrift für vergl. sprachf.* xxviii, 465.

manière, en lui fournissant de nouvelles armes, à mesure qu'il les brise, de même que des serviteurs le font, au mépris du contexte, dans d'autres passages de notre Mabinogi. (P. 158, 4; 171, 26 de l'éd. Loth.)

M. O. a jugé utile de débuter par une analyse détaillée des parties du conte communes à E(rec) et G(ereint). Mais que d'erreurs de détail dans son exposé! P. 5, ligne 2, il est inexact que dans les deux récits la reine charge la suivante, puis Erec de demander au chevalier qui il est; dans E. elle désire simplement qu'on le lui amène; l. 29, il y a lieu de distinguer entre E. d'après lequel le chevalier inconnu loge dans la ville (370) et G. qui, par une singulière méprise, traduit *chastel* par « demeure du châtelain » et fait offrir à celui-ci l'hospitalité à Yder; l. 38, les raisons de la pauvreté du vieillard ne sont pas identiques, et M. O. aurait pu insister sur l'odieux que G. jette maladroitement sur lui, en voulant qu'il ait essayé de retenir les biens de son neveu. — P. 6, l. 4, Erec n'accepte pas l'épée dans Chrétien (625-6); l. 23, dans E. le comte qui a organisé le tournoi est l'oncle d'Enide (1279; 1281; cf. 1367); dans G. il est son cousin; l. 35, il y a là une inexactitude relevée par M. Paris et qui a d'autant plus d'importance que M. O. en tire argument plus tard; l. 45, il fallait faire cette réserve, que dans G. on attend la guérison d'Edern pour déterminer la satisfaction qu'il aura à donner. — P. 7, l. 6, précisez : trois ans dans G., un temps beaucoup plus court dans E; l. 8, le roi Lac dans E. mais non dans G. où il est dit de plus qu'Erbin est fils de Kustenhin et oncle d'Arthur; l. 20, cf G. Paris, *loc. cit.* p.163 pour une divergence essentielle. — P. 9, l. 7-8 du bas, les sœurs de Guivret ne sont que dans E.; dans G. il n'est parlé que « d'un gendre d'une sœur ». — P. 10, l. 4 (cf p. 24), il y a un petit désaccord entre les versions, car il est seulement dit dans G. que le seigneur du lieu exige de tout étranger « qu'il aille le trouver à sa cour » s'il veut séjourner sur ses domaines (Loth, p. 169,17 cf. 6-7); il faut donc supprimer l'observation de la p. 24; l. 7, « nichts essen » M. O. aurait dû dire « nicht mehr » car dans G. on lit « il cessa de manger » (170, 1), dans E. « leissa le mangier et le boivre » (5593). En outre, dans l'œuvre de Chrétien, ce n'est pas le roi qui remarque la préoccupation du héros, mais celui-ci qui s'en explique de lui-même (5599); l. 11, il faut rectifier l'exposé en ce qui concerne le « clos de la nue »; M. Paris a prouvé qu'ici la version française était inférieure à l'autre; l. 13, ce n'est pas un, mais deux pieux qui attendent la tête d'un vaincu dans G.; l. 19 (cf p. 60), il n'est nullement dit dans E. que les enchantements disparaissent. Encore une fois G. conserve une tradition meilleure.

M. O. passe ensuite à l'examen des parties propres à chacune des versions; il tombe d'accord sur leur importance relative : environ la moitié du récit ne coïncide pas. Il est assez curieux de lui voir confesser, à deux reprises au moins, que G. a pu connaître une autre source, alors que toute son étude tend généralement à prouver le contraire. Après avoir (p. 19) prétendu retrouver dans le gallois le reflet d'un temps où les mœurs chevaleresques étaient tombées en discrédit, il va (p. 22) plus loin encore. Voulant expliquer la générosité dont Gereint fait preuve à l'égard de son hôte, il dit que ce sentiment « n'est qu'un lieu commun dans les romans arthuriens d'une époque ultérieure et qu'on doit reconnaître ici un emprunt fait à ces romans par le *Mabinogi* » (1). Que l'on démontre que cette générosité chevaleresque était déjà de mode dans les œuvres de Gautier d'Arras, de Chrétien et de Raoul de Houdenc, et voilà qui atteste, d'après M. O. lui-même, l'existence d'une autre source française du XIIe siècle pour le gallois. — P. 25, il veut que dans une autre particularité de G. « se révèle un trait d'origine française » (erwies sich einiges als französischen ursprungs). — Dans bien des cas je suis loin d'ailleurs d'être d'accord avec la dissertation allemande sur la portée des divergences que son auteur a consciencieusement relevées ; je regrette surtout qu'il n'ait fait aucune part aux procédés nécessaires du conte tel que le gallois l'a conçu, plutôt traditionnel et de veine populaire que courtois et de bel art. Je note une dernière exactitude qui enlève la moitié de leur prix aux observations présentées par M. O. sur les négligences du narrateur étranger. Sans doute ce dernier se décide bien tard à nommer le père d'Enide et l'héroïne elle-même. Mais il est inexact que ce soit, contre toute vraisemblance, le futur gendre du comte Ynywl qui prononce le premier son nom ; quelques lignes plus haut (Loth, p.126, 14) il est dit qu'Erec refuse l'invitation de l'organisateur du tournoi et qu'il « s'en alla avec le comte Ynywl, sa femme et sa fille ». Le lecteur est donc déjà fixé sur ce point. — Il en est de même pour Enide. Selon M. O. elle n'est pas nommée, même après son arrivée à la cour d'Arthur « de la manière qui est usuelle dans ces sortes de récits » ; car c'est tout à fait incidemment qu'il y est dit que « la couche de Gereint et d'Enide fut préparée ». Ainsi raisonne M. O. ; mais si je recours au texte, je vois (Loth, p. 134, 13) qu'Erec « fut uni avec Enide suivant l'usage du temps » et si j'ouvre le poème de Chrétien, je constate qu'il a choisi aussi l'instant du mariage pour « publier » le nom d'Enide, car, dit-il judicieusement « autrement n'est fame esposée — Se par son droit non n'est nomée », et il ajoute :

> Ancor ne savoit nus son non ;
> Lors premierement le sot l'on,

en quoi G. est bien d'accord avec sa source.

On m'excusera d'avoir examiné d'aussi près le travail de M. O. dans ses parties démonstratives ; les conclusions qu'il formule ensuite changent, en effet, tout à fait de caractère après les nombreuses corrections que j'ai dû faire à son exposé. D'une part les différences de détail entre E. et G. sont beaucoup plus nombreuses que la dissertation ne le dit, d'autre part l'interprétation que nous donne M. O. de plusieurs d'entre elles est loin

____

(1) « Ein gemeinplatz in den späteren Artusromanen und mann kann daher nur einen aus diesen entlehnten Zusatz M's darin erkennen. »

d'être convaincante (1). Ses observations des p. 19, 22 et 25, déjà relatées plus haut, auraient pu recevoir une extension beaucoup plus considérable. Enfin il a ignoré plusieurs méprises du traducteur que je me réserve de mettre bientôt en lumière ; il n'en connaît que deux, et encore les doit-il à la sagacité de son maître. Je n'insiste pas sur l'une d'elles (2), le travestissement du nom de Morgue (*accus.* Morgain) en celui de Morgan Tut et d'une fée en un médecin ; la note de M. Zimmer (dans l'introduction d'*Erec*) ne tendrait guère à prouver qu'une chose : c'est qu'aujourd'hui comme au temps de Voltaire, l'étymologie est une science qui sait encore procurer quelque distraction joyeuse aux honnêtes gens ; aussi bien cette note n'est qu'un « Einfall » et son auteur dit expressément qu'il ne la destinait pas à l'impression. Mais l'autre méprise aurait peut-être plus de gravité. Le v. 1214 de l'œuvre de Chrétien n'aurait pas été compris par G. et nous tiendrions là une preuve décisive de l'utilisation par celui-ci du poème français. Comparaison faite, je trouve la leçon de G. meilleure et me refuse à croire à une méprise de son auteur. Yder, vaincu par Erec, a été contraint par lui de se rendre à la cour d'Arthur, d'y avouer sa défaite et de se mettre à la merci de la reine ; Arthur s'approche ensuite de lui et après l'avoir considéré longtemps, croit le reconnaître et l'interpelle en effet, par son nom. Qu'est-ce donc de si « unnatürlich » que M. O. et M. F. avec lui (*Erec*, xxxi) voient dans ce passage ? C'est Chrétien qui est obscur ici ; il ne fait pas intervenir le roi et, après que la reine a interrogé Yder et que celui-ci lui a déclaré son nom, il ajoute :

La vérité l'an reconut.

Mais *la vérité* de quoi ? De son nom ? Cela ne peut avoir de sens que dans l'hypothèse où la question de la reine est un piège pour s'assurer de la sincérité d'Yder dont celle-ci connaît déjà le nom. Or, dans G. il en serait ainsi, car le portier (Loth, p. 130, l. 5) lui a appris ce nom. D'autre part, si *l'an* est sujet (*l'on*) cela veut dire que ce sont les gens de la cour qui « reconnaissent la vérité » ; or cette interprétation nous est interdite par le v. 1241, attestant qu'Yder parut alors pour la première fois à cette cour, de même que la leçon imaginée par M. O. (*De vérité le reconut*) comme étant le résultat d'une mauvaise lecture de G. est exclue par le v. 1144, et qu'il faudrait prouver que le traducteur avait déjà perdu de vue ce dernier vers, lorsqu'il lut et saisit de travers le v. 1214.

En discutant ce passage et en le signalant comme incorporé par M. Förster dans sa préface, me voilà revenu de l'élève au maître, trop tard

---

(1) Cela est particulièrement vrai d'une série d'omissions de G. que M. O. relève p. 65 et qu'il croit pouvoir attribuer aux nécessités d'adaptation du gallois. Plusieurs d'entre elles sont tout à son honneur (ainsi v. 227-48 où Erec *n'ose* frapper le nain parce qu'il a peur que le chevalier ne prenne son parti : dans G. le motif est honorable). D'autres n'ont rien de caractéristique.

(2) Il ne faut pas perdre de vue que Morgan Tut figure dans un autre passage de *Gereint* et que M. Loth signale sa présence dans *Peredur*.

pour consacrer à celui-ci, même sans souci des proportions, l'espace que mérite son beau volume, le troisième de la grande édition des œuvres de Chrétien. Comme on doit s'y attendre, réservée la question des sources de Chrétien et de son rapport avec le *Mabinogi*, question brûlante entre toutes, il n'y a qu'à louer dans le travail du savant professeur de Bonn. Le texte est établi d'après tous les mss., précédé d'une introduction littéraire où rien n'est omis, suivi de la version en prose du ms. de Bruxelles et d'un commentaire aussi varié qu'ingénieux, car il nous offre, presque à chaque page, une substantielle contribution à la grammaire et à la lexicologie de notre ancienne langue. Je signalerai surtout les notes sur *avrai* ou *aurai*; sur *goz* et *boz*, sur *estrosseemant*, les dissertations sur les formes *feïssiant* : *alessiant* et sur *Mélite*. Ce que M. F. dit de *aiguille* (2643) ne m'a pas convaincu. Je crois qu'il ne faut pas voir dans la rime : *roïlle* une innovation du poète obéissant à l'évolution du langage, mais bien un fait dialectal. Le Nord-Est, de Troyes à Metz et à Liège a dû posséder la forme *acīc(u)la* qui a donné wallon et lorrain (Horning, *Ostfr, Mund.* p. 54) *awèy', awiy'*, tandis que le Centre et l'Ouest (le Sud-Est aussi, sauf l'allongement de *u*, à en juger par Bourberain : *ĕgüy* et Lyon *ülli* = (ac)ūc(u)la) auraient conservé la forme latine; la rime de *Fl. et Blancheflore* ne constitue donc pas un *terminus ad quem*, et la preuve, c'est que nous trouvons bien plus tard dans le *Roman de la Rose* la rime *despuille* : *aguille* (Méon III, 394, Fr. Michel, 16704; cf. 20625 *aguillons* : *acuillons*).

M. W.

CHRONIQUE BIBLIOGRAPHIQUE

Geschichte der Kunst. *Die Malerei von Professor Dr.* H. JANITSCHEK. —
M. Janitschek vient de terminer son histoire de la peinture allemande, et nous
pouvons déclarer qu'elle est au courant de tous les travaux allemands, de toutes les
recherches historiques. Le jugement de l'auteur est toujours indépendant, et la
période de là première partie du moyen âge est celle que l'auteur connaît le mieux.
M. J. s'était déjà fait remarquer par quelques travaux préparatoires sur l'histoire de
la peinture mérovingienne et carolingienne. C'est donc une des parties neuves de
cet ouvrage, qui est du reste bien fait.   A. M.

*Niebelungen und Gudrun in auswahl und mittelhochdeutsche Grammatik mit
kurzem wörterbuch* von W. GOLTHER, Stuttgart, librairie Göschen, 1890; petit in-8°
160 p. Prix du volume relié 80 pf. = 1 fr. — Ce livre contient les épisodes les plus
caractéristiques du *Niebelungenlied* et l'enfance de Sigfrid tirée du poème du « Hür-
nen Seyfrid » (Sigfrid le cornu), de manière à dérouler devant le lecteur l'entière
histoire de Sigfrid. Le poème de Gudrun figure aussi dans le recueil dans toutes
les parties sanctionnées par Müllenhoff. Deux courtes préfaces et des notices
bibliographiques pratiques sont mises en tête. Le dictionnaire, destiné aux novices,
explique tout ce qui est étranger à la langue allemande moderne; là grammaire
donne l'exposé le plus concis de l'ancienne langue, tout en étant fondée sur des
bases historiques; quelques observations métriques y sont jointes. Ainsi se trouve
réuni sur un petit espace tout ce qui est nécessaire pour s'orienter dans cette étude.

ARCHÉOLOGIE 1890

Allemagne, Autriche et Italie

Archiv fur Literatur und Kirchengeschichte des Mittelalters. v° vol.
ıʳᵉ et ıı° liv. P. 1-158. *Der Nachlass Clemens V und der in Betreff desselben von
Johan XXII (2318-1321) geführte Process.* Publication des nombreuses pièces
concernant cette étude. — Communications. — P. 159-166. Ehrle. *Die 25 Millionen im
Schatze Johanns XXII.* A l'aide d'anciens inventaires M. Ehrle nous indique les
sommes laissées par ce pape. — P. 167-225. Denifle. *Die päpstlichen Documente in
die Universität Salamanca.* Jose Maria de Orris avait publié les documents relatifs
à la naissance de cette université et avait conduit son histoire jusqu'en 1392.
M. Denifle nous donne les documents pontificaux relatifs à cette université à partir
de 1255 jusqu'à Martin V. — P. 226-348. Denifle. *Ein registrum der Procuratoren
der Englischen Nation an der Universität Paris.* La préface que M. Denifle a
écrite pour ce document est très intéressante, elle nous fait connaître les universités

françaises où allaient de préférence les étrangers, Allemands et Anglais, etc. : Orléans la ville où après Bologne on enseignait le mieux le droit, puis Angers, Bourges, Valence, Pont-à-Mousson ; pour la médecine Montpellier. On allait aussi à Paris pour la médecine et la théologie. Chaque nation possédait un registre qui nommait chaque mois un Procurator. Beaucoup de ces registres ont péri, mais nous en possédons quelques-uns.

Archivio Storico dell'arte. 3ᵉ année (1890). — P. 1-23. Adolpho Venturi. *La scultura Emiliana nel Rinascimento.* [Article intéressant sur certains monuments ; pour la période du moyen âge il faut mentionner le bas relief d'Agostino di Duccio, conservé dans la cathédrale de Modène (fin xvᵉ siècle), un fragment d'une *Pieta* que le comte L. Calori possède, fin xiiᵉ siècle. — P. 24-34. Umberto Rossi. *La Collezione Carrand nel Museo nazionale di Firenze.* — 35-68. Natale Baldoria. *Monumenti artistici in san gunignano.* A signaler des œuvres de Zippo Memmi (Madone), de Gozzoli (S. Sebastien, S. Mathieu) des fresques et des œuvres de Ghirlandajo. Ce travail analyse les œuvres de ces maîtres, mais il n'apporte rien de nouveau. On peut cependant ajouter que l'écrivain est très bien informé. — Bibliographie. — P. 74-76. Emile Molinier. *Venise, ses arts décoratifs, ses musées et ses collections.* (Muni : excellent.) — P. 78-79. U. Rossi. *I Deschi da parto* (publication d'un inventaire du xvᵉ siècle). — P. 79-106. Domenico Gnoli (2ᵉ article). *Le Opere di Mino da Fiesole in Roma.* On peut compter parmi les œuvres de Mino un ciboire dans l'Eglise de Santa Maria Maggiore, une madone, le miracle de la Vierge, la nativité de Jésus-Christ, l'adoration des mages, l'assomption de la Vierge, son annonciation ; ajoutez à cela un bas relief représentant S. Pierre et Paul au pied de la croix, S. Augustin et Sᵗᵉ Jeanne, et un médaillon représentant un ange, David et Isaïe, S. Michel, S. Laurent et Sᵗᵉ Catherine. L'auteur analyse avec beaucoup de finesse les œuvres de ce sculpteur, si délicat et d'un faire si intime. — P. 107-118. Francesco G. Cavazza. *Il palazzo del comune in Bologna.* Décrit le palais avec soin et donne les dates des différentes constructions. On y remarque une statue du Pape Boniface VIII.—Documents nouveaux.—Ces pièces n'intéressent pas ceux qui s'occupent des arts pendant le moyen âge. Il serait bien utile de consacrer ces quelques pages de chaque livraison à la publication des documents des xivᵉ et xvᵉ siècles, encore si nombreux à Florence et à Rome. — Bibliographie. E. Müntz. *Histoire de l'art pendant la Renaissance. Les Primitifs.* [Maruti, article fort élogieux, mais vague et qui dénote une lecture très superficielle. A quoi bon de pareils comptes rendus?] — P. 152-153. Angelo Gatti *La Fabrica de S. Petronio.* (Maruti, bon.) — P. 154-155. Eugène Müntz. *Les Archives des Arts.* (Coceva : élogieux.) — P. 155-156. W. Bode. *Die bronzebuste des Battista Spagnoli im Königlichen Museum zu Berlin.* (C. bon.) — P. 156-157 Wolfgang von Oettingen. *Ueber das Leben und die Werke des Antonio Averulino genannt Filarete.* (De Fabriczy : intéressant.) P. 169-174 F. Harck. *La Collezione H. Vieweg in Braunschweig.* — P. 175-186. Domenico Gnoli. *Le opere de Mino da Fiesole in Roma.* (3ᵉ article.) Décrit le monument de Paul II. (1471-73.) — P. 186-191. Gustavo Frizzoni. *L'Affresco del cenacolo di Ponte Capriasca.* — Bibliographie. — P. 216-172. Raffaelli *Guida artistica di Termo.* (Maruti, trop de notes inutiles.) P. 217 Cesare Pinzi. *Guida dei principali monumenti di Viterbo.* (Maruti, bon.) P. 217-218. Carl

Aldenhoven. *Herzogliches Museum zu Gotha.* (Maruti : intéressant.) — P. 218.
Gustavo Uzielli. *Leonardo da Vinci e tre gentildonne milanesi del secolo XV.*
(Maruti : élogieux.) — P. 219. Charles Perkins. *Cyclopedia of painters and pain-*
tings. (Maruti : bien au courant.) P. 220-221. Giuseppe Biadego. *L'arte degli urefici*
in Verona. (Maruti : très utile.) — P. 226-227. Paul Ziegler. *Catalogue de la collec-*
tion Richards. (C : bon.) — P. 249-257. Thode. *Pitture di Maestri Italiani nelle*
gallerie minori di Germania. (L'auteur passe en revue les musées de Karlsruhe, de
Darmstadt, de Gotha, de Breslau; travail assez facile mais peu fécond.)— P. 258-280.
Dominico Gnoli. *Le opere di Mino da Fiesole in Roma.* Décrit les œuvres que
possède l'église de S. Marc à Rome où l'on voit un tabernacle, un buste de Paul II,
dans le Palais de Saint-Marc, et le tombeau du cardinal Forteguerri à Ste Cecilia,
en Transtévère. Ce travail est assez intéressant. — P. 281-295. Venturi. *La Pittura*
Bolognese nel secolo XV. L'auteur a recherché dans les musées d'Europe les plus
importants tableaux de l'école de Bologne et les énumère ici. [École du reste peu
originale et qui compte parmi ses plus grands peintres les Marco Zoppo, les Francia.]
Documents nouveaux. — P. 296-299. *Documenti relativi a Baccio Pontelli* (1487-
1494). — P. 300-305. Césare Pinzi. *Memorie e documenti inediti sulla Basilica de*
Santa Maria delle quercia in Viterbo. — P. 305-332 Documents. — *Liber regestorum*
Comunis Viterbii qui et Margarita nuncupatur (1467-1578). — P. 345-365. Gustavo
Frizzoni. *Il Museo Borromeo in Milano.* [Beaucoup trop de littérature, c'est un genre
bien vieilli. Rien de nouveau dans ce travail.] — P. 379-396. Venturi. *La Pittura*
Modenense nel secolo XV°. [Même méthode que le précédent article.] — P. 401-402.
Eugène Müntz. *Gli artisti fiamminghi e tedeschi in Italia nel XV° secolo.* [Il faut
tenir compte des remarquables travaux de M. Courajod sur l'influence septentrionale
en Italie. Les recherches si savantes du professeur de l'Ecole du Louvre avaient
précédé de longtemps ces petites et menues trouvailles.] — P. 402-403. *Passaporto*
di Pisanello. — Bibliographie. — P. 403-404. R. Renier et A. Luzio. *Delle relazioni*
di Isabella d'Este Gonzaga con Ludovico e Beatrice Sforza A. V. — P. 404-405.
Molmenti. *Le origini della pittura veneta.* (E. A. : synthèse de toutes les études sur
ce sujet.) — P. 407. Almerico Meomartini. *I monumenti e le opere d'arte della citta*
di Benevento.

Jahrbücher des Vereins von Alterthumsfreunden in Rheinlande.
Année 1890, vol. LXXXIX. — P. 105-135. Klinkenberg. *Studien zur Geschichte der*
Kölner Marterrinen. Étude très intéressante mais bien subjective. L'auteur croit
à la légende des onze mille vierges de Cologne et s'appuyant sur l'inscription du
vir clarissimus Clematius, il cherche à suivre le développement de cette légende.
Dans l'inscription, on ne trouve aucune indication de la persécution, on ne connaît
pas le nombre des martyrs. Il a fallu une autre source, il a été nécessaire qu'un
travail légendaire vînt combler les lacunes de l'inscription. M. K. nous donne le
texte du *Sermo in natali,* prononcé le jour de la fête des vierges dans l'église de
Cologne. Ce discours aurait été composé de 731 à 834. Son travail est l'étude de
cet important document. Il montre encore combien est vague l'opinion des hommes
du temps de Charlemagne sur les vierges de Cologne. On sait qu'elles venaient
d'un pays étranger, les uns disaient de Bretagne, d'autres de l'Orient. Ce qui aida
à accréditer l'origine anglo-saxonne des vierges, ce fut une légende dont Gottfried

de Monmouth nous a conservé le souvenir dans l'*Hist. Regum Britanniæ, l. V.* (milieu du XIIe siècle.) M. K. poursuivra dans des articles suivants le développement de la légende. [Il nous paraît bien difficile de soutenir l'authenticité de cette passion; l'inscription de *Clematius* n'est certainement pas du Ve siècle, et ne peut servir de base au développement légendaire.] — P. 151-163. H. Düntzer. *Die morgenländischen Marterrinen in Köln.* [Étude philologique de l'inscription de Clematius.] — P. 164-188. Nordhoff. *Die Westfälischen Domkirchen* (travail intéressant sur les églises de Westphalie). — P. 189. F. Pfaff. *Die burg Steinsberg im Elsenzgau und die Steinmetzzeichen.* L'auteur parle des signes que les tailleurs de pierre gravaient sur la pierre servant aux constructions pendant le moyen âge. On les voit dès la fin du XIe siècle, mais ce n'est qu'au milieu du XIIe siècle que cette coutume se généralise. Pour lui cet usage déjà connu pendant la période romaine a duré à travers le moyen âge. On peut le voir dans les constructions bysantines comme dans celles du midi de la France. L'Allemagne ne peut fournir aucun exemple à cause des monuments en bois qu'on éleva jusqu'à la fin de la première moitié du moyen âge. Les marques bysantines et carolingiennes forment le pont qui relie à l'antiquité l'architecture romane. [L'auteur a tort de croire que M. Revoil *(Architecture romane du midi de la France)* a fait la preuve des dates qu'il donne aux monuments religieux de la Provence, etc. Nous savons par nos études particulières qu'il est nécessaire de lire ce livre avec la plus grande prudence et de ne pas voir, comme le fait l'auteur, dans ces monuments des constructions carolingiennes ou des premiers capétiens. Je citerai Montmajour (1009). S. Martin de Londres et S. Guillaume du Désert, qui sont du XIe siècle. Pour Notre-Dame des Doms, une charte prouve qu'elle fut construite vers le dernier tiers du XIe siècle, etc. Nous publierons bientôt dans les *Mémoires de l'académie du Gard* une dissertation sur la date des églises du midi de la France.]

Jahrbücher für Kœniglich Preussische Kunstsammlungen. 1890. — P. 3-35. Julius Meyer. *Zur Geschichte der florentinischen Malerei des XV Jahrhunderts.* Sandro Botticelli in der zweiten Periode seiner Thätigkeit.— L'auteur parle des peintres Filippino Lippi, Raffaellino del Garbo, Piero di Cosimo. Il décrit les influences de l'antique sur la seconde manière de Botticelli. C'est un travail tout subjectif et qui n'apporte rien de nouveau à l'historien de l'art.—P. 35-41. W. Bode. *Die Auferweckung des Lazarus von Albert Ouwater in der Königlichen Gemäldegalerie zu Berlin.* Fait l'historique du tableau qui fut tout d'abord en Espagne, puis alla en Italie, où un marquis Manelli, à Gênes, le posséda. Ce maître se rattache à l'école des Van Eyck par le dessin et la peinture; son œuvre est du milieu du XVe siècle, elle rappelle l'influence des deux frères. C'est un tableau important qui permet d'assigner à l'auteur une place à côté de Roger van der Weyden et M. B. en donne une analyse très intéressante pour l'histoire de la peinture hollandaise. — P. 41-53. Franz Wickhoff. *Die Gestalt Amors in der Phantasie des italienischen Mittelalter.* Article intéressant sur les formes différentes que revêt l'amour au moyen âge. Sa physionomie antique se montre de nouveau dans les triomphes de Pétrarque.—P. 53-55. Max Lehrs. *Zur näheren Datierung des meisters der Spielkarten.* — P. 56-59. W. Bode. *Die Bronzebüste des Battista Spagnoli im königlichen Museum zu Berlin.* L'auteur fait l'historique du buste de Battista Spagnoli, d'après deux chartes.—P. 59-63. Jaro Springer. *Die Toggenburg-Bibel.* Manuscrit écrit par un certain Dietrich à Lichtensteig pour un comte Toggenburg et terminé en 1411. Le manuscrit contient des récits de l'Ancien Testament depuis la création jusqu'à l'histoire du prophète Élie. Ce qui différencie la miniature de la première période du moyen âge et celle de la seconde, c'est moins le naturalisme que le développement des sciences, la connaissance plus exacte des attitudes, de la composition des gestes des personnages. L'Allemagne subit au milieu du XIVe siècle l'influence de la peinture à la gouache répandue en France. L'auteur regarde ce manuscrit comme une œuvre du sud de l'Allemagne. Il contient 130 miniatures de différentes grandeurs. — P. 63-64. W. Bode. *Die heilige Magdalena von Carlo Crivelli nach dem Gemälde in der Berliner Galerie* gestochen von otto Reim, — P. 65-78. W. Bode et A. Bredius. *Der Haarlemer Maler Johannes Molenaer in Amsterdam* (école hollandaise du XVIIe s) avec bien de fines remarques sur l'histoire de la peinture des Pays-Bas. — P. 79-87. Max Lehrs. *Ueber einige Zeichnungen des meisters E. S.* (c'est un artiste de 1466). — P. 87-95. W. Bode. *Versuche der Ausbildung des Genre in der florentiner Plastik des quattrocento* [article intéressant].— P. 150-160. Ludwig Kaemmerer. *Ein bezeichnetes Werk des Meisters vom Tode der Maria.* C'est une étude du retable peint de l'église de Marie à Dantzig que la corporation de Saint-Reinhold commanda vers l'an 1515 pour la chapelle de Saint-Jean qu'elle avait achetée. Woermann avait été le premier à attribuer cette œuvre au maître peintre de la mort de Marie. Après lui, Bode avait partagé cette opinion. C'est aussi l'avis de l'auteur; il croit le peintre établi tout au moins à Bruxelles et travaillant en même temps que Bernard van Orley. Il est de ces nombreux peintres qui, ayant subi l'influence de l'Italie, ont fait rapidement dévier l'art si naturaliste et si précis de l'École des Van Eyck. [Il fut heureux pour l'art flamand et l'art hollandais que Quentin Matsys et Breughel continuassent la manière de voir et de comprendre la nature des Van Eyck.] — P. 161-168. Max Lehrs. *Der Künstler der ars moriendi und die wahre erste Ausgabe derselben.* — P. 194-199. Dehio. *Zu den skulpturen des Bamberger Domes.* L'auteur analyse les deux statues de la cathédrale de Bamberg, statues du pilier du milieu du côté nord. Il y voit une influence antique. Il les compare avec celles du portail principal de la cathédrale de Reims (Marie et Élisabeth). [L'influence antique ne fut pas douteuse mais elle fut éphémère pendant le XIIIe siècle; on la constate de ci de là, seulement dans les localités qui pouvaient offrir aux artistes quelques modèles de la statuaire païenne. On ne peut donc pas, à proprement parler, tenir compte de cette influence.]

Kirchen-Schmück [Der]. 1890, XXI. Jahrgang. N° I. [Les articles ne sont pas signés.] — P. 1-9. *Von Italienischen Wanderungen.* Voyage à vol d'oiseau où sont relevées de ci de là quelques œuvres importantes. De telles études ne peuvent toutefois rien ajouter à notre connaissance de l'histoire de l'art. — P. 10-16. *Ueber das Naturstudium in der religiösen Kunst.* [Article qui aurait pu être fort intéressant, au lieu de se perdre dans des détails sans importance. Comment l'artiste du moyen âge comprenait-il la nature? L'œil du peintre ou du sculpteur était absolument différent de celui des artistes de la renaissance ou des temps modernes. Il croyait, possédait un art très naturaliste et pensait rendre la nature telle qu'elle était. Ce n'est qu'à la fin du moyen âge qu'on a des doutes sur l'exactitude de cette reproduction. Dieu a créé la forme trop complète, disent les prédicateurs, on ne peut la rendre telle qu'elle est. Déjà au xv° siècle on oppose donc le sentiment de la critique moderne. On juge les œuvres parce qu'elles sont incomplètes et qu'elles n'ont pu se rapporter qu'imparfaitement à la nature.] — P. 17-23. *Von Italienischen Wanderungen.* — P. 23-34. *Von Italienischen Wanderungen.* — P. 35-39. *Von unseren mittelalterlichen Bildwerken* (article intéressant). — P. 39-40. *Die Pfarrkirche zu Lassing.* —P. 41-52. *Von Italienischen Wanderungen.* — P. 52-54. *Eine Reliquie von mittelalterlichen Admont.* — P. 54-56. *Aus Antonio Averlino Filaretes Traktat uber die Baukunst.* — P. 57-63. *Von Italienischen Wanderungen* (Monte san angelo). — P. 63-64. *Aus Antonio Acerlino Filaretes Tractat uber die Baukunst.* — P. 65-70. *Von Italienischen Wanderungen* (Der sacro monte bei Varalo). — P. 78-80. *Die Kreuskapelle des Stiftes Rein* (du xv° siècle). — P. 81-87. *Von Italienischen Wanderungen* (Siena). — P. 97-103 *Von Italienischen Wanderungen* (Viterbo). — P. 113-119. *Von Italienischen Wanderungen.* — P. 119-120. *Aus Antonio Acerlino Filaretes Tractat uber die Baukunst.*—P. 129-134. *Von Italienischen Wanderungen.* — P. 140-142. Schnerich. *Die Gebäude des einstigen Leonhardsklosters in Graz.* — P. 142-144. *Aus Antonio Filaretes, etc.* (suite). — P. 153-159. *Von Italienischen Wanderungen* (Foligno, Montefalco).

Mittheilungen der KK. Central-Commission zur Erforschung und erhaltung der Kunst- und historischen Denkmale. Nouvelle série, tome xvi. Année 1890. P. 1-22. Swoboda *Frühchristliche Reliquien des KK. Münz und Antiken Cabinetes.* Article fort intéressant pour le culte des reliques et pour l'histoire de l'art chrétien. — P. 23-29. S. Jenny. *Die Kirche zu Landeck.* (Église du xiii° siècle avec une série de sculptures du xvi° siècle.) — P. 37-40. V. Houdek. *Die Kirche zu Velehrad.* (Église du xiii° siècle.) [Ce ne sont pas des monographies, mais des descriptions sommaires. On ne peut que mentionner ces petits travaux.] — P. 40-44. K. Hauser. *Die Karnburg, eine ostgothische Festung.* — P. 44-47. Maska. *Ueber seine Forschungen in Mähren.* — P. 47-52. Romstorfer. *Typus der Kloster Kirche in der Bukowina.* — P. 53-61. W. Milkoricz. *Ein Taschenkalender aus Jahre 1415 respective dem 1054.* — P. 91-92. Brauis. *Die Pfarrkirche zu Nemcie.* Elle apparaît déjà en 1360, mais elle fut reconstruite. — P. 98-X. Lind, *Zwei ältere Krummstäbe.* (Elles appartiennent à la fin du xii° siècle. L'auteur a fait un catalogue des crosses épiscopales que possède l'Autriche.) — P. 111-118. T. Frimmel. *Beiträge zu einer Iconographie des Todes.* (C'est la suite d'un long travail.) — P. 118-123. Albert Ilg. *Reise Notizen aus Krain Kärnten und dem Gorzischen.* — P. 126-128. Majonica. *Nachrichten ueber das K. K. Staats Museum in Aquileja.* Nombreuses inscriptions latines. — P. 128-131. Schnerich. *Neue Beiträge zur mittelalterlichen Baugeschichte im Sprengel der Salzburger Metropole.* — P. 151-156. Ritter. v. Rzika. *Die Siegel der chemaligen Bauhütte von St Stephan in Wien.*—P. 157-161. Majonica. *Nachrichten ueber das K. K. Staats-Museum in Aquileja* (nombreuses inscriptions latines). — P. 164-171. Branis. *Die Kirchen zu Forbes, Schweinitz und Gratzen.* — P. 177-183. A. Schnerich. *Neue Beiträge zu mittelalterlichen Baugeschichte im Sprengel der Salzburger Metropole.* — P. 183-186. Wastler. *Die Ruine Pfannberg in Steiermark und sein Freskenschmuck.* — P. 186-190. Frimmel. *Beitræge zu einer Ikonographie des Todes* (fin). — P. 191-194. J. Geleich. *Die Erz-*

giesser der Republik Ragusa. — P. 194-196. S. Jenny. *Bauliche Ueberreste von Brigantum.* — P. 223-224. Riedl. *Ein La Terre-Fund in Steyermark.* P. 223-225. Trapp. *Grabfund in Kriuanaz.* — P. 225-231, Szaraniewicz. *Prähistorische und früh- mittelalterliche Erbauten in Galizien.* — P. 231-233. Strnad. *Die Ausgrabungen auf dem Burgwall bei Bukowec.* — P. 237-239. K. Lind. *Die Carmeliten Kirche in der Leopoldstadt zu Wien.* — P. 239-246. Ilg. *Kunst-topographische Mittheilungen aus den fürstlich Schwarzenbergischen Besitzungen in südböhmen.* — P. 246-258. Geleich. *Die Erzgiesser der Republik Ragusa.*

Repertorium fur kuntswissenchaft. x111ᵉ vol. (1890). P. 1-25. Henry Thode. *Studien zur Geschichte der italienischen Kunst im XII. Jahrhundert.* L'auteur disserte sur la madone de S. Domenico de Guido de Sienne. Il a rassemblé toutes les madones que l'on croit de ce maître et en cite une surtout qui porte une inscription. M. T. y lit 1221. Cette date a une très grande importance, elle déplace le mouvement artistique. Si la madone de S. Domenico est bien de 1221, il ne faut plus voir dans Cimabué le plus grand maître toscan, mais bien dans Guido. Le centre n'est donc plus Florence, mais Sienne. Guido n'est plus le contemporain de Cimabué et de Duccio, il appartient à une génération antérieure. M. Thode analyse ensuite les courants d'art qui existaient en Italie au xiiiᵉ siècle. Il distingue deux directions, l'une grossière, l'autre très bysantine. Ses conclusions sont le fruit de l'étude des œuvres antérieures à Guido, des madones très rares, il est vrai, mais des crucifix plus nombreux. [M. Thode voit la naissance du développement de la peinture italienne dans l'imitation de l'art bysantin par les artistes·italiens. Nous ne le croyons pas. Nous pensons au contraire que l'art bysantin avait dominé depuis fort longtemps l'Italie aussi bien que les autres pays latins, et que les artistes ont dû faire un très grand effort pour arriver à rompre avec la manière et les procédés de l'art oriental. Les études de M. Thode sont en général trop exclusivement italiennes. Il faut voir ce qui se faisait dans tous les pays. Au xiiiᵉ siècle la France était supérieure à toutes les autres nations, elle avait trouvé le gothique, élargi sa sculpture, créé une mimique qui n'était plus celle des âges antérieurs. Pour nous le progrès vient de la connaissance et de l'étude des œuvres du nord.] — P. 25-38. Thode. *Sind uns Werke von Cimabue erhalten, ein nachtrag zum vorangehenden Aufsatz.* [Dans ces classifications M. Thode se montre bien osé. Wickhoff avait déjà publié son travail sur Cimabué, œuvre vraiment originale, d'après laquelle Cimabué n'apparait pas, suivant les affirmations de Vasari, comme le fondateur de l'art italien, mais comme le *Carlo Dolce* d'un art dégénéré. Que sait-on, d'après Wickhoff, sur Cimabué ? Presque rien. Nous connaissons son séjour à Rome en 1272, nous savons qu'il a peint en 1301 la figure du dôme de la mosaïque de Pise, qu'il s'obligeait en 1302 avec Jean nommé Michulus à peindre un autel pour le *Spedale nuovo* à Pise. Lui attribuer, comme le fait M. Thode, un certain nombre d'œuvres nous parait dangereux. Il faut lire le travail de Wickhoff pour voir la méthode téméraire de M. Thode. Nous ne croyons pas qu'on puisse faire reposer l'histoire de l'art sur des bases aussi fragiles.] — P. 39-54. Max Lehrs. *Der deutsche und niederländische Kupferstich des fünfzehnten Jahrhunderts in den kleineren Sammlungen.* — P. 60-72. Hans Stegmann. *Ueber das Leben Michel Wolgemuth's.* Article intéressant mais surtout critique. L'auteur discute le *curri-*

culum vitœ du peintre. La date de sa naissance est généralement fixée à l'année 1434, mais les sources dont s'est servi l'historiographe Christoph Gottlieb von Murr ont besoin d'un très grand contrôle. Les renseignements manquent dans les chartes et les comptes de la ville pour pouvoir retracer sa jeunesse; le nom de l'auteur n'apparaît qu'en 1473, et on voit qu'il n'est plus cité en 1499. On peut dire cependant qu'il était à Nuremberg en 1465. Il mourut le 30 novembre 1519. — P. 113-117. Seidlitz *Einige Taufen Zermolieff's.* — P. 123-135. Paul Clemen. *Studien zur Geschichte der Karolingischen Kunst.* M. C. étudie l'abbaye de Fulda. Fondée sous Boniface qui aimait beaucoup les livres, l'abbaye devint bientôt célèbre sous la direction de Ratgar et ensuite de Raban Maur. Sa bibliothèque passait pour une des plus importantes des monastères de l'Allemagne; elle est chantée par le poète Gerhonus (Dümmler, II, p. 187, Carmen XXIII-VII.) et mentionnée par Luitprand (Migne P. L. CXXXVI, p. 1115, 1146, 1160, 1162). A la fin du XIᵉ siècle on peut constater une décadence de l'abbaye. Les manuscrits possédés par la bibliothèque du monastère sont dispersés et se trouvent dans les fonds de collections européennes. M. C. nous donne l'énumération et la description de 12 à 15 manuscrits qu'il connaît. Il tire de l'étude de ces monuments quelques conclusions intéressantes. L'élément anglo-saxon prédomine à la fin du VIIIᵉ et au milieu du IXᵉ siècle, les manuscrits le prouvent. L'école de Fulda repousse les sujets profanes dans les miniatures. Les centres de l'influence de l'art anglo-saxon furent certainement Fulda, Werden et Essen, mais par l'étude des manuscrits on peut dire que si l'école de Fulda ne peut être comparée à celles des centres placés sur la rive gauche du Rhin, elle égale à coup sûr celle de Saint-Gall. Malgré l'envoi par Ratgar de Raban et Hatto à Tours pour apprendre les arts libéraux, l'école de Fulda, pendant le Xᵉ siècle, suit encore la tradition carolingienne sans une trop grande floraison comme aussi sans une chute profonde.

P. 162-163. *Berichte und Mittheilungen aus Sammlungen und Museen. Die neu aufgedeckten Wandgemälde in der S. Jacobkirche zu Lubeck.* — Ces peintures appartiennent au milieu du XIVᵉ siècle, les principaux sujets sont S. Pierre, sa crucifixion ; Sᵗᵉ Anne, S. Christophe avec l'enfant Jésus, S. Laurent avec son gril. — P. 164. *Die Wandgemälde in der ehemaligen Burgcapelle der Speyerer Bischöfe zur Ober Grombach in Baden.* Les sujets principaux sont le jugement dernier et Simon de Cyrène aidant Jésus à porter sa croix. A côté le martyre de S. Erasme et de l'apôtre Simon. Plus loin on remarque encore S. Augustin et et Grégoire le Grand. Les peintures peuvent être placées à la fin du XIVᵉ ou au commencement du XVᵉ siècle. — P. 164-165. *Die Wandgemälde in der Kirche zu Honau in Wurttemberg.* Peinture du XIVᵉ siècle. — Informations. — P. 166-168. Anton Springer. *Grundzüge der Kunstgeschichte.* — P. 168-177. Eugène Müntz. *Histoire de l'art pendant la Renaissance* (C. Fabriczy; article très élogieux et intéressant). — P. 179-187. R. Haupt. *Die Bau- und Kunstdenkmäler der Provinz Schleswig-Holstein mit ausnahme des Kreises Herzogthum Lauenburg.* — P. 187-188. F. Leitschuh. *Aus den Schätzen der Königl. Bibliothek zu Bamberg* (livre à lire). — P. 196-210. *Die Trierer Ada Handschrift,* herausgegeben von K. Menzel, P. Corssen, H. Janitschek, A. Schnütgen, F. Hettner und K. Lamprecht. (J. Neuwirth, très élogieux.) — P. 210-213. Julius Meyer et Wilhem Bode. *Die Gemäldegalerie der Königlichen Museen zu Berlin.* (Très savante publication.)

P. 241-263. Josef Strzygowski. *Eine trapezuntische Bilderhandschrift vom Jahre 1346.* Les études de l'auteur se rapportent presque exclusivement à l'histoire de l'art byzantin, et il a rassemblé des documents intéressants pour l'iconographie des mois de l'année dans les miniatures orientales. Après nous avoir indiqué les différents monastères grecs, il nous décrit un manuscrit appartenant au monastère de Vatopédi du mont Athos qui date de 1346, n° 320 ancien, nouveau 945. Il groupe ensuite toutes les illustrations orientales des mois de l'année et passe alors à la description du manuscrit. Il nous a donné un dessin assez fidèle des miniatures. Il constate des influences franques et italiennes dans ces représentations. Il compare ensuite les différentes scènes avec les autres miniatures du même genre et indique les divergences. — P. 264-272. Wölfflin. *Die Sixtinische Decke Michelangelo's.* — P. 281-292. E. Dobbert. *Das Abendmal Christi in der bildenden Kunst bis gegen den Schluss des 14 Jahrhunderts.* L'auteur déclare tout d'abord qu'il donne à son travail la fin du xiv° s. comme limites. A cette époque l'individualité des artistes s'accuse de plus en plus et on ne peut alors avoir une iconographie toujours identique. C'est une simple introduction à son travail, car l'auteur passe en revue les différentes opinions des archéologues de l'art chrétien primitif, Hasenclever (qui ne voit dans l'art que le côté décoratif) et M. Schultze (qui croit que la liturgie funéraire a donné les sujets des catacombes aux artistes). M. D. est ici d'accord avec M. Schultze. Au commencement de l'art chrétien les représentations de l'Eucharistie sont très rares ; le pain et le vin indiquent à la fin du ii° siècle cet acte religieux. Il faut se rappeler que la célébration de l'Eucharistie fut considérée pendant de longs siècles comme un mystère; les constitutions apostoliques ordonnent de fermer toutes les portes afin qu'aucun infidèle ne puisse s'introduire. Il ne faut donc pas penser à une représentation de l'Eucharistie pour ces époques, l'art indiquait par de simples objets cette cérémonie dans les catacombes. — Informations. — P. 311-320. H. Janitschek. *Geschichte der deutschen Malerei* (Springer.) — P. 326-335. Ivan Lemolieff *Kunsthritische Studien ueber italienische Malerei.*—(La galerie Borghèse et Doria Panfili à Rome.) [Th. Thode.]—P. 337-362. Karl Woermann. *Kirchenlandschaften.* (L'auteur passe vite au xvi° siècle.)

P. 363-381. E. Dobbert. *Das Abendmahl Christi in der bildenden Kunst bis gegen den Schluss des XIV° Jahrhunderts* (suite). L'auteur décrit les différents monuments des Catacombes qui représentent le saint repas. [Travail long, diffus, qui résume les travaux antérieures mais qui ne laisse rien de net après la lecture.] — P. 382-386. Max Lehrs. *Zur Localisirung des Erasmus-Meisters.* — Informations. — P. 399-402. Wilhelm Lübke *Geschichte der deutschen Kunst von den frühesten Zeiten bis zur Gegenwart.* (H. J.) — P. 402-412. Adolf Goldschmidt. *Lubecker Malerei und Plastik bis 1530* (Friedrich Schlie, article intéressant).

P. 423-442. E. Dobbert. *Das abendmahl Christi in der bildenden Kunst bis gegen den Schluss des XIV° Jahrhunderts* (suite). L'auteur groupe les différentes scènes qui représentent les repas dans l'art chrétien. La conclusion de ce premier chapitre, c'est qu'on ne peut trouver jusqu'à la fin du v° siècle aucune scène qui représente complètement et d'une manière réaliste l'Eucharistie, mais on trouve souvent dans l'art les différents objets qui la composent. — P. 443-449. Daniel Burckhardt. *Die angeblichen Zeitblom-Zeichnungen in Basel.* — Informations. — P. 471-474. Eugène Müntz. *Les archives de l'art. Recueil de documents inédits ou peu connus* (C.

Fabriczy). — P. 475-479. David Ritter von Schönherr. *Geschichte des grabmals Kaisers Maximilian I und der Hofkirche zu Innsbruck* (J. Neuwirth). — P. 479-481. Julius Schlosser. *Die abendländische Klosteranlage des frühen Mittelalters* (J. Neuwirth, intéressant). — P. 481-431. G. Wolfram. *Die Reiterstatuette Karls des grossen aus der Kathedrale zu Metz* (P. Clemen. Le critique combat l'opinion de M. W. qui veut que la statuette de Charlemagne du musée Carnavalet soit de 1507. M. C. l'avait placée au ixe siècle).

Rœmische quartalschrift fur christliche Alterthumskunde und fur Kirchengeschichte. ive année, 1890. P. 1-12. Strzygowski. *Reste altchristl. Kunst in Griechenland.* Nous connaissons très peu la Grèce chrétienne, et nous ne possédons que quelques rares monuments appartenant aux premiers siècles ; l'auteur a fait un voyage dans cette contrée et nous indique, à vol d'oiseau il est vrai, les monuments importants de ce célèbre pays ; on y retrouve l'art bysantin, avec sa sculpture plate, ses motifs, pris à la Syrie et à la Perse. Quand nous connaîtrons mieux les œuvres qui restent encore, nous pourrons, ainsi que l'ont fait MM. de Vogué pour la Syrie, et Salzenberg pour Constantinople, suivre la naissance et le développement de l'art bysantin. La planche II est très intéressante à ce point de vue. — P. 13-25. Künstle. *Das mausoleum von St-Costanza und seine Mosaiken (nach De Rossi).* L'auteur croit que l'église peut être datée du ive s. (326-329). Il considère les mosaïques des deux absides comme étant du ive s. L'auteur ne fait que résumer le travail de M. de Rossi paru dans son grand ouvrage sur les mosaïques chrétiennes de Rome. — Communications. — P. 44-61. Wilpert. *Nochmals Prinzipienfragen des christlichen Archæologie.* Voyez *Moyen âge* iv, 49. — P. 61-65. De Waal. *Drei altchristliche Sarkophagdeckel.* [Scène de vendange, saisons, Jonas, les trois enfants dans la fournaise.] — P. 65-69. Glasschröder. *Zur deutschen legation des cardinals Bessarion 1460.* Glasschröder. *Die Aufhebung der von Clemens VI über den Mainzer Erzb. Heinr. v. Virneburg verhangten kirchl. censuren durch Urban V, 1365.* — P 72-76. Künstle. *Academie fur christl. archæologie.*—P. 76-77. Kirsch. *Neue funde in Rom.*—Parmi les comptes rendus il faut citer : P. 77-81. K. Miller. *Weltkarte des Castorius, genant die Peutingersche Tafel* (Kirsch : publication soignée). — P. 81-82. Batiffol. *Studia Patristica. Études d'ancienne littérature chrétienne* (bon travail). — P. 83-84. Hagenmeyer. *Anonymi gesta francorum.* Juristsch. *Geschichte des Bischofs Otto I von Bamberg.* — P. 98-110. Strzygowski. *Reste altchristl. Kunst in Griechenland* (suite). Description de trois sculptures représentant le bon berger. [Le titre promettait beaucoup plus et on s'étonne de voir se terminer ici une si intéressante étude.] — P. 110-125. Kirsch. *Beiträge zur Baugeschichte der alten Peterskirche* (II). L'auteur cherche à reconstruire la première église de S. Pierre. — P. 125-134 Glasschröder. *Des Lukas Holstenius Sammlung von Papstleben.* — P. 134-144. Batiffol. *Die textüberlieferung der kirchengeschichte des Philostorgius.* — Communications. — P. 144-149. Künstle. *Academie für christl. Archäologie.*—P. 149-153. Marucchi. *Nachtrag zur Beschreibung des Cœmeterium S. Valentini.* Il a rassemblé les inscriptions les plus intéressantes de ce cimetière. — P. 153-155. Falk. *Additamenta zu römischen Studien.* — P. 155-157. Novacek. *Zum itinerar Papst Urbans V.* Parmi les comptes rendus citons : Otto Pohl. *Die altchristliche Fresco und Mosaik-malerei* (Ehrhard :

critique très sévère de cet ouvrage). [Inutile de dire que les idées et les tendances religieuses de M. Pohl sont la seule cause de cette sévérité. Cette revue est connue par son caractère partial et par la défense quelquefois inhabile des dogmes chrétiens.]—P. 171-173. Hagenmeyer. *Anonymi gesta francorum et aliorum hierosolymitanorum.* — P. 174-184. H. Finke. *Forschungen und quellen zur geschichte des Konstanzer konzils.* — P. 185-259. Eubel. *Die Bischöfe, Cardinale und Papste aus dem Minoritenorden* (liste des évêques; 1222-1306). — P. 260-273. Armellini. *Das wiedergefundene oratorium und cœmeterium der H. Thecla an der via ostiensis* (semé d'inscriptions intéressantes). — Communications. — P. 273-278. *Der altar des hl. kreuzes in der alten Peterskirche.* L'auteur discute le texte de la vie de Symmaque (498--514). L'oratoire de la Sainte-Croix avait une certaine renommée pendant le moyen âge. — P. 278-279. Schlecht. *Ein Ablassbrief Julius II fur könig Maximilian I.* Parmi les comptes rendus, citons : 287-298. Ebner. *Die klosterl. Gebets-Verbrüderungen bis zum Ausgange des Karolingischen Zeitalters* (S.). — P. 300-302. Wolfsgruber. *Gregor der Grosse* (D. W., travail utile). — P. 302-304. Bergner. *Der gute Hirt* (W. : critique sévère qui s'explique, car l'écrivain est protestant). — P. 305-320. De Waal. *Manius Acilius Glabrio* (Lire ce travail avec prudence). — P. 321-330. Swoboda. *Die alt palästinensischen Felsengräber und die katakomben.* — P. 331-340. Wilpert. *Kritik einiger neudirter katakombengemälde Leroux Agincourt's.* — P. 340-363. Finke. *Eine Papstchronik des XV Jahrhunderts* (manuscrit 293 de la bibliothèque de Eichstätter; on ne connaît pas le nom de l'auteur). — Communications. — P. 377-379. P. Germano. *Malerei des III Jahhrunderts in dem Hause des H. H. Johannes und Paulus auf dem Cælius* (L'auteur lui assigne la date du iiie s. sans aucune preuve historique; le plafond me paraît être du ive s.). — P. 380-381. De Waal. *Uber die Confessio con S. Peter.* — P. 382-383. De Rossi. *Zwei kleine Notizen.* — P. 383-384. Kraus. *Die christl. Inschriften der Rheinlande.* (De Waal. Excellent.) [Le compte rendu manque de critique, l'auteur ne fait que passer en revue les cités où on a trouvé des inscriptions chrétiennes. Il aurait été nécessaire de donner une plus grande étendue à ce compte rendu et de critiquer même quelques inscriptions admises par l'auteur comme vraies, mais le livre étant signé Kraus, on n'a que des éloges à prodiguer.]

Zeitschrift für bildende Kunst. 1890. — P. 93-100. Pohlig. *Hauskapellen und Geschlechterhaüser in Regensburg.* — P. 109-116. Wickhoff. *Die bronzene Apostelstatue in der Peterskirche.* L'auteur considère cette statue comme un travail du milieu du xiiie siècle et due au ciseau d'Arnolfo di Cambio. [Cette attribution me parait bien osée, elle ne s'appuie du reste sur aucune source historique.] — P. 245-248. Frizzoni. *Leonardo da Vinci's und Hans Holbein d. j. Handzeichnungen in Windsor.* — P. 248-251. Gabriel von Terey. *Das Snewelinsche altarwerk des Hans Baldung Grien.* — P. 268-274. Wichmann. *Der baustil der alten Germanen.* Les constructions des anciens Germains étaient en bois et ce ne fut que sous Charlemagne qu'on éleva des constructions en pierre. Ce ne fut encore qu'une exception ; mais peu à peu, à la suite des incendies fréquents on éleva des églises et des maisons en pierre. Au xiiie siècle, les maisons en pierre de taille deviennent moins rares, mais les chartes les mentionnent à l'envi. Nous ne savons rien de l'art de construire des anciens Germains ; toutes les constructions en bois ont dis-

paru et pour étudier cet art primitif il nous faut parcourir l'Angleterre, le Danemark et la Norvège. V. M. A., III, 173 pour le livre le plus récent sur la matière. —
P. 310-313. Langl. *Ein Spaziergang nach Grossgmain.* (Intéressant) [œuvres du
xv⁰ siècle].

II⁰ vol. P. 17-20. Arthur Pabst. *Aus dem Kunstgewerbemuseum zu Köln.*

Zeitschrift fur christiche Kunst. III⁰ Année. 1890. P. 1-3. Schnütgen. *Spät-
gothisches Schau Altärchen.* Autel dont la sculpture représente l'adoration des
Mages : travail flamand du début du xvi⁰ siècle. Il appartient encore au moyen âge. —
P. 11-18. Steche. *Die Gewolbemaleri in der Kirche zu Meldorf in Dithmarschen.*
Peintures qui sont du milieu du xiii⁰ siècle, importantes au point de vue icono-
graphique. — P. 18-19. Schnütgen. *Das alte Rosenkransbild in der S. Andreas
Kirche zu Köln* (peinture de l'an 1476). L'œuvre est remarquable par la finesse de
l'expression, le naturalisme des têtes. — P. 22-26. Schnütgen. *Mittelalterliche Mi-
niatur. Glasmaleri im Kunstgewerbe-Museum zu Köln.* [L'auteur passe trop
rapidement en revue les œuvres contenues dans le musée des arts décoratifs de
Cologne.] — P. 29-30. Effmann. *Gothische Steinkns zel zu Nieuberge bei Munster
I.-W.* — 41-43. Schnütgen. *Zwei spätgoth. Figurenstickerein der Kölnischen
Schule.* — P. 65-72. Fisenne. *Die polychrome Ausstattung der Aussenfassaden
mittelalterlicher Bauten.* (Article intéressant.) — P. 73-80. Fisenne. *Die polychrome
Ausstattung, etc.* (suite). — P. 81-84. Bickell. *Hölzernes Scheiben. Reliquiar aus der
Elisabeth Kirche zu Marburg* (il est du xiv⁰ siècle). — P. 86-102. Knackfuss.
Neuentdeckte spätgothische Wandgemälde in der Kirche zu Niederzwehren. —
P. 107-115. Dittrich. *Inneres Aussehen und innere Ausstattung der Kirchen des
ausgehenden Mittelalters im deutschen Nordosten* — P. 117-120. Bickell. *Mittelalterlicher Buchdeckel in der Landesbibliothek in Kassel.* (Peut-être imitation d'un
travail bysantin du xii⁰ siècle. Saints avec des inscriptions grecques.) — P. 121-128.
Schönermark. *Die Bedeutung des Fussbrettes am Kreuze Christi.* Ce missel appartient au temps de Louis le Lion (1180), il possède des miniatures, la crucifixion
d'une grande importance en iconographie. C'est la plus ancienne représentation
d'une crucifixion qui nous offre Jésus en croix, les pieds réunis et percés
seulement par un clou. Il faut arriver en 1225 pour retrouver une semblable
représentation dans le rétable de Soest au musée de Berlin. — P. 129-132. Schnütgen. *Spätromanische gestickte Mitra.* Elle appartient au commencement du
xiii⁰ siècle ; elle peut provenir de l'Italie du nord. — P. 139-152. Heimann. *Bilderhandschrift des XI Jahrhunderts in der Dombibliothek zu Hildesheim.* (Article
très intéressant.) — P. 171-181. Dittrich. *Inneres Ausschen und innere Ausstattung
der Kirchen des ausgehenden Mittelalters im deutschen Nordosten* (suite). —
P. 181-185. Schnütgen. *Durchbrochener Metalldeckel als romanische Buchverzie-
rung.* (Il appartient au musée de Cluny.) — P. 197-200. Schonermark. *Ein romanischer Kruzifixus von 1381.* Il est encore dans l'ancienne tradition romane. Les
pieds sont cloués séparément. — P. 201-203. Schneiders. *Spätgothisches Glasgemälde in der Pfarrkirche zu Droce.* (Elle est de 1538.) — P. 211-214. Effmann.
Der ehemalige frühromaniche Kronleuchter in der Klosterkirche zu Korvy.
L'auteur énumère les couronnes de lumière que quelques églises possèdent en
Allemagne. Ce sont celles de Hildesheim, toutes deux datées de 1044 à 1054, celle

qui se voit encore dans l'église de Comburg (1166-1170), celles de l'église Saint-Pantaléon à Cologne (xiiᵉ siècle), du dôme de Spire (xiᵉ siècle), de celui d'Aix-la-Chapelle (xiᵉ siècle). M. E. décrit ensuite celle de Korvy faite du temps de l'abbé Thiatmar (983-1001). — P. 233-235. Schnütgen. *Elfenbein Triptychon des XIV Jahrh. im Privatbesitz zu Köln* (1ʳᵉ moitié du xivᵉ siècle). La Madone entre deux anges, très beau travail. — P. 235-249. *Dittrich Inneres Ausschen und innere Ausstattung der Kirchen des ausgehenden Mittelalters im deutschen Nordosten.* — P. 265-269. Beissel. *Kirchensiegel des Mittelalters.* — P 270-276. Schnütgen. *Die Beuroner Malerschule.* — P. 277-284. Effmann. *Eine namenlose Kapelle in Trier.* (Elle est du xiᵉ siècle.) — P. 287-290. Schnütgen. *Gestickter Behang des XV Jahrh. in Dom zu Xanten.* — P. 297-299. Schnütgen. *Ceremonienschwert des XV Jahrh im Kölner Dom.* — P. 307-321. Heimann. *Der Bildercyclus in der ehemal oberen Vorhalle des Domes zu Hildesheim.* Article très intéressant, consacré aux peintures de l'église de Hildesheim. — P. 329-355. Czihak. *Die Hedwigsgläser.* — P. 355-357. Schnütgen. *Elfenbein Relief des XIV Jahrh. in Musée Cluny zu Paris.* — P. 361-363. Schnütgen. *Gemaltes Triptychon um 1300 in städtischen Museum in Köln.* Très intéressant tableau représentant la crucifixion au centre et deux petites scènes de chaque côté. — P. 366-376. Rosenberg. *Die Cappenberger Schale.* Sa date est à placer entre 1152 et 1171, il reproduit la scène du baptême par immersion. — P. 387-392. Max Lehrs. *Neues über den Meister P. W. von Köln.*

A. MARIGNAN.

CHALON-SUR-SAONE, IMPRIMERIE DE L. MARCEAU.

LE MOYEN AGE

BULLETIN MENSUEL D'HISTOIRE ET DE PHILOLOGIE

DIRECTION :
MM. A. MARIGNAN ET M. WILMOTTE

JUILLET 1891

COMPTES RENDUS

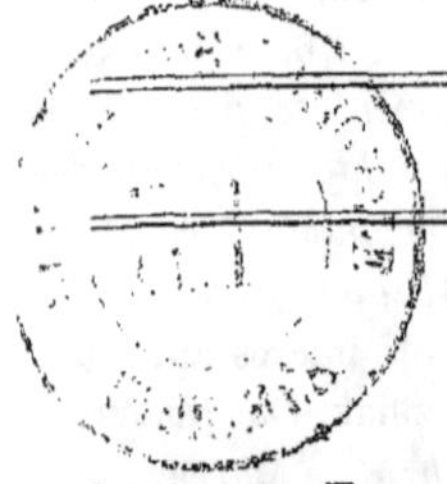

JOHANNES FICKER. **Die altchristlichen Bildwerke im christlichen Museum des Lateran untersucht und beschrieben.** Leipzig, 1890, 211 p. 8.

La plus riche et plus instructive collection d'antiquités chrétiennes se trouve au musée de Latran. On y voit figurer en longues séries les plus beaux spécimens de la sculpture des sarcophages des iv⁰ et v⁰ siècles. Il renferme, en outre, une collection considérable d'inscriptions chrétiennes, classées d'après leur sujet. Ce musée est bien une création de M. de Rossi, dont l'infatigable activité a eu ce rare mérite de faire de cette précieuse collection ce qu'elle est aujourd'hui. C'est donc avec une vive satisfaction que nous avons vu M. Ficker nous dresser un catalogue détaillé des œuvres d'art de ce musée. Tâche difficile entre toutes, et dont M. Ficker s'est acquitté avec une patience et un tact vraiment surprenants. Il a assuré un prix considérable à son œuvre en nous décrivant, partout où c'était possible, la provenance et les restaurations des objets, et en joignant à sa description la *littérature* sur la question. Sa critique est marquée au coin de cette objectivité, à laquelle la jeune école protestante en Allemagne s'efforce généralement d'atteindre. On peut relever un certain nombre d'erreurs, mais elles sont de peu d'importance. Un registre détaillé termine le volume. Tous ceux qui s'occupent d'archéologie chrétienne sauront gré à l'auteur d'avoir rendu plus accessible au travail scientifique une collection aussi importante que celle de Latran.

VICTOR SCHULZE.

Arthur Middleton Reeves (1). — The finding of Wineland the good, the history of the icelandic discovery of America, edited and translated from the earliest records. With phototype plates of the vellum mss. of

(1) M. Reeves est né à Richmond dans l'Indiana (États-Unis) le 7 octobre 1856 ; il fut tué par un accident de chemin de fer à Hagerstown près de Richmond le 25 février 1891.

the Sagas. London, Henry Frowde. Oxford University Press Warehouse, 1890. gr. 4to, 205 p. et 55 planches en phototypie dans une splendide reliure, prix : 2 guinées (53 fr. 60).

Un excellent livre, digne de l'attention de tous les lettrés. Nous y trouvons une édition de deux récits islandais sur la découverte et l'exploration de la côte américaine l'an 1000 et 1003-1006. Leifr, (fils de cet Eïrik qui avait découvert et colonisé le Groenland), trouva le Vinland, tandis que Thorfinnr, accompagné d'autres aventuriers, fit une expédition dans le pays, qu'il trouva à son gré. L'hostilité des Indiens, en forçant Thorfinnr à se retirer, empêcha une colonisation durable de la part des Islandais. Les côtes parcourues étaient celles du Labrador, de Newfoundland, de la Nouvelle-Écosse, ainsi que le pays situé au sud du 49ᵉ degré de latitude. Voilà ce que nous rapporte le récit le plus ancien et le plus simple, l'*Eirekssaga raudha*, récit contenu dans deux manuscrits du xivᵉ siècle. Une autre version plus développée parle de quatre voyages et désigne un certain Bjarne, et non Leifr comme ayant découvert l'Amérique. On voit très bien que cette seconde version est plus récente et moins sûre, car elle multiplie et décore les simples faits rapportés par la première. Les noms des personnages principaux se trouvent aussi dans la première relation, mais ils y sont donnés aux compagnons de voyage de Thorfinnr, tandis qu'ici ils s'appliquent aux chefs de diverses expéditions. C'est aussi le cas dans la *Flateyjarbók*, une vaste compilation datant de la dernière partie du xivᵉ siècle. Les « Antiquitates americanae », œuvre monumentale publiée en 1837 par la société royale des antiquités à Copenhague, avaient recueilli sous une forme très commode tout ce que contient la littérature islandaise sur l'histoire de la découverte de l'Amérique. Rafn y joignit des commentaires instructifs, bien qu'ils continssent beaucoup d'erreurs. On préféra le long récit de date plus récente à la simplicité du plus ancien, à la fois court et vraisemblable ; on oublia que les Islandais avaient seulement exploré la côte américaine, sans y fonder des colonies durables. La situation géographique du Vinland fut admise trop loin vers le sud, près de Boston, tandis que les vaisseaux islandais n'ont guère atterri à la côte des États-Unis. On chercha de même, dans des contrées que les Islandais n'ont jamais parcourues, des traces que n'aurait pu laisser qu'une longue colonisation. Cette théorie fut surtout approuvée par les hommes étrangers à la science et encore aujourd'hui il n'est pas rare de voir les Américains émettre les vues les plus fausses et les plus fantaisistes, en ce qui regarde l'exploration du Vinland. Pendant longtemps les Antiquitates americanae furent le fondement de notre science, et de nombreux traités populaires en ont fait usage. C'est à G. Storm que revient l'honneur d'avoir tracé leur voie aux études sur les voyages en Vinland, par un excellent travail publié en 1887 dans les *Aarböger för nordisk oldkyndighed og historie*. L'authenticité des différentes relations y est examinée, les deux versions principales sont séparées, et, une fois ce classement fait, les erreurs que contenaient les Antiquitates americanae se trouvent tout naturellement corrigées. La nouvelle édition de *Reeves* est fondée sur le travail de Storm ; elle mérite la plus vive attention, et elle sera désormais, pour le géographe et pour l'historien surtout, un guide bien plus sûr que ne l'étaient les Antiquitates americanae. Reeves parle en premier lieu de toutes les parties des Sögur islandaises qui mentionnent le Vinland, et discute la probabilité de chacune d'elles. Il a reproduit d'une manière excellente dans son édition les deux principales relations sur les voyages en Vinland, en donnant la phototypie des manuscrits. Nous y trouvons deux textes de l'*Eirekssaga*, ainsi que les parties de l'intéressante *Flateyjarbók* qui concernent le Vinland. En face des fac-similés se trouve le texte normalisé. Enfin une excellente traduction anglaise est mise en tête des deux sources, tandis que d'abondantes notes éclaircissent les points obscurs.

C'est la première fois qu'un monument islandais est favorisé d'une aussi belle reproduction ; et il est heureux que cette fortune ait échu à un texte qui mérite l'intérêt le plus étendu. Nous souhaitons à cette œuvre la plus grande diffusion, de manière à répondre à la peine qu'a donnée au libraire et à l'imprimeur la forme extérieure de ce beau livre. Le fond n'est pas moins digne d'attention. Reeves s'est acquitté avec un soin infini d'une tâche pour laquelle il était bien préparé. Un voyage en Islande lui valut la connaissance de la belle langue de ce pays. Aussi domine-t-il entièrement les sources et la littérature qui les traite ; enfin, pendant l'élaboration de son œuvre, il n'a cessé de mettre à profit l'aide et les conseils des autorités les plus distinguées dans le domaine de l'histoire et de la philologie islandaise et norvégienne. Reeves a écrit son livre avec une grande clarté, en résumant habilement les notions nécessaires pour notre connaissance des voyages en Vinland, tandis qu'il a évité toute digression inutile, et jeté par dessus bord le balast des Antiquitates americanae. Cette œuvre, dans sa forme concise, est donc destinée à trouver un accueil aussi favorable chez le philologue que chez le géographe et l'historien, en même temps qu'elle rend inutile la publication des Antiquitates americanae. Tout en faisant de nouveaux vœux pour le succès de l'édition Reeves, il nous sera permis de regretter du fond du cœur que ce premier travail du scandinaviste doive rester son dernier.   W. Golther.

Erlanger Beitræge zur Englischen Philologie. Herausgegeben von Hermann Varnhagen. X Heft. *Peregrinaggio di tre giovani, figliuoli del re di Serendippo, per opra di M. Cristoforo Armeno dalla persiana nell'italiana lingua trapportato*, nach dem ältesten Drucke v. J. 1557 herausgegeben von Heinrich Gassner, mit einem antikritischen Vorworte von Hermann Varnhagen. — Erlangen, Fr. Yunge, 1891.

M. H. Logeman a fait connaître aux lecteurs du *Moyen Age* (1) les

(1) Avril 1890, pp. 81-90 ; octobre 1890, pp. 224-6 ; février 1891, pp. 25-9.

neuf premiers volumes des *Erlanger Beiträge*, série de publications si
intéressantes pour les anglicistes. Il a fallu élargir singulièrement leur
cadre primitif pour y faire pénétrer une œuvre qui, quoiqu'en dise
M. Varnhagen (1), n'a qu'un rapport bien éloigné, bien superficiel avec
la philologie anglaise. A ce compte, il n'est guère de travail philologique
qui n'y touche par l'un ou l'autre point et qui ne puisse, à ce titre, demander l'hospitalité aux *Erlanger Beiträge*. Mais ne chicanons pas là-dessus
et voyons plutôt si cette contribution nouvelle est digne des précédentes.

Dans une préface *anticritique* (v-xii), M. Varnhagen s'attache à réfuter
les critiques formulées par un anonyme, dans les *Mitteilungen*, viii, 52
suiv., contre l'édition des *Gesta Romanorum* publiée par M. Dick,
Erlanger Beiträge, vii. Le savant angliciste s'élève avec indignation
contre ces chevaliers de la plume qui combattent *visière baissée* et termine
ainsi sa triomphante réfutation : « Die in Frage stehende Recension zeigt
ein ganz ungewöhnliches Mass von — Gründlichkeit und Sachkenntnis » !

Cristoforo Armeno, originaire de Tauris, était venu s'établir à Venise.
Reconnaissant de l'accueil reçu dans cette ville magnifique, il entreprit,
pour l'amusement des Vénitiens, la traduction d'un livre perse (ainsi
s'exprime-t-il ; mais faut-il prendre cette assertion à la lettre ? Voy. Einleitung, xviii) sur les aventures des trois fils du roi de Serendippo. Après leur
avoir fait donner une brillante éducation, leur père, voulant les forcer à
s'instruire par l'expérience, les chasse de son royaume. Ils se rendent à
la cour de l'empereur Beramo, qui les retient et les traite magnifiquement,
à cause de leur intelligence et des services inappréciables qu'ils lui rendent Ils reviennent enfin à la cour de leur père, où leur belle conduite
trouve une récompense bien méritée. Tel est le récit principal, celui qui
sert de cadre ou de prétexte à nombre d'autres qui s'y trouvent plus ou
moins heureusement intercalés. C'est un *roman à tiroirs*, où le thème
principal est noyé dans la richesse des accessoires et des développements.
La dernière partie, où il est raconté comment les trois frères, pour guérir
le roi gravement malade, lui conseillent de faire construire sept châteaux,
qui auront chacun une couleur spéciale et où le roi et sa cour, revêtant
des habits de la même couleur, se rendront alternativement pendant sept
jours, pour y entendre les récits de sept conteurs *(novellatori)* appelés
pour dissiper la tristesse d'auguste malade, ce cadre ne rappelle-t-il pas,
au moins de loin, celui du *Décaméron* ? Du reste, quelques gravelures
font inévitablement penser à Boccace, le modèle de tous ces conteurs.

La langue est simple ; mais le style est lourd, pénible, chargé d'inci-
dentes, se tordant parfois en des phrases contournées. Ajoutons de suite que
la ponctuation de l'éditeur ne remédie guère à ces défauts de l'écrivain. Il
multiplie les virgules sans profit aucun pour la clarté (2) ; encore n'a-t-il
pas toujours la plume heureuse ! Ainsi devant *che*, relatif ou conjonction,
nous trouvons invariablement une virgule, souvent en dépit du sens, de

(1) xv, note.
(2) Il y en a 8 exemples, que je supprimerais, à la p. 3.

la logique et des règles grammaticales. Pour M. Gassner, point de distinction entre les relatives déterminatives et les explicatives ; il écrit : *dire, que.. ce, que,* etc. Dans ces propositions entrelacées, surtout pour isoler les participiales, si nombreuses, l'usage des parenthèses eut été d'un grand secours (1) ?

La préface de M. G. (xv-xix) nous paraît bien maigre : il se contente de donner un tableau des récits dont se compose l'ouvrage et une description sommaire de la première édition, parue à Venise en 1557, petit in-8°, dont il connaît trois exemplaires. La langue prêtait aussi à quelques observations intéressantes : on y remarque une préférence marquée pour *i* protonique, bien qu'on trouve *conseglio* à côté de *consiglio,* l'élision très irrégulière des voyelles des proclitiques, la réduplication facultative des consonnes intervocaliques, *auenne* et *auuenne, z* représenté devant *i* par *c, t* ou *tt,* la conjonction copulative exprimée par *et,* sauf trois fois *e,* l'imparfait presque toujours en *ea, ia,* etc., etc.

M. G. a raison de conserver autant que possible l'orthographe de l'original. Mais, s'il a cru devoir introduire des majuscules et des apostrophes, pourquoi imprimer *re* et *Re, imperatrice* et *Imperatrice* ? Pourquoi *all'hora* et *allhora, col* et *co'l, chel* et *che'l* ? P. xix v°, l'éditeur annonce qu'il sépare *quale* de l'article déterminé, ce qu'il ne fait guère que jusqu'à la page 6, l. 20 ; voyez 20, l. 11 ; 27, l. 12 et surtout dans la seconde moitié du volume. Pourquoi *percioche, percio che, per cio che* ? Pourquoi tant d'irrégularité dans l'emploi des accents ? Pourquoi ne pas accentuer *toutes* les *parole tronche* ? Il nous semble qu'il aurait mieux valu adopter, pour toutes ces formes, des graphies uniformes, sans tenir compte de la variété ou de l'inconséquence d'un texte imprimé à une époque où les procédés typographiques étaient encore rudimentaires.

Tous les mots cités au bas des pages nous ont paru heureusement corrigés. Et, sans tenir compte de quelques détails échappés dans la révision des épreuves, nous nous permettrons de soumettre à l'auteur les petites corrections suivantes : P. 8, l. 27 : une virgule après *ammiratione* et après *figliuolo.* — P. 9, l. 4 : *all'hora si ch'io* ? — P. 10, l. 11 : *dal rag.* — P. 12, l. 2 et 3 : construction étrange, *fratelli* étant à la fois régime direct de *accusando* et sujet de *furono.* — l. 5 : un point après *noia.* — P. 18, l. 16 : supprimez les deux virgules. — P. 37, l. 11 : *Fu.* — l. 18 : ne faut-il pas lire *cotai huomini* ? Partout, en effet, le pluriel de *tale* et de *quale* devant un substantif est *tai, quai* 10, l. 21 ; 12, l. 13 ; 30, l. 20, etc. — l. 19-20 : où est le verbe de cette proposition : *co'quali..* ? Ne faut-il pas lire : *staua diuisando* ou mettre une virgule devant *Auuenne* ? — P. 72, l. 5 fin : lisez *licentiatasi,* puisque *la uecchiarella* est sujet de la phrase. — P. 74, l. 12 : *arrossitosi* ? — P. 84, l. 23 : *vaso di terra cotta* plutôt que *cotto.* — l. 27-8 : *essendosi...coricatosi* : singulière réduplication du réfléchi. — P. 91, l. 11 fin : *quanta,* puisque ce mot se rapporte à *uita.* — P. 92, l. 5 : *tentaremo... et pregaremlo* ? —

---

(1) Voy. p. ex. p. 88. l. 10 et suiv. Je remplacerais, dans ces cas. les : par des ( )

P. 94, l. 11 : *degiuno* en un mot, cf. 98, l. 8 fin. — P. 96, l. 1-2 fin : *ch*
doit commencer la dernière ligne.

En somme, il faut bien reconnaître que l'éditeur moderne du *Peregri-*
naggio s'est contenté de reproduire l'édition de 1557 sans beaucoup de
critique ni de régularité. En effet la seule difficulté gisait dans l'accentuation et la ponctuation à introduire pour la commodité du lecteur. Or,
à chaque pas on rencontre des maladresses. Au moins M. Gassner a-t-il
l'incontestable mérite d'avoir mis à la portée de tous une œuvre intéressante pour l'histoire comparée des littératures, pour l'étude des contes
et des traditions populaires : les folkloristes lui seront reconnaissants de
cette initiative. A. DOUTREPONT.

Ernest Langlois. — *Origines et sources du Roman de la rose.* — Paris,
Thorin, 1890, VIII — 203 pp., in-8°.

Cette thèse comprend deux parties traitant respectivement de Guillaume
de Lorris et de Jean de Meun. Ce dernier, n'ayant fait que continuer l'œuvre interrompue du premier et ayant puisé à des sources bien autrement
nombreuses, il s'ensuit que l'étude des origines du Roman tient la plus
grande place de la première partie et que la seconde est consacrée presqu'en
entier aux sources de Jean de Meun. M. L. s'étend longuement sur les
origines du Roman de la rose, et ces pages ne sont pas les moins intéressantes de son livre, bien qu'à la vérité elles ne fassent guère que
répéter plus au long ce que M. G. Paris en avait déjà dit dans son
manuel au sujet de cet ouvrage (1). — L'auteur atteint parfaitement le

(1) [J'aurai personnellement plusieurs réserves à faire sur le livre de M. Langlois
et sur la méthode qui a présidé à son élaboration. Tout d'abord la distinction qu'il
fait entre « sources » et « devanciers » des auteurs du *Roman de la rose* n'est pas
assez nette. Il dit bien quelque part : « Mon sujet n'est pas d'énumérer toutes les
œuvres où ce procédé littéraire [la personnification] se rencontre, encore moins
de faire son histoire, mais de montrer d'où dérive son emploi dans le Roman de la
rose. » Eh bien il est rare que M. L. soit resté dans les strictes bornes de son sujet
et le plus fâcheux, c'est que ses digressions ne sont pas toujours originales. Sur plus
d'un point, M. L. s'est borné à juxtaposer des textes et il est loin d'être armé toujours d'une connaissance étendue de la littérature latine du moyen âge. Son information est meilleure en ce qui concerne les ouvrages en langue vulgaire ; je la
trouve néanmoins insuffisante, et ce que M. Binet dit plus loin des poètes lyriques s'ap-
pliquerait aussi justement aux auteurs de romans. Chrétien et Raoul de Houdan sont
sans doute mis à contribution, mais incomplètement et de façon superficielle. P. 31
la peinture de l'amour naissant et de ses effets « physiques » est déjà dans *Cligès*
461, ss. ; 2994 ss. Cf. *Flamenca*, 3309 et la note de P. MEYER dans *Bibl. Ec. Ch.*
6, 3, 152. P. 29, *Dangier li vilains* me paraît décrit d'après YVAIN, 288, plutôt qu'il
n'est imité directement de *Pamphilus.* — P. 65, il fallait insister sur les personnifications de sentiment si nombreuses chez CHRÉTIEN, *premier traducteur d'Ovide* et
dans lequel Guillaume a dû puiser une bonne part de ce qu'il sait du poète latin. MA-
CROBE est cité par l'auteur d'*Érec* (6738), qui n'a pas comme GUILLAUME (Langlois, p. 73)
hésité à décrire le supplice de Tantale (*G. d'Engleterre*, p. 75) ; bref il n'est souvent
pas besoin de remonter au-delà du romancier de Troyes pour découvrir la source de
maints traits du poète de la *Rose.* Il est enfin surprenant que M. LANGLOIS ne connaisse point la dissertation de M. HEINRICH (Marbourg, 1885) sur le style de son

but qu'il s'était proposé, à savoir : « déterminer la place que notre poème occupe dans le développement de certains thèmes chers à la poésie du moyen âge, tels que l'art d'amour, le songe, l'allégorie, la personnification des êtres abstraits. » Il *situe* le Roman de la rose, non seulement dans la société mais dans la littérature. Il en recherche tous les éléments dans les textes romans qui l'ont précédé. Guillaume de Lorris n'invente rien ; outre l'esprit dans lequel il a conçu son œuvre, et les idées qu'il y exprime, la méthode, le cadre, les ornements poétiques, etc., se retrouvent dans les œuvres antérieures où ils étaient depuis longtemps d'un usage général. M. L. montre que Guillaume de Lorris a emprunté au dialogue du *Pamphilus* sa méthode et au fableau du *Dieu d'amours* son cadre. Il nous donne une série d'études intéressantes, et parfaitement à leur place dans cet ouvrage, sur le songe, les comparaisons avec la rose, l'allégorie, les personnifications d'êtres abstraits, etc., dans la littérature antérieure au Roman de la rose ; dans ses pages sur la poésie érotique de cette littérature, M. L. a, entre autres mérites, celui de nous faire connaître, d'une façon nette et précise, plusieurs fableaux, débats, etc., dont l'intérêt, on peut le dire, n'avait pas été présenté jusqu'ici dans son véritable jour. Il faut citer, dans cette partie du travail, les pages où M. L. réfute l'opinion, encore trop accréditée aujourd'hui, d'après laquelle les auteurs du Roman de la rose auraient mis à la mode l'allégorie, ou plutôt la métaphore prolongée, figure fréquente dans Raoul de Houdan et dans le Tournoiement d'Antechrist de Huon de Méry. Le Roman de la rose n'en offre que des exemples très courts et très discrets. En revanche, l'allégorie proprement dite remplit le roman ; mais ici les auteurs n'ont fait que se conformer au goût de l'époque.

M. G. Paris (*Manuel*, § 111), avait dit qu'en adoptant le système des personnifications, Guillaume de Lorris l'avait modifié notablement. M. L. trouve qu'il y a contradiction entre l'attribution à G. de Lorris de nouvelles personnifications et la définition que donne M. G. Paris de ces personnifications mêmes. « Si Danger, dit-il, représente la tendance innée chez la femme à ne pas céder sans résistance à celui qui la prie, c'est une qualité générale et durable, au même titre que Chasteté, Pudeur, Orgueil, etc. » M. L. a le tort, il me semble, de considérer Danger isolément et non en l'opposant à Bel Accueil, comme le fait M. G. Paris, qui d'ailleurs (M. L. ne le dit pas), termine ainsi sa phrase : « l'autre [Bel Accueil] *représente* la bonne grâce que la même femme montre à d'autres moments. » Au surplus, M. L. dirait-il que Bel Accueil est aussi une qualité générale et durable ? Ces considérations ne sont pas sans intérêt, en présence de la conclusion de M. G. Paris : « ce sont des manières

poème ; en général, il se montre plus que sobre de renvois à des ouvrages écrits en allemand ; je citerai particulièrement les études stylistiques de Grosse, de Grebel et de Börner qui lui auraient été d'un grand secours. La date d'apparition de son livre lui aura rendu impossible l'utilisation des travaux de Rajna sur André le Chapelain (Studj di fil. rom., 13) et de Joret sur la « Légende de la Rose » (*Études romanes*, p. 279).   M. W.]

d'être, des aspects de la personnalité et, au fond, de simples procédés d'analyse psychologique. »

Cette étude des origines du poème occupe les six premiers chapitres de la première partie. Ici, de même que dans le chapitre suivant, consacré aux sources de G. de Lorris, un écueil était à éviter : il fallait se garder de considérer comme des imitations nombre de passages, d'idées ou d'ornements poétiques, qui n'étaient en réalité que la reproduction de certains lieux communs de la poésie courtoise. C'est ce qu'a parfaitement saisi M. L. qui a procédé avec beaucoup de tact et de circonspection. Les principaux ouvrages dont G. de Lorris s'est aidé ou qu'il a imités sont : Ovide (Métamorphoses et Art d'aimer); le fableau du Dieu d'amours et le *Pamphilus*. Plusieurs rapprochements de texte sont à établir de même entre la première partie du *Roman de la rose* et la *Clef d'amour*, sans qu'on sache au juste lequel des deux textes est l'original (1). Selon M. G. Paris, G. de Lorris a connu le Tournoiement d'Antechrist de Huon de Méry; « Huon ayant écrit, dit-il, en 1235, on ne peut faire remonter plus haut la première partie du Roman de la rose. » M. L., examinant les traits communs aux deux auteurs, les explique par une influence commune des romans de la Table ronde et s'efforce d'infirmer de la sorte la conclusion de M. G. Paris.

Le caractère encyclopédique de l'œuvre de Jean de Meun le força naturellement à de nombreux emprunts. Malgré les difficultés de toutes sortes que présentait cette recherche, M. L. a pu « remonter à la source » d'environ 12,000 vers sur 17,500 dont se compose la partie du roman » écrit par Jean ». Dans un chapitre très étendu, il dresse la longue liste des auteurs et des ouvrages anonymes qui ont fourni quelque élément à Jean de Meun. Il s'attache en particulier à déterminer ceux qui ont été directement consultés. On relève surtout dans cette liste le *De planctu naturae* d'Alain de Lille, le *De consolatione* de Boèce, et, évidemment, les œuvres d'Ovide; l'auteur donne même une table de concordance pour Ovide et Jean de Meun. Ce dernier n'est cependant jamais un simple traducteur ou compilateur; on doit lui accorder une large part d'originalité, et même voir en lui un penseur et un poète.

En somme, du travail de M. L., il semble permis de conclure que le Roman de la rose est la résultante de toute une littérature. Est-ce à dire que nous voilà dispensés de revenir désormais sur cette question, et peut-être aussi sur celle des emprunts du continuateur de G. de Lorris ? On aurait pu souhaiter voir M. L. tenir compte, dans une certaine mesure,

(1) M. Langlois établit de même des rapprochements entre le texte de la *Clef d'amour* et celui de Jean de Meun. Il est regrettable qu'il n'ait pas pu connaître à temps la remarquable édition que vient de publier de la *Clef d'amour* M. A. Doutrepont (Bibliotheca normannica, v, 1890). Il eût certainement pu tirer parti de l'introduction et des pages que M. D. y consacre à un soigneux parallèle avec Ovide et à l'énigme sous laquelle l'auteur a caché son nom. M. D. donne comme date de la composition de ce poème l'année 1280 ; de là résulterait que c'est l'auteur de la *Clef d'amour* qui a imité en plus d'un endroit Guillaume de Lorris et, contrairement à ce que pense M. L. (p. 160), également Jean de Meun.

pour les origines du Roman, des chansons d'amour des trouveurs (1). Il y avait là un rapprochement à établir, ne fût-ce qu'incidemment. Tous les traits caractéristiques des chansons se retrouvent dans le Roman de la rose. Guillaume de Lorris a composé son poème à une époque où le genre lyrique était en pleine floraison, et rien n'interdit d'admettre que lui-même ait appartenu à la grande confrérie des chansonniers.

Le plan adopté par M. L. appellerait une réserve. J'aurais préféré lui voir affecter sa première partie à l'étude exclusive des origines, qui, de fait, en prend les trois quarts, et la seconde à celle des sources. Dans cette dernière, le lecteur littéralement noyé dans toutes ces sources de Jean de Meun, a perdu de vue celles de Guillaume de Lorris. Si M. L. avait ici traité dans un même chapitre des auteurs à qui les deux poètes doivent également quelque chose, en réservant pour un chapitre spécial ceux dont Jean de Meun s'est seul inspiré, il aurait pu très bien montrer, à l'aide de quelques citations, les façons différentes de procéder des deux poètes quand ils imitaient le même ouvrage ; il aurait en même temps mieux mis en évidence le caractère encyclopédique de Jean de Meun, et, faut-il le dire, évité par le fait même la double disparité dont il croit devoir donner la raison dans son avant-propos (2).   H. Binet.

La migration des Symboles, par le comte Goblet d'Alviella, Paris, Leroux, 1891 — **Les Antécédents figurés du péron,** par le même. Bruxelles, Hayez, 1891 (extrait des Bulletins de l'Académie royale de Belgique, 3e série, tome xxi, n° 2, 1891).

De ces deux travaux le plus important échappe à notre appréciation, car les recherches sur lesquelles il repose n'ont trait qu'à l'antiquité classique et orientale. Le but de l'auteur, lui-même le dit dans sa préface (p. 13), est d'apporter sa contribution à l'histoire des symboles « en recherchant dans quelles limites certaines représentations symboliques se sont transmises de peuple à peuple et dans quelle mesure elles ont pu modifier, au cours de leurs migrations, leur signification et leur forme » les principales figures étudiées ici sont « la croix gammée ou tétrascèle et le triscèle, l'arbre paradisiaque…, le cône sacré des Sémites occidentaux, le globe ailé de l'Egypte, le caducée des Phéniciens et le triçûla des Bouddhistes ». Sauf de très rares cas M. G. d'A. n'a pas poursuivi ses investigations au-delà des premiers siècles de notre ère. Il y a pourtant

---

(1) [Parmi les emprunts qui leur ont été faits, la description du mois de mai, celle des commencements d'une passion, le rôle des médisants, la comparaison avec les fleurs, l'antithèse du corps et du cœur (*Chans. de Champagne*, p. 27, 29 ; *Trouc. belges*, I, p. 133, etc.) méritaient une mention. La *Fontaine d'amour* est sûrement de source lyrique : l'image, mais matérialisée jusqu'à l'obscénité, est dans le *Rec. des fabl. IV*, 204 ; nos chansons populaires l'ont conservée jusqu'aujourd'hui.   M.W.]

(2) M. Langlois nous promet une édition critique du *Roman de la rose*, travail immense, si l'on songe aux deux cents manuscrits qui existent de cette œuvre en vingt-trois mille vers.

une symbolique chrétienne, mais elle offre des caractères assez différents de celle des peuples de l'antiquité et l'on conçoit très bien que l'auteur ait renoncé à l'y associer. Je présenterai une observation au sujet de l'arbre sacré et des acolytes affrontés qui en paraissent le complément indispensable. M. d'A. a retrouvé cette figure sur un tympan de l'église de Marigny (Calvados); l'arbre apparaît, en outre, entre deux lions affrontés sur un coffret en ivoire de la cathédrale de Sens et il se retrouve sur d'anciennes étoffes étudiées par MM. Cahier et Martin. Reste à savoir si ce sont les Arabes qui en transmirent le dessin aux Occidentaux (p. 155); il est certain que nous en retrouvons une variante peu suspecte sur une médaille d'origine celtique, qui figure dans l'*Art Gaulois*, de Hucher (II, p. 36); il n'est donc nullement impossible qu'il y ait eu persistance et non transplantation; à propos des arbres sacrés des peuples orientaux il ne serait pas moins intéressant d'établir si la croyance, si répandue au moyen âge, à *l'Arbre sec* situé à la limite du monde habité, dérive des traditions bibliques par une voie cléricale ou si elle a jamais été réellement populaire. Entre autres textes où nous la retrouvons, je citerai *Huon de Bordeaux*; ajoutons qu'un autre avatar de l'arbre paradisiaque chez les chrétiens est l'arbre de la croix sur lequel cf. M. A, IV, 54. Le deuxième sujet traité par G. d'A. se rattache intimement au premier; il en fait même partie intégrante, car l'auteur s'est borné à développer et à compléter dans ses *Antécédents du péron* ce qu'on lit aux pp. 130 et suiv. de son livre, *Le péron,* symbole de la liberté communale dans certaines villes de Belgique, ne serait qu'une « colonne d'origine païenne et germanique, influencée successivement par l'art gréco-romain, les croyances chrétiennes, le régime féodal et au moins en ce qui concerne le *Péron* liégois, par la mièvrerie gracieuse du statuaire du XVIIe siècle ». M. G. d'A. a groupé bien des faits et il a su donner à leur enchaînement tous les caractères de la vraisemblance la plus convaincante. Reste à élucider le symbole primitif lui-même, qui semble se rattacher à un ensemble de formes religieuses de la société barbare. Si M. G. d'A. n'a pas dit le dernier mot sur cette question, il aura aidé plus que tout autre à en rendre la solution attrayante et même facile dans un avenir prochain.

Geschichte der Legenden der H. Katherina von Alexandrien und der h. Maria Ægyptiaca, nebst inedierten texten, von HERMANN KNUST. Halle a. S. Max Niemeyer, 1890.
Zur Geschichte der Legende der Katharina von Alexandrien. Nebst lateinischen Texten nach handschriften der Hof-und Staatsbibliothek in München und der Universitäts-Bibliothek in Erlangen. Der Romanischen und der neusprachlichen Abteilung der XLI Versammlung deutscher Philologen und Schulmänner in München ueberreicht von HERMANN VARNHAGEN. Erlangen. Verlag von Fr. Junge. 1891.

Le premier, le plus volumineux de ces deux ouvrages est certainement le moins satisfaisant à presque tous les points de vue. Ce qui frappe le lecteur peut-être le plus, c'est que partout la personnalité de l'auteur est poussée en avant, partout on le voit — chose assez curieuse — plein de haine pour son sujet. Ce travail a dû lui coûter bien des ennuis. Partout on l'aperçoit, se moquant du culte de sainte Catherine et se permettant des saillies contre l'Église mère, le Pape et les catholiques en général. Libre à lui, ce me semble, de penser comme il veut, mais je doute qu'un livre comme le présent, où l'on s'attend à un exposé tout objectif des faits, soit la place convenable pour de pareilles attaques, devant lesquelles le lecteur *de quelqu'opinion qu'il soit* ne peut que se sentir froissé.

Quant au livre même, quoique la lecture s'en impose désormais pour tous ceux qui veulent étudier l'histoire des saints, et de sainte Catherine en particulier, il est malheureusement très imparfait. La matière, abondante en elle-même, n'est point du tout complète telle que nous l'avons dans cet ouvrage. Et pour autant que l'auteur nous la donne, elle est disposée d'une manière assez peu méthodique.

En ce qui concerne la première partie de cette objection, bornons-nous à citer quelques faits. M. Knust cite un texte moyen-anglais (1) du xiie (lisez xiiie) siècle, il n'en connaît pas l'édition la plus récente et la meilleure, celle de M. Einenkel (1884). Cette ignorance l'entraîne à d'autres inexactitudes ; ainsi il ne sait pas qu'indépendamment de M. Jameson, M. Einenkel a aussi tenté d'identifier sainte Catherine et Hypatia. Il paraît ignorer les plus récents travaux sur les œuvres dites de Mandeville (p. 152 ; voir entre autres l'article M. dans la dernière édition de l'*Encyclopedia Britannica*). Enfin il existe bien des mss. contenant des poèmes ou des traités sur Catherine d'Alexandrie, que M. Knust n'a pas connus. Les bibliographies de Mone et Petit pour le moyen néerlandais et le livre de Warton (2) (que l'auteur cite) auraient pu lui procurer la connaissance de quelques chansons et légendes sur la vie de cette sainte. Ces mêmes ouvrages lui auraient encore fourni des formes supplémentaires pour les noms de la sainte, dont il dresse une longue liste dans son ouvrage (p. 173 ss.).

Et la méthode ! M. Knust semble ignorer la seule bonne dans des recherches de ce genre : celle qui fait ressortir la dépendance des différentes versions. Il ne l'applique pas du moins. Il emploie au contraire trois méthodes différentes. Tantôt c'est le siècle, tantôt c'est la langue, tantôt c'est la forme qui sert de fondement. Il saute aux yeux que ce sont là des critères insuffisants, des éléments accessoires qui ne nous aident en rien à déterminer la dépendance et les relations *inter se* des différents textes. Inutile d'insister là dessus.

Plusieurs textes reproduits en partie ou en entier sont très intéressants et publiés pour la première fois. La manière dont est faite cette reproduction n'est pas toujours impeccable. Plusieurs changements ne me

(1) Il persiste à l'appeler, un « texte *Anglo-Saxon* ».

(2) Nous nous contentons de renvoyer à ces recueils, et nous nous abstenons de citer des ouvrages pour la bonne raison que les catalogues et les bibliographies se trouvant à notre disposition ne nous permettent pas de combler tout à fait ces lacunes.

paraissent pas nécessaires. Lisez par exemple : *lemyntasyon* au lieu de *lamentacion* pour le *lemytasyon* du ms. (p. 70); *in lemynd* pour *illumined* (p. 71) *comeforthe* ou du moins *comforthe* pour le *comforte* de M. K. (p. 75); *þaye* pour *þei*, et *whyll* pour *while* (p. 76). Au contraire, lisez: *artemaginge* (voir Murray, p. 468) pour *artemginge* (p. 78). Le proverbe cité à la page 105 :

> The grey horse whil his gres groweth
> May sterve for hunger, thus seyth the proverbe

aurait le même droit à une note que les autres proverbes cités. Mais l'auteur semble ignorer que ceci est une forme beaucoup plus ancienne du proverbe que celle que l'on en a connue au xvi⁰ siècle :

Ham. Sir I lacke Advancement.

Rosin. How can that be, when you have the voyce of the King himselfe, for your succession in Denmarke?

Ham. I, but while the grasse growes, the Proverbe is something musty.

(*Hamlet* f⁰ 1623. Globe éd. iii. 2, 354-359) ; Malone cite deux exemples de l'an 1578 avec une variante assez importante :

« Whylst grass doth growe, oft sterves the *seely* stede. »

Le livre n'a pas de division en chapitres, pas d'index, pas de registre, pas de table des matières. Il est donc bien incommode à consulter. Nous aimons à supposer cependant que l'auteur, s'il avait vécu — il est mort après avoir corrigé la dernière épreuve du texte — eût veillé à ce que cette satisfaction fut donnée à ses futurs lecteurs. Il est regrettable que M. Niémeyer n'ait pas chargé une autre personne de la rédaction de ces appendices qui s'imposaient absolument.

Le livre de M. Varnhagen est un complément indispensable de l'ouvrage précédent ; il examine des questions laissées en suspens par M. Knust, fait la critique de la méthode, etc. de ce dernier et donne des renseignements supplémentaires sur plusieurs points.

Partout il corrige ses devanciers, MM. Knust, Einenkel et Mussafia, de sorte que son ouvrage acquiert le plus grand prix pour les lecteurs de de celui de Knust. Les textes communiqués en appendice et reproduits avec un soin scrupuleux étaient jusqu'ici inédits; ils sont très intéressants pour l'histoire de sainte Catherine.

Voici ce que contient l'étude de M. Varnhagen : des recherches sur les textes latins ; en appendice : un texte dit d'*Arechis*, resté inconnu jusqu'ici (*Cod. lat.* 1133 de la bibliothèque de Munich); la conversion de sainte Catherine (*Cod. lat.* 7954 de la même bibliothèque); trois miracles de sainte Catherine (ms. 712 de la bibliothèque de l'Université d'Erlangen); des recherches sur les textes italiens et surtout la critique du texte d'un poème vieux-napolitain (ms. de Naples, du xv⁰ siècle, poème de l'an 1330) publié par Mussafia et par Percopo.

S'il y a quelque chose à regretter ici c'est que M. Varnhagen se soit borné à donner des renseignements sur les textes latins et italiens et qu'il n'ait pas tenu tout ce qu'il semblait nous promettre récemment (*Gött. Gel. Anz.* 15 juillet 1890, p. 599) c'est-à-dire des recherches sur *toutes* les versions de la légende.   H. Logeman.

CHRONIQUE BIBLIOGRAPHIQUE

Les numéros d'Août et de Septembre réunis paraîtront en trois feuilles le 15 septembre prochain.

LAMPAKIS, GEORGIOS. Χριστιανικὴ ἀρχαιολογία τῆς Μονῆς Δαφνίου (Les monuments chrétiens du monastère de Daphni). Athènes 1889 (144 p.). L'auteur décrit d'une manière approfondie l'architecture et les mosaïques de l'ancien cloître de Daphni, élevé au xᵉ siècle. Ce sont surtout les mosaïques qui attirent l'attention; malheureusement nous n'en trouvons pas ici de reproduction suffisante. Le nom de Daphni est expliqué avec raison comme provenant d'un sanctuaire d'Apollon daphnique qui se trouvait jadis au même lieu. V. S.

FOLKLORE. — Nous sommes, bien à regret, obligés de grouper dans une revue rapide un certain nombre de publications folkloriques qui mériteraient, pour la plupart, une analyse détaillée, mais que le manque d'espace ou leur caractère assez étranger à nos études nous interdit d'apprécier longuement. Dans le domaine de la légende et du conte populaire des peuples celtiques, citons la réédition des contes écossais de Campbell (chez l'éditeur Gardner), le recueil de M. Douglas Hyde, *Beside the fire* (enrichi de notes précieuses par Alfred Nutt), *les Waifs and Strays of celtic tradition* (la série dite d'Argyllshire comprend I. *Craignish Tales* édités par le rév. R. Mac Dougal; II. *Folk and hero tales*, édités par le rév. D. Mac Innes avec annotations d'Alfred Nutt, ces dernières précédées d'un long travail original sur la légende d'Ossian, avec bibliographie, etc. M. Nutt a encore publié dans l'*Academy* du 14 février 1891 un article très intéressant sur les origines de l' « Ossianic Sage », dont le point de départ lui a été fourni par une étude de Zimmer dans la *Zs f. deutsches Alterthum*, tome 53; le nᵒ III des *Waifs and Strays* vient de paraître). Enfin l'éditeur Bouillon vient de publier *les chansons populaires de la Basse-Bretagne*, recueillies et traduites par M. Luzel, 2 volumes précédés d'une touchante préface de M. A. Le Braz. — Il faudrait plus d'une page pour énumérer les seuls titres de publications de même nature se rattachant à la légende des peuples romans, germaniques, slaves et scandinaves. L'histoire du théâtre populaire s'est enrichie d'une importante publication de M. Schlossar, *Deutsche Volkschauspiele*, Halle, Niemeyer, 2 volumes. [Ces pièces recueillies en Styrie, procèdent par la voie traditionnelle des anciens mystères; il suffit d'énumérer quelques titres pour s'en convaincre : La Passion, la Nativité, le jeu de Saint-Nicolas, Suzanne, Judith et Holopherne. Les notes bibliographiques et exégétiques de l'éditeur, à la fin de chaque volume, attestent une familiarité déjà ancienne avec le sujet qu'il aborde ici. La *Passion* recueillie dans la Gurkthal, en Carinthie, est surtout curieuse à titre de « modernisation », d'une action et d'un caractère si répandus dans notre ancien théâtre. P. ê. est-elle encore représentée; en tout cas elle semble ne différer que par d'infimes détails du *Glanhofener Passionspiel* joué encore en 1889 à Höfling, près Feldkirchen, par 53 personnes. Cette *Passion* est complétée par un intermède (*Zwischenspiel*) et un épilogue (*Nachspiel*). Au même ordre d'études appartient la première des *Studi Calabresi* d'Appollo Lumini (Cosenza, 1890); elle est, en effet, consacrée au *Sacre rappresentazioni* de cette région. Là aussi la *Passion* est restée le sujet en vogue et les drames qui nous en déroulent les scènes émouvantes s'appellent *Mortori* et plus souvent *Pigghiata* (« la prise », s. ent. de Jésus) ; l'essai est suivi d'une bibliographie des auteurs de mystères calabrais. Les autres *Studi* sont consacrées à « la Fête de Noël dans les chants populaires calabrais » et aux *Reputatrici*. W]. La fable populaire a inspiré plusieurs travaux qui n'ont malheureusement que des rapports lointains avec nos études ; citons notamment une œuvre de M. Jacobs, le mythologue bien connu, l'histoire de la fable ésopique, qui forme le 1er volume des *Fables of Æsop*, reproduites d'après l'édition Caxton, 2 vol. petit 8° de la charmante « Bibliothèque de Carabas » (Londres, Nutt 1889), et A. Marx, *Griechische Märchen von dankbaren Tieren und verwandtes*. Il en est autrement de l'étude consacrée aux *Ysopets* par M. Bruno Herlet (Diss. d'Erlangen 1889), sur laquelle on reviendra bientôt, et du livre de Pio Rajna. *Intorno al cosidetto Dialogus creaturarum* (Torino, Löscher 1888), qu'il est sans doute bien tard pour mentionner ici. L'étude des coutumes et superstitions populaires s'est enrichie de plusieurs travaux qui, à des titres divers, intéressent le moyen âge. Citons la collection de « Curiosità popolari tradizionali » fondée par G. Pitré, dont plusieurs vol. se rattachent à cet objet : M. Placucci, *Usi e pregiudizi dei contadini delle Romagne (II)*; *Superstizioni, usi, e proverbi monferrini*, racc. da G. Ferraro (III) ; *Usi. credenze e pregiudizi del Canavese*, spigolati ad ordinati da G. di Giovanni (VI) ; *Credenzi, usi e costumi abruzzesi*, raccolti da G. Finamore (VII). A l'histoire des légendes pieuses se rattachent les livres de Knust et Varnhagen dont on lira l'appréciation dans le présent n° ; la suite des études de Mussafia sur les légendes de la Vierge au moyen âge. III et IV [IV, p. 12 commence, par la littérature anglo-normande, l'étude des versions en langue vulgaire ; M. M. s'occupe d'abord d'Adgar, remonte à sa source partielle. Guillaume de Malmesbury, dont il publie en trois versions la vision du moine Wettin, qu'une restitution ingénieuse lui permet de rendre pour héros au récit d'Adgar publié par M. Neuhaus et débutant ainsi : [V]ertuus ert un moine cloistrier. Au lieu de [V]ertuus, c'est [W]ettins qu'il faut lire. Nous attendons avec impatience la suite de ces *Studien*. Une autre publication d'un caractère plutôt hagiographique est la *Vie de St Lambert en français du XIIIe siècle* publiée avec un soin remarquable et précédée d'une introduction par M. Demarteau (Liège, Grandmont 1890). D'accord avec moi, M. D. assigne à l'œuvre la date du XIIIe siècle et la croit originaire du centre de la France. Le même érudit a publié avec notices préliminaires une *Vie de St Théodard* par Hérigère et *la vie* (latine) *la plus ancienne* de St Lambert, écrite par un contemporain W.]. Citons enfin *The Handbook of folklore* publié en 1890 par la *Folklore Society* et qui, conçu à un point de vue d'exploration tout général, nous paraît moins destiné à guider le collecteur dans des excursions pédestres qu'à présenter une première vue d'ensemble du vaste champ qu'il reste à explorer.

PÉRIODIQUES

PORTUGAL. — Histoire et Philologie (1890)

Revista archeologica, vol. IV. — Borges de Figueiredo, *Antiquités romaines de Chellas* (mais avec des notes sur le moyen âge). p. 1, 30 et 126. — Le même.

L'archéologie des Lusiades de Camoëns, p. 25. 62. 95, 97 et 129. — Leite de Vasconcellos, *L'étymologie du nom Chellas*, p. 38. — Gabriel Pereira, *Les cartulaires des cathédrales*, p. 49. — M. M. Rodrigues, *Le Château de Faria*, p. 58. — B. de Figueiredo, *Les inscriptions en vers léonins en Portugal*, p. 89, 162 et 172. — F. Esteves, *Abbá Yared*, p. 121. — G. Pereira, *Inventaire des objets d'art et d'archéologie en Portugal*, p. 183. — Cette *Revue* contient encore des mélanges et des comptes rendus. Chaque livraison est accompagnée d'une planche.

Revista de Guimaraens, vol. VII. — Nº 1. Oliveira Guimaraens, *Documents inédits des XIIᵉ-XVᵉ siècles*. — Nº 2. La suite du précédent article. — Nº 3, idem. — Nº 4, idem. — Abilio Brandão, *Notes folkloriques de Famalicão*.

Revista de éducação e ensino, vol. V. — Nº 1. Gonçalves Vianna, *La réforme orthographique en France*. — Nº 2. A.-J. Teixeira, *Documents pour l'histoire littéraire et pédagogique*, article qui se continue dans le numéro suivant. — Nº 4, A.-J. Teixeira, *Les insignes doctoraux*, article qui se continue dans les nᵒˢ 5 et 6 ; R. Delbœuf, *Étude et enseignement du grec en Portugal*, qui se termine dans le nᵒ 12. — Nº 7. A.-J. Teixeira, *Les cortèges et les processions de l'Université de Coïmbre*, art. qui se continue dans les nᵒˢ 8, 9 et 10 : Leite de Vasconcellos, *Histoire de la Numismatique Portugaise* (1ᵉʳ article). — Nº 10, Gonçalves Vianna, compte rendu du *Précis d'orthographie et de grammaire phonétique* de L. Clédat. — Nº 11, A.-J Teixeira, *Courte notice des collèges, couvents et monastères fondés dans les arrondissements de Coïmbre, Aveiro et Leiria* (à suivre).

Occidente, vol. XIII. — Nº 398, Silva Pereira, *Institutions sociales portugaises* (La suite dans quelques autres numéros). — Nº 402. *Le Château de Cezimbra* (avec une gravure). — Nº 418 *Le monastère de Roriz* (avec une gravure). — Nº 420. *Les ruines du château de Porto de Mós* (avec une gravure). — Nº 421. *L'église de VillaFrade* (avec une gravure). — Nº 426. *Hôtel de ville d'Elvas* (avec une gravure) *La cathédrale de Funchal* (avec une gravure). — Nº 430. *Le château de Torres Novas* (avec une gravure). — Nº 431. *L'église mère de Villa do Conde* (avec une gravure).

Revista Illustrada, vol. I. — Nº 2. *Le couvent de Christ à Thomar*. — Nº 7. *Le château de Cezimbra*. — Nº 12. *Le château de Palmella*. — Nº 13. *L'église paroissiale du roi Emmanuel à Batalha*. — Nº 16. *Les ruines du château d'Obidos*. — Nº 18. *L'église du couvent de Notre-Dame « da Estrella » à Marvâo. Le monastère de Paços de Ferreira*. — Chacun de ces articles est accompagné d'une gravure.

Revista do Minho. — Le vol. de 1890 renferme beaucoup de matériaux pour les traditions populaires portugaises, c'est-à-dire des chansons, des formulettes, des usages, des proverbes, des contes, des légendes, etc. La publication de la *Revue* se fait irrégulièrement par livraison de quatre pages.

Circulo camoniano (1), vol. I. — Nº 8. Compte rendu d'un livre de Maxime Formont par Pinheiro Chagas ; traduction italienne d'un sonnet de Camoëns par

____

(1) Nous donnons *à titre exceptionnel* le dépouillement de cette revue qui strictement ne rentre pas dans notre cadre d'études. [N. d. l R.]

G. Cellini ; *Hommage d'un poète juif à Camoëns*, par Th. Braga ; *Une traduction hollandaise de Camoëns* par A. Fernandes Thomas ; comptes-rendus. — N° 9. *Camoëns*, par Ferdinand Denis (en français), avec des notes de J. de A.; *Épisode de Castro* par le duc de Palmella (en français) ; *Le frère Barthélemy Ferreira et l'évêque d'Oporto Fr. Marc de Lisbonne*, par Sousa Viterbo; *Apologie de Camoëns* par Fr. François de Saint Louis ; traduction italienne d'un sonnet de Camoëns, par G. Cellini ; *Le vicomte de Santarem*, par Th. Braga ; description de la bibliothèque de Camoëns de Joseph Gomes Monteiro ; *Catherine d'Athaide, la Béatrice portugaise*, par Maxime Formont (en français) ; *L'art pour le centenaire de Camoëns*, par X. Pinheiro ; *Fragment des Lusiades*, par Émile Deschamps (en français) ; *Émile Deschamps*, par Paul Delaunay (en français) ; *Lettre au Directeur du Circulo Camoniano*, par Gabriel Monod (en français), avec des annotations de J. de A. — N° 10. « *Justa fue mi perdicion* » par C. Michaëlis de Vasconcellos ; traduction italienne d'un sonnet de Camoëns, par F. Cannizzaro; *Le Merveilleux dans les Lusiades*, par Th. Braga ; traduction italienne d'un sonnet de Camoëns par P. Peragallo. — N° 11. *Lettre au directeur du « Circulo Camoniano »*, par C.-C. Branco ; *Emmanuel de Faria e Souza*, par C. Castello Branco; *Henri Garcez*, par Sousa Viterbo; *Nécrologie* (C.-C. Branco, F. Denis, R. Burton) par Y. de A.

O Instituto (de Coïmbre, revue scientifique et littéraire), vol. XXXVII-XXXVIII. — — Paiva Pitta, *Histoire du beneplacito en Portugal*, pp. 575, 645, 725 et 805 (vol. XXXVII) et 85 (vol. XXXVIII). — Sousa Viterbo, *Le monastère de Santa-Cruz de Coïmbre*, pp. 613, 756 et 865 (vol. XXXVII). — A. J. Peixeira, *Histoire littéraire*, pp. 547 et 629. — J. Henriqués, *Le sixième centenaire de l'Université de Montpellier*, pp. 28 (vol. XXXVIII). — Sousa Viterbo, *Le correcteur de Camoëns « Emmanuel Correia Montenegro »*, pp. 52 (vol. XXXVIII). *Faculté de Théologie* pp. 95. — J. Henriques, *L'ancienne Université de Montpellier*, p. 103 (vol. XXXVIII). — A. J. Teixeira, *Les insignes doctoraux*, pp. 688 et 689 (vol. XXXVII).

Boletim da Sociedade de Geographia de Lisboa. N° 7. — Sousa Viterbo *Travaux scientifiques des Portugais sur la navigation aux XVIe et XVIIe siècles*. — Paiva e Pona, *Os campos d'Ouro* (exploration métallurgique de la province de Mozambique, surtout des *campos d'Oiro*, de Machoua et Macalacca ; cette exploration a déterminé la première expédition portugaise dans l'intérieur de la Zambézie au XVIe siècle). J. Leite de Vasconcellos.

MYTHOLOGIE ET FOLK-LORE

Pays germaniques (1890).

Alemannia. Tome XVIII, 1890. P. 97 sq. Bolte, *Ein Augsburger Liederbuch vom Jahre 1454* (contient des chansons populaires). — P. 65 sq. Bolte. *Ein Totentanz* (danse macabre) *des 17. Jahrhunderts*. — P. 178 sq. Th. Lachmann. *Contes d'Uberlingen* (sur les bords du lac de Constance). — P. 185 sq. Article de Birlinger sur Vonbun, *Die Sagen Vorarlbergs*, Insbruck, 1889. — P. 47 sq. Birlinger. *Ortsneckereien* (railleries entre quelques villes). — P. 278 sq. *Volkstümliches* (contes, superstitions, etc.). — P. 131 sq. Bolte. *Vom heiligen Niemand* (une version de la légende facétieuse de saint Nemo; voyez aussi *Alemannia* xvi, 193 et xvii, 151 et *Melusine*, 1890, col. 12).

Germania. 35 (1890). P. 201 ff. et p. 346 ff. Liebrecht, *Zur Volkskunde*. M. L. donne des suppléments à son livre « zur Volkskunde », Heilbronn 1879. — P. 83 sq. et 421 sq. on trouve la bibliographie folklorique pour les années 1885 et 1886.

Zeitschrift für deutsche Philologie. 22 (1890). P. 257 sq. Hugo Jaeckel. *Bede et Fimilene*. M. Jaeckel interprète les noms des deux déesses judiciaires des anciens Frisons par « pugnatrix » (Bede = Badu-ini, Badu-henna chez Tacite, Annal. iv, 73 de badu pugna) et « ultrix » (Fimil-ini, fimil adj. qui se dérive d'un mot femô, en ancien allemand veme, poena). Dans la même revue, 23, 129 sq. M. Jaeckel interprète le nom Hludana des inscriptions latines. Il est d'avis que sous ce nom doit s'entendre une divinité fédérative des anciens Frisons, et dérive Hludana (dans la langue islandaise Hlóthyn) du mot hlùd = troupe, bande, confédération. Hludana. qu'on peut comparer à la déesse Concordia des Romains, était autrefois un surnom de la déesse de terre (mater terra), chez les Germains Ertha.

Beitræge zur Geschichte der deutschen Sprache u. Litteratur, publ. par Paul et Braune. 15, p. 195 sq. *Odin am Galgen*. M. Kauffmann nie les influences chrétiennes sur les mythes islandais, comme les a affirmées M. Bugge. — P. 207 sq. *Der zweite Merseburger Zauberspruch* (la 2ᵉ incantation de Mersebourg). M. Kauffmann interprète les noms de dieux, que contient ce texte, de nouveau et, nous semble-t-il. très bien. — P. 553 sq. *Hercules magusanus*. M. Kauffmann explique ce mot, qu'on trouve dans les inscriptions latines ; il reconstruit la forme originale magusô, gén. magusanis, qui doit être un surnom du dieu de Tonnerre chez les Germains. Magusô signifie le fort, le vigoureux et peut se comparer aux épithètes de Thorr dans la mythologie skandinave et au nom de son fils Magne.

Jahresbericht über die Erscheinungen auf dem Gebiete der germanischen Philologie. xii, 1890. P. 112 sq. Mythologie et folklore (bibliographie).

Zeitschrift für vergleichende Litteraturgeschichte. Neue folge, band iii, 1890. P. 303 sq. G. Huth. *Die Reisen der drei Söhne des Königs von Serendippo*. M. Huth traite des formes diverses d'un conte oriental. Voyez aussi M. Fraenkel ib. p. 210 sq. et ce nᵒ, p. 147.

Zeitschrift des vereins für volkskunde publ. par Weinhold, t. i, Berlin, 1891. [Cette revue sera le centre de toutes les études de folklore vraiment scientifiques en Allemagne: le tome premier n'étant pas encore complet, nous donnerons la table des matières dans la prochaine bibliographie.]

Sitzungsberichte der kgl. preussischen akademie der wissenschaften zu Berlin 1890, p. 611, sq. Weinhold, *Ueber den mythus vom Wanenkrieg*. Un article très intéressant, dans lequel l'auteur discute les cultes des différentes tribus chez les Germains. M. Weinhold croit que les peuples scandinaves ont accepté le culte « des Vaner » (Njördr, Freyr, Freyja) de la confédération germanique, qui s'appelait Ingvaeones. Les « Vaner » sont des dieux du commerce, du bonheur et de la fertilité; plus tard le culte de Wôdan (Odin) fut introduit chez les Scandinaves, selon M. Weinhold avant l'an 800. La mythologie scandinave raconte la guerre entre Odin et les Vaner, qui se termina par la réception des « Vaner » entre les « Aeser », les dieux du Valhöll. Dans ce récit on trouve le combat des deux cultes, qui est terminé par une convention paisible.	W. GOLTHER.

Volkskunde (1), *Tijdschrift voor nederlandsche Folklore.* I, 1888. P. 111-3. H. Meert. *Zich generen gelijk de vier Heemskinderen.* Explication d'une expression populaire, qu'on doit considérer comme un reste de la légende des Quatre fils Aymon. Cf. II (1889), p. 249. Lettre du professeur Moltzer à ce sujet. — P. 169-173. D. Sleeckx. *Een vergeten Folklorist.* A propos du Dr Coremans, l'auteur communique une légende appartenant au cycle du Cygne. — P. 191-2. *Galgemaal.* Aug. Gittée rappelle le dernier repas des condamnés à mort, qui devint souvent une fête pour les autorités. — P. 193-200. Aug. Gittée. *Aftelrijmen.* Détails sur le rôle du *sort* dans la société ancienne et moderne. — P. 211-212. Chronique. *Bohémiens.* Détails sur leur première apparition en Occident. — P. 217-220. De Bazel, *Het mannetje in de maan.* Rappelle la forme de la légende de l'*Homme de la Lune* dans le Dante, Chaucer et Shakspeare. — P. 241-257. Aug. Gittée. *De Wilde vespers.* Parodie moderne d'un chant d'église, rattachée à des variantes allemandes du xvie siècle ; détails sur le *latin populaire* et le *latin macaronique.*

II (1889). P. 4-9, 22-33. *Volksgeneeskunde.* Articles de M. De Cock sur la médecine populaire reposant sur une enquête personnelle et renfermant plus d'un trait qui remonte au-delà du xvie siècle. — P. 12-15. Bibliographie. Louis Petit. *Bibliographie der Middelnederlandsche Taal-en Letterkunde* (Aug. Gittée). — E. Faligan, *Histoire de la légende de Faust* (Aug. Gittée). — P. 62-3. Bibliographie. Henne am Rhin, *Van Holbewoner tot Koning.* (Aug. Gittée : La 3e partie a pour objet le moyen âge.) — P. 63. Chronique. Analyse d'un article publié par M. Leendertz (dans la *Tydsch. v. h. Ned. Aardr. Gen.*) sur les Ordalies et les serments. — P. 99. Bibliographie. J. van Lennep et J. ter Gouw. *De Uithangteekers en het Boek der Opschriften. in verband met Geschiedenis en Volkslseven beschouwd.* (P. de M(ont) : La première partie de cet ouvrage, consacré aux enseignes et aux inscriptions ornant les façades, etc., renferme un chapitre sur la période antérieure au xvie siècle ; l'ensemble offre un vif intérêt historique.) — P. 112-6. Étude d'Aug. Gittée sur la légende de *Geeraard de Duivel* (G. le diable), qu'un récit publié par M. Coremans fait naître au xie siècle. — P. 143. A propos de vexations (Plagerijen) exercées entre enfants et dans le peuple, M. Gittée cite un passage d'Étienne de Bourbon dans lequel se retrouve un trait semblable à celui qui est familier au populaire flamand. Il cite encore d'autres exemples anciens de faits analogues. — P. 147-9. Le même communique différents témoignages anciens de la célébration par des danses de la fête de saint Jean. — P. 177-86. Pol de Mont. *Heidensche Reuzen in christene Duivels vermomd.* Plusieurs versions d'une légende localisée en Flandre et se rattachant aux n°s 186 et 187 des *Niederländische Sagen* de Wolf fournissent à M. P. de M. l'occasion de remonter à la mythologie germanique, dont le trait du diable (géant) constructeur d'églises n'est qu'un travestissement. —

(1) Nous donnons le sommaire des trois premières années d'une revue peu accessible au lecteur français, comme nous l'avons fait pour *Wisla* (*M. Age*, II), et pour le *Circulo camoniano* (voir plus haut).

P. 197-8. Bibliographie. H. Carnoy, *Les contes d'animaux dans les Romans du Renard*. (Aug. Gittée. L'auteur suit Rothe; « sur un point de folklore aussi suggestif, on aurait été heureux, dans l'état actuel de la science, de trouver là un peu plus ».

III (1890). P. 45-9. A. Gittée. *Het Heidenwerpen*. Intéressant article sur la coutume de jeter des pierres à une tête ou à toute autre figure dans laquelle la tradition voit une idole détrônée. — P. 77-9. Bibliographie. Dr Wagner. *Unsere Vorzeit, Nordisch-Germanische Götter und Helden* (Aug. Gittée. Élogieux). J. Durmayer. *Einführung in die deutsche Götter- und Heldensage* (Aug. Gittée). — P. 99-100· Bérenger-Féraud. *Contes populaires des Provençaux de l'antiquité et du moyen âge* (Aug. Gittée. Favorable). — P. 101-10. Aug. Gittée. *Over de Studie van het Volkslied*. Bibliographie critique dans laquelle le livre de M. Kalff, *Het lied in de Middeleeuwen*, est analysé avec une attention particulière. M. G. s'est placé surtout au point de vue *néerlandais*, ce qui explique son silence sur les travaux français. — P. 165-71. Pol de Mont. *De Stoet der Reuzen te Brussel* (Le cortège des géants à Bruxelles). — Questions, etc. P. 181-2. *Dieren voor het gerecht* (Les animaux devant la justice). Quelques faits du moyen âge. — P. 183-94, 209-18. Aug. Gittée. *Volkshumor in Geestelijke Zaken*. Dans cette étude (non achevée) sur l'humour populaire en matière ecclésiastique, M. G. consacre un chapitre aux parodies du moyen âge; il passe en revue la *Fête de l'âne*, la *Fête des Fous*, etc., sans prétendre épuiser le sujet. Il expose des considérations intéressantes sur le rapport de ces parodies avec les accusations de sorcellerie. Pour un autre travail, cf. *Moyen Age* III, 194. — P. 225. Quelques mots sur les formules de serment au moyen âge. — P. 229-237. Aug. Gittée. *Zeden en Gebruiken. Een aangename Tol* (Mœurs et coutumes. Un tribut agréable). L'auteur essaie de rattacher aux faits basés sur le caractère sacré de l'eau la coutume hollandaise qui consiste à exiger un baiser de toute jeune fille au passage d'un pont.

Folk-Lore I (1890) 1. (mars). — P. 105-17. Rapport de M. Sidney-Hartland sur les recherches faites en 1889 sur le conte populaire (renferme notamment l'annonce de la trad. anglaise de Rydberg. *Teutonic mythology*). — P. 118-26. York Powell. *Recent research on Teutonic mythology*. (Analyse un certain nombre de travaux récents du *Grundriss der Germanischen Philologie*, des *Acta Germanica*, etc.) — P. 137, 281, 410, 525. Bibliographie. [Chaque numéro contient une bibliographie complète et un sommaire des articles de revue relatifs au folk-lore.] 2 (juin). — P. 197-206. G. L. Gomme, *A Highland Folk-tale and its foundation in usage*. S'efforce ingénieusement de retrouver dans un conte publié par Campbell différentes traces de coutumes primitives. P. 405-6. M. Jacob conteste les conclusions de M. Gomme. — P. 207-26. E. Sidney Hartland. *Peeping Tom and Lady Godiva*. Prenant pour point de départ le trait, constant dans les récits populaires, du châtiment infligé par les êtres surnaturels à l'indiscrétion d'un mortel qu'ils utilisent (cf. MOYEN AGE, IV, p. 68), l'auteur étudie la légende de Lady Godiva, en compare différentes versions et conclut qu'elle a son origine dans des pratiques payennes dont le souvenir s'est localisé à Coventry : l'héroïne a dû être une divinité germanique fort redoutée; l'épisode de Peeping Tom (le curieux puni) remonte aux premiers temps de sa diffusion. — 234-60· Alfred Nutt. *Celtic myth and Saga*. Intéressante analyse avec discussions des travaux récents sur la matière en Angleterre, en Allemagne et en France, not. de ceux de MM. Zimmer, Paris, Golther et Othmer, en partie signalés ici. — Comptes rendus. — P. 270-1. Les contes moralisés de Nicole Bozon, éd. L. Toulmin Smith et Paul Meyer (J. Jacobs. Élogieux). — 3 (septembre.) — P. 369-83. A. Nutt. *The Campbell of Islay Mss at the advocates Library, Edinburgh.* Contient d'utiles renseignements sur les œuvres restées manuscrites du célèbre collecteur de contes écossais; quelques parties ont trait au moyen âge. — 4 (décembre). — P 463-80. M. Kowalewsky. *Mariage among the early Slavs.* — P. 493-506 A. Clouston. *The story of the « Frog Prince. »* M. C. étudie quelques formes médiévales de ce conte, qui est dans Chaucer. — Correspondance. *Zanzibar parallel to Jacques de Vitry.* (Isabella Barclay communique une variante, recueillie à Zanzibar, du conte de la nonne qui s'arrache les yeux parce qu'un prince s'était épris d'elle à cause de leur beauté.)

Pays romans (1889-90) (1)

PORTUGAL. — **Revista Lusitana** II (1890), 1. P. 1-4 Theophilo Braga. *Cancio neiro popular das ilhas dos Açores.* 213 nos. — P. 46-58. H. R. Lang. *Tradicões populares açoreanas.* Chants, rimes, formulettes, contes, ainsi qu'une contribution au vocabulaire des Açores, à laquelle G(onçalves) V(ianna) ajoute p. 55 quelques éclaircissements. — Mélanges.—P. 74-6. Carolina M. de V(asconcellos). *O Judeu errante em Portugal.* Cite en annexe à l'article paru I, 34, des passages de livres où la mention du Juif errant se retrouve sous les noms de *Janes per deos, J. de Votadios* et même *J. espera-en-Dios.* — P. 78-9. Cecilia Schmidt Branco. *Nota sobre uma superstição relativa a mosca.* La mouche dite *varejeira* (à viande) ne doit pas être chassée parce qu'elle annonce l'approche d'une personne qui nous est chère ; la tuer, ce serait tuer cette personne ; une superstition peu différente est consignée dans le *De Gestis Langob.*, VI, 6 de Paul Diacre.—P. 80-1. Joaquim de Castro Lopo. *Valdecinos* Une romance populaire recueillie à Valpassos, en 1889 ; var. du nº 2 du *Romanc. Portug.* de L. de Vasconcellos.—P. 84-6. Armando da Silva. *Sete alfaiates para matar uma aranha* (sept couturières pour tuer une araignée). Locution relevée I, 256, par A. Coelho et à l'élucidation de laquelle l'a. apporte sa contribution, c'est-à-dire les vers chantés dans une cérémonie bizarre dont la locution n'est qu'un débris. — P. 94. Sous le titre de « *Varia quædam* » sont groupées différentes notices dont qqes unes se rapportent au Folklore.

2. (Paru en 1891). — P. 120-42. A. Thomaz Pires. *Calendario rural.* Recueil de proverbes, dictons, etc., relatifs aux mois de l'année en Portugal, avec des variantes d'autres pays. — P. 156-79. Carolina Michaelis de Vasconcellos. *Estudos sobre o Romanceiro peninsular.* Exprime des doutes énergiques sur la pureté des versions de romances asturiennes et portugaises récemment recueillies, en s'attachant particulièrement à *Folkpoesi från Asturien* de M. Ake W: son Munthe. P. 164 et ss. l'auteur s'élève contre le préjugé qui attribue et conserve un caractère nécessairement incorrect et inconscient aux créations dites du « génie populaire ». Il y a là des

---

(1) L'Italie exceptée. Les dépouillements déjà annoncés de M. Novati comprendront tout ce qui est relatif à cette branche de science pour 1890. Voir tome II, p. 267 pour ce qui est antérieur à juillet 1889. Les revues philologiques ont été déjà dépouillées et les périodiques de province seront rangés à part.

réflexions à lire et à méditer. (A suivre.)—P. 181. J. L. de V. *Nomes populares dos dedos da mão.* Extrait d'un livre de Fr. M. de Mello (édition de 1875): *Feira dos annexins,* p. 38. — Dans les « *Varia quædam* », quelques notes folkloriques.

FRANCE.—**Mélusine,** 1889 (juillet-décembre).—Col. 45-5. Annonce de G. Pitré. *Usi e costumi, Credenze e pregiudizi del popolo Siciliano.* (H. G.)—P. 477-7. J. Tuchmann. *La fascination* (suite). Les fascinateurs. (B) animaux. — 479-80. H. G. *La flèche de Nemrod,* une variante de Thomas de Cantimpré, dans son *Bonum universale de apibus.* II, ch. XLIX. n° 11. — 481-9. J. Tuchmann. *La fascination,* suite du même chapitre. 503-4. H. Carnoy. *Les contes d'animaux dans les romans du Renard.* (Annonce de H. G. qui a négligé une belle occasion de juger à sa valeur un mauvais livre. Voir *Literaturblatt,* 1890, col. 23.) — *Waifs and strays of celtic tradition.* I Argyllshire stories ed. by lord Archibald Campbell (H. G. « La seconde partie est purement archéologique et traite du costume de guerre des Highlands aux XV* et XVI* siècles...»)—J. Daymard, *Vieux Chants populaires recueillis en Quercy* (H. G. [Les chants religieux pourraient bien remonter au m. âge.]) — 505-24. Kr. Nyrop, H. Gaidoz. *L'Etymologie populaire et le Folklore* I, II. [Un certain nombre de faits concernent le M. Age. Comme le dit M. Nyrop... « si les poètes français du XV* siècle invoquent souvent l'*ancolie* comme symbole de la tristesse et de la *mélancolie...* ils [ces faits] doivent s'expliquer naturellement comme les légendes du moyen âge qui font de *Femenie* (Philomelium) un pays d'amazones ou une terre où « moult ait povertet » [*famine*].» Il faut toutefois apporter une grande prudence dans l'interprétation de ces faits. Ainsi, *acariâtre* ne vient-il pas de S¹ *Acaire?* V. *Jeu de la Feuillée,* 322 et Littré s. v. *acariâtre,* qui n'a qu'un ex. du XVI* s. Il faut distinguer le nom du S¹ né du nom de la maladie ou déformé pour s'en rapprocher d'avantage, par ex. S¹ *Wèsmèl* liégeois (ôte-le-moi) invoqué par les filles-mères dès le début de leur grossesse ; 2° le nom de la maladie né de celui du Saint, par ex. le mal S¹ Acaire cité plus haut et bien d'autres ; 3° une rencontre fortuite des deux noms, encore accentuée par l'esprit populaire. La première enquête devrait porter, semble-t-il, sur les dévotions relevées dans Grégoire de Tours et dans les hagiographes des premiers siècles. —529-50. Long article de M. A. Loquin sur le livre de M. J. Tiersot, analysé ici même II, p. 257. M. Loquin insiste avec beaucoup de compétence sur les faiblesses musicologiques de l'ouvrage de M. T. qui, dit-il. « a sauté à pieds joints par-dessus son sujet ». — 652. E. Ernault. *Une formule magique chez Dante.* Rappelle à propos d'un art. de M. Stokes (v. *Moyen âge,* IV, 64) le v. 67 du chant XXXI de l'*Inferno* qu'il rapproche d'une formule presqu'identique communiquée *Mélusine* IV, 122 par M. Tuchmann d'après Pitré, *Spettacoli e feste,* 329. — 562-70. H. Gaidoz. *La Société liégeoise de littérature wallonne et le folklore à Liège* simple revue très bienveillante dont nous ne parlerions pas ici si le *Moyen Age* n'y était mentionné. — 570-4. J. Tuchmann. *La fascination,* suite du même chapitre. — Bibliographie. — 574-5. *Vœluspa* von E. H. Meyer. (H. G. cf. *M. A.* IV, 53.) — 576. *Orlovic, der burggraf von Raab,* ein Guslarenlied aus der Herzegovina, von D. Fr. Krauss. (H. G. Intéressant comme spécimen de « cantilènes épiques chez un peuple qui comme les Serbes a encore gardé ses anciennes mœurs. »)

1890 (1) col. 12-15. H. Gaidoz. *L'Etymologie populaire et le folklore.* III. Les saints

(1) Il ne parait plus qu'un n° tous les deux mois.

pour rire (notamment s. Némo, s. Invicem sur lequel M. Wattenbach a publié un sermon glosé de la Bible, etc.) — 16-23. J. Tuchmann. *La fascination*, suite du chapitre « animaux » 25-36. H. Gaidoz. *La collection internationale de la* « Tradition », juge avec une sévérité amère, quoique légitime, les derniers volumes de cette collection et particulièrement celui de M. Veckenstedt sur la *Musique et la danse dans les traditions des Lithuaniens, des Allemands et des Grecs*. [V. sur ce sujet (et sur un plus personnel à M. V.) les col. 121-144, remplies de polémiques contre le directeur de la *Zs f. Volkskunde* et dues à M. J. Karlowicz]. M. G. cite et commente à la fin de son article l'étude remarquable de M. Weinhold dans la *Zs. f. Völkerpsychologie*. xx, 1 : *Was soll die Volkskunde leisten?*—36. *L'enfant qui parle avant d'être né*. ix. M. Colson communique un passage de Jean des Preis ; le *sic* dont il apostille la forme *Saingnour* prouve qu'il n'est pas très versé dans l'étude du vieux wallon. — 37-8· R. Kœhler. *Ne frapper qu'un seul coup*. Cite quelques passages, dont un du mabinogi de Pwyll, où le fait de refuser un deuxième coup à un ennemi entraîne précisément sa mort. — 41. J. Tuchmann. *La fascination*. Fin du chapitre B animaux ; C. objets inanimés : D. divinités, Esprits, Ames. — 49-53. G. Doutrepont. *Un chant monorime de la Passion*. Étude critique d'après un grand nombre de versions de Belgique et de France et même du nord de l'Italie ; déjà populaires au xvᵉ siècle, elles paraissent se rattacher aux épitres farcies des xiiᵉ et xiiiᵉ siècles, tant à cause de leurs caractères littéraires qu'en raison de leur versification et de leur archaïsme de langue. L'article se termine par un intéressant « essai... de reconstitution d'un texte critique » que le manque d'espace ne permet pas à M. D. de motiver en tout point.— 54-64. J. Tuchmann. *La fascination*. E. gens et animaux qui se fascinent eux-mêmes. — Moyens d'acquérir le pouvoir de fascination. — Bibliographie 69-7. *The fables of Æsop*, éd. J. Jacobs, 2 vol. (H. G. Aux réserves discrètes formulées ici, add. celles de M. Sudre, *Romania XX*, 289.) —70-71. *Lives of saints from the book of Limore*, éd. Stokes. (H. G. très favorable.) — 71. *Les contes moralisés de Nicole Boson*, éd. L. Toulmin Smith et P. Meyer. (H. G, « La plupart se borneront à lire la préface qui contient des détails intéressants... et le commentaire. ») 71.—*Les mabinogion,* par J. Loth. tome ii. (H. G. Favorable.) — 73-81. A. Loquin. *La nouvelle brochure de M. Gaston Paris*. Insiste sur l'importance des conclusions de M. P. pour les musicologues qui n'auront plus « à s'ingénier, désormais, à découvrir au xiᵉ siècle, ni même au xiiiᵉ, des chansons qui n'ont jamais vécu à ces âges reculés... Si c'est au xivᵉ siècle au plus tôt qu'a commencé le grand mouvement populaire qui nous a doté de toutes nos chansons, le recueil idéal rêvé par le ministre Fortoul *est possible* et existera un jour. » — 84-5. H. G. *L'Etymologie et le Folklore*. Rectifie longuement une erreur de détail d'un compte rendu du *M. Age*, janvier 1890.—87-93. J. Tuchmann. *La fascination*, suite du chapitre sur les « moyens d'acquérir le pouvoir de la fascination ». — Bibliographie. — 94-5. F. Ortoli. *Les conciles et synodes dans leur rapport avec le traditionnisme*. (S. Berger « M. Ortoli était déjà connu par des livres aussi mauvais que celui-ci... ») —97-107, H. Gaidoz. *L'opération d'Esculape*. Légende d'une cure miraculeuse dont on retrouve le récit dans l'antiquité, au moyen âge et aujourd'hui et qui a adopté pour héros Jésus et surtout St. Eloy aussi bien que le dieu grec de la médecine. —107-9. H. G. *Échos de la littérature antique au moyen âge*. Les huit parties de l'homme — Le débat du corps et de l'âme [sur lequel cf. Batiouchkoff dans *Romania*, x, 1]. — 109-114. J.

Tuchmann. *La fascination*, suite du même chapitre.— Col. 120. M. G. annonce la
2e édition de la *Littérature française au m. âge* par G. Paris.—148. K. Nyrop. *L'Étymologie populaire et le Folklore*. vi, noms de saints. — 153-62. J. Tuchmann. *La
fascination*, fin des « moyens », etc., et début du chap. des « fascinés ». — Col. 168.
M. G. annonce les fasc. des *Erlanger Beiträge* analysés ici même par M. Logeman.

Revue des traditions populaires. Juillet-décembre 1889. P. 392-3. *La Mine
et les Mineurs*. Communication par R. Basset d'un passage du *Manuel des péchés*
de W. de Waddington relatif à un miracle auquel un mineur, surpris par un ébou-
lement, dut son salut. — P. 420 de l'Estourbeillon. *Les souvenirs de Rolland aux
environs de Redon*. Son souvenir dans les noms de lieux. Cf. TRADITION, 1890, 62. —
P. 616-21 R. Basset. *Le mythe d'Orion et une fable de Florian*. Le mythe de l'aveugle
guidé par celui qu'il porte sur ses épaules se retrouve dans plusieurs recueils du m.
âge. — P. 627-31. R. Rosières analyse l'*histoire de la chanson populaire en France*
par J. Tiersot. Il en loue en incompétent (V. *Mélusine*, 1889, 529) la partie musicale,
mais il fait sur tout ce qui est relatif au moyen âge d'utiles réserves qu'il aurait pu
encore accentuer ; par ex., les débuts stéréotypés de chansons, où le printemps est
décrit dans des termes presque toujours identiques, ne se retrouvent pas seulement
dans la poésie classique et dans Fortunat ; il suffit de recourir aux *Carmina Burana*
pour retrouver bien des sources assez médiocres, d'ailleurs, où nos trouveurs ont
puisé. 1890. P. 1-14. E. Faligan. *Des formes iconographiques de la légende de Théo-
phile*. Les représentations en sont particulièrement fréquentes sur les verrières ; M.
F. connaît, en outre, 2 sculptures et 1 tableau consacrés à cette légende.— P. 20-28.
E. Sébillot. *L'Enfer et le Diable dans l'Iconographie*. Étude accompagnée d'intéressantes gravures, mais où le m. âge est à peine représenté. — P. 43-4. R. Rosières.
L'Influenza. Deux extraits du *Journal d'un bourgeois de Paris sous Charles VI*,
relatifs à une indisposition assez semblable à l'influenza. — P. 44. P. Sebillot cite
un texte du vie siècle et des vers de Gringore sur le même sujet. — P. 65-67,
René Basset. *La légende du chien de Montargis chez les Arabes*. Variantes arabes
du vieux thème dont M. Guessard a fait l'étude dans la préface de *Macaire*. —
P. 71-89. Henri Cordier. *Les monstres dans la légende et dans la nature*. Ce
1er art. est consacré aux cynocéphales, notamment à ceux que les voyageurs du
m. âge nous ont décrits. — P. 208-9. A. Certeux. *Les calendriers des illettrés*.
Notice très vague sur les plus anciens calendriers populaires. — P. 355-66. F. M.
Luzel. *Les contes populaires dans les sermons du m. âge*. ii. Horrible exemple de
l'évêque Hugues. M. L. emprunte ce récit à Ollivier Maillard ; il cite d'autres
passages de sermons du même personnage dont il résume la biographie. — P. 443-5.
Sous le titre assez mal choisi de *bibliographie* la Revue insère une intéressante notice
de M. A. Giry sur l'une des *Légendes de la Meuse* de M. de Nimal. Le jugement
de M. G. est complètement d'accord avec le nôtre (M. A. ii, p. 210) et sa conclusion,
en ce qui concerne l'histoire du comte Eilbert, c'est que la tradition monastique sur
ce personnage « aurait pu, même au point de vue littéraire, fournir des développements plus intéressants que ceux qu'il [M. de N.] a demandés à sa propre imagination. » — P. 449-62. R. Rosières. *Quelques proverbes français du XVe siècle*.
Complément utile à Le Roux de Lincy. Plus d'un de ces proverbes remonte, sous
sa forme française, aux xiie-xiiie siècles. — 471-82. M. L. Bruyère donne des extraits

de la préface de Richard Price à l'*Histoire de la poésie anglaise* de Warton (1824).
Ils ont trait aux sources du merveilleux dans les romans du m. âge. — P. 605.
M. David Fitzgerald publie un conte irlandais qu'il fait suivre de notes assez contestables « sur quelques origines de la tradition celtique. »

La Tradition. Juillet-décembre 1889. — P. 193-8. Béranger-Féraud. *Les empreintes merveilleuses.* Un certain nombre se rattache à des légendes du m. âge.
Cf. 375-8. — P. 242-3. *La légende de Saint-Nicolas.* Extrait des *Variétés historiques.*
III, 180. — P. 251-4. Article agréable et incompétent de M. Blémont sur le livre de
M. Carnoy, *Les contes d'animaux dans les romans du Renard.* — P. 289-99.
Article d'Émile Blémont sur l'*Histoire de la chanson* par J. Tiersot. Il lui reproche
bien à tort son excès d'érudition et son défaut de poésie. Il s'associe à bien des
vues contestables de ce livre sur lequel voyez *Mélusine*, IV, 529 et *M. Age*, II, 257.
M. B. s'écrie, dans un élan inspiré : « Le peuple est un poète, un très grand poète,
le plus grand de tous les poètes... » Le moindre défaut de ce beau mouvement est
d'être, dans l'espèce, en contradiction avec toute vérité historique.—P. 309-12, 343-5.
A. de Sauvenière. *La vierge de Chèvremont*, légende du pays de Liège. [C'est du
mauvais de Nimal.]

1890. P. 62. Compte rendu par Henry Carnoy d'une brochure de M. Bladé, *La
Gascogne et les pays limitrophes dans la légende carolingienne.* (M. B. aurait
prouvé « qu'il n'est resté *aucune* tradition populaire sur les héros et les événements
décrits dans la *Chanson de Roland.* Tout ce qu'on a écrit est de pure invention...»)
— P. 95-6. Compte rendu par A. Gittée de Fr. Bangert, *Die Tiere im altfranz. Epos.*
— P. 153-54. Aimable digression de M. Blémont sur le petit livre de M. Ortoli, les
Conciles et les Synodes, etc. Pour un compte rendu sérieux, voir MÉLUSINE, 1890,
col. 94.—P. 178-81. A. Harou. *Le Folk-lore de la Belgique*, IV Légendes et coutumes
du moyen âge racontées de seconde main. Voyez encore 228-31 et 332-9 (1). — P.
185-9, M. Veckenstedt fait un plaidoyer *pro domo* à l'occasion de l'art. signalé de
M. Gaidoz dans *Mélusine*, IV, 25.—P. 202-6. S. Prato. *Les anciens conteurs.* Analyse
la publication de G. Rua, *Novelle del mambriano del Cieco da Ferrara*, dont il
avait déjà rendu compte dans la *Zs. f. Volkskunde* I, 2-3. Quelques références nouvelles.—P. 221-2. Annonce par Henry Carnoy de deux études relatives aux « Nutons »,
l'une de M. van Elven (dans les *Annales de la Société archéologique de Namur*,
XVIII, 3e livr.), l'autre de M. David Mac-Ritchie, *The Testimony of tradition.*

M. WILMOTTE.

(1) Ces communications n'attestent ni érudition ni critique. Ainsi p. 393-6, se lit
un récit de la fête de Saint-Evermaere à Russon, mais l'on ignore le travail de
Liebrecht sur la question ; sur l'*investiture per ramum et cespitem* il fallait consulter
les *Rechtsalterthümer* de Grimm ; en Allemagne il existe toute une littérature sur
le sujet. A quoi peuvent servir des notes aussi diffuses et confuses ?

CHALON-SUR-SAONE, IMPRIMERIE DE L. MARCEAU.

LE MOYEN AGE

BULLETIN MENSUEL D'HISTOIRE ET DE PHILOLOGIE

DIRECTION :

MM. A. MARIGNAN ET M. WILMOTTE

AOUT-SEPTEMBRE 1891

COMPTES RENDUS

Charles Herbert Moore. — **Development and character of Gothic Architecture**. London, Macmillan, C⁰.

L'esprit général dans lequel le livre est écrit est fort juste et logique. L'auteur prouve que l'architecture gothique est essentiellement un produit du sol français et que ni en Angleterre, ni en Allemagne, ni en Italie elle n'a été comprise. En dehors de la France on trouvera difficilement un édifice où toutes les règles de l'architecture gothique ont été rigoureusement suivies.

En Italie le gothique n'a jamais été l'expression des besoins du peuple ; il était plutôt en contradiction avec ses habitudes. On l'a adopté comme une simple mode qui venait du Nord, mais on l'a modifié et légèrement dénaturé. Plus tard, la *maniera tedesca*, produit barbare, incompatible avec les procédés de Vitruve, fut méprisée par les hommes de la Renaissance.

L'Angleterre, suivant de loin l'exemple de la France, accepta surtout les formes extérieures du gothique ; mais dans les principes de la construction elle a toujours gardé quelque chose du roman. Elle continua à développer l'ornementation gothique, même pendant la période d'Elisabeth.

C'est en Allemagne que l'on se rapproche le plus du pur gothique, sans cependant parvenir à sa sobriété savante.

Il est difficile de préciser les origines de l'architecture gothique, mais il serait possible que les bâtiments élevés en Lombardie au xiᵉ siècle aient servi de modèles aux Normands. L'abbaye aux Hommes, à Caen, offre, dans sa construction, quelque analogie avec l'église de San Michele à Pavie. L'abbé Lanfranc était venu de Pavie à Caen. De là, le style gothique se serait développé, non pas dans le pays où il venait de naître, mais bien en France.

Quel est l'avantage de la construction gothique, quel est son principe ?

Les Romains combattent la poussée de la voûte par la cohésion de la matière autant que par la massivité et le poids des murailles, qui donnent une pression en sens vertical. Les architectes romans économisent la matière en construisant par places des saillies dans l'épaisseur de la muraille. Cette espèce de pilastre s'est développée et devient un vrai contrefort. L'usage de voûtes collatérales demi-circulaires, venant combattre la poussée des voûtes, a été un grand pas en avant (cathédrale de Durham et abbaye aux Dames à Caen) ; mais nous sommes encore loin du vrai système gothique. L'inertie de la matière, l'épaisseur des murailles, l'étroitesse des ouvertures, la ligne horizontale, tout cela fait que l'art roman ressemble toujours à l'art romain.

Seul l'arc pointu, conçu non comme élément d'ornementation, mais comme système de voûtes, a pu donner à chacune des parties du bâtiment son indépendance et sa valeur propre, lui seul a provoqué cette construction légère et toute en apparence.

L'arc en tiers-point appliqué à la voûte donne moins de poussée, en outre il permet d'être surélevé, ce qui facilite la construction de la voûte en croisée d'ogives sur un plan, non pas purement carré, mais oblong ou polygone. (On en trouve un curieux et peut-être le premier exemple dans la petite église de Morienval, où un arc en tiers-point, dans une des chapelles absidiales, a répondu à une nécessité de la construction.)

Un autre élément caractéristique du nouveau style est l'arc-boutant qui va combattre la poussée de la voûte principale à sa naissance, en passant par dessus les bas-côtés. (Saint-Remy à Reims, Saint-Leu d'Esserent, Saint-Germain-des-Prés à Paris.)

L'arc en tiers-point serait donc le résultat d'une simple nécessité.

M. Moore ne se perd pas dans des spéculations sur l'origine de l'arc pointu, et nous croyons qu'il a raison.

Pourquoi faire venir de l'Orient, pourquoi emprunter aux Arabes un système que les architectes de l'Occident, si éminemment pratiques, ont été amenés à trouver par leur propre expérience ? Quand l'architecture romane s'allégea, l'architecte qui voulait construire d'une façon plus hardie, pour répondre aux besoins de son époque, fut forcé d'inventer l'arc en tiers-point et celui qui avant tout voulait faire grand, tout en restant sobre, ne serait certainement pas allé s'instruire par des exemples d'une architecture où l'épaisseur de la construction, la massivité de la matière jouaient un rôle prépondérant, comme dans toute architecture orientale. Il ne serait pas non plus allé chercher ses modèles là où toute l'ossature était cachée à l'œil par un plâtrage considérable, une ornementation toute superficielle et appliquée comme dans les constructions arabes. Nous devons considérer l'architecture gothique comme l'expression d'une construction avant tout logique, et l'arc en tiers-point a été sa plus belle invention.

Toute l'architecture gothique est le résultat d'un système économique réfléchi. Les constructions romaines, qui ont inspiré les architectes romans, n'ont pu naître qu'à une époque où la matière et la main-d'œuvre ne coûtaient rien. Les temps ont changé ; dans le moyen âge la matière est devenue coûteuse, chaque détail du monument, représentant un effort personnel, a son prix. L'ossature de la construction est faite avec une idée d'économie, à laquelle répond l'arc en tiers-point.

A Saint-Denis, dans les bas-côtés du chœur, dans l'abside et les chapelles absidiales, c'est-à-dire dans ce qui reste de la vieille construction faite sous Suger, le système esquissé à Morienval se trouve pour la première fois rigoureusement appliqué. Après Saint-Denis viennent Senlis et Noyons. L'architecte de Saint-Denis a fourni encore l'exemple à ceux de Paris, de Chartres, d'Amiens. La cathédrale de Canterbury, remaniée par un architecte français en 1175, offre les premiers exemples du style gothique en Angleterre. M. Moore fait bien d'insister sur les exemples où l'arc en tiers-point se montre dans des édifices qui ne sont aucunement construits suivant le système de l'architecture gothique, mais qui sont purement normands. La faute très souvent commise soit par des architectes, soit par des archéologues anglais et qui consiste à juger un style d'après les formes extérieures des fenêtres ou des entrées, est efficacement combattue par l'auteur. (Voir pp. 141, 142 et suivantes.)

Les architectes anglais de l'époque n'ont, paraît-il, jamais été imbus du système gothique comme l'étaient leurs confrères de France; tandis que ces derniers se servaient toujours de l'arc en tiers-point comme d'une nécessité de construction, les premiers l'appliquent parfois mal à propos. Aussi n'ont-ils jamais obtenu cette unité rigoureuse et cette sobre simplicité dans leurs églises. Le fait que dans les petites églises le vieux système continue est encore éloquent. L'auteur donne de nombreux exemples à l'appui de sa thèse.

En Allemagne, l'art roman a longtemps pu suffire au goût populaire. On avait été prendre ce style en Lombardie ; surtout les églises des bords du Rhin en sont de superbes spécimens.

Dans la seconde moitié du XIII° siècle on verra le style gothique s'adapter d'une façon encore imparfaite (la cathédrale de Fribourg, commencée en 1270 et la cathédrale de Strasbourg commencée en 1277). Ce n'est qu'à Cologne que l'on en trouve la rigoureuse application.

Au milieu du XIII° siècle les règles de cette architecture sont pratiquées en Italie par les ordres des Dominicains et des Franciscains. L'église de Saint-François d'Assise, terminée en 1253, présente sans aucun doute des intentions gothiques, sans cependant être construite suivant les règles strictes du style. La même chose peut être dite de Sta Maria novella de Florence, où, entre autres, le triforium manque. Dans aucune église italienne le véritable rôle des arcs-boutants n'a été compris ; dans certaines, on a remédié à la poussée des voûtes par de solides barres de fer, maintenant les murailles à l'intérieur de la nef (cathédrale de Florence), dans d'autres on a recouru au vieux système des contreforts (Saucta-Croce de Florence), ou à des murailles d'une forte épaisseur (cathédrale de Florence).

Tout en faisant une exception pour la cathédrale de Milan, qui est conforme au type des églises allemandes, M. Moore conteste le génie des architectes italiens du moyen âge. Tous ont été bien inférieurs à leurs confrères allemands ou anglais ; les architectes français les laissent bien loin derrière eux.

Dans les chapitres que l'auteur a consacrés à la sculpture, il n'a fait qu'effleurer les questions importantes, mais sa conclusion est toujours en faveur de la France. La perfection et l'antériorité du génie artistique français au moyen âge est pour lui une chose certaine. Il déplore qu'à la fin du xve siècle et surtout au commencement du xvi°, un goût débordant du luxe, voulant des palais et des maisons privées d'une somptuosité inconnue jusqu'alors, trouva son compte dans le style de la Renaissance, un style qui, du reste, n'a jamais été bien compris de ce côté-ci des Alpes. Les habitudes de la vie journalière, le climat ont fait naître le style gothique ; quand l'aristocratie l'abandonne, l'Église continue à lutter encore longtemps contre l'invasion antipopulaire.   A. Pɪᴛ.

Pearl. — An English poem of the fourteenth century. Edited with a Modern Rendering by Israel Gollancz, M. A. of Christ's College, Cambridge. London, published by David Nutt, In the Strand, 1891.

Ce poème est publié ici pour la seconde fois, et à tous les points de vue cet honneur était mérité et même nécessaire. Le texte est d'une intelligence extrêmement difficile, exigeant une étude approfondie comme on n'est à même de la faire pour un texte quelconque que s'il est publié seul (le premier éditeur, M. Morris, ne l'avait pas fait), de façon à donner leur relief à bien des beautés qui jusqu'ici n'étaient que peu ou point connues. Cette rare beauté du poème, M. Gollancz a tâché de la faire connaître et de la populariser en ajoutant une traduction en anglais moderne, laquelle, disons-le dès maintenant, ne fera qu'ajouter au prix de son ouvrage. Le sujet du poème est la plainte d'un père qui a perdu sa fille, mais qui est consolé du sort de cette enfant tant aimée par une vision dans laquelle il l'aperçoit, revêtue d'une beauté exquise, et comme la fiancée du Seigneur. Le poète est parvenu à répandre dans toute son œuvre un souffle de haute sentimentalité, il lui a donné un caractère d'élévation morale et en même temps d'achèvement spirituel qui a pour nous quelque chose de très touchant. Qu'il nous soit permis de nous exprimer en termes peut-être trop vagues, et nous dirons que l'esprit de ce poème rappelle la *Marche funèbre* de Chopin. Tous les deux chantent un horizon serein à travers les nuées qui nous assiègent momentanément.

Quel est le poète de *Pearl* ? On l'ignore. L'éditeur cherche à établir que c'est un philosophe « Radulphus Strode », mais cette démonstration ne repose en somme sur rien de concluant. Tout ce que l'on sait de Strode comme poète, c'est que, d'après un ancien catalogue, « versificavit librum elegiacum vocatum Phantasma Radulphi ». Il est encore vrai que notre poème pourrait être appelé *Phantasma*, mais je n'hésite pas à dire que c'est là *le seul* fait sur lequel on pourrait fonder quelque conclusion. M. Gollancz cite la dédicace de Chaucer au « Philosophical Strode » de son « Troilus and Creseide » et s'exprime alors de la manière suivante : « The peculiar force of Chaucer's dedication has, I think, never been

» properly understood. Chaucer felt that his Troilus and Creseide was
» open, and justly so, to the charge of being somewhat too free ; where-
» fore *in a spirit of banter* (les italiques sont de nous) he dedicated it to
» two fellow poets (*Gower* et *Strode*) whose poetry aimed primarily at
» enforcing moral virtue, etc. » Même si Chaucer avait eu cette idée, ce
que nous ne voulons pas discuter, le fait ne prouverait rien en faveur de
l'hypothèse que nous attaquons, mais, en outre, est-ce que Gollancz croit
réellement pouvoir admettre que Chaucer eût traité *son ami* Strode d'une
façon aussi indélicate? Inutile, ce nous semble, d'insister sur cette hypothèse qui, selon-nous, est à rejeter.

Nous ne voulons pas non plus nous arrêter à plusieurs passages d'une
introduction qui semble accuser chez l'auteur une connaissance étendue
de son sujet, mais nous préférons consacrer l'espace qui nous reste à la
discussion de quelques points relatifs au texte. Pour éclairer celui-ci,
M. Gollancz a dû — et su — vaincre bien des obstacles, parmi lesquels
la traduction ne compte pas pour le moindre. Que l'auteur nous per-
mette d'ajouter encore quelques notes, quelque minimes qu'elles soient,
que nous soumettons à son bienveillant examen.

Je cite d'après les stances et leurs vers :

1/10. *Yot*, d'après l'auteur = A. s. *geat*. Une autre explication nous
semble préférable, celle que *yot = yode* c'est-à-dire *yede*. Remarquez
que le scribe ne distingue pas du tout entre les formes avec ou sans *e*
final (voir Klapprott, *Das End — e — in W. Langlands Buch von Peter
dem Pflüger*, Göttingen, 1891), à preuve *spot* 1/12 mais *spotte* (2/12,
3/12, voir les notes) *fonte* 15/2 et 28/3, etc., et que le *d* et le *t* permutent
ici assez souvent ; voir la note de M. Gollancz, à la page 110 (9/1).

5/12. *Precos* et 8/11 *gracos* sont changés par l'auteur en *precios* et
gracios; mais *c* ayant le son de la spirante *ś* (= ± *sj*) ces graphies précieuses sinon gracieuses peuvent rester.

3/10. *Fayly*. Ajoutez à la note de la page 118, à laquelle Gollancz renvoie le lecteur, un renvoi à Paul's Grundriss d. G. P. i 864 où des phénomènes analogues sont traités. Un trait analogue très frappant sont les
graphies *ngn* pour *gn* qui accusent la transition de cette combinaison
en *nj* (*n* mouillé) comme *yngnoraunce, rengne*, etc.

9/5. Still onvard I pressed in blissful mood. — Le mètre exige :
‿ — ‿ — ‿ — ‿ — (comme l'original : I welke ay forthe in wely
wyse) ce qui me fait proposer : Still *forth* I pressed, etc., ou bien :
Still ón I préssed, etc.

11/8. *Greater joy* au lieu de *the greater joy* est probablement une
faute d'impression.

20/6. C'est encore le mètre qui me fait proposer ici :

> And so much greater was my joy.

au lieu de :

> And so much the more was my joy

17/4. *Bydene.* Voir un article sur l'étymologie de ce mot, discuté par M. Gollancz, dans l'Academy de Londres, n° 990 p. 395.

17/5. Le mot *mys* est expliqué comme forme apocopée de *amys*. Il est vrai que dans le m.-anglais se trouvent de formes comme *regynall* et *rest* pour *oregynall* et *arrest*, mais je crois que ce vers admet une autre explication qui me semble moins forcée. Je suppose que le scribe a transposé deux lettres de son original dans lequel il aurait trouvé :

> Al blysnande whyt wacz hir beu amys

au lieu de *beau mys*. Notez d'abord que *amys* est la forme exacte qu'il nous faut; que *beu* = *beau* se trouve en M. A. (voir Murray, in voce) et surtout qu'ainsi le mètre gagne beaucoup.

27/8 *Keve* aurait dû avoir sa note ou tout au moins une explication au glossaire (comme *Keved* en a une, juste au-dessous) et 60/2 pour *arethede* un renvoi au dictionnaire du docteur Murray aurait pu intéresser le lecteur (I, 440).

21/9. Le ms. a *vaynéd*, ce que M. Gollancz change en *wayned*, nonobstant les formes *vyf, vyvez*, etc., qu'il cite lui-même (p. 115). Pourquoi changer cela ? Certes, ce n'est pas une faute d'orthographe que ce changement de *w* en *v*, aussi peu que naguère c'en était une quand *Dickens* faisait parler son inimitable Sam Weller de *vell* au lieu de *well*, etc. D'ailleurs cette permutation de *w* et *v* se rencontre assez souvent en moyen anglais. Ainsi, pour n'en donner que peu d'exemples, je trouve : *wulgare* (Paul, Grundriss, I, 797) et *wertu, woysce, dewyssid, woyde* = *vertue, voice, devised, void* dans des fragments d'une vie de sainte Catherine récemment publiés dans l'intéressant volume que nous avons fait connaître ici. Voir aussi Paul's Grundriss, I, 831 et Anglia, I, 445 (allitération de *v et w*).

Nous avons dit assez pour faire connaître la valeur de ce livre. Ajoutons en dernier lieu que l'éditeur, M. Nutt, n'a rien épargné pour donner à l'ouvrage un extérieur digne de son contenu. L'impression, le papier, la couverture, et surtout un frontispice d'une grande valeur de M. Holman Hunt font de cette édition aussi un vrai « bijou ».

H. Logeman.

Hermann (E.) **Noch ein Wort über mithio**. Eine Rechtsgeschichtliche Studie. Leipzig, Duncker et Humblot, 1890, 8°, p. 73.

« Encore un mot sur le *mithium !* » Un mot qu'il faut remercier M. H. de nous avoir dit. La brochure de M. H. de volume modeste, est grosse de choses : d'indications précieuses, d'aperçus nouveaux, d'objections soulevées contre les doctrines courantes. Enfin quant à son objet principal qui est de déterminer le sens fondamental du mot mithium et la nature précise de l'institution correspondante, elle contient une réfutation, à mon sens, définitive, de la plaquette de M. Brunner sur le même sujet.

1° Est-il bien vrai que la grande propriété, avec son nombre considérable de libres dépendants, n'apparaisse guère qu'à l'époque carolingienne ? Ne remonterait-elle pas presque aux origines de la monarchie franque ? (p. 55). Dès le commencement du ıx° siècle nous voyons la cour foncière, la cour du seigneur, fonctionner déjà comme cour compétente pour l'aliénation des biens-fonds engagés dans les liens de la seigneurie et du groupe de la mark. (p. 73). Le rapport fondamental des fonds servants à la terra indominicata (du Volkland au Bochland) se trouve déjà pleinement développé dans les diplômes et les formules du commencement du vıııᵉ siècle (p. 43 et suivantes).

2º L'organisation judiciaire est-elle aussi populaire qu'on le croit ? Le comte n'est-il que l'exécuteur de la sentence, un simple agent d'exécution ?

a) M. H. serait porté à voir dans le comte le véritable juge, L S. 54.1 leodo-sake-miter : juge des causes des gens (p. 29). C'est de lui que dépend le jugement ; à lui, non aux échevins, qu'on impute le jugement injuste, et son activité judiciaire est cause de sa mort.

b) Enfin, tous les hommes libres indistinctement, ne composent pas l'assistance judiciaire, n'aident pas le comte à dire le droit. La classe des hommes libres ne figure plus, — si elle a jamais figuré, — parmi les éléments essentiels du tribunal. L'administration de la justice est, de très bonne heure, devenue chose royale ; et la participation à cette administration n'est plus le droit du libre, mais le *devoir* privé de l'homme du roi, de l'antrustion. L'échevin de l'époque carolingienne ne sera le plus souvent que l'homme du roi, le ministerialis, choisi parmi les *vassi* du comte, c'est-à-dire les *vassi* royaux.

3º Outre le tribunal du comté, siégeant successivement à chacun des mallobergs du gau ou du pagus, il faut encore distinguer un tribunal inférieur, siégeant tous les huit jours aux lieux de marché : un tribunal de marché, sans *tangano*, qui n'est pas un tribunal de rachimburgs ; dont le rôle est de présider à toutes les transactions commerciales (voir l'ouvrage de M. H. Die Grundelemente der altgermanischen mobiliarvindication p. 158-164), et d'intervenir parfois dans certains actes de procédure gracieuse (p. 40).

Telles sont les questions que M. H. touche en passant, je dis les plus importantes. Sur la question du mithium proprement dit, M. H. attaque vigoureusement Brunner, et me paraît le plus souvent ne pas avoir le désavantage.

M. Brunner, on le sait, sans autrement se préoccuper de la question d'étymologie, et basant toute son argumentation sur un certain sens procédural attribué aux mots *sperare, sperantes* de certaines formules, voit dans le mot mithium le sens fondamental de responsabilité pour autrui, réponse en justice. *Sperare* c'est compter sur autrui pour la représentation en justice.

M. H. démontre que ce sens procédural ne saurait convenir à *sperare*. *Sperare* se dit dans les textes de l'époque de tout droit, de toute expectative légale d'une prestation. C'est un fait avéré, du reste, à cette époque,

que le libre du commun ne saurait nullement être représenté en justice par autrui. — Le système de M. Br. croule par la base.

Qu'est-ce donc que le mithium? M. H. en fixe d'abord l'étymologie. La véritable orthographe du mot est *mitium* non *mithium*, mitium, miti. La racine est *met, messen*, apprécier, mesurer : au sens concret, aliment, nourriture. L'ancien dialecte saxon possède un verbe *meti* ; l'anglo-saxon *mete* qui signifie aliment. La leçon que nous donne de la rubrique du t. 51 le plus ancien manuscrit de la L. S., prouve pour notre mot la possibilité du passage de l'*e* à l'*i*, contraire, semble-t-il, aux règles ordinaires de la phonétique allemande : *De ando meto : Ando* = ancien h. all. *anado, anto* = ancien saxon *ando* = ags. *anda* = injuria ; et *meto* = ags. *gemet*, qui a la même racine que meti (p. 9-10). — L'*e* primitif se retrouve encore dans le composé *mite* — ou *meti* — *meziban* (capitulaire de 809) qui signifie proprement exclure du *meti*, de l'aliment, de la nourriture.

Le mot *miti* se trouve employé dans les textes avec quatre sens différents : 1° Le sens de jugement (appréciation) ; 2° celui de nourriture, d'entretien; 3° celui de cour, de maison; 4° il désigne sous la forme *mitius*, *mithius*, le groupe des personnes auxquelles le seigneur foncier assure le logement et l'entretien. Les textes de la première catégorie sont pour la plupart (6 sur 9) des gloses malbergiques ; les autres datent des tout premiers commencements de la monarchie franque. Ce premier sens paraît donc le plus ancien. On n'en trouve plus trace après Chilpéric Ier. C'est au deuxième sens que se rapportent plus ou moins les autres catégories. Ce nouveau *miti* disparaît définitivement après 803. Il remplit toute la période mérovingienne. Les textes qui nous présentent le mot miti dans son quatrième sens sont tous de la fin de la période mérovingienne et du commencement de la période carolingienne.

Il nous est naturellement impossible de suivre l'auteur dans l'examen de chacun de ces textes. Disons seulement que l'auteur, parfaitement armé pour toutes ces études, ne néglige rien pour mener à bien son œuvre, discussions linguistiques, rapprochements entre les différentes lois barbares. Mais c'est le rapprochement avec les lois anglo-saxonnes qui est particulièrement fécond, et M. H. donne là un exemple qui ne doit être perdu pour personne.

M. H. prend, en outre, la peine d'étudier dans son entier le texte où se retrouve le mot mithium, non isolément la phrase ou le mot. Moyen le plus sûr de trouver le sens le plus naturel du mot, le plus constamment en harmonie avec son étymologie présumée.

De là ces explications nouvelles des titres les plus importants de la L.S., de certains passages des formules et des diplômes, ces vues, ces aperçus nouveaux que nous avons signalés au début et qui imposent la petite brochure à l'attention de tous ceux qu'intéresse l'ancien droit germanique.

G. Platon.

O Roma nobilis, philologische Untersuchungen aus dem Mittelalter von Ludwig TRAUBE. Aus den *Abhandlungen der k. bayer. Akademie der Wiss.* I. Cl. XIX. Bd. II. Abth. München 1891, 99 p., in-4°, avec deux fac-simile.

Il serait difficile de donner, dans le cadre étroit d'un compte rendu, une idée exacte et complète de la variété des études qui constituent le recueil de M. T. Le titre pourrait faire croire à un caractère uniforme, à une conception générale qui n'y règne pas : il se compose des premiers mots d'un des deux chants découverts par Niebuhr dans le Vaticanus 3227 et sur lesquels l'auteur exerce d'abord sa sagacité. Ce qui donne quelque unité à cette série d'articles divers, c'est qu'ils sont consacrés à l'étude d'œuvres latines de l'époque carlovingienne, en partie publiées par M. T. lui-même dans ses *Poetæ carolini :* I. *O Roma nobilis.* II. *Vita Adalhardi des Radbertus Paschasius.* III. *Meginfridus Trithemii.* IV. *Hermaphroditus.* V. *Angilbert Abt von Corbie und Angilbert Abt von S. Riquier.* VI. *Dungali.* VII. *Sedulius Scottus.* VIII. *Die Excerptensammlung der Handschrift C 14 in der Bibliothek des Hospitals Cues.* IX. *Audradus Modicus.*

Parmi ces neuf chapitres, le septième et le huitième (qui forment d'ailleurs un tout) méritent, par leur étendue et leur importance, une attention spéciale : le savant philologue y montre que les seuls Irlandais connaissaient et pouvaient enseigner le grec au commencement du VIII⁰ siècle.

Dans ses recherches approfondies et minutieuses, en présence de la pénurie des documents, ne disposant pas toujours de renseignements ou de points de comparaison suffisants, l'auteur a dû hasarder plus d'une conjecture et d'un peut-être ! Mais des suppositions, à tout prendre, valent encore mieux qu'une ignorance ou une incertitude absolue, et, comme M. T. le dit p. 78, il a toujours appuyé ses hypothèses « de leur vraisemblance intrinsèque ». Chaque étude est suivie de notes copieuses, qui trahissent une connaissance remarquable de la bibliographie.

En un mot, la publication de M. T. est aussi intéressante par sa variété que remarquable par l'érudition et la sagacité du philologue. Pour la rendre d'un usage plus commode, l'auteur a dressé un index, où les principaux sujets traités sont indiqués, dans l'ordre alphabétique, sous quatre chefs : I. *Palæographie.* II. *Klassische Philologie.* III. *Mittelalterlische Philologie.* IV. *Geschichte.*   A. DOUTREPONT.

P. CLEMEN, **Die Portraetdarstellungen Karls des Grossen,** Aachen, Cremer, 1890.

M. Clémen vient de faire paraître une étude fort intéressante sur l'iconographie de Charlemagne. Il est peu de princes que la légende a autant exaltés, il en est peu qui ont vécu aussi vivement dans l'esprit populaire. Son amitié avec l'Église, sa fidélité envers la papauté qu'il éleva, la fondation d'un grand empire, rêve si cher aux contemporains, ses nombreuses victoires en ont fait un héros et, comme dit Michelet, le peuple a conclu que celui qui commandait de l'Èlbe à l'Èbre devait être un géant.

L'ouvrage de M. C. n'est pas une œuvre qui intéresse exclusivement l'histoire de l'art; c'est bien plutôt une étude historique dans laquelle l'écrivain suit pas à pas les textes mentionnant les œuvres d'art que le grand empereur a inspirées et les monuments qui nous ont été conservés.

Il nous a paru nécessaire, pour bien comprendre l'ouvrage de M. C., d'esquisser en quelques traits l'histoire de l'art et celle de la civilisation à l'époque des Carolingiens. Que devons-nous comprendre sous ce nom : Renaissance Carolingienne? Sommes-nous en présence d'une culture plus élevée, mais goûtée, comprise par la plupart des contemporains du grand empereur ou bien avons-nous affaire à une civilisation superficielle, éphémère, dernier rayon de celle de l'antiquité, susceptible d'être acceptée par le petit nombre des lettrés, déjà si rares à cette époque, et destinée à disparaître sans laisser une trop grande trace sur les classes même aristocratiques? La Renaissance Carolingienne fut avant tout ecclésiastique. Le peuple, le monde guerrier n'y ont aucune part. Elle eut pour siège le monastère et l'évêché, et l'Église seule en bénéficia. Le peuple, pas assez cultivé pour s'assimiler des éléments aussi étrangers à son développement intellectuel, resta éloigné de cette tentative, toute savante et le produit d'une civilisation vieillie : il vécut donc à l'écart de cette culture et garda encore pendant des siècles son imagination vive, sa crédulité religieuse, sa naïveté, son tempérament artistique, mais aussi sa brutalité et ses instincts grossiers. C'est de ce côté pourtant qu'on devait attendre le progrès.

Il est permis de se demander quel fut le profit de cette Renaissance? Elle éleva un peu le niveau des clercs, qui pendant les derniers temps mérovingiens était très inférieur; mais ce fut un effet de courte durée, car on peut lire dans les récits de Richer qu'aux ixe et xe siècle le clergé était retombé encore plus bas. Elle n'eut aucune action sur la *vie morale* des classes. Les capitulaires nous révèlent la grossière barbarie de l'empire occidental. Les crimes les plus monstrueux, les vices les plus honteux s'étalent au grand jour. Les nécessités de la vie, la maison étroite où grouille une famille nombreuse, l'agriculture basée sur l'esclavage en sont les principales causes. L'aristocratie ne fut pas préservée de cette contagion. L'Empereur même ne donna pas le bon exemple : sa vie privée ne fut pas exempte de fautes ; elle fut souillée, au contraire, par de grands crimes et par une honteuse immoralité. L'Occident ne pouvait rien reprocher à l'Orient.

Quels éléments formaient l'art carolingien? Celui-ci se ressentait du mélange des races. Rien de plus compliqué pour l'historien que de vouloir isoler les différents peuples qui ont formé la nationalité française. Au midi les colonies wisigothes ont laissé peu de traces ; ces populations ont été très vite romanisées et au xie siècle ont provoqué une Renaissance romane qui s'étend de la Provence jusqu'à Autun. Elle aurait encore agrandi son empire plus au nord, si elle n'avait rencontré là des éléments tout à fait opposés. A l'est, les Burgondes sont venus en grand nombre : on peut voir par les cimetières mérovingiens et les noms de lieux que les éléments germaniques en cette contrée sont assez importants, bien qu'on ne puisse pas indiquer la densité de ces centres de population. Plus au nord les colonies franques s'accusent : ici se pressent les noms de lieux et les cimetières, ici les Germains s'établissent à mesure que les conquêtes des rois francs s'étendent. Du côté de la Manche nous avons les colonies saxonnes déjà établies au IIIe siècle, et les Scandinaves qui affluent et fondent le duché de Normandie. Au sud-ouest nous avons encore les Basques. Ne soyons donc pas étonné si nous rencontrons du VIe au IXe siècle un art peu homogène, mais indiquant différents degrés de civilisation et les divers courants d'art que nous retrouverons pendant la période romane n'ont pas d'autre source que celle-là.

L'ancien art Germanique avec ses entrelacs, avec ses tracés compliqués et bizarres, trahissant une très grande imagination, un apport de l'art bysantin devenant de plus en plus goûté par les artistes contemporains, un faible souvenir de l'art romain quasi oublié et proscrit pendant la période mérovingienne, tels sont les éléments principaux qui constituent l'art carolingien. Il vécut de souvenirs, de l'ornementation importée de l'Orient, ou de celle conservée par les peuples germaniques ; il ne créa presque rien de nouveau. Les Germains avaient apporté en France une autre conception artistique ; ils ne concevaient la figure humaine que comme un ornement et ils la rendaient, ainsi que les Anglo-Saxons dont ils étaient les parents les plus rapprochés, entourée d'entrelacs, d'animaux fantastiques. Leur art, tel que nous le montrent les nombreux monuments de la période mérovingienne, trahit un tempérament artistique nouveau, tout différent de celui des Gallo-Romains qu'ils ont vaincus.

Pour la peinture et la sculpture fort rares encore, les Germains ont accepté la technique transmise dans les cloîtres de siècle en siècle. Elle y vivait de souvenirs classiques, elle y était apprise oralement. Ce qui frappe avant tout quand on étudie l'art carolingien, c'est l'incapacité d'exprimer le geste, et partant la pensée des personnages que l'artiste veut représenter. L'infériorité de la mimique aussi bien extérieure qu'intérieure se montre chez lui dès les premières œuvres. Et pourtant c'est ce vers quoi il tendit. Rien ne l'intéresse autant que d'animer ses personnages d'une vie intérieure. Et ce ne fut pas tant le manque des moyens techniques (l'artiste se joue quelquefois des grandes difficultés), mais bien plutôt l'impossibilité d'exprimer ce que sentait son cœur. Le nu ne le préoccupe pas ; jusqu'au XIe siècle l'artiste est resté prude. L'indication des sexes est bannie. La première partie du moyen âge rougirait de l'étaler. Bien plus, l'artiste considère le corps humain comme le *substratum* des membres ; seule la pensée de ces personnages traduite par une mimique juste le préoccupe, et cela est si vrai que parfois avec une mimique assez bonne et malgré une mauvaise anatomie, il a pu atteindre une très grande virtuosité. La ressemblance ne le préoccupe pas. Il ne cherche pas à l'atteindre. Il y supplée par une banderolle qui indique le personnage, le sexe et l'action.

A côté de cette conception propre à leur race, nous l'avons vu, les Germains acceptent l'art byzantin avec ses procédés. Nous possédons donc des monuments où se rencontrent deux courants ; grâce à l'art oriental, nous trouvons qu'on exige quelquefois pendant cette période un peu plus de ressemblance. Le côté extérieur de l'individu est seul en jeu. Est-ce même l'individu qu'on veut représenter ? Certainement non. On indique simplement l'âge et, d'une façon très sommaire, la coupe des cheveux, la couleur de la barbe ; quelquefois on va même plus loin, on donne au personnage de petites particularités ; mais nous ne pouvons reconnaître un plus grand progrès jusqu'au xie siècle. Que pensaient les contemporains de ces œuvres souvent si laides, si enfantines ? Ils croyaient sans nul doute, et les textes nous l'attestent, posséder un art très naturaliste. Les artistes de cette époque ne doutaient pas un moment de rendre la nature telle qu'elle était.

Nous pouvons nous rendre compte, d'après cela, de ce qu'il faut entendre par les portraits de Charlemagne. Eginhart nous a laissé la biographie de ce prince et nous a dessiné minutieusement ses traits. A ce sujet un petit reproche à M. C. Pourquoi n'a-t-il pas donné ce portrait si fidèle et si soigné de l'ami de Charles avec quelques commentaires, dès le début du livre. Tous les détails sont en note et son travail perd en clarté.

M. C. passe en revue toutes les œuvres qui mentionnent les portraits de Charles. Une double division était ici nécessaire et l'auteur l'a faite : Les monuments qui appartiennent à l'époque carolingienne et peuvent encore garder un souvenir du vieil empereur ; les œuvres postérieures, qui idéalisent suivant la conception artistique de ces époques la figure de l'empereur sans se soucier de sa ressemblance. Une seule figure peut nous donner, au milieu de ces œuvres, le portrait de Charlemagne vu à travers les yeux d'un artiste, c'est la statuette du Musée de Carnavalet. Est-ce bien Charlemagne ? C'est avec une très grande prudence qu'il faut répondre au sujet, non de l'époque sans nul doute carolingienne, de la statuette, mais de la figure qu'elle représente. Dans la troisième partie de son travail, le développement légendaire du vieil empereur depuis le récit du moine de Saint-Gall jusqu'à ceux des chansons de geste et de Turpin, l'auteur fait preuve d'une très grande lecture. Son œuvre est peut être difficile à lire, à cause même des nombreuses notes qui encadrent le texte : on a besoin de persévérance et de volonté pour aller jusqu'au bout. Bien peu de livres témoignent d'une érudition aussi vaste. En le lisant nous avons pensé que M. C. n'avait pas voulu écrire une page sur l'histoire de l'art, mais bien une étude historique ; aucun détail ne révèle une connaissance artistique de ce temps, et l'âme d'un artiste sous l'écrivain. Nous le regrettons sincèrement, car M. Clémen connaît fort bien la période carolingienne et il a lu et non feuilleté, comme on ne le fait que trop de nos jours, les œuvres des historiens du moyen âge.

Finissons d'un mot bien mérité : C'est vraiment une œuvre bonne et utile.   A. Marignan.

Le poème et la légende des Nibelungen par H. Lichtenberger. (thèse de doctorat). Paris, librairie Hachette et Cie, 1891, 442 pp. in-8°.

L'auteur de ce livre n'a pas cherché à être original; il a voulu présenter au public français les résultats auxquels ont abouti cinquante ans de recherches et de polémiques savantes, en Allemagne, sur la question des *Nibelungen*. Encore a-t-il exclu de son plan l'exégèse du texte, l'étude des mss. et celle des mythes qu'on a cru retrouver au berceau de la légende de Sigfrid et de Brynhild. Son œuvre est avant tout littéraire : il fait d'abord l'historique de la question qu'il aborde après tant d'autres ; il étudie ensuite la légende dans ses sources, dans ses traits généraux, dans son évolution à travers les temps et les lieux; il la décompose en ses éléments et il leur consacre autant de chapitres qu'il croit en découvrir par l'analyse. Il passe successivement en revue : le trésor des Nibelungen, l'histoire de Sigfrid, celle de Brunhild et celle de Gunther; dans la seconde partie de l'œuvre, il se préoccupe particulièrement du rôle d'Attila, du personnage de Volker et des épisodes de Dancwart, d'Irine, de Ruêdeger et de Dietrich de Bern. Après une « critique de la théorie de Lachmann » sur la juxtaposition des parties du poème viennent soixante-sept pages consacrées à ce que nos confrères d'Allemagne appellent les *Realien* d'un tel sujet. M. L. décrit « les mœurs dans le N. », le « roi », le « héros », la « femme ». Dans sa conclusion (p. 392-411), il rappelle à grands traits les données acquises au cours de l'ouvrage, il retrace les étapes de la légende et s'efforce de justifier par là les caractères qu'il a cru reconnaître au poème autrichien des xiie et xiiie siècles. Trois appendices sont consacrés : I, aux *sources* (allemandes, saxonnes et norroises; à la bibliographie de ces dernières j'ajouterai l'édition récente des *Eddalieder*, publiée par M. F. Jonsson à Halle, chez Niemeyer) ; II, aux *témoignages* (textes historiques et poétiques, noms propres); III, à la Bibliographie (liste épurée des travaux allemands et français, avec astérisques simples ou doubles aux titres de ceux qui marquent le plus dans ce domaine).

Il aura suffi de cette rapide analyse pour permettre au lecteur d'apprécier l'utilité d'un livre comme celui-ci. Il va de soi que cette utilité est subordonnée aux soins avec lesquels le travail de dépouillement et d'analyse comparative a été fait par son auteur. Eh bien, on peut dire que de ce côté là il n'y a guère qu'à louer chez M. L. Son information est généralement excellente et s'il n'est pas toujours aussi concret dans son exposé que nos habitudes françaises le désirent, il faut lui tenir un sérieux compte des inextricables difficultés au milieu desquelles il a dû se frayer un chemin. Le service qu'il a voulu rendre, en ouvrant à notre public l'accès d'un monde qui lui était hier encore fermé, a eu peut-être pour effet de le jeter dans bien des obscurités qu'une interprétation plus systématique aurait su éviter. Ecrivant de parti pris, même dans une faible mesure, M. L. aurait eu vite fait d'ignorer telle doctrine, d'écarter telle objection déjà posée, dont il ne pouvait faire abstraction dans un exposé impartial et complet. Ce que je lui reprocherai plutôt, c'est un excès de timidité, l'hésitation très visible qu'il éprouve dans plus d'un cas à se décider entre plusieurs solutions, offrant chacune certains avantages et certains côtés faibles. De la critique sans cesse renouvelée du *Niebelungenliet* et des versions scandinaves il se dégage pourtant plus d'une certitude. C'est d'abord un noyau historique où apparaît un roi burgonde vaincu et tué par les Huns ; ceux-ci ayant à leur tête un chef, devenu par une prompte nécessité de la légende : Attila, dont la mort mystérieuse crée le lien entre Gundahar et l'épouse d'une nuit du farouche vieillard. D'autre part, le mythe de Sigfrid se dresse bien nettement, combinant en lui certains éléments inséparables, comme le rôle de libérateur de vierges et de tueur du monstre, gardien d'un trésor merveilleux. Peut-être, si M. L. ne s'était interdit tout développement de cette espèce, aurions-nous éprouvé grand plaisir à savoir ce que l'ingéniosité germanique a cru découvrir dans cette figure semi-héroïque et semi-mythique, comparée avec d'autres semblables, que l'Inde et la Grèce, les Celtes et les Slaves ont glorifiées dès les temps primitifs. Reste à savoir où, quand et dans quelles conditions s'est faite la fusion de ces deux thèmes ? Ici M. L. nous paraît se rapprocher des vues émises tout récemment par un des plus ingénieux critiques de la jeune école en Allemagne, M. W. Golther (1). Il croit comme lui (p. 396) que « la réunion du mythe de Sigfrid aux lieder historiques sur Gundahari et Attila s'*est* faite chez les Francs ». Seulement il est porté à en faire honneur aux Francs Ripuaires (p. 76), « témoins de la défaite des Burgondes » tandis que M. Golther place le phénomène avec plus de raison, à notre sens, chez les Saliens, d'où la légende déjà poétisée émigra vers le nord, à l'époque des Vikings, qui lui firent subir des transformations profondes. Indépendamment de la plausibilité plus sérieuse que l'existence de cette légende chez les Saliens emprunte à cette transmission, un autre motif rend moins vraisemblable la préférence que M. L. accorde aux Ripuaires : témoins des événements, ils auraient dû s'en constituer les fidèles dépositaires historiques et la fusion du réel et du mythique en aurait été plus tôt retardée. D'ailleurs, les Ripuaires n'ont laissé aucune trace dans le Niebelungenliet, et les personnages de Dietrich, de Ruêdeger et de Dancwart nous prouvent qu'il en a été autrement chez les peuples auxquels les Burgondes en ont transmis le souvenir. Un autre héros adventice est Iring, au sujet duquel M. L. se demande s'il faut distinguer sous ce nom un personnage mythique, celui de l'*Irvingvegr* (la voie lactée) et un personnage réel (p. 270), le roi des Thuringiens. Il aurait pu sortir de sa réserve un peu formaliste en fait de mythologie et rapprocher de cette tradition, semi-mythique et semi-historique, celle qui a confondu, semble-t-il, la Brünhild des légendes et la reine Brunehaut, en attribuant à cette dernière les voies romaines qui sillonnent le sud de la Belgique et le nord de la France.

(1) Aux indications de la *Bibliographie* sur M. Golther, add. *Germania*, 33, p. 449, et *Beilage z. Allg. Zeitung*, 1er mars 1890, article plein d'intérêt, dans lequel notre savant collaborateur résume et justifie sa doctrine.

Tout compte fait, l'apport historique est donc double dans le *Niebelungenliet* ; il consiste en un premier noyau et en greffes successives, d'une importance inégale. Ainsi en est-il de notre *Roland*, si l'on considère l'événement de faible portée qui lui a servi de base et l'introduction postérieure d'un Richard de Normandie et d'un Jofroi d'Anjou. Et puisque nous parlons de notre plus vieille épopée, nous nous permettrons de faire encore une objection à M. Lichtenberger. Il consacre un assez grand nombre de pages, d'une grande finesse critique, à mettre en relief les différences qui existent dans les sentiments, les mœurs et les conceptions sociales entre le *Niebelungenliet* et ce qu'il appelle l'épopée rhénane (1). Il nous paraît que son ingéniosité aurait trouvé encore un meilleur champ si elle s'était exercée à une comparaison entre notre épopée nationale et le poème autrichien. Sinon par sa date, du moins par son souffle, celui-ci appartient bien à l'âge historique de l'épopée allemande. Ce n'est donc pas à *Orendel*, *Morolf*, *Oswald*, etc., qu'il faudrait le comparer (2), mais à *Roland*, à *Ogier* et plus encore aux *Lorrains*, qui sont aussi une guerre de famille, remplie des vieux souvenirs de la lutte entre l'Austrasie et la Neustrie et dont la sauvage grandeur ne le cède pas trop à celle du chef-d'œuvre qu'il a étudié.

Notre dernier mot sera pour recommander le livre du professeur de Nancy à nos lecteurs de France ; tout en regrettant qu'il ait systématiquement écarté de son programme ce qui est relatif aux mythes, aux mss., à la critique du texte, etc., nous ne pouvons que proclamer le mérite d'une entreprise comme la sienne, lorsqu'elle est conduite, et c'est ici le cas, avec savoir et impartialité. E

Dom Ursmer Berlière O. S. B. *Monasticon Belge*, t. ɪ, 1ᵉʳ liv. Bruges, Desclée, de Brouwer et Cⁱᵉ, 1890, vɪɪɪ, 152 p., in-4º.

Le *Gallia Christiana*, en ce qui concerne la Belgique actuelle, et pour des causes faciles à concevoir, est souvent insuffisamment renseigné, et parfois même mal. L'œuvre qu'a entreprise D. B. de compléter et au besoin de rectifier ce précieux recueil est donc, par elle-même, méritoire. Les incessantes publications de monographies et de documents historiques, l'organisation régularisée des archives générales et locales, ont permis de connaître bien des manuscrits et des chartes ignorés il y a un siècle et demi. Cette mise à jour d'un monument aussi important que le *Gallia Christiana* est évidemment appelée à rendre les plus grands services aux érudits.

Dom B. a limité sa tâche, en étendue aux grands ordres du moyen âge, et dans l'espace au territoire de la Belgique actuelle. C'est la division

---

(1) Nous ne savons trop pourquoi M. L. désigne ainsi ces poèmes, surtout le *Rother* et le *duc Ernst* qu'il dit aussi appartenir à la vallée du Rhin (p. 326, cf. p. 380) alors qu'il est généralement admis qu'ils ont été composés en Bavière.

(2) Encore moins convenait-il d'invoquer ici l'*Iwein* de Hartmann von der Aue, (p. 364) qui n'est qu'une traduction de Crestien.

administrative actuelle aussi, qui marquera les divisions de son travail : ainsi le premier volume sera consacré aux établissements religieux des provinces de Hainaut et de Namur, et cette première livraison s'occupe des maisons namuroises.

L'auteur s'est, avant tout, donné pour but d'établir des listes chronologiques certaines et fondées des supérieurs des divers couvents, avec l'indication des années de leur vie ou de leurs fonctions, et la mention des documents authentiques où ils sont cités. Le présent travail sera donc d'une incontestable utilité pour faciliter la recherche des dates de bien des chartes, par le moyen des noms des religieux qui si souvent y figurent.

Dom B. a mis beaucoup de soin à rendre son œuvre aussi complète que possible. Il a fouillé tous les dépôts publics belges, et si l'on peut relever quelques oublis dans le cours du présent travail, ils sont dus surtout à l'absence encore fréquente de bons catalogues : au surplus, il compte les réparer bientôt, dans un supplément qui paraîtra avec la fin de ce premier volume. Il a tiré aussi d'importantes indications de France et d'Allemagne. C'est dommage que ses investigations ne se soient pas également portées vers les richissimes bibliothèques d'Angleterre. On sait combien de documents essentiels pour l'histoire de la Belgique, par suite d'achats ou autrement, sont allés grossir les dépôts de l'État ou des grands seigneurs d'Outre-Manche. Il y aurait peut-être là, pour la matière spéciale dont Dom B. s'occupait, des pièces aussi importantes que celles qui lui ont été fournies par la Bibliothèque Nationale de Paris. C'est ainsi que, parmi les Rotuli du British Museum, figurent deux manuscrits donnant une liste très détaillée des abbés et frères de Horeffe, acquis à la vente de J.-B. de Jonghe : ils étaient décrits dans le catalogue des livres et manuscrits de ce savant bibliophile, t. ii, p. 128, sous les n°s 5430 et 5431.

Le savant bénédictin montre une certaine tendance, explicable du reste, à rattacher à la règle de saint Benoît les établissements les plus anciens, ceux dont la vie primitive est la plus obscure. Faut-il dire que son argumentation, pour habile qu'elle soit, ne parvient pas cependant à entraîner la certitude absolue dans cette question si souvent et si longuement débattue du régime religieux de nos premiers couvents ?

En remerciant Dom B. d'avoir assumé la responsabilité d'une entreprise aussi utile, mais non moins épineuse et de longue haleine, nous faisons des vœux pour qu'il ait la patience de pousser ses recherches encore plus loin, et le courage de hâter son travail sans précipitation.

G. C.

P. Rajna, **Tre Studi per la storia del libro di Andrea Cappellano.** — *Studi di Filologia Romanza,* Fasc. 13 (t. v), P. 193-265.

Ces intéressantes études complètent la savante conférence publiée, il y a deux ans, par M. R. sur les cours d'amour (1). I. La première est

(1) Milan, Hoepli, 1889.

consacrée à Geremia da Montagnone, le juriste Padouan, auteur du traité *Moralium notabilium,* qui pendant des siècles jouit d'une grande renommée (1), et d'une *Summa commemorialis utilium Juris.* Jérémie, qui commence à figurer dans les documents padouans vers 1275 et en 1280 était reçu dans le collège des juges, doit être mort dans les derniers mois de 1320, ou sur le commencement de l'année suivante. Déterminer le temps dans lequel il écrivit ses ouvrages est chose difficile; le traité doit avoir été composé entre 1290 et 1300; la *Summa* plus tard. II. *Il libro di Andrea Cappellano in Italia nei secoli* XIII *e* XIV. MM. Sundby, Paris, Trojel ont déjà démontré que les plus anciens témoignages sur l'existence du *Flos amoris* sont de source italienne; c'est Albertano da Brescia qui en cite les règles dans le *Liber de doctrina loquendi et tacendi,* composé en 1245, et dans celui *De Amore et dilectione Dei,* écrit sept ans avant; c'est l'auteur de ce « chastoiement » franco-italien, qui se cache sous le nom bizarre d'Enanchet, mais qui vivait lui aussi au milieu du XIII° s.; c'est enfin le *Fior di Virtù.* M. R. trouve encore les traces d'une influence du livre du Chapelain dans les sonnets de Guittone, de Chiaro Davanzati, dans cette couronne de soixante sonnets attribuée par certains critiques à G. Cavalcanti, et aussi chez Cino da Pistoia et Pieraccio Tedaldi. Mais le « Gualtieri », que ce dernier dit inférieur en science à Dante et qu'il nomme avec Caton et Donat, est, à mon avis, Gautier de Lille, l'auteur célèbre de l'*Alexandreis,* qu'on lisait dans les écoles italiennes au XIV° siècle, et non pas le Chapelain. M. R. passe ensuite aux traductions du livre d'André, dont l'une, qui s'est trouvée jusqu'ici dans un seul ms., n'a pas eu beaucoup de diffusion; l'autre, au contraire, qu'on attribuait sans raison à Andrea Lancia, a été très répandue. Les règles, qu'on trouve traduites dans un ms. de la Laurentienne et qui ont été publiées par Doni (1547), n'appartiennent pas à ces deux traductions; elles sont le fruit d'un remaniement Les règles isolées se lisent dans plusieurs mss. que M. R. cite : on peut y ajouter l'Ambrosiano O 63 sup.

III. *La questione della data del libro di Andrea Cappellano.* Chez Jérémie l'auteur du *Flos amoris* est toujours appelé « André, Chapelain du pape Innocent IV », et ce titre lui est aussi attribué par la rare édition de son ouvrage faite au XV° siècle. En outre, Jérémie attribue à l'auteur du *Flos* un *Libellus de dissuasione uxorationis,* qui se trouve avec la même attribution dans le ms. Vatic. 5110. L'opinion de Jérémie est-elle fondée? M. R. prouve fort ingénieusement que le juge Padouan a confondu en un seul deux personnages distincts; André, le chapelain du pape Innocent IV, l'auteur du *De dissuasione* a réellement existé; c'était un Fieschi, neveu de Sinibaldo, qui, élu pontife, le combla

(1) Aux neuf mss. mentionnés à la p. 193, n. 3, on peut ajouter le Vatic. Pal. 402, du XV⁰ siècle, fort mal décrit par STEVENSON, *Codd. pal. lat. bibl. Vat.,* I, 119. qui en fait une *Collectio sententiarum moralium* d'auteur inconnu; le n° 212 des mss. latins de la Bodléienne d'Oxford et le n° 186 des Miscell. de la même bibliothèque (cf. COXE, *Cat. codd. mss. bibl. Bodlej.* P. III, Oxford, 1854) et le ms. lat. 14.317 de la Bibl. Roy. de Munich : tous du XV° siècle).

de cadeaux; mais il florissait au milieu du xiiie s. (1) et ne peut donc pas
être identifié avec l'André qui écrivit le *Flos*. Plusieurs arguments, que
M. R. met en avant avec la finesse qui lui est habituelle, semblent
démontrer que celui-ci écrivait sur la fin du xiie siècle; il n'appartenait
pas à la génération qui vit jeunes et belles les grandes dames célébrées
dans son livre, mais il a pu les connaître vieillies. Selon M. R. le
Flos doit donc avoir fait son apparition en France dans les dernières
années du xiie s. ou dans les premières du suivant. Comme appendice M. R. imprime d'après le ms. Vat. déjà cité le *Libellus de dissua-*
sione uxorationis. Ce texte, qui a été sans doute calqué sur l'Épître célèbre
de Valère à Rufin, composée par Gautier Map, est fort intéressant;
mais il est aussi fort corrompu. M. R. y a porté toutes les ressources
de sa savante critique; mais par ci par là on pourrait peut-être discuter
certaines corrections. Ainsi p. 266, l. 2, j'aimerais mieux modifier la
phrase *Apozima pre ferro sanaturum* du ms., en *apozima profero*
sanaturum, que supprimer *pre* et écrire *sanaturus*; p. 267, l. 9, *hunc*
inique ad saxum protheat, il vaudrait peut-être mieux substituer *pro-*
telat; cfr. le *contulit in saxum* Ovidien cité avec tant d'à propos par l'Édit.
P. 268, l. 11 *quem turba monstrorum non terruit, puella minans exti-*
muit et qui nullis subcubuit, victa, pro dolor, eum subegit. M. R. se
demande qu'est-ce que c'est ce *victa*, qu'il juge un participe. Ce 'n'est
pas là *vitta* = bandeau? L'A veut indiquer avec ce terme Omphale qui,
étant femme, portait le chef voilé. P. 269, l. 2, *prodit liquentis aque clara*
substantia. Le ms. *sbā*. On pourrait conjecturer *subsistentia*. P. 270,
l. 4, *vive phylosophie non uxori.* Il y a là une allusion à un mot cicéronien
qui est cité par Gautier Map. 6. *Si turpis, nunquam lectus carebit mur-*
mure : cfr. Juvénal, vi, 278-82 ? P. 272, l. 4, le ms. porte *respice igitur*
amice kme. M. R. substitue *lumen* à l'abréviation *kme* ; il me semble
qu'on pourrait lire *karissime* et ajouter tout simplement *te*.

F. NOVATI.

VARIÉTÉ

LES ORIGINES DU ROMAN BRETON

L'étude du roman breton a obtenu un singulier retour de faveur depuis
les récents travaux de M. G. Paris. Celui-ci a trouvé des partisans et
des contradicteurs aussi nombreux qu'acharnés. La seule ambition que
puisse avoir cette courte *Variété* est moins d'exposer la doctrine du maître
français et les polémiques auxquelles elle a donné lieu, que de permettre
au lecteur de s'orienter parmi les publications récentes inspirées par ce
sujet passionnant en France, en Allemagne et en Angleterre (2).

(1) Quelques nouveaux détails sur lui dans le *Giorn. Ligust.*, a. xvii, fasc. 3-4,
p. 137.

(2) Sans prétendre dresser une *Bibliographie* complète, on peut signaler de
M. Paris : la grande étude qu'il a consacrée au Roman Breton dans l'*Histoire*

Selon M. Paris, la « matière de Bretagne » est d'origine insulaire.
Artur, qui en est le principal héros, fut un chef cymrique qui résista
victorieusement aux efforts des Saxons. La reconnaissance publique
l'immortalisa, ainsi que les autres personnages qui participèrent à cette
lutte nationale. Toutefois, ce n'est qu'au x⁰ siècle, dans le pseudo-Nennius,
que nous voyons reparaître son souvenir. Au xⁱⁱ⁰, Gaufrei de Monmouth
raconta tout au long son histoire, mélangée de fictions dont il semble
n'avoir inventé qu'une partie. Ce serait à la même date que les fables sur
Artur auraient pénétré en France, la conquête de l'Angleterre par les
Normands aidant singulièrement à cette diffusion. Les contes celtiques
furent d'abord accueillis et goûtés par les conquérants; de là, ils passè-
rent dans des versions anglo-normandes, qui furent suivies d'autres
remaniements, rimés dans la langue continentale. Mais déjà avant cette
conquête « les musiciens gallois avaient franchi les limites de leur patrie
» pour venir exécuter chez les Anglo-Saxons eux-mêmes ces « lais » qui
» eurent un si grand charme pour le public français (1) ».

C'est surtout les derniers points de cet exposé que M. Zimmer, le
celtiste bien connu, a contestés avec la dernière vigueur. Pour lui il ne
peut être question d'une transmission par la voie anglo-normande, encore
moins par la voie anglo-saxonne. La haine de race, dont il a rassemblé
divers témoignages, s'opposait à un commerce intellectuel entre les
populations de race celtique et leurs maîtres germains et norrois. D'autre
part, rien ne nous autorise à dépouiller de leurs traditions (ou du moins de
les réduire à un rôle accessoire) les Bretons continentaux. Et M. Zimmer
a essayé de démontrer que la nature même des légendes celtiques, telles
qu'elles nous ont été conservées, s'accommodait beaucoup mieux d'une
origine armoricaine que d'une provenance galloise. Sans parler de
certaines imaginations mythiques que la petite Bretagne aurait seule
possédées, la forêt de Broceliant par exemple, les noms même des
localités qui sont le théâtre des exploits d'Artur et de ses *pairs*, indique-
raient nettement une tradition bretonnante. Je citerai Carduel dont les
romans français, d'accord avec les traditions primitives, font la capitale
d'Artur, tandis que les textes gallois et cymriques lui substituent Carléon.
A quoi faut-il attribuer cette différence, sinon aux événements postérieurs
à l'émigration des Celtes d'Angleterre en Armorique, événements qui
eurent pour conséquence de refouler leurs frères cymriques dans le sud
de l'île et d'effacer chez eux le souvenir du siège historique de leur
ancienne nationalité; au contraire, les Bretons devaient garder intacte la
fidélité de ce souvenir, et c'est pourquoi la mention de Carduel (Caer

littéraire de la France, t. xxx; ses pages sur le même sujet dans le *Manuel
d'ancien français*, ch. ɪv et des articles de la *Romania* dont l'énumération serait bien
longue; de M. Zimmer, deux articles des *Gött. gel. Anz.* 1890, p. 488 et 785; un
article de la *Zs. f. franz. spr.* 1890, p. 231; de M. Förster, ses préfaces d'*Yvain*
(Halle, Niemeyer, 1889), et d'*Erec* (ibid.) 1891; une critique du *Literaturblatt f.
G. a. R. Ph.*, 1890, nᵒ 7; de MM. Golther et Nutt, des travaux signalés ici même,
ɪv, 118. Nous faisons abstraction des études sur telle ou telle œuvre du cycle.

(1) *Histoire littéraire*, xxx, p. 7.

Ligualid de Nennius) dans les romans français confirme l'hypothèse toute naturelle que les traditions celtiques gagnèrent de proche en proche et qu'on ne dut pas aller les quérir au delà de l'Océan. M. Zimmer ne conteste pas, d'ailleurs, qu'Artur ait joui d'une grande célébrité chez les Cymriques. Il croit que les récits qu'ils lui consacraient étaient en prose et qu'ils se prêtaient merveilleusement à des additions successives, comme on peut s'en convaincre en lisant le Mabinogi de Kulhwch et Olwen (1), déjà *en germe* chez Nennius. Il refuse donc la fixité relative d'une forme poétique aux légendes des Celtes; ceux-ci, comme il a prétendu le démontrer ailleurs (2), n'ont possédé de cantilènes (*romanze-ballade*) qu'après l'âge des Vikings et sous l'influence germanique qui se trahit notamment dans la célèbre *Saga* de Finn. La doctrine de M. Zimmer est, on le voit, principalement dirigée contre l'hypothèse « anglo-normande » de M. Paris. Toutefois, si l'on fait abstraction de ce facteur, moins essentiel qu'il ne paraîtrait dans l'exposé du savant français, tout espoir d'une conciliation entre ses vues et celles de son contradicteur ne me semble pas perdu. Au fait, et c'est ce qui le sépare de son allié de Bonn, M. Zimmer n'entend point réduire à néant l'apport celtique dans le roman breton. Il proclame plus haut que tout autre la grande diffusion des légendes sur Artur et ses compagnons de gloire ; il la fortifie de témoignages nouveaux (3) ; il rassemble tout un faisceau de « traits celtiques » que notre roman aurait conservés (4) ; il attribue même ce caractère à des éléments légendaires que je serais porté, pour ma part, à ne point refuser aux autres races aryennes (c'est le cas pour l'épée merveilleuse d'Artur et pour certaines fêtes nationales, à date fixe, dont il fait exclusivement honneur aux Bretons de l'Ile).

Comme il fallait s'y attendre, M. Förster a dû modifier son attitude depuis les publications que je viens de signaler. Après avoir appelé son collègue à la rescousse, il s'est aperçu que l'accord stratégique n'était pas complet entre eux et, comme il le dit en toute loyauté dans la préface d'*Erec*, il a « mis de l'eau dans son vin ». Alors qu'en 1889 il était disposé à ne laisser à Artur d'autre passé, dans la légende, qu'une vague mention de Nennius et qu'il mettait sur le compte de Gaufrei et de sa version érudite toute la célébrité de ce personnage (5), aujourd'hui il fait la part de la transmission populaire et il renonce à attribuer à l'auteur de l'*Historia Britonum* la douteuse paternité de toutes les légendes dont Artur nous apparaît comme le héros (6). Ces légendes, il les localise natu-

---

(1) Voir *Moyen âge*, IV, p. 104.

(2) *Zeitschrift f. deutsches Altertum*, 35, p. 33, ss.

(3) Notamment de deux témoignages cymriques du Xe siècle empruntés aux *Annales Cambriae* (G. G. Anz., p. 787, note). Que devient alors l'affirmation imprudente de M. Förster, *Erec*, XXXVI, note 1, que si les Cymriques ont connu des traditions sur Artur, c'est aux Armoricains qu'ils les ont empruntées?

(4) G. G. Anz., 10 juin 1890.

(5) *Yvain*, préf., p. XXX : « Berühmt und bekannt wurde Artus einzig und allein durch Gottfried von Monmouth... ».

(6) *Erec*, préf., p. XL : « Die prosaromane auf G. v. M. zurückzuführen, geht

rellement en Armorique, d'où elles auraient passé en Normandie et dans les autres provinces de langue d'oïl. Le principal intérêt des dernières études de M. Förster n'est d'ailleurs pas là ; il réside dans une nouvelle théorie qu'il applique aux romans en prose (1), et dans laquelle on reconnaît bien le tempérament «excessif» de ce savant maître. Les romans en vers n'ont rien conservé de l'Artur historique, ils en ont fait un roi de féerie sans autorité ni valeur ; l'intérêt qu'ils nous offrent lui est tout à fait extérieur ; il consiste dans la peinture des sentiments, des mœurs courtoises, des aventures, etc. Si, au contraire, nous parcourons les romans en prose du même cycle, nous retrouvons le héros cymrique, nous assistons à ses batailles, nous lisons sa fin mystérieuse, dont le *Brut* nous a déjà conservé un récit succinct (13631, ss.). C'est que «les romans en prose sont le refuge des traditions orales que les rhapsodes armoricains (eux seuls bien entendu, et pas un gallois !) ont rendues populaires » (2). Telle est, dans sa dernière édition, la thèse de M. Förster (3) ; c'est aussi celle de M. Golther, qui n'a d'ailleurs eu qu'à l'indiquer fort accessoirement dans ses derniers travaux. Je ne puis me dissimuler ce qu'elle a de séduisant dans les parties où elle s'étaie sur les démonstrations de M. Zimmer. La popularité d'Artur n'est plus mise en question ; mais les exploits qui lui sont attribués par les vieilles légendes sont sûrement restés étrangers, ou peu s'en faut, au roman breton ; à mon sens celui-ci représente une étape ultérieure de ce développement poétique, dont l'essor a coïncidé avec le déclin de l'épopée carolingienne. L'image d'un empereur débonnaire, simple *figurant* effacé dans ce monde de chevaliers jeunes, braves et généreux qui est celui de la geste du xıı⁰ siècle, s'imposa tout naturellement à l'imagination médiocre de ceux qui rimèrent les contes bretons. Jusqu'ici on peut, semble-t-il, être d'accord avec M. Förster ; on peut aussi — et j'espère reprendre la question qu'il n'a fait que soulever lorsque j'aurai à

nicht an (*il faudrait dire* : nicht mehr) ; denn sie enthalten vieles, was bei ihm fehlt... Dies muss daher der Volkssage angehören ».

(1) Il va de soi que nous devons faire double crédit à M. F. pour accepter son dernier point de vue ; nous devons en effet le croire presque sur parole au sujet de ces textes en prose que dans l'état de publication actuel nous ne pouvons lire qu'en petit nombre ; en outre nous devons nous préparer à ne pas trouver tout à fait chez eux les romans *historiques*, qu'on nous annonce : car M. F. spécifie qu'il a en vue « non les romans en prose tels qu'ils nous sont conservés, qui sous leur forme actuelle sont postérieurs en tous cas à Crestien... mais les thèmes qui y sont traités ». *Erec.*, p. xl. Il a soin de faire une exception de plus pour *Lancelot* « qui doit être interpolé » et, en sens inverse, pour *Yder* qui a le malheur d'être versifié et de contenir cependant de ces éléments historiques. Que le savant professeur de Bonn ne nous accuse pas de partialité si nous trouvons que ses dernières hypothèses soumettent notre bonne volonté à une dure épreuve !

(2) M. Golther, qui accepte pleinement cette doctrine dans un art. récent de la *Zs. f. franz. Sp.* (xiii), fait toutefois une réserve au sujet du mot « rhapsode » qu'il remplacerait par *conteur* pour des raisons déjà exposées tantôt.

(3) Le reste de cette préface d'*Erec*, très inégale d'achèvement et qui sent l'effort, est consacré à d'autres questions, notamment au rapport du poème français et du conte gallois. J'ai déjà dit ce que je pensais de la thèse de M. Othmer, acceptée et reprise ici par son maître (*M. A.*, ıv, p. 126).

parler d'*Eneas* et du *roman de Thèbes* — admettre avec lui que le
moment venu d'exploiter la veine *bretonne*, c'est aux auteurs des romans
antiques et byzantins que les trouveurs allèrent demander une forme nouvelle pour ces récits nouveaux. Il ne faut pas oublier que Gautier a fait
un *Eracle* et Crestien un *Cligès*. Mais, j'ajouterai que, de là à réduire
l'élément breton à une simple « Scenerie », à un décor sans plus, il y a
plus loin que M. F. ne paraît le croire. M. Paris n'a pas encore dit son
dernier mot sur toutes ces questions, et il me paraît loyal d'attendre sa réplique. Jusqu'ici il s'est borné à quelques escarmouches, et, disons le mot,
à quelques *razzias* brillantes sur le terrain de ses adversaires (1).

Avant de clore cet exposé, je voudrais insister sur un point dont l'importance a été remarquablement mise en lumière par M. Zimmer dans
son dernier article des Gött. Gel. Anz.. Il s'agit de la détermination du
sens de ce nom de *Breton* qu'on trouve mentionné dans tant de textes et
associé à tant de destinations. Selon M. Z., *Breton* n'a jamais voulu dire que
Breton d'Armorique, et ce n'est qu'à une date récente, et fort abusivement
qu'on a pensé à l'étendre aux Celtes insulaires. Il me paraît qu'il y a dans
cette affirmation une grande part de vérité, mais qu'elle ne s'applique qu'à
une période déterminée. M. Z. s'étant donné la peine de reprendre la question à sa source, de confronter les textes et de discuter pied à pied avec
M. Paris (2), je me contenterai de le compléter sur un ou deux points.
Parmi les auteurs qu'il importait d'appeler en témoignage, Thomas tient
le premier rang. Or, le poète de *Tristan* a une notion très exacte de ce
qu'est Bretagne et de ce qu'est Angleterre. Il nous raconte, par exemple,
que Tristan et Kaherdin après avoir assouvi leur vengeance, s'enfuient
« emvers la mer » (826), poursuivis par les Cornouaillais : « En Bretaingne
tut dreit s'en vunt » (833). — C'est là que la suite du récit nous transporte
et que le poète, adoptant la légende de Bréri « Ki sot les gestes et les
cuntes. — De tuz les reis, de tuz les cuntes. — *Qui orent esté en Bre-
tangne* (3) » (849-51), résume ce qu'il va nous dire, notamment que ce
n'est pas Governal que Tristan envoya « en Engleterre pur Ysolt » mais
bien Kaherdin. Or c'est par mer que celui-ci se rend chez Yseult, le poète
le spécifie ainsi : « Trenche la mer ove sa nef — vers Engleterre a plein
tref » (1317-18). Il fait débarquer K. à Londres (1376) où se trouve
l'amie du héros. Celle-ci s'embarque à son tour, des vents favorables la
portent vers la côte « estrange » (4) et après une navigation dont les étapes

(1) Voyez notamment l'art. déjà cité sur *Erec, Romania,* xx, p. 148-66.

(2) Il y a quelque injustice de sa part à attribuer à M. P. une simple confusion,
comme il le fait p. 794. M. P. a nettement fait la distinction, *Rom.,* xiv, 604 ; enfin
il aurait fallu tenir un compte plus sérieux de ce qui est dit *ibid.,* viii, 34.

(3) Ne résulte-t-il pas de là que l'identification de Bréri avec le personnage dont
il est parlé dans G. de Barri (*Descriptio Cambriæ*), c'est-à-dire avec un barde
gallois, est plus problématique qu'on n'a été jusqu'ici porté à le croire. En tous cas,
la conclusion formulée par l'auteur de cette identification, à la place où il la présente (*Rom. VIII,* 428) à savoir « que par *Bretagne* et *Breton* dans le *Tristan* de
Thomas, il faut entendre l'Angleterre celtique et ses habitants » est infirmée assez
nettement par l'étude du contexte.

(4) Comp. *ibid.* 1124, où Tristan dit, parlant de l'Armorique : « Jo sui en *estrange
païs.* Jo ne ai ami ne parent... »

sont décrites avec une grande précision (Wissant, Boulogne, le Tréport, la côte normande), elle essuie enfin la tempête qui, en retardant son arrivée, amène le fatal dénouement que l'on sait. Un contemporain de Thomas, Gautier d'Arras, n'est pas moins précis dans le début d'un de ses poèmes, *Ille* et *Galeron* (135, ss) :

> Sachiez que deus Bretaignes sont,
> Et genz diverses i estont.
> Li Englois sont en le grigneur,
> Mais li Normant en sont signeur
> *En le meneur* sont *li Breton.*

Ce n'est que plus tard, vers la fin du xɪɪ^e siècle, que les notions deviennent plus confuses et que *Breton* est pris dans le sens de Celte insulaire aussi bien que d'habitant de l'Armorique. Le passage du lai de *Lanval*, invoqué par G. Paris a été, me paraît-il, réduit indirectement à sa juste valeur par M. Zimmer (p. 798), car la mention de *Cardueil* où réside Artur trahit l'origine continentale de la légende qui en fait le fond. Mais il reste assez d'autres témoignages de cette époque, surtout celui du lai de *Tyolet* : « [Artur] *Bretaingne governa Qui Engleterre est appelée* ». Je citerai encore *la Folie Tristan* du ms. Douce, où nous voyons « Bretons et Cornwaleis » figurer ensemble à la cour de Marc, à Tintagel « sur la mer en Cornuaile » (102). Sans doute à cette date les rapports des conquérants Normands avec les Bretons de la grande île étaient devenus aussi fréquents que ceux de leurs pères l'avaient été avec les habitants de l'Armorique, et les fils furent naturellement conduits à implanter en Angleterre des habitudes de langage qui n'avaient tout d'abord leur raison d'être que sur le continent. En ce qui concerne les relations de la Bretagne française et de la Normandie, on peut se référer en toute confiance aux articles de M. Zimmer. Il a accumulé les témoignages avec une rare abondance et il les a mis à profit avec une non moins rare sagacité (1). La transmission littéraire était de soi après les mariages contractés, après les rapports de vasselage et même d'amitié que les deux peuples n'ont cessé d'entretenir du xe au xɪɪ^e siècle. Là encore il faut reconnaître qu'un pas considérable a été fait ; il n'en est pas moins singulier que ce soit à un savant, en somme étranger à nos études (2), que nous en ayons l'indéniable obligation.

M. WILMOTTE.

---

(1) Voyez *G. G. Anz.* p. 788 sv.

(2) Étranger, M. Z. l'est resté parfois d'une manière assez piquante. Ne le voyons-nous pas expliquer comme la chose la plus naturelle que les Bretons n'ayant jamais possédé de chants épiques (*Heldensage in der Form des Liedes*), il ne faut pas s'étonner que les *lais* conservés n'aient trait aucun aux récits sur Artur et ses chevaliers (815-16). Il n'est pas douteux que des *lais* ont été consacrés aux aventures de ces derniers (voyez *Rom.* 8, 34), et il est tout aussi certain que nous n'en connaissons point qui rappellent ces courts poèmes biographiques et laudatifs qu'on veut seuls concéder à l'imagination poétique des Bretons.

CHRONIQUE BIBLIOGRAPHIQUE

BRATKE, Ed. — **Wegweiser zur Quellen- und Literaturkunde der Kirchengeschichte.** Gotha, 1890 (282 p.).

Le but de l'auteur est de fournir méthodiquement à ceux qui veulent étudier l'histoire de l'Église le moyen d'en connaitre la littérature et les sources. Le livre renferme bien des indications utiles ; mais il a le tort de ne pas être dans l'ensemble conçu pratiquement.

DÖLLINGER, Ign. v. — **Die Papstfabeln des Mittelalters.** 2. Aufl. von Friedrich. Stuttgart, 1890 (188 p.).

Inutile de recommander ce livre qui, paru en 1863, est devenu l'un des travaux classiques sur l'histoire du moyen âge. Cette nouvelle édition venant après la mort de l'auteur est due aux soins du professeur Friedrich, de Munich. Grâce aux nombreuses notes qu'il a ajoutées au livre, celui-ci est au courant des derniers résultats de la science.

SCWARZLOSE, Karl. — **Der Bilderstreit.** Gotha, 1890 (1266 p.).

L'histoire de la guerre des Iconoclastes dans l'Église grecque n'avait pas encore été exposée d'une manière suffisante ; l'auteur de ce livre s'est surtout attaché au côté théologique et dogmatique de cette lutte ardente ; il a mis en lumière maints détails restés ignorés ou du moins inexpliqués jusqu'ici. Malgré le savoir dépensé par M. S. on ne peut dire toutefois qu'il ait atteint son but ; il n'est pas, en effet, assez au courant des événements de l'histoire de la civilisation en général ; même il ne s'y intéresse pas. En 'd'autres mots, il a pris trop étroitement sa tâche à sa lettre théologique.

MÖLLER, Wilh. — **Lehrbuch der Kirchengeschichte.** ii Bd. **Das Mittelalter.** Erste Hälfte (240 p.).

Le premier volume de cette histoire de l'Église, consacré à l'Église primitive, a paru en 1889. Celui-ci traite du moyen âge et va jusqu'au xi⁰ siècle. On peut dire que cette histoire, prise dans son ensemble, est un beau travail. Elle unit la richesse du contenu à la concision de la forme. Rien d'important n'est sacrifié. La littérature est soigneusement relevée, l'exposé est toujours réfléchi et on voit qu'il repose sur de solides études.

Deux publications de M. P. MEYER. — Parmi les récents travaux de M. Meyer nous nous faisons un plaisir de signaler son *Discours*, prononcé à l'Assemblée générale de la Société de l'histoire de France le 6 mai 1890 (Paris, Renouard, extrait de l'*Annuaire-bulletin* de la Société), et des *Notices sur quelques mss. français de la Bibliothèque Phillips à Cheltenham* (tirées des *Notices et extraits*, etc., tome XXXIV, 1ʳᵉ partie). Dans son *Discours*, après avoir rendu hommage au savoir et au dévouement d'un certain nombre de membres défunts de la Société de l'histoire de France, M. M. traite de « l'origine et des premiers développements de ce qu'on peut appeler l'historiographie française ». Et il entend par là « l'ensemble des œuvres historiques rédigées en français, par opposition aux œuvres du même genre rédigées en latin ». Après avoir signalé la haute ancienneté des premiers récits en langue vulgaire, il fait ressortir l'importance de cette constatation, non seulement au point de vue philologique, mais aussi pour l'étude des mœurs et des sentiments dans la France du Nord. Vient enfin une caractéristique aussi précise que sommaire des principaux représentants de chacune des catégories de chroniqueur, depuis les auteurs de récits versifiés jusqu'à ceux des *livres de Raisons*. — Les *Notices* ont un grand intérêt pour la chronologie et l'histoire littéraires. Parmi les manuscrits de Cheltenham auxquels elles sont consacrées, je citerai le n° 2655 qui renferme le roman du *Riche homme* et du *Ladre* sur lequel on n'avait d'autre lumière qu'une vague mention de Ducange ; nous devons à un autre ms., le n° 3643, de connaître le nom de l'auteur d'une des versions du *Chevalier au Barizel* ; il s'appelle Jehan de Blois. Un 3ᵉ ms., le n° 4156, nous livre le nom de l'auteur de l'*Enseignement Trebor* dans un acrostiche final qu'on chercherait en vain dans la meilleure copie de ce poème, conservée à la Bibliothèque Nationale (fr. 25403). Il s'appelait *Robert* (dont Trebor est l'anagramme) *de Ho*. Signalons encore un fragment de *Parthenopeus de Blois* et d'intéressants renseignements sur une traduction de la fameuse *Lettre du prêtre Jean* et sur les nombreuses versions du *Purgatoire de saint Patrice* à propos d'un ms. de celle de Berol. W.

PÉRIODIQUES

FRANCE. — Périodiques de Droit pour l'année 1890

Bulletin du Comité des Travaux historiques et scientifiques. Section des sciences économiques et sociales. P. 138-156. Flammermont. *Le monopole de l'alcool à Lille et dans la Flandre wallonne dans l'ancien régime*. Intéressante note.

Recueil de l'Académie de Législation de Toulouse, 1889-90. P. 96-121. Alph. Couget. *Étude sur notre ancienne organisation provinciale*. [A lire.]

Revue d'Économie politique (de Gide). P. 127-150 et 221-252. G. Schmoller. *La division du travail au point de vue historique*. La division du travail dans le commerce et les transports ; la division du travail selon les lieux. — Essai d'un exposé historique de la division du travail. Conclusions et aperçus généraux sur la division du travail. — Considérations instructives. — P. 150-167. G. Platon. *Le droit de propriété dans la société franque* (suite et fin). Fin d'une assez longue, curieuse, pénible et instructive étude, dans laquelle l'auteur cherche à établir qu'au contraire de ce qui se passe aujourd'hui, la terre, alors presque sans valeur, n'a pu avoir d'action sensible sur le mouvement de l'histoire et qu'il faut y voir surtout les rapports directement personnels.

La réforme sociale (Le Play). P. 259-277. A. Maron. *Une association agricole de l'ancienne France, des origines de la féodalité jusqu'à l'année 1847*. La communauté des Jault. Note intéressante sur la plus importante des communautés taisibles du Morvan, dissoute seulement le 3 mars 1847.

T. 10. P. 631, 642, 685. Fr. Funck-Brentano. *Grandeur et décadence des aristo-craties.* L'antiquité. Le moyen âge et les temps modernes. [Intéressant.]

Revue socialiste. P. 421-458. Malon. *L'évolution de la propriété et le socia-lisme.* Considérations historiques.

Revue générale du droit, de la législation et de la jurisprudence. — P. 97-135. — H. d'Arbois de Jubainville, — *La saisie immobilière dans le Sanchus-Mor.* [Résumé du Cours de droit Irlandais professé au collège de France pendant le second semestre de l'année 1887-88 et pendant le premier semestre de l'année 1888-89. — (Voir t. 12, p, 224 le cours professé sur le même sujet pendant le premier semestre de l'année 1887-88). — C'est un commentaire article par article du titre du Sanchus-Mor à la saisie] — P. 140-155, 320-330, 451-463, 517-526. Dingelstedt (v.) *Le droit coutumier des Kirghiz d'après l'étude entreprise sous les auspices du gou-vernement russe.* — [Intéressante et substantielle note qu'à défaut du vol. de 500 p. in-4° du général Grodekoff consulteront avec le plus grand profit les ethnographes et les juristes]. — P. 156-170, 226-243, 330-346, 440-451, 526-534. — K. Dickel. *Étude sur le nouveau code civil du Monténégro* avec des remarques sur la codification en général. Intéressantes remarques sur le droit Coutumier et les institutions du Monténégro.

Nouvelle revue historique du droit français et étranger. — P. 30-80 et 222-269, Jarriand (Em.). *La succession coutumière dans les pays de droit écrit,* suivie d'un tableau des coutumes des pays de droit écrit. M. J. nous a déjà donné la substance de cette étude dans son ouvrage : Histoire de la novelle 118 dans les pays de droit écrit. Paris, 1889, dont on a rendu compte ici même. — P. 80-120. Marcel Fournier. *L'Église et le droit romain au* xiii* siècle* à propos de l'inter-prétation de la bulle Super speculam d'Honorius III, qui interdit l'enseignement du droit romain à Paris. — M. F. voit dans les affaires des bulles « super spe-culam » et « dolentes » (1254) des épisodes de la lutte tantôt sourde, tantôt déclarée de l'Église et de la royauté. « L'Église devait fonder et organiser une société nouvelle sur les principes de la théologie et du droit Canon. Le droit romain était un obstacle puisqu'il avait été revendiqué par les souverains laïques comme la base de leurs théories politiques. L'Église fut naturellement amenée à prendre une position hostile vis-à-vis du droit romain. » Aujourd'hui la situa-tion est en théorie sensiblement la même et toute une fraction de la droite catho-lique : Coquille, Gavouyère, Danzars et de Monléon voit dans le droit romain « le pire ennemi de la société chrétienne. » — P. 120-142. L. Stouff. *Rôle de la ville et prévôté de Sainte-Ursanne.* Les coutumes de la ville de Sainte-Ursanne, — Rédaction du commencement du xv* siècle. A joindre aux différents textes donnés déjà par Grimm, Weisthümer, t. iv et v. L'auteur fait précéder son texte de l'analyse sommaire des différents articles. — P. 143-150. M. Fournier. *La bibliothèque de l'université d'Orléans vers 1420.* — M. F. communique deux documents : le pre-mier le texte de la donation d'une lectura Chini faite à l'université per magistrum Nicolaum e Villamaris, le second le catalogue des livres de l'université d'Orléans dressé le 8 février 1419-20, par lesquels il reste établi que l'université possédait en

1430 une collection de livres importante. En 1446 elle prête des livres au duc d'Orléans. — P. 173-222. A. Esmein, *La Juridiction de l'Église sur le mariage en Occident*. Rapide historique d'une très intéressante question qui est celle de l'histoire même du mariage. — P. 298-324. M. Fournier. Notes et documents sur l'université de Rennes au XVIIIᵉ siècle et sur Lanjuinais, professeur de droit canon à Rennes. — P. 357-387. (H.) Barckhausen. *Essai sur le régime législatif à Bordeaux au M. A.* — Étude soignée, servant d'introduction au t. 5. des archives municipales « le livre des coutumes », où se trouvent légèrement et finement traitées la plupart des questions que comporte le titre de l'étude. — P. 387-453. (E.) Rébouis. *Les coutumes de l'Agenais.* Monclar et Monflanquin (1256-1270). — Saint-Maurin (1358). Textes inédits que M. R. fait précéder d'un utile tableau des coutumes de l'Agenais publiées ou inédites. — P. 433-464. M. Planiol. *Les appropriances par bannies dans l'ancienne coutume de Bretagne.* — Rapide et intéressant exposé d'une institution propre à la Bretagne : l'appropriance par bannies, procédure d'appropriation particulièrement énergique et rapide, donnant au contrat de vente et plus tard à tout autre contrat, contre tout privilège et tout droit de retrait, une absolue et indestructible validité. La procédure consiste essentiellement dans *trois criées* faites en public par le *sergent bannier* à huit ou quinze jours d'intervalle, deux le dimanche à l'issue de la messe paroissiale, la troisième à la *mestre ville* de la Châtellenie le jour du marché. Les *bannies* sont primitivement précédées d'une « requête », d'une dénonciation solennelle, faite par le sergent bannier devant témoins, de la vente de l'immeuble, aux parents du vendeur et autres ayant-droit. Bannies et requête doivent être également certifiées par la cour. Un édit d'août 1626 organise une formalité nouvelle : l'insinuation du contrat de vente à fin d'appropriement, qui est une véritable transcription. Il fallait attendre six mois après l'insinuation pour pouvoir faire la première bannie. Admise primitivement pour la vente seule, cette procédure ne tarda pas à s'employer pour tous les titres d'acquisition qui ne comportaient que l'appropriement par an et jour. L'effet de l'appropriement est immédiat ; les présents n'ont que huit jours pour former leur opposition faute de quoi ils sont forclos. Il est si énergique qu'il rend l'acquéreur propriétaire, même quand le vendeur ne l'était pas. Enfin le vendeur lui-même avait à redouter les effets des bannies. Il devait se faire payer par portions pendant leur accomplissement ou bien faire opposition comme créancier dans la huitaine du dernier ban. — P. 464-486. M. Kovalevsky — *Études sur le Droit coutumier russe.* — Première partie d'une étude sur l'organisation de la famille et sur le droit coutumier russe destinée à éclairer à la fois le passé et le présent du peuple russe. Il n'y a pas actuellement, à proprement parler, d'après M. Kovalevsky, de droit coutumier russe. Les tribunaux de village, influencés par le tout puissant « stanovoy » (chef de la police locale), séduits par la perspective d'une riche offrande de la part du gagnant, sont en train de tout bouleverser. Il faut distinguer, au point de vue du droit, entre la Grande et la Petite Russie. Dans la Grande Russie s'est conservée jusqu'à nos jours la Constitution quasi patriarcale de la famille, avec sept ou huit ménages vivant ensemble sous l'autorité du vieux, son patrimoine indivisible, ses germes insignifiants de propriété privée, représentée seulement par le faible pécule de quelques membres amassé sans le concours des autres et l'avoir également peu conséquent qu'apporte la femme dans sa nouvelle famille. Parmi les populations de tous temps plus libres de la Petite-Russie, en particulier chez les Cosaques du Don, dans les gouvernements de Tchnernigov, Kiev et Soltava, l'antique famille est depuis longtemps en voie de dissoudre. On peut suivre là, à loisir, les différentes étapes de cette dissolution, que tous les efforts du gouvernement ne parviendront pas à enrayer. — P. 588-634. E. Glasson *De la Possession et des actions possessoires au moyen âge*. — L'aisance et la souplesse d'esprit habituelles à l'auteur. — P. 634-654. C. Douais *La Coutume de Montoussin*. Costumas del Castet de Montossin, canton du Fousseret (Haute-Garonne.) — Octroyée au mois d'août 1270, nous est parvenue par la copie de 1455 que publie l'abbé Douais. — P. 705-715. H. d'Arbois de Jubainbille. *De quelques termes du droit public et du droit privé qui sont communs au celtique et au germanique*. Le celtique aurait, d'après l'auteur, fourni à l'allemand deux groupes de mots concernant, l'un les institutions politiques et le droit, l'autre la guerre. On relève parmi les premiers reiks : « chef, prince » —; reiki (Reich), empire; ambahti (amt) « service, fonction, bureau »; — Bann « ordre »; frei « libre »; schalk « domestique »; eid « serment »; Geisel « otage »; leihen « prêter »; erbe « héritage »; Wert « valeur, prix »; magus « esclave »; liugan « épouser ». Ce serait là des vestiges de la domination des Celtes sur les Germains. — P. 720-787. L. Beauchet. *Étude sur les sources du droit suédois jusqu'au XVᵉ siècle*. Nous met au courant des études faites sur les législations multiples et compliquées des diverses provinces de la Suède au M. A. : Vestrogothie; Ostrogothie; Gotland (lois gothiques); Upland; Sudermanie: Vestmanie et Dalécarlie; Helsingie (lois suédoises). L'auteur divise l'histoire externe du droit suédois en trois périodes distinctes et de durée inégale : la première des temps les plus reculés à l'époque de la première rédaction des coutumes au commencement du xiiiᵉ siècle, caractérisée par le rôle prépondérant dans l'administration de la justice et la vie judiciaire du *laghmann*, à la fois l'homme qui sait la loi (lagens man) et l'homme du peuple, le représentant du peuple, à ce point de vue le successeur des anciens roitelets dont le pouvoir avait été successivement absorbé par les rois d'Upsal; tel le rôle du Laghmann disant la loi, l'exposant au peuple, et la modifiant. — La deuxième période du commencement du xiiiᵉ siècle à 1347 est caractérisée par la rédaction écrite des coutumes jusqu'alors conservées par la tradition orale, et leur modification plus ou moins profonde par les ordonnances royales et le droit canonique. La troisième se caractérise par l'unité de législation soit pour les villes, soit pour les campagnes, et s'étend de 1347 à nos jours. — P. 821-846. A. Esmein. *La Propriété foncière dans les poèmes homériques*. Notes sur le régime de la propriété en Grèce au temps d'Homère. L'auteur conclut en faveur de l'existence de la propriété collective. — P. 891-927. E. Rébouis. *Les Coutumes de l'Agenois*. Coutumes de Nomdieu en Bruilhois (1305-1308). Coutumes de Sauvagnas (1264).

Revue générale d'administration. P. 129-161 (juin); — p. 5-30 (septembre); — p. 277-289 (novembre). Fr. Ladrat. *Des menses épiscopales et du droit de régale.* Partie historique à lire.

Séances et travaux de l'Académie des Sciences morales et politiques. Comptes rendus par Vergé. Liv. ii, p. 157-188; l. iv, p. 485-514; vi, p. 817-845. H. Baudrillart. Rapport sur les populations agricoles de la Provence. La Provence dans le présent. État intellectuel et moral. — Continuation des études de M. Baudrillart sur la Caractéristique intellectuelle et morale des anciennes provinces de la France. — Dareste. *Du droit de représailles.* Note sur le droit de représailles dans l'antiquité, au moyen âge, et autres divers peuples. — L. IV, p. 547-619 ; V, p. 721-788 ; VI, 878-932. Glasson. *Les Rapports du pouvoir spirituel et du pouvoir temporel au moyen âge.* [A lire.] — XII, p. 649-675. H. Baudrillart. *Rapport sur les populations agricoles des Basses-Alpes.* — P. 675-714. Comte de Franqueville. *Le jury en Angleterre; ses origines et son organisation.* G. PLATON.

ITALIE. — Philologie Romane (1890)

II

L'Alighieri.—A. I, fasc. 10, janv. 1890. P. 299-302. R. Fornaciari, *Di due luoghi della D. Commedia [Bene ascolta chi la nota : Inf. XV, 99. I raggi del pianeta che mena dritto altrui per ogni calle : Inf. I, 17-18].* — P. 302-308. C. Negroni, *L'Alighieri e Bartolo da Sassoferrato* [M. N. extrait des œuvres de B. les deux passages où il a allégué et combattu Dante et juge fort sévèrement une petite brochure publiée par Ch. Witte à Halle en 1861 sous le titre : *De Bartolo a Saxoferrato D. A. studioso*]. — P. 309-315. L. Filomusi-Guelfi, *Ancora de' Superbi nell' Inferno di Dante.* —P. 315-16. C. Cavalieri, *Di un Cod. cartaceo della D. C.* [Description fort sommaire d'un ms. de propriété privée, écrit en 1416 par un notaire de Prato]. — P. 316-325 G. Agnelli, *Di una topo-cronografia del viaggio dantesco* [suite: cf. I, 240]. —P. 325-28. G. Eroli, *La biblioteca dantesca e i codici delle opere di Dante.* — P. 328-338. C. Galanti, *Gli angeli ne' cieli danteschi.* — P. 339-340. C. Beccaria, *Di una variante nella D. C., Inf. VIII, 78* [cf. I, 247]. — P. 340-43, Comptes rendus.

A. II, fasc. 1-2, avril-mai. — P. 1-7. A. Agresti, *Dov' è punita nell' Inferno di Dante la matta bestialitade.* — P. 7-19 G. L. Passerini, *Il casato di D. A.* [Cont. cf. I, 372. A suivre]. — P. 19-30. A. Fiammazzo. *Lettera ined. del Cesari a interpretazione di un luogo dantesco.* [Suite, cf. I, 360]. — P. 30-38 G. P. Clerici, *Osservazioni sul modo d'intendere alcuni punti dei canti XXXI e XXXII del Purgatorio.* — P. 38-43. *Commento del Re Giovanni di Sassonia.* [Suite; cf. I, 367. A suivre]. — P. 44-55. G. Agnelli, *Sopra l'interpretazione del passo : Fatto avea,* etc. [*Par.* I, 43-45]. — P. 56-68. L. Filomusi-Guelfi, *La pietà di Dante a proposito di Geri del Bello.* — P. 70-78. P***, *Il P. Giuliani e una pagina del Convito.* [Sur la théorie aristotélique du mouvement du soleil autour de la terre, exposée dans le ch. 5 du III° traité du livre dantesque]. — P. 78-87 U. Micocci, *La fortuna di Dante nel sec. XIX.* [Suite, v. I, 379. A suivre].—P. 87-88. R. Fornaciari, *Ancora del verso « Che mena dritto »* etc. [cf. I, 382].—P. 88-90. A. Professione, *Un'antica nota al « Cinquecento Dieci e Cinque. »* — P. 90. Notices.

Fasc. 3, 4, 5, juin, juillet, août.— P. 97-102. G. Spera, *Il trasumanarsi di D. nel Paradiso.* — P. 102-110. P. Samarani. *Silenzio di Dante e disdegno di Guido.* — P. 110-123 G. P. Clerici, *Osservazioni,* etc. [Continuation; cf. II. p. 30]. — P. 123-29. *Commento del Re Giovanni.* [Cont. cf. II, p. 38].—P. 129-141. G. L. Passerini. *Del casato di D. A.* [Cont.; cf. v. II, 19]. — P. 141-143. L. Filomusi-Guelfi, *Ancora della pietà di*

Dante a proposito di Geri del Bello.—P. 146-57. U. Micocci, *La fortuna di D. nel sec.
XIX.* [Cont. v. ii p. 87]. — P. 157-69. C. Galanti, *Gl' influssi nei Cieli danteschi.* —
P. 169-179. F. Flamini, *L'imitazione di Dante e dello « Stil Novo » nelle rime di
Cino Rinuccini.* [Cont. v. a. i, p. 348. Rapprochements intéressants entre les poésies
de ce pétrarquiste et les poètes du *Stil nuovo*, qu'il avait étudiës avec grand soin].
— P. 180-88. A. Ghignoni, *Di un senso augurale nella direzione del viaggio dan-
tesco..*— P. 104-208. Lettres de MM. Franciosi, Beccaria, Comptes rendus, Notices, etc.

Fasc. 6-7-8. Sept.-Oct.-Novembre. P. 209-219. P. Samarani, *Silenzio di Dante e
disdegno di Guido* [Cont.; v. ii, p. 110].—P. 219-241. P***, *Di un frammentario tos-
cano della Commedia di D.* [Donne les variantes d'un ms. fragmentaire de S. Gimi-
gnano qui renferme les ch. xiv-xxiv du *Parad.*].—P***, 241-62. P. *La Canzone di
G. Cavalcanti*: « Donna mi prega » *ridotta a miglior lezione*, etc. [à suivre]. —
P. 262-269 *Commento di Re Giovani*, etc. [Cont.; v. ii, p. 123 *Inf.* c xxiv].—P. 270-
281. G. L. Passerini, *Del casato di D. A.* [cont.; v. ii, p. 129]. — P. 282-289. A.
Agresti, *Dante e i Patareni* [à suivre].— P. 290-304. Comptes rendus, Notices.

Fasc. 9-10. Déc. 1890 et janv. 1891. P. 305-314. A. Agresti, *Dante e i Patareni*
[cont.; v. ii, p. 282].—P. 315-344. P***, *La canzone di G. Cavalcanti*, etc. [cont. v. ii,
p. 241].—P. 345-353. G. Rosalba, *Gle ordini angelici nel Convivio e nel Paradiso.*—
P. 354-355. G. Franciosi. *Il messo celeste* [voy. *Inf.* ix, 26-29]. — P. 355-36. A. Bus-
caino-Campo, *L'uscita di Dante dalla selva.* — P. 362-74. C. Galanti, *Il libero
arbitrio secondo la mente del div. poeta.*— 374-381. G. Spera, *Osservazioni logiche
e filologiche sui primi 5 canti dell' Inferno.* — P. 381-384. F. Beck, *Un' imitazione dantesca nell' antica letteratura francese* [M. B. rapproche de la D. C. le
Chemin de Long Estude de Christine de Pisan] — P. 385. G.-L. Passerini, *Di tre
recenti pubblicazioni dantesche* [M. P. rend compte ici de Scartazzini, *La D. C. di
D. A.*, vol. iv. Prolégomènes. A suivre]. — P. 392-394. M. Gittermann, *Sordello di
Mantova e Cunizza da Romano* [C'est un résumé de la dissertation publiée à Stuttgart sur Ezzelin de Romano par M. G.]. — P. 395-408. Notices, etc.

L'Arcadia. — A. ii. n° 1, janvier 1890. — P. 33-36. A. Bartolini, *Commento
popolare della D. Commedia* [vi. *Les* opere minori *et* la *D. C. A* suivre; voy.
n° 2, p. 73; n° 3, p. 145; n° 5, p. 257; n° 7, p. 410; n° 8, p. 485; n° 11, p. 652].

N° 2, février.— P. 80-83. E. Salvadori, *La vita politica di F. Petrarca* [A suivre:
voy. n° 3, p. 136; n° 4, p. 219; n° 5, p. 304; n° 11, p. 667; n° 12, p. 715]. — N° 4.
P. 203-205. E. Salvadori, *Note Dantesche* [*Par.* i, 38-41].— P. 205-219. E. Giordano,
Sull' origine della rima [De la plus grande platitude]. — N° 12, p. 730-734. A.
Bartolini, *Dante e la neve.*

Archivio storico per le Provincie Napoletane. A. xv, fasc. i, 1890. —
P. 181-189. G. Racioppi, *Per la storia di Pulcinella.*

Archivio Glottologico Italiano. V. xi, 1890. P. iii-xiv. *Dedica, Prefazione,
Avvertenze Tecniche.* — P. 1-308. Salvioni, *Il nuovo Testamento valdese secondo
la lezione del Codice di Zurigo.* [M. Salvioni, parmi les sept mss. du Nouveau
Testament vaudois qui existent aujourd'hui, a donné la préférence à celui de Zurich,
qui, bien que plus récent que le ms. de Carpentras, a toutefois une égale valeur
linguistique. L'édition est faite avec le plus grand soin. V. *Romania*, xviii, 388 et

xix, 625.] — P. 417-448. G. I. A[scoli], *Saggiuoli diversi*. [1. *niente*; *e simili*. Il est absolument inadmissible que *neente, niente* ital., *nei-en, nien* prov., *noi-ent, nient* franç., dérivent, comme on l'a toujours répété, de ne ou nec et ens, entis, *Ens, entis* latin n'est jamais entré dans le langage roman. *Neente* ne peut être que *ne inde* (*ne inde quidem*). 2. *carōneus*. Un type caron a produit à la fois caro et car(e)nem; carōneus en est un dérivé. 3. Esp. *dejar*, port. *deixar, lasciare*. Abandonnant l'étymologie proposée par Diez (desitare) on veut à présent expliquer *dejar* par *lejar, deixar* par *leixar*, quoiqu'on ne connaisse aucun exemple de *l* initial qui se change en *d*. Cette opinion est détruite par le fait qu'il existe dans la Calabre centrale, où *l* ne peut pas se changer en *d*, tout comme en Espagne *dassare* = *lasciare*. *Dejar* comme *dassare* représentent *delessare (di-laxare). 4. Franç. *chêne; chaque*. *Chêne* n'a aucun rapport de dérivation avec *querçno*, comme on n'a aucun exemple à mettre en avant de *chasque* = *quisque*. *Chêne* doit être reporté à casnus, casnetum. 5. *accapare; ed altro*. M. A. étudie minutieusement les diverses formations verbales où entrent *ad* et *caput* pour venir à la conclusion que la forme accapare, qui, toute ancienne qu'elle est, paraît moderne et porte dans le monde roman une signification qui n'est pas romane, doit probablement son origine à une influence celtique, car les Celtes ont tous un mot (kovenno) qui réunit le double sens de « tête » et de « fin ». 6. Franç. *craindre*. Trèmere latin a subi une altération phonétique vraiment singulière dans le groupe initial où *cr* a remplacé *tr*; cette altération s'est manifestée aussi dans le sens du mot, car tremare est devenu timere. Des explications données jusqu'ici aucune n'étant satisfaisante, M. A. propose de reconnaître dans ces faits l'influence d'un thème celtique (*cretin-*) qui signifiait à la fois *trembler* et *avoir peur*. 7. Espagn. *temblar*; espagn. *quemar*, port. *queimar*. Temer et *tremlar* ont donné l'esp. *temblar*. *Quemar* s'explique par l'intermédiaire de *kermár*, devenu *kelmár*; la forme portugaise en est un témoignage éloquent.] — P. 449-450. Additions et corrections. — P. 451-460. C. Salvioni, Table du volume.

Vol. xii, punt. i. P. 24-27. G. I. A[scoli], *Appendice ai Saggiuoli diversi*. [Cf. Arch. xi, 417-418.] — P. 33-75. G. Morosi, *Il dialetto franco-provenzale di Faeto e di Celle nell' Italia meridionale*. [Faeto et Celle, deux petites bourgades de la province de Foggia, avaient déjà en 1490 des habitants qui parlaient franco-provençal; ils étaient peut-être les descendants de ces familles provençales de condition fort humble que Charles Ier avait entre 1269 et 1277 fait venir en Pouille; de toutes façons l'opinion des écrivains vaudois qui veulent que ces colonies soient vaudoises n'est pas soutenable. M. Morosi démontre que le langage de ce pays est bien le franco-provençal et en fait une étude soignée.] — P. 135, G. I. Ascoli, It. *indarno*, anc. franç. *endar*, incassum. [*Indarno* peut être considéré comme un doublet de *in cano* (*in·vāsno*).]

Archivio storico Siciliano. N. S. a. xv, fasc. 1 et 2, 1890. P. 111-139. I. Carini. *Aneddoti Siciliani*, iiie série. [La ive de ces anecdotes mentionne deux frères mineurs de Sicile, dont il est question dans une nouvelle de Sacchetti (n° lxxiii). M. Carini aurait pu trouver dans Wadding, *Ann. Min.*, viii, 169 bien des détails sur l'un d'eux, Nicolò de Girgenti, qui fut nommé évêque de Citanuova en 1376 et archevêque de Palerme en 1383 (Cf. *Epist. di Col. Salutati*, i, 213). Le n° viii

traite de deux lettres en patois sicilien de 1369 publiées dans la *Propugn.*, N. S., I,
51-56; le nᵘ XIX, de S. Lucia et Dante; le n° XXVII, d'une cantilène enfantine sicilienne
(*Re befë*): etc.]

L'Ateneo Veneto. Ser. XIII, vol. I, fasc. 1-2, janvier-février 1889. P. 69-96.
P. V. Pasquini, *La Concubina di Titone nel IX del Purgatorio*.

Ser. XIII, vol. II, fasc. 1-3, juillet-septembre. P. 75-90, G. Sabalich, *Per la storia
critica di un verso dantesco*. [C'est le 1ᵉʳ du ch. VII de *l'Inferno*; *Pape Satan..*;
M. S. rend compte de trois nouvelles interprétations proposées par Monseigneur
G. Fosco, qui revient à l'hébreu, et par MM. Manara et Giglio, qui dans ce
vers découvrent du maltais !]

Fasc 4-6, octobre-décembre, P. 319-341 E. Lamma, *Il trionfo d'Amore* [M. L.
dépense beaucoup de temps à rapprocher le poéme de Pétrarque de celui de Dom.
de Montecchiello pour en venir à conclure que Pétrarque n'a pas connu l'ouvrage
obscur de Domenico. Il arrive au même résultat après avoir examiné avec la même
prolixité *L'Amorosa visione* de Boccace. L'utilité de ces recherches nous échappe].

Atti della r. Accademia dei Lincei. Comptes rendus, 1890, sér. IV, vol. VI,
Iᵉʳ semestre (16 février), P. 116-127. G. Zannoni, *Per la « Storia di due amanti »
di E. S. Piccolomini*. [Quelques considérations sur les véritables aventures qui
fournirent à P. le canevas de son livre, et description d'une traduction italienne
presque inconnue qu'a faite de l'*Historia* A. Donati sur la fin du XVᵉ siècle.] —
(20 avril). P. 281-291. G. Zannoni, *Il libro dell' arte del Danzare di Antonio
Cornazano* (1465). [Cet homme de lettres très connu écrivit en 1455 pour Hippolite,
duchesse de Calabre, un traité de danse que dix ans après il dédia, non sans y
introduire de nombreux changements, à Sforza Second, fils naturel de Fr. Sforza.
M. Zannoni donne des extraits de ce livre, qui a quelque intérêt pour l'histoire des
mœurs, à l'aide d'un ms. du Vatican (Cappon. 203).] — P. 304-313. V. de Bartholomaeis, *Di un codice Senese di Sacre Rappresentazioni*. [Dans la Bibl. de la ville de
Sienne M. de B. a découvert un ms. du XVᵉ siècle qui renferme des pièces jusqu'ici
inconnues qu'il analyse. Il y a là un drame des Mages fort curieux, mais malheureusement mutilé, qui n'est peut-être pas toscan d'origine, et que l'éditeur publie
(p. 307, v. 95, lisez *dotore* (cf. v. 124), v. 105, lisez *noi*). Très intéressante aussi
est une pièce sur la Nativité, où sont réunies de manière à former un drame unique
deux pièces distinctes pour le contenu et la forme; dans les dernières pages du ms.
il y a une Représentation de Sainte Catherine, qui est divisée en trois « giornate »,
mais de laquelle M. de B. ne dit pas grand chose. Ces pièces ont sans doute de
l'intérêt pour l'histoire de notre ancien théâtre; mais M. de B. ne l'exagère-t-il pas
un peu?]

IIᵉ semestre (6 juillet). P. 39-49. V. Crescini, *Del Canzoniere Provenzale V*
(Marc. App. XI). Après avoir à l'aide de nouveaux arguments justifié la croyance
commune que ce ms. est œuvre d'un Catalan, M. C. y distingue trois autres mains,
dont une catalane elle aussi, les autres italiennes. Au XVIIᵉ siècle le ms., qui était
déjà acéphale, appartenait à Magliabechi. il passa depuis dans la Bibliothèque
Nani. M. C. démontre aussi que l'édition des pièces lyriques extraites de ce ms.
par M. Grüzmacher laisse fort à désirer; il imprime enfin quelques pièces que le
savant allemand avait déclarées illisibles, mais qu'il a fort bien lues. Ce sont les

suivantes : *Un sonet mes bel. — Chans can non es. — Anc non atendei. — Car ogan nom plac. — Gent es mentron, — Can cei pels cergiers* (Bertrand de Born).— *Amor mercè.— S al cor plages—.. a tot cant faz* (fragm.).—*Partit de joy.—[F]arai un cers* (Guillaume de Poitiers).]—(2 novembre). P. 295-297 G. B. Siragusa, *L'epistola* Immemor haud vestri *e l'epitaffio per Roberto d'Angiò del Petrarca*. [M.S. publie d'après le ms. Laur.-Strozz. 141 cette épître et l'épitaphe du Roi Robert qui y est jointe. Dans ce ms. les deux pièces sont adressées, non pas à Niccolo de Alife, mais à Jean Barrili.] — (7 décembre). P. 361-372. G. Zannoni. *Scritti inediti di Lorenzo Valla*. [Six lettres à Tortelli et deux petites pièces de vers tirées du ms. Vatic. Lat. 3908.]

Atti e Memorie della R. Accademia di Scienze, Lettere ed Arti in Padova. A. ccxci. 1889-90. Nouv. sér., vol. vi. P. 177-190. V. Crescini, *Appunti su Jaufre Rudel* [M. C. observe que dans la première pièce de Rudel (éd. Stimming) où les plaintes amoureuses cèdent la place à une exhortation à la croisade, il n'est pas question de l'*amors lonhdana*, mais d'un autre amour du poète ; la pièce n'est donc pas de 1146, ce qui paraît difficile à admettre, ou le poète n'alla pas à Tripoli à cette occasion. Dans la 6e pièce il n'y a pas d'allusions à la croisade, comme M. Suchier le croyait ; dans la deuxième l'amour, dont le poète se plaint, est celui de la *terra lonhdana*, qui est aussi le sujet de deux autres pièces, la 3e et la 4e. M. C. cherche à démontrer son opinion à l'aide d'une ingénieuse correction des derniers vers de la pièce. Suivent des considérations assez importantes sur la date du voyage de Rudel et sur le côté romanesque et fort peu vraisemblable de ses amours.] — P. 191-205. G. Mazzoni, *Un libello padovano in rima del sec. XV*. [Deux dames se reprochent mutuellement leur vie déréglée ; après un échange d'injures grossières elles s'apaisent et s'accordent pour continuer en cachette leurs débauches ; voilà le sujet de cette pièce, composée, comme l'éditeur croit, sur le commencement du xve siècle, et remplie d'allusions à des personnages alors vivants.] — P. 229-257. V. Crescini, *Per la questione delle Corti d'Amore*. [Analyse du livre fameux d'André le Chapelain avec des remarques sur les problèmes que cet ouvrage a soulevés parmi les critiques.]

Atti del R. Istituto Veneto di Scienze, Lettere ed Arti. T. xxxviii, viie sér., t. i, livr. viii, 13 juillet 1890. P. 809-835. E. Teza, *Versi Spagnoli*. [M. T. communique ici quelques pièces inédites et fort peu intéressantes de Guillaume de Castro ; la traduction de deux odes d'Horace, d'auteur inconnu, mais dont le style paraît à M. Menendez y Pelayo assez semblable à celui de fr. Luis de Léon ; enfin la description d'un ms. de la Marciana de Venise dans lequel parmi des chansonnettes espagnoles on lit un sonnet pieux en hébreu.] — Liv. x, 3 août. P. 933-965. B. Morsolin, *Frammento del* Lamentum Virginis *poema del sec. XIV*. [Un ms. vicentin de 1384 renferme les deux derniers chapitres de ce poème très répandu au xive siècle. Comme on a déjà démontré dans le *Giorn. Stor. della Letter. It.* xvii, 153, c'est par l'effet d'un curieux *quiproquo* de l'éditeur que le copiste du ms. devient pour lui l'auteur du poème].

La Biblioteca delle Scuole Italiane. vol. ii, n° 1. 1 janv. 1890. P. 10-12. 1. della Giovanna. *Una postilla al disdegno di Guido*. [Cf. Dante, *Inf.*, X, 63.] —

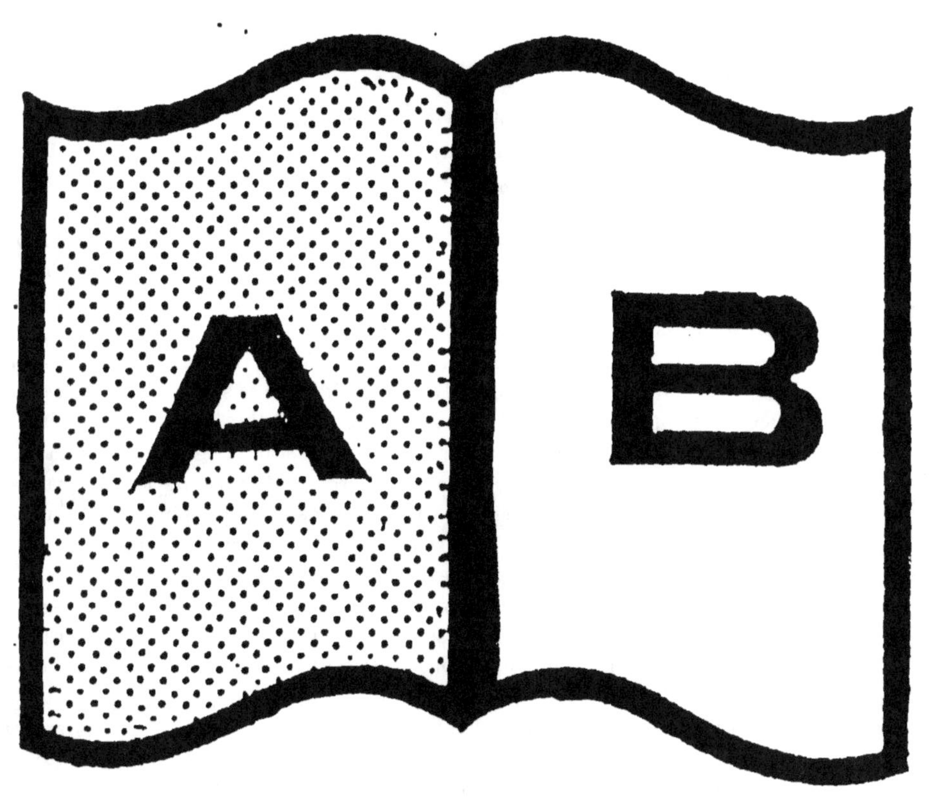

CONTRASTE INSUFFISANT

NF Z 43-120

N° 2, 16 janv. P. 25-26. E. Zerbini, *Tracce di « humour » nella Divina Commedia.*
— N° 3, 1 févr. P. 43-44. L. Filomusi-Guelfi, *Il vedere di Salomone.* [Cf. Dante,
Par. XIII, v. 103-108.] — N° 4, 16 févr. P. 57-59. P.-V. Pasquini, *Il verso « Caina
attende chi vita ci spense » del c. V dell' Inferno.* — N° 5, 1 mars. P. 75-76.
G. Checchia, *Il disdegno di Guido.*— N° 6, 16 mars, P. 86-88. F. Colagrosso, *Ancora
sul vedere di Salomone.* — N° 7, 1 avril. P. 107-111. C.-G. Cattaneo, *Del sentimento
aristocratico di Dante.* — N° 9, 1 mai. P. 133-136. L. Filomusi-Guelfi, *L'angelico
caribo.* [Dante, *Purg.*, XXXI, 132.] — N° 10, 16 mai. P. 145-153. F. Colagrosso, *La
metrica nella cronologia del Canzoniere.* — P. 153-154. L. Filomusi-Guelfi, *Ancora
due parole sul vedere di Salomone.* [Il faut espérer que ce seront *nocissima verba !*]

N° 11, 1 juin. P. 161-164. P. Rajna, *Lo schema della Vita Nuova.* [M. Rajna
dans cet important travail combat l'opinion émise par M. Scherillo que la *Vita
Nuova* soit une amplification, pour ainsi dire, de l'*Escoutatz* de Rambaut de
Vaqueiras, produite ou occasionnée par la connaissance que Dante avait du livre
de Boèce. Il démontre que les rapports entre la prose et les vers dans le *De consol.*
sont fort différents de ceux qui existent entre l'une et les autres dans la *Vita
Nuova*; là la prose et la poésie forment un tout, sont étroitement soudées ensemble
par la pensée, ici au contraire la prose ne sert à autre chose qu'à préparer le passage
d'une pièce à l'autre. Repoussant donc toute espèce de rapports entre le *De cons.*,
la pièce de Raimbaut et la *Vita Nuova*, M. R. incline toutefois à reconnaître un
certain lien entre le petit livre Dantesque et ces biographies des poètes provençaux, dans lesquelles les *Razos* servent à relier entre elles les poésies alléguées
de façon à donner une narration suivie. Dante peut avoir arrêté son attention sur
une de ces biographies, celle de Bertrand de Born, par exemple, dans laquelle
la fusion des vers et de la prose est surtout remarquable, car le biographe y a
encadré dans sa prose vingt pièces du troubadour; c'est-à-dire la moitié de celles
que celui-ci a écrites.]

N° 12, 16 juin. P. 161-168. A. Battistella, *Quattro sonetti inediti di Cecco Angiolieri da Siena.* [Les quatre pièces publiées ici par M. Battistella d'après un ms. du
XV° siècle de la bibl. de la ville d'Udine commencent ainsi : 1. *Tuttó quest' anno
che mi son frustato, Da vent' anni in qua son castigato. 3. Se vuoi star sano osserva
questa norma. 4. In nostra curta vita nissun passo.* Nous ne savons pas quel
fondement peut avoir l'attribution des deux premières à Angiolieri, qui serait appelé
par le copiste *Ciecho da Siena*; mais pour ce qui est des deux dernières nous pouvons
assurer à M. B. qu'elles sont fort connues, publiées même plus d'une fois, et qu'elles
n'ont absolument rien de commun avec le poète de Sienne.

N° 13, 1 juillet. P. 199-201. A. Fiammazzo, *Di un nuovo lavoro sul testo critico
della D. Commedia.* [Compte rendu du Discours académique de M. Negroni sur
ce sujet.] — P. 206. F. Colagrosso. *Per una variante di punteggiatura.* [Encore sur
l'interprétation du v. 105 du ch. XIII du *Paradiso*.] — N° 14, 16 juillet. P. 215-216.
A. Fiammazzo, *Di una lezione secondaria della D. Commedia.* [Sur le v. 25 du
ch. XXI du *Purgatorio*.] — P. 216-218. M. Amirante, *Ancora sul v. 107 del c. V
dell' Inferno Dantesco.*

V. III, n° 1, 1 octobre. P. 6-9. G. Tambàra, *« Si che il piè fermo sempre Mera il piu
basso ».* [Il y a des gens qui sont attirés invinciblement vers les problèmes insolubles.
M. T. est de ces gens-là. A suivre.] — P. 11-12. A. Medin, *Sull' uso del verbo*

solere. — N° 2, 16 octobre. P. 17-20. F. Foffano, *Il classicismo nel Morgante del Pulci.* — P. 23-24. G. Tambàra, *Si che il pie fermo*, etc. [Suite et fin.] — P. 24-28. P.-V. Pasquini, *Il disdegno di G. Cavalcanti.*

N° 3. 16 novembre. P. 40-42. L. Biadene, *Caribo* [Revenant sur un sujet déjà traité ici (cf. le n° 9), M. Biadene indique l'origine du mot *caribo* dans le *garip* provençal, sorte de composition musicale que les *Leys d'amors* définissent (I, 350) *so d'esturmens ses cerba*, ce qui ne veut pas dire que la musique seule fît les frais de la pièce; mais que les strophes n'y avaient pas une structure fixe.] — P. 42-44. L. Filomusi-Guelfi, *Le Paroffie del Cielo* [Dante, *Par.*, XXVIII, 84. Le mot dont Dante s'est servi est grec; *paroffie* signifie les yeux du ciel, c'est-à-dire les étoiles.

Il Bibliofilo. — A. XI, n° 1, janv. 1890. P. 3-5. E. Orioli, *Catalogo dei libri venduti da Cervotto di Accursio al fratello Guglielmo.* [Cervotto, appelé à Padoue, céda le 7 octobre 1273, à la suite d'un contrat en règle, à son frère Guillaume la propriété des livres qui lui appartenaient. Le document publié par M. O. donne les titres des soixante-trois mss., renfermant la fleur des ouvrages des Glossateurs, vendus par Cervotto qui reçut en échange 500 livres bolonaises. L'acquéreur les loua à l'instant même avec l' « armarium » qui les renfermait à des libraires qui devaient les louer à leur tour aux étudiants.] — N° 4, avril 1890. P. 55-57. E. Orioli, *Libri lasciati in eredità da Francesco di Accursio.* [M. O. communique un acte du 29 août 1293, longtemps et inutilement recherché par plusieurs historiens, dans lequel il est question de quelques livres qui avaient été légués par le célèbre professeur à son petit-neveu Bartholomée.] — N° 12, décembre 1890. P. 180-185. U. Cosmo, *Le stampe della Commedia e delle Opere minori di Dante nel seicento.*

Bullettino della Societa Dantesca Italiana, 1890, n° 1 (mars). P. 36-37. M. Barbi, *Bibliografia Dantesca dell' anno 1889.* [*Accademia dei Rozzi-Del Balzo.* A suivre. Travail très soigné, qui rendra sans doute des services fort utiles à ceux qui voudront s'engager dans la « selva », tous les jours plus « aspra e forte » des études dantesques.]

N° 2-3 (septembre). P. 21-42. U. Marchesini, *I Danti del « Cento ».* [V. Borghini a été le premier à parler d'un copiste florentin qui dans sa laborieuse carrière avait fait cent copies du poème dantesque ; et il croyait sorti de la plume de ce copiste un ms. qui appartenait alors à son frère, et qui est à présent le Magliab. II, IV, 245. Si Borghini était dans le vrai, les *Danti del Cento* remonteraient donc tous au XV° siècle, car tel est l'âge du ms. Magl. M. M. conteste cette opinion de Borghini et allègue l'existence dans le ms. Laur. Plut. XL, 16, qui est du XIV° siècle, d'une note écrite par une main du siècle suivant qui appelle ce ms. « uno dei ciento ». Or ce ms. est écrit par Francesco di Ser Nardo da Barberino, un des plus infatigables copistes du XIV° siècle, car on connaît aujourd'hui plus de quarante mss. de la *D. C.* écrits par lui. Le copiste « de' Ciento » est-il donc à identifier, comme M. Taüber l'avait déjà vu, avec Francesco? M. M. reprend la question, étudie fort soigneusement les mss. Barberiniani, qui se trouvent à Florence, et tout en rectifiant plusieurs affirmations risquées de M. Taüber, finit par conclure que les mss. copiés par Francesco constituent par leurs caractères une véritable famille. Entre tous les mss., que M. M. qualifie de *Strozziani*, offrent les traces de rapports fort étroits, qui sont mis en lumière dans un Appendice. — P. 43-99. M. Barbi, *Bibliografia Dantesca dell' anno 1889.* [Contin. Voy. n° 1, p. 36 : *De Gistille-Moore.* Plus de trente pages sont consacrées à l'analyse très détaillée du savant ouvrage de M. Moore, *Contributions to the textual criticism of the D. C., Oxford*, 1889.]

N° 4 (décembre). P. 1-18. I. Del Lungo, *Un documento inedito del Priorato di Dante.* [M. D. L. commente avec sa compétence bien connue un acte du 15 juin 1300, par lequel les *Priori*, parmi eux Dante, ratifient la sentence déjà prononcée le 18 avril par le Podestà, contre trois citoyens florentins guelfes « noirs », coupables d'intrigues contre l'État et amis de Boniface VIII.] — P. 19-26. U. Marchesini, *Ancora dei Danti « del Cento ».* [M. M. démontre que les fragments d'un ms. de la D. C., découverts récemment à Sarzana, et le ms. dit *Lolliniano* de la Bibliothèque du Séminaire de Belluno sont eux aussi dus à la plume infatigable de Francesco di Ser Nardo. Les fragments de Sarzana sont pour les leçons en rapports étroits avec le groupe des mss. Strozziani ; le ms. de Belluno s'en rapproche, mais non d'une façon si complète.] — P. 27-60. M. Barbi, *Bibliografia Dantesca dell' anno 1889.* [Contin. et fin ; voy. n° 2-3, p. 43, *Moore-Zingarelli* ; p. 52-55. Additions.]

Giornale di erudizione, vol. II, N, 15-16, mars 1890. Réponses, p. 232-238, *Cantilene del Medio Evo.* [M. Valdrighi tire du ms. de poésies musicales de l'Estense n° 568 une tirade latine monorime de 76 vers de huit syllabes, adressée par un certain Egardus à un de ses amis moine nommé, à ce qu'il paraît, *Buclarus.* La pièce, qui n'est pas fort claire, commence: *Furnis reliquisti quare.* L'éditeur mentionne à propos de ce *Furnis* l'existence d'une ancienne abbaye dans le pays de Furness (Lancaster, en Angleterre ; mais cette identification nous paraît fort douteuse.] — N. 17-18. avril, p. 264-267. *Cantilene del Medio Evo.* [*Ignotus* d'après le même mss. de l'Estense publie une autre pièce, qui est écrite en italien et porte le nom de *Magister Z. [Zacharias ?]* C'est une pièce qui ressemble pour sa forme aux *Caccie*, qui ont été fort à la mode sur la fin du XIV° siècle ; pour le contenu elle est un véritable *Cri de Naples*, car on y trouve reproduits les divers cris en patois napolitain des vendeurs de poissons, fromages, fruits, etc. C'est, à notre connaissance, le seul *Cri* qu'on ait trouvé jusqu'ici dans l'ancienne poésie italienne, v. aussi vol. III, n° 9-10, p. 138-39.

Vol. III, n° 1-2, novembre, p. 19-28, *Carnovale e Quaresima* [A. Tessier, Atta-Troll donnent quelques indications sur les anciennes rédactions du Débat, si célèbre au moyen âge, de Carême et Carnaval].

Giornale ligustico di Archeologia, Storia e Letteratura. A XVII. fasc. 1-2, janvier-février 1890. — P. 23-41 F. Novati, *Umanisti Genovesi*, I, *Bartolomeo di Jacopo.* [Ce personnage qui eut un rôle assez remarquable dans les affaires de sa patrie et plus tard à la cour de Jean Gal. Visconti, qui l'avait nommé son conseiller, jouit aussi d'une réputation comme homme de lettres, et surtout comme orateur. Il cultiva l'amitié de Pétrarque, eut des rapports avec Salutati, Manzini, etc., et en mourant laissa une bibliothèque fort riche dont on publie ici l'inventaire.] — Fasc. 3-4, mars-avril. P. 119-137. R. Sabbadini, *Giovanni Toscanella.* [M. S. reconstruit la vie presque inconnue de cet humaniste et publie cinq de ses lettres tirées du ms. Lat. Cl. XII, 139 de la bibliothèque Marciana de Venise.] Fasc. 5-6, mai-juin. P. 161-220. G. Rezasco, *Segno delle Meretrici.* [Dissertation intéressante, et remplie d'érudition sur ce curieux détail des mœurs italiennes au moyen âge.] — P. 220-235. P. **Vayra**, *Epistole di A. Astesano a Genovesi.*] A suivre. Cf. fasc. 7-8, P. 286-296. A la p. 311-316 de ce même fasc. M. V. imprime une épitre de Astesano au roi de France [Charles VII.] — Fasc. 9-10, septembre-octobre, P. 321-336. R. **Sabbadini**, *L'ultimo centennio della vita di Manuele Crisolora.* [Intéressant]

Giornale storico della Letteratura Italiana. Vol. xv (1ᵉʳ semestre 1890). Fasc. 43-44, P. 1-78. G. **Volpi**, *La vita e le rime di Simone Serdini detto il Sariozzo.* [Travail fort soigné sur ce poète, à qui son originalité assure une place remarquable parmi ses collègues, nombreux mais médiocres, qui vécurent à la fin du xivᵉ siècle. M. V. a mis beaucoup de soin à reconstruire la biographie de Saviozzo qui, chassé de Sienne en 1389 pour avoir blessé un ennemi, passa dans le Casentin chez les comtes Guidi et plus tard à Florence, d'où il revint dans sa patrie en 1400, lorsqu'on promulga une loi qui autorisait les exilés à rentrer à Sienne. Il servit plus tard les Malatesti et enfin, comme chancelier, le fameux condottieri Tartaglia de Lavello. Sa fin fut tragique; emprisonné entre 1419 et 1420 par ordre de son seigneur il se tua en prison, selon des témoignages contemporains. Après avoir ainsi reconstruit la vie de S., M. V. étudie les poésies de son auteur, érotiques et politiques, et en donne une analyse très intéressante. Le travail est suivi de cinq appendices, où l'on trouve une table de toutes les pièces authentiques ou supposées de S. selon les mss.; des renseignements bibliographiques, la table des pièces selon leur forme rythmique et des notes sur la métrique. Enfin M. V. publie quelques pièces inédites ou fort rares de S. : le sirventès : *O specchio di Narciso*, le chapitre : *Corpi celesti*; la *Disperata* fameuse: *Le infastidite labbra ove già posi...*] — P. 79-110. F. **Macri-Leone**, *La politica di G. Boccaccio.* [Dernier travail de ce savant distingué, déjà connu pour ses études sur l'auteur du *Décaméron* et mort à la fleur de l'âge le mois dernier (juin 1891).] — P. 111-151. G. **Rua**, *Intorno alle « Piacevoli Notti » dello Straparola.* [Toutes les recherches qu'on a fait pour connaitre la vie de ce mystérieux personnage, ont été jusqu'ici infructueuses : M. R. n'a pas été plus heureux sous ce rapport que les autres, mais il donne au moins beaucoup de détails sur les éditions des *Notti*, sur leur cadre historique, leurs relations avec les recueils de contes antérieurs (Boccace, Sacchetti, Morlini), sur les énigmes que S. a tirées aussi de sources fort différentes, etc. A suivre.] — P. 152-179. E. **Percopo**, *Laudi e Devozioni della città d'Aquila.* [Contin.; v. vol xii, p. 363; ici sont publiées les pièces xxxvii-xlvi.] — P. 180-182. R. **Köhler**, *Illustrazioni comparative ad alcune novelle di G. Sercambi.* [Suite; cf. *Giorn.* xiv, p. 94. M. K. « illustre » ici les trois contes, qui portent les nᵒˢ 121, 123, 141 dans l'édition Renier.] — Variétés. P. 183-215. V. **Rossi**, *Di una rimatrice e di un rimatore del sec. XV, Girolama Corsi Ramos e Jacopo Corsi.* — P. 216-237. E. **Gorra**, *L'autore del « Pecorone ».* [De Jean, le trécentiste florentin auteur du *Pécorone* on ne sait pas autre chose sinon qu'en 1378 il était réfugié à Dovadola, « sfolgorato e cacciato dalla fortuna ». La fuite de Jean se rattache probablement aux événements déplorables dont, cette année-là, Florence fut le théâtre; c'est-à-dire la révolte des Ciompi; M. G. s'est donc proposé de rechercher parmi les personnages distingués qui portaient le nom de Jean et qui furent alors chassés de Florence, celui qu'on pourrait identifier avec l'auteur du *Pecorone*. Après quelques tâtonnements, il a porté son choix sur « messer Giovanni di Ser Fruosino Giudice »]. — P. 238 250. F. **Flamini**, *Due Canzoni d'Andrea da Pisa* *d'argomento storico.* [André de Pise, né vers la moitié du xive siècle, était toujours vivant dans le xve. On a déjà publié quelques-unes de ses pièces ; M. F. en fait connaître ici deux remarquables ; une, écrite en 1424 à l'occasion de la mort de Braccio de Montone, donne des détails curieux sur les « condottieri » les plus renommés du temps ; l'autre, publiée en entier, célèbre la naissance de Blanche-Marie Visconti (1425).] — P. 251-256. G. Castelli, *Nuove ricerche su Cecco d'Ascoli.* [M. C. communique les notes que Colocci avait prises pour écrire la biographie de son compatriote, tirées du ms. Vatic. 4881]. Comptes rendus. — P. 257-272. L. Donati, *Fonetica, Morfologia e Lessico della Raccolta d'esempi in antico veneziano.* [C. Salvioni. Cette thèse doctorale d'une extrême faiblesse offre un excellent prétexte à M. S. pour donner un véritable travail sur la phonétique, la morphologie, la syntaxe et la phraséologie de ce texte fort intéressant, dont M. S. s'attache à démontrer avec sa compétence bien connue la « venezianità assai antica ». — P. 272-282. G. Gietmann, *Beatrice ;* M. Scherillo, *Alcune fonti provenzali della Vita Nuova di Dante.* [R. Renier. Le travail de M. G., le dantiste bien connu qui soutient que Beatrice est absolument une figure symbolique, l'allégorie de l'Église, est d'une grande hardiesse ; mais il reste, malgré cela, fort remarquable. La dissertation de M. S. a elle aussi beaucoup de mérite ; mais toute l'habileté et l'érudition de l'auteur sont insuffisantes à démontrer la thèse qu'il a énoncée.]—Bulletin bibliographique. P. 268-288. H. Knust, *Geschichte der Legenden der h. Katharina von Alexandrien und der h. Maria Ægyptiaca.* [Bon ; mais il y a des lacunes : M. K. connaît très peu les textes italiens de ces légendes pieuses ; comp. *G. G. Anz.* 90, 599]. P. 288-292. F. Macri-Leone, *La Bucolica latina nella letteratura italiana del sec. XIV con una Introduzione sulla Bucolica Latina nel M. Evo.* [M. M.-L. a publié la première partie de son livre ; après un coup d'œil jeté sur les Bucoliques du M. A. il étudie les Eglogues dantesques, dont on a bien à tort contesté l'authenticité. Travail soigné]. — P. 292-297. G. Rigutini, *B. Castiglione, Il Cortigiano.* [Sans valeur]. — P. 298-300. C. Castellani, *La stampa in Venezia dalla sua origine alla morte di Aldo Manuzio seniore.* P. 300-301. *La orazione di S. Basilio Magno degli studi liberali e de' nobili costumi, volgarizzata da A. Ridolfi nel sec. XV.*— P. 302-304. F. Bracciolini Dell'Api ; *Psiche poemetto e L'ozio sepolto, L'Oresta e l'Olimpia drammi,* con prefazione e con saggio sull' origine delle novelle popolari di M. Menghini. [Pièces sans intérêt, précédées par des élucubrations banales dénuées de tout mérite]. — P. 304-305. A. Goldmann, *Dom Jean Mabillons Briefe an Card. L. Colloredo.* [Intéressant]. — P. 305. L. Leônij, *Cronaca dei Vescovi di Todi* [Utile].— Communications. P. 312-313. R. Wendriner, *Ancora del « Ruffiano » del Dolce* [cf. *Giorn.* xiv, p. 257, n. 2]. — P. 313-314. E. Pércopo, *A proposito delle Ricerche Abruzzesi.* [Quelques rectifications au travail de M. de Bartholomaeis. Cf. *Giorn* xiv, 470].— P. 314-317. E. Pércopo, *A proposito della tomba di Virgilio.* [M. P. recueille ici les mentions du tombeau de Virgile que l'on trouve chez Dante, Boccace, Angelo di Costanzo († 1458), Giovan-Bernardino Fuscano, qui vécut lui aussi au xve s., et reproduit enfin un décret du général Championnet du 9 mars 1799, relatif à un monument à Virgile]. — P. 318-336. Chronique, Dépouillement des périodiques, Annonces analytiques.

Fasc. 45. P. 337-401. F. Novati, *Le serie alfabetiche proverbiali e gli alfabeti disposti nella Letteratura Italiana de' primi tre secoli.* [Dans cet essai (je suis bien aise de le répéter : ce n'est qu'un essai) je me suis proposé de faire connaître les rapports qui ont existé depuis le plus haut moyen âge entre les proverbes rustiques et la littérature latine sentencieuse ; j'ai cherché aussi à démontrer que les formes, dont on avait revêtu les proverbes dans les recueils latins, sont passées dans les recueils vulgaires, dont j'ai commenté les plus anciens et les plus remarquables que j'ai pu connaître. J'ai enfin essayé de prouver que l'alphabet farci a chez nous des rapports plus étroits avec les séries proverbiales qu'avec le rythme abécédaire, légué par l'antiquité au moyen âge. Dans une des prochaines livraisons paraîtront les textes, dont il est question dans ce travail : cinq séries alphabétiques, deux en prose, trois versifiées, des XIIIe-XVe siècles.] — Variétés. P. 402-413. D. Santoro, *Appunti su Mario Equicola*. [Notices biographiques et renseignements sur quelques ouvrages perdus ou peu connus du savant secrétaire d'Isabelle Gonzague.] — Comptes rendus. P. 414-423. L. Gentile, *I codici Palatini descritti*, vol. 1; A. Palma di Cesnola, *Catalogo di mss. italiani esistenti nel Museo Britannico di Londra*. [R. Renier. Le premier de ces ouvrages est excellent ; la préface renferme des détails d'un grand intérêt sur les mss., qui depuis le XVIe siècle entrèrent dans la librairie grand-ducale de Florence. Le catalogue de M. Palma est au contraire déplorablement exécuté ; il y a là une *olla podrida* de renseignements incertains et erronés, qui n'a aucune utilité pour les chercheurs. M. R. a toutefois entrepris de tirer de ce chaos quelques notices utiles.] — P. 428-431. C. Simiani, *Nicolò Franco*, Saggi. [V. Cian.] — Bulletin. P. 433-435. A. Jeanroy, *Les origines de la poésie lyrique en France au M. A.* [Beaucoup de mérite ; mais aussi combien d'hypothèses!] — P. 436-437. G. Temple-Leader et G. Marcotti, *Giovanni Acuto*. [Travail plus brillant que solide.] — P. 437-440. D. Bernoni, *Dei Torresani, Blado e Regazzoni celebri stampatori a Venezia e Roma nel XV e XVI sec.* — P. 447-449. D. Orsi, *Il teatro in dialetto piemontese*. [Petit travail assez intéressant.] — P. 451-452. A. Neri, *De minimis*. [Recueil d'articles parus depuis plusieurs années dans différents périodiques, d'une érudition sûre et agréable ; il est tiré à 60 exemplaires.]— P. 452-454. A. G. Spinelli, *Le Cronache dei Licci in Italia.* — Communications. P. 455-459. F. Flamini, *Le rime di Cino Rinuccini e il testo della Raccolta Aragonese.* [Les pièces de Rinuccini insérées dans ce célèbre recueil ont été l'objet de retouches considérables. Il est probable que Laurent de Médicis a corrigé toutes les pièces des anciens poètes toscans qu'il envoya vers 1466 à Frédéric d'Aragon de la même façon.] — P. 461-463. G. Rua, *Ancora intorno a gli Enigmi dello Straparola.* [Cf. *Giorn.* xv, p. 140 et suiv.] — P. 464-478. Chronique, Périodiques, Annonces analytiques.

Vol. XVI. 2e semestre, fasc. 46-47. P. 1-107. F. Flamini, *Leonardo di Piero Dati, poeta latino del sec. XV.* [Travail érudit sur cet humaniste qui joua un rôle fort important à la cour de Paul II et qui a une place marquée parmi les meilleurs poètes latins du XVe s.] — P. 108-118. R. Köhler, *Illustrazioni comparative ad alcune Novelle di G. Sercambi.* [Cont. ; voy. *Giorn.* xv, 180. Les contes sont les nos 38 et 93 de l'édition Renier.]—P. 119-217. A. Luzio-R. Renier, *I Filelfo e l'Umanismo alla corte dei Gonzaga.* [Le cadre de cette Revue ne permet pas que nous donnions une analyse de ce travail bourré, c'est le mot, de détails précieux pour l'histoire littéraire de l'Italie au XVe siècle. Nous nous bornerons à relever à la p. 159 l'indication d'un ms. du roman français de Lancelot, dont il est question dans une lettre écrite par le marquis Ludovic le 19 déc. 1468 au duc de Modène.

Le marquis avait perdu peu avant un ms. du *Guiron*; et en 1471 il prêtait une
traduction française des ouvrages de César.] — P. 218-233. G. Rua, *Intorno alle*
« *Piacevoli Notti* » *dello Straparola*. [Contin. et fin : voy. *Giorn.* xv, p, 111.] —
P. 334-340. G. Da Re, *Dantinus q. Alligerii.* [C'est une opinion assez générale,
qui veut que Dante en 1306 ait demeuré à Padoue; cette opinion se fonde
sur un acte du 27 août, parmi les signataires duquel figure *Dantino q. Alligerii*
de Florentia. Aux doutes que ce diminutif « Dantino » avait soulevés, plusieurs
érudits ont essayé d'ôter toute importance; M. Gloria entr'autres; mais ils renaissent
plus vigoureux à présent, car M. Da Re publie ici cinq documents extraits des
Archives de Vérone, qui témoignent qu'entre 1339 et 1367 vivait dans cette ville un
toscan, qui s'appelait précisément *Dantinus q. dñi Alligerii qui fuit de Florentia*.
Il est fort probable que le « Dantino » du document Padouan et celui des actes
Véronais sont un seul et même personnage : dans ce cas le prétendu séjour de
Dante à Padoue en 1306 n'a plus aucun fondement.] — P. 341-352. F. Pellegrini,
Di due poesie del sec. XIV su « la natura delle frutta ». [M. P. publie d'après un
ms. de la Bibl. de l'Université de Bologne une pièce en quatrains sur les fruits
et un sonnet sur le même sujet. Nous reviendrons bientôt dans le *Giorn.* sur ces
deux pièces.] — P. 353-360. C. Errera, *Ancora sull' autore del « Pecorone »*. [Les
conjectures exposées par M. Gorra dans le *Giorn*, xv, 216 et suiv., n'ont pas
convaincu M. E., qui en démontre ici la faiblesse, et conclut que messer Giovanni
di ser Fruosino n'a pour soi aucun sérieux argument. M. E. combat aussi l'opinion
de M. G. sur la date du *Pecorone* qui, selon lui, n'a pas été fini avant 1406.] —
P. 361-367. G. Volpi, *Le Stanze per la Giostra di Lorenzo de' Medici*. — P. 368-
375. F. Foffano, *Il disegno del* Morgante. — Comptes rendus. — P. 383-401. G. S.
Scartazzini, *Prolegomeni della D. Commedia* [V. Rossi. Comme tous les ouvrages
du dantiste suisse, ce livre est très inégal; il y a des parties vraiment bonnes,
d'autres d'une inconcevable faiblesse; tout considéré c'est un travail manqué,
car il aspirait à être synthétique et il ne l'est pas]. — P. 401-406. A. Gabrielli,
Epistolario di Cola di Rienzo. [L. A. Ferraj. Ces lettres sont fort importantes
pour l'histoire politique; elles ont aussi un certain intérêt pour la connaissance
de la vie littéraire du temps; l'édition est faite avec soin, bien que les mss.
n'aient peut-être pas été consultés avec toute la diligence désirable]. — Bulletin
bibliographique. P. 407-408. H. Cochin, *Boccace, Études italiennes*. [Livre d'une
lecture agréable, mais peu solide]. — P. 409-410. G. Kirner, *Sulle opere storiche*
di F. Petrarca. [Travail remarquable]. — P. 410-413. C. Cipolla, *Antiche cronache*
veronesi. [Les ouvrages de Marzagaia de Vérone, humaniste ayant vécu dans
les dernières années du xive siècle, sont surtout importants pour l'histoire des
faits et des mœurs].—P. 417-419. B. Corsini, *Lorenzino dei Medici*.—P. 419-423. M.
Barbi, *Della Fortuna di Dante nel sec. XVI* [Fort bon]. — P. 428-430. G. Jachino,
Varietà tradizionali e dialettali alessandrine. — Communications. P. 432-434. G.
Rua, *Un'altra traduzione italiana del « Tesoro » di B. Latini per opera di Celio*
Malespini. [Cette traduction, dont on a une copie à la Bibl. de l'Université de Turin,
est fort mauvaise; mais elle a été faite d'après un texte du *Trésor*, qui appartenait
à la même famille que celui dont a fait usage au xive s. B. Giamboni]. — P. 434-
436. V. Crescini, *Su, su, su, chi vuol la gatta*. [M. C. pense qu'on pourrait expliquer
ce cri de guerre, devenu le refrain d'une chanson historique au xvie s., mais dont

l'usage remonte au xiiie, en le mettant en rapport avec la machine, l'engin qu'on nommait au M. A. *catta*. Raimon Escrivan, dans une pièce fort curieuse, a même fait disputer la « cata » avec le « trabuquet. » Il est très naturel, dit M. C., qu'on ait symbolisé l'engin guerrier, qui ébranlait les murailles d'une ville assiégée, dans une chatte vivante, qu'on aurait montrée d'en haut aux assiégeants, en les défiant de venir la prendre, la chatte, qui devait les aider ! Cela ne nous semble pas aussi naturel qu'à M. C. Nous croyons que la « cata » n'a rien à démêler avec la chatte véritable qu'on pendait sur les remparts d'une ville ou d'un château. L'engin prit son nom, comme le bélier, de l'usage de le décorer d'une tête d'animal plus ou moins fantastique ; l'usage de montrer une chatte aux assiégeants rentre au contraire dans la catégorie de ces défis burlesques qui plaisaient tant à nos ancêtres et dont on a tant de témoignages]. — P. 436-437. R. Wendriner, *Un codice di Ruzante nella Comunale di Verona.*—P. 438-481. Chronique, Dépouillement des Périodiques, Annonces analytiques. P. 482-488. Tables des Comptes rendus du Bulletin et des Annonces.

Miscellanea Francescana di Storia, di Lettere, d'Arti, vol. v, fasc. i, janvier-février 1890. P. 3-4. F. Novati, *Sull'autore del più antico poema della vita di S. Francesco, congetture e riflessioni.* [Le nom de l'auteur de ce poème, qui était resté jusqu'ici un mystère, nous est révélé par le prologue du commentateur, qu'on lit dans un ms. de la Bibl. Communale de Versailles, inconnu jusqu'à ces derniers temps. Si cette découverte montre que les hypothèses émises par les critiques sur cet écrivain étaient dénuées de fondement, elle permet en même temps d'en émettre de nouvelles. Je propose donc d'identifier maître Henri (c'est le nom donné dans le ms.) avec cet Henri de Pise, parfait musicien et poète, dont Salimbene fait un chaud éloge dans sa chronique.] — P. 5-21. V. de Bartholomaeis, *I codici di S. Giovanni da Capestrano.* [C'est la réimpression partielle d'un travail paru dans le n° 8 du *Bullettino dell'Istit. Stor. Ital.*]

Fasc. ii, mars-avril 1890. P. 33-34. G. Mazzatinti, *S. Bernardino da Siena a Forli* P. 34-52. F. Cristofani, *Memorie del b. Pietro Pettinagno* da Siena. [Contribution assez intéressante pour la vie de cet ascète, dont il est question dans le chant xiii, v. 52 du *Purgatorio* dantesque.]

Fasc. iii, mai-juin 1890. P. 74-75. P. Édouard d'Alençon, *Sul più antico poema della vita di S. Francesco.* [On commence ici la publication intégrale des variantes assez considérables (il y a même de longs passages tout à fait nouveaux) de ce texte selon le ms. de Versailles. Nous nous permettrons de conseiller à l'éditeur de mettre plus de soin dans ses copies; les fragments qu'il a publiés jusqu'ici fourmillent de fautes de lecture.] — P. 76-78. G. Mazzatinti, *S. Francesco d'Assisi e Federigo Spadalunga da Gubbio.* [On jette une lumière nouvelle sur un singulier épisode de la vie du Saint.] — P. 78-83. F. Novati, *L'Anticerberus di fra'Bongiovanni da Cavriana analizzato ed illustrato.* [Ce poème du xiiie s., qui n'est pas dépourvu d'un certain intérêt pour l'histoire de la poésie latine au moyen âge en Italie, est ici l'objet d'une analyse minutieuse. A suivre.]

Nuova Antologia. — A. xxv, iiie série, vol. xxv, 1re livr., 1er janvier 1890. P. 5-35. P. Villari, *Le origini di Firenze.* [Lumineuse et attachante analyse des dernières recherches sur ce sujet, qui a un grand intérêt pour l'étude de la formation de plusieurs légendes. ı. Les Écrivains ; ıı. La légende et sa signification ; à suivre ; cf. 11ᵉ livr., p. 434].—P. 51-75. D. Gnoli, *Storia di Pasquino*. [Depuis les origines jusqu'au sac de Rome par le maréchal de Bourbon ; la suite ; 2ᵉ livr., p. 275. — P. 164-184. F. Torraca, *Rassegna della letteratura italiana*. [On rend compte des ouvrages suivants : Gabrielli, *Su la poesia dei Goliardi* ; E. Monaci, *La « Rota Veneris » e «La Gemma Purpurea » e altri scritti volgari di G. Faba* ; G. Palmieri, *Introiti ed Esiti di Niccolo III*; I. Del Lungo, *Il volgar fiorentino nel poema di Dante* ; P. Rajna, *Frammenti di redazioni ital. del* Buovo d'Antona et *Contributi alla storia dell'Epopea e del Romanzo Medievale* (vı-vıı) ; A. D'Ancona, *Tradizioni carolinge in Italia* ; A. Graf, *Un monte di Pilato in Italia*, etc.]. — P. 193-196. Bulletin bibliographique. [E. Michaelis, *Salimbene und seine Chronik;* L. Magrini; *L'Inferno di Dante* ; S. Scaetta, *Paradiso, essai d'interprétation*, etc.].

3, 1ᵉʳ janvier. P. 486-508. T. Casini, *Un poeta umorista del secolo XIII*. [Rustico di Filippo, citoyen florentin, ami de Brunetto Latini, qui a écrit des sonnets satiriques et burlesques entre 1260 et 1280]. — P. 601-605. Bulletin bibliographique. [P. Molteni, *Le opere di D. Alighieri* ; B. Cotronei, *Le Farse di G. G. Alione poeta astigiano della fine del sec. XV.*]

4, 16 février. P. 812-816. Bulletin bibliographique. [P. Rajna, *Le Corti d'Amore* ; C. Negroni, *Sul testo della D. Commedia* ; G. Lumbroso, *Gli Accademici nelle Catacombe*].

6, 16 mars. P. 220-250. A. Graf, *La leggenda di un Pontefice*. [De Gerbert, qui a été pape sous le nom de Silvestre II, la légende a pendant le M. A. célébré la puissance et la science, fruits d'un pacte diabolique. M. G. étudie avec son érudition habituelle la naissance et le développement progressif de cette tradition, qui commence à se répandre peu de temps après la mort de Gerbert, est déjà formée de toutes pièces au xıᵉ s. et dans la première moitié du siècle suivant atteint en Angleterre, grâce à Guillaume de Malmesbury et à Gautier Map, sa forme la plus complète]. — P. 363-366. Bulletin bibliographique. [D. Orsi, *Il teatro in dialetto piemontese* ; G. Zannoni, *Per la « Storia di due amanti » di E. S. Piccolomini* ; *Per la storia d'una Storia d'amore.*]

7, 1ᵉʳ avril. P. 564-569. Bulletin bibliographique. [G. Gietmann, *Beatrice, Geist und Kern der Danteschen Dichtungen* ; O. Zenatti, *Una canzone capodistriana del sec. XIV sulla pietra filosofale* ; G. Volpi, *La vita e le rime di S. Serdini* ; le critique publie d'après un ms. de la Vaticane, sur lequel il ne donne aucune indication, une ballade attribuée à Saviozzo, qui commence : *Lucia la tua beltà d'ogni piacere.*

8, 16 avril. P. 756-762. Bulletin bibliographique. [B. Aquarone. *Dante in Siena ;* A. Medin L. Frati, *Lamenti Storici de' sec. XIV-XVI*, etc.]

9, 1ᵉʳ mai. P. 169-170. Bulletin bibliographique. [P. Merlo, *Saggi glottologici e letterari* ; G. Mazzoni, *Laudi cortonesi del sec. XIII.*]

11, 1ᵉʳ juin. P. 401-433. I. Del Lungo, *Beatrice nella poesia e nella storia del sec. XIII*. [D'après une analyse très subtile et approfondie de la *Vita Nuova*, M. D. L. se croit autorisé à conclure que la femme aimée et célébrée par Dante dans son livre a réellement vécu, et que cette femme est véritablement Beatrice, la fille de Folco Portinari, dont Boccace nous a conservé le souvenir, car le témoignage de celui-ci ne peut pas être repoussé. Dans la *Vita Nuova*, Dante a donc exposé des faits réels, mais d'une façon vague et fantastique, qui semble leur ôter toute apparence de vérité. Au fond presque tout est vrai, et la chanson écrite par Cino de Pistoia pour la mort de Beatrice en est la preuve la plus frappante qu'on puisse citer.] — P. 575-576. Bulletin bibliographique. [G. Paris, *La littérature française au M. A.*]

13, 1ᵉʳ juillet. P. 5-36. P. Villari, *Prime guerre e prime riforme del Comune Fiorentino.* — P. 165-167. Bulletin bibliographique. [G. Fracassetti, *In epistolas F. Petrarchae de rebus familiaribus et variis Adnotationes*].

14, 16 juillet. P. 201-222. A. Graf, *La Fatalità nella credenza del M. Evo*. [Après avoir établi que la fatalité dans la conscience du M. A. n'est que l'expression du vouloir de Dieu, qui est la nécessité suprême et invincible, dont naît la prédestination, M. G. passe rapidement en revue les traditions les plus remarquables du M. A., où ces idées sont développées ; Judas, st. Julien, st. Ursius, st. Alban, st. Grégoire sont donc tour à tour mentionnés, car les contes dont ils ont été les protagonistes sont tous des variantes d'un thème unique, celui du parricide prédestiné. M. G. fait aussi mention de certains contes qui sont tout à fait profanes, tels que la légende de Constant, d'Henri III, etc.]. P. 359-30. Bulletin Bibliographique. [C. Manfroni, *Il « Cavaliere Errante » del marchese Tommaso III di Saluzzo*.]

16, 16 août. P. 679-708. A. Luzio, *Pietro Aretino e Pasquino*. [Article fort intéressant, qui donne des renseignements nouveaux et très remarquables sur la métamorphose du Pasquin rhétoricien et pédant des premières années du xviᵉ siècle dans le représentant de la satire romaine ; M. Luzio démontre que cette transformation a été en grande partie l'ouvrage de P. Aretin]. — P. 709-713. E. C. L., *I Laberinti e il loro simbolismo nell' età di mezzo*. [Après quelques remarques sur les Labyrinthes de l'antiquité M. L. vient à traiter des représentations iconographiques qu'on en voyait au M. A. dans plusieurs cathédrales de France et d'Italie et discute leur signification et leur destination.]

18, 16 septembre. P. 358-365. Bulletin bibliographique. [G. Voigt, *Il Risorgimento dell' antich. classica*, trad. par D. Valbusa ; M. Barbi, *Della fortuna di Dante nel sec. XVI* ; M. Menghini, *Canzoni antiche del popolo italiano*.]

19, 1ᵉʳ octobre. P. 555-561. Bulletin bibliographique. [I. Del Lungo, *Canzone di M. Cino da Pistoia a Dante per la morte di Beatrice* ; G. Zippel, *N. Niccoli* ; *Catalogue des livres mss. et imprimés composant la bibliothèque de M. H. de Landau*, vol. ii, etc.]

20, 16 octobre. P. 742-761. F. Torraca, *Prolegomeni della D. Commedia di G. A. Scartazzini*. [Analyse minutieuse de ce livre, sur lequel le critique porte, après discussion, un jugement fort sévère.]

21 livr., 1ᵉʳ novembre. P. 171-174. Bulletin bibliographique. [R. Paoletti, *Frammento di un Codice della D. Commedia* ; D. Bocci, *Breve storia della letteratura italiana*, etc.]

22, 16 novembre. P. 321-341. C. Pigorini-Beri, *Banchetti politici nei secoli XIV e XVI*. [Sans intérêt.]

24, 16 décembre. P. 765-769. Bulletin bibliographique. [M. da Carbonara, *Studi danteschi* ; G. Paris, *Les chants populaires du Piémont* ; Wiese, *Eine Altlombardische Margarethen-Legende*, etc.]

Il Propugnatore, N. S., vol. III, p. 1, janvier-février, 1890, fasc. XIII-XIV. P. 5-38. G. Mazzoni, *Laudi Cortonesi del sec. XIII*. [Contin. et fin : v. vol. II, part. II, p. 205.] — P. 49-74. A. Appel, *I Proverbi di Gharzo*. [Comme appendice à la publication de M. M., qui comprend certaines pièces, dont l'auteur s'appelle lui-même Garzo, M. A. publie d'après quatre ms. une série de proverbes rimés du XIIIe siècle, qu'il attribue à un Garzo, dont le nom paraît dans un des mss. Cf. du reste *Giorn. Stor. della Lett. Ital.*, XV, 361-4]. - P. 75-134, S. Bongi, *Ingiurie, improperi, contumelie, ecc. Saggio di lingua parlata del trecento cavato dai Libri criminali di Lucca*. [Ces curieux échantillons du langage « poissonnier » et, pourrait-on ajouter, ordurier des Lucquois au XIVe siècle, sont tirés avec beaucoup de soin des *Libri maleficiorum*, des Registres des vicaires de Camaiore et Massa, des Sentences et Bans, depuis 1330 jusqu'à 1384. Il y a sans doute par ci par là des formules très intéressantes, mais, à tout prendre, les Lucquois n'avaient pas dans les injures un [esprit fort inventif]. — P. 135-161. G. Mignini, *La Epistola di Flavio Biondo* De locutione romana. [Tout le monde sait que les secrétaires d'Eugène IV traitèrent un beau jour dans leurs causeries « d'antichambre » une grosse question : celle de l'origine du langage vulgaire et de ses rapports avec le latin. Poggio, Filelfo, L. B. Alberti, Bruni et Biondo voulurent donner à leurs opinions sur ce point une forme littéraire ; c'est ainsi que Biondo écrivit cette épitre fort remarquable, qui renferme des idées assez judicieuses, et qui était de nos jours presque oubliée, personne n'ayant, après les notices qui en avaient été données en 1789 par les *Novelle Letterarie*, pensé à la reproduire]. — P. 162-187. G. Zannoni, *Trionfo delle lodi di Federigo da Montefeltro Duca d'Urbino*. [Analyse d'un poème à la louange de ce prince, écrit par un « Alexander de Florentia, » dont M. Z. n'a pu retrouver aucune notice, après la mort du roi Alphonse d'Aragon (1458)]. — P. 188-224. V. Finzi, *Di un'inedita traduzione in prosa italiana del poema* De lapidibus pretiosis *attribuito a Marbodo vescovo di Rennes*, etc. [Après avoir mentionné les anciennes traductions en prose de ce Lapidaire, parues en Italie au XIVe siècle, M. F. vient à rendre compte de celle qu'il a étudiée dans le ms. VII B 5 de la bibliothèque Estense, qui est elle aussi du XIVe s. Ce texte, que M. F. publie en entier, est peut-être originaire de la Venétie, mais il a perdu dans son état actuel la plupart de ses caractères dialectaux. Suivent trois fragments qui traitent des « vertus » du loup, du martin-pêcheur, de l'anguille]. — Mélanges. P. 225-231. E. Teza, remarques sur les mots *ambra, caramillo*, etc. — P. 233-34. E. Teza, *Dantiana.*. P. 238-39. G. Mazzoni, *Ancora su Garzo*. [Le bisaïeul de Pétrarque était selon des documents récemment découverts, Garzo dell' Incisa. Ne pourrait-on pas l'identifier avec le Garzo qui a écrit quelques-unes des *Laudi* de Cortone et les Proverbes ?] — P. 240-244. M. Menghini. *Due noterelle dantesche*. M. M. tire des *Lettere* (Rome, 1664) du chev. T. Stigliani deux interprétations fort insignifiantes (la première est absurde, la seconde avait été déjà donnée par d'autres commentateurs : voyez **L'Alghieri.** II, 304) des passages suivants du *Purgatorio :* XXIII, 31-33, XXXIII 34-36. — P. 245-255. F. Pellegrini, *Guido Guinizelli Podestà a Castelfranco* [un *Liber Memorialium* de l'archive d'État de Bologne témoigne que le 31 déc. 1270 Guido Guinizelli chargea son procureur de sommer la commune de lui payer 50 livres bolon., plus vingt-cinq corbeilles de grain, qui lui étaient dues « *pro feudo potesterie castri franchi.* » M. F. tire de là l'occasion de remarques fort raisonnables sur différents problèmes que soulève la biographie de G.]. — P. 274-284. M. Menghini, *Dodici rispetti popolari inediti*. (Le ms. Barb. xl.v, 27, écrit en 1473, renferme une série de *Rispetti*, qui sont des variations fort agréables de motifs bien connus de la poésie « popolareggiante. » L'édition toutefois n'en pouvait être plus mauvaise : iii, 3-7 : *L'onestà cara e l' donnesco valore E' modi e gli atti più ch'altri lodati Nella mia mente anno lui per signore E te perdona in tal guisa scemati Ch'altra cedente mai foer che la morte A cacciarnegli fuor non sarè' forte.* Les vers 6-8 ne donnent pas de sens. Il faut lire : *E te per donna in tal guisa fermati, Ch'altr' accidente mai*, etc. iv 7. Le vers est trop court : il faut lire : *all'alta tua.* v 7 M. M. ne sait pas que *trista a colei* est parfaitement régulier en italien ! 8 *e chiede ritrovarse in sua vechieza.* Il y a là une grosse faute de lecture. Corrigez : *e chrede ristorarse*; la correction est indiquée par le Stramb. Perug. 79, que M. M. cite lui-même : *Sciocca è colei che crede restorare.* vi 4 suppléez : *cosi; bella* de M. M. ne peut être admissible. 5. Le vers est trop court : lisez : *e fatta vecchia.* vii 5. au lieu de *piangerà* il faudra lire *piangerai.* 6. La leçon du ms. *quello che* est la bonne. viii, 4. *profferito* que M. M. n'entend pas, c'est *porferito = porphyrites*, porphyre]. — P. 285-286. *Errata-Corrige.* [M. Appel donne un très long *Erratum* des *Proverbi di Garzo*].

Vol. iii, fasc. xv, mai-juin. — P. 287-338. A. Gaudenzi, *Guidonis Fabe Summa Dictaminis.* [La somme épistolaire de Guido Fava, qui commence : *Quasimodo geniti infantes*, est une des plus remarquables du xiii° siècle; sa renommée nous est témoignée par le grand nombre de copies qui en restent. M. G. la publie ici d'après quatre mss. : le Riccard. 1222, et trois Vaticans (Ottobon. 125, Palat. 1611, Vat. 5107. A suivre.] — P. 339-355, A. Bacchi della Lega, *Bibliografia dei testi di lingua a stampa* [Appendice]. — P. 389-418. A. Medin, *Il Duca d'Atene nella poesia contemporanea.* [M. M. suit à l'aide des poésies du temps toutes les péripéties du drame, qui se déroula à Florence entre 1342 et 1343 et dont Gautier de Brienne fut le protagoniste.]

Fasc. 16-17, juillet-octobre. P. 5-112. Bibliographie. S. Morpurgo, *Supplemento alle Opere volgari a stampa dei sec. XIII e XIV indic. e descr. da F. Zambrini.* [Ce catalogue comprend les années 1884-1888.]—P. 113-178. F. Pelligrini. *Rime inedite dei sec. XIII e XIV tratte dai libri dell'Archivio Notarile di Bologna.* [Ces vieilles . paperasses sont une mine inépuisable pour les chercheurs; cette très .intéressante publication en fournit une preuve nouvelle. Les textes recueillis par M. F. ne sont malheureusement pour la plupart que des fragments et même des fragments fort défigurés; mais il y en a quelques-uns qui sortent encore intacts de leur tombeau. Nous mentionnerons notamment les n°° 12 et 13, deux sirventés d'amour très remarquables (1299-1300); 16, un sonnet de Dante (1300); 17, un sonnet de Cino; 19, autre sonnet, mais celui-ci *rinterzato*, du même poète; 20-21, deux des sonnets (le 2° et le 3°) qui composent la tenson, illustrée par M. Monaci, de Jacopo da Lentino notar Giacomo et l'Abbé de Tivoli; 24, une agréable ballade ; 25, une poésie française sans doute, mais presque méconnaissable contre le mauvais Jaloux (je lirais ainsi le premier vers : *De male mort meure, le mauvais mari*); 26, autre pièce, mais celle-ci italienne, sur le même sujet; 33, sonnet politique sur les malheurs des Lucquois (1314); 35-39, cinq sonnets amoureux.] — P. 179-243. C. et L. Frati, *Indice delle carte di P. Bilancioni.* [Cont.; voy. vol. ii, part. ii, p. 271, lettre C.] — P. 244-303. G.

Monticolo, *Poesie latine del principio del sec. XIV.* [Un ms. de l'archive d'État de Venise renferme nombre de pièces écrites en 1316, lorsque la ville fut mise en émoi par la naissance de trois lionceaux. Il y en a de Tanto, grand Chancelier de la République, de frère Piétro, un moine prêcheur, de maître Jean et enfin d'Albertino Mussato. M. M. publie toutes ces pièces avec des explications fort soignées.] — Mélanges. — P. 304-316. G. G. Gizzi, *Per altre vie per altri porti ecc.* [Discussion sur ce passage de Dante, *Inf.* III, 91-93.] — P. 317- 330. A. Foresti, *Dell'esatta interpretazione dei versi di Dante corsif. « Gli occhi lor ch'eran pria pur dentro molli »* etc. [*Inf.* XXX fi, 46-49.] — P. 331-344. M. Menghini, *Antichi Proverbi in Rima.* [Ces 224 proverbes, groupés en quatrains monorimes formés de vers de quatorze syllabes, sont tirés d'un ms. Riccardiano (nᵒ 2924), écrit au XVᵉ siècle et d'un Vatican (Reine Christ. 1603) du XVIᵉ siècle. Ce dernier les attribue à Brunetto Latini, et l'éditeur est d'avis qu'ils peuvent fort bien appartenir au XIIIᵉ siècle. Il a du reste établi son texte d'une façon fort incorrecte : qu'est-ce que c'est que : *Guardati da bocca sotto che par vita beata* (p. 334, nᵒ 102)? Et que veut dire : *Abbi mente alla polza* (p. 335, nᵒ 23)? Ne pourrait-on pas dire que M. M. se moque un peu de ses lecteurs, lorsque, pour raccourcir un vers trop long, il fait un « sdrucciolo » de *somáro ?* (p. 337, nᵒ 92) *Mai non hai ben del sómaro* (sic!) *se non quando el batti ?* Mais laissons cela. Il y a dans ces proverbes des formes fort curieuses qui pourraient déceler une origine étrangère, voire française : P. 331, n. 10 : *Non lodare mai femmina, quand 'ella é affatata* (leçon de V; R. que M. M. suit, substitue une variante qui a tout l'air d'une correction fort peu heureuse : *che giace infantata). Affatata* n'est-il pas le vieux français, *affaitiée ?* Le sens du proverbe serait dans ce cas : « Ne loue jamais la beauté d'une femme, lorsqu'elle est habillée ; » conseil donné par les proverbes de plusieurs façons. P. 337, nᵒ 84 : *Molto guasta la vigna la grandine e la rusa.* Qu'est-ce que c'est que *rusa ?* peut-être *rousée ?*]

Fasc. XVIII, novembre-décembre. P. 345-393. A. Gaudenzi, *Guid. Fabe Summa Dictaminis.* [Cont. et fin ; voy. vol. III, P. I, p. 287]. — P. 394-416 C. et L. Frati, *Indice delle carte di P. Bilancioni.* [Cont.; voy. vol. III, P. I, p. 179 : lettre D]. — P. 417-436. R. Sabbadini, *Cronologia documentata della vita di Giovanni Lamola.* — P. 437-477, F. Gabotto, *La Fede di Jacobo Sannazaro.* Mélanges. P. 478-486. G. Volpi *Per il Bellincioni.*

La Rassegna Nazionale. A. XII, vol. LV, 1ᵉʳ septembre 1890. P. 153-158. Il Gondoliere, *« Quinci non passa mai anima buona. »* [Dante, *Inf.*, III, 127.].

16 septembre. P. 223-242. A. Galassini, *Il Maggio.* [Agréable article dans lequel sont donnés des détails très intéressants sur les représentations « maggiaiuole » à Pievepelago, petit village perdu dans le haut Apennin Pistoiais.] — P. 271-290, B. Bianchi, *Sulle mutazioni ed alterazioni dei nomi di luogo nelle Mappe e nei Campioni Catastali.* [Remarques fort judicieuses, quoique faites sur un ton un peu agressif, sur la nécessité pour les personnes chargées de cette importante mission de mettre à recueillir les noms des lieux un soin scrupuleux et intelligent.]

Rivista delle Biblioteche (1). 1888, A. I, vol. I, nᵒˢ 1-2, janvier-février. P. 17.

(1) Nous donnons le dépouillement complet de cette Revue dont on n'a pas tenu compte dans les dépouillements antérieurs.

C. Paoli, *D'un uso speciale della cera per segni indicativi nei manoscritti.* — P. 20-24. L. Gentile, *Il codice Poggiali della D. Commedia.* [Description soignée et minutieuse d'un ms. qui jouissait d'une réputation d'antiquité, que M. L. démontre surfaite. A suivre ; cf. nᵒˢ 3-4, p. 55.]

Nᵒˢ 3-4, mars-avril. P. 52-53. F. Carta, *Un codice sconosciuto dei libri « De remediis utriusque fortunæ » di F. Petrarca.* [Description du ms. AD. xiii, 30 de la Bibl. Nation. de Milan].

Nᵒˢ 5-7, mai-juillet. P. 76-79. T. Casini, *Aneddoto d'un codice volterrano.* [Décrit un ms. de la Biblioth. Guarnacci de Volterra qui renferme les épîtres d'A. Traversari.] — P. 85-95. F. Ferrari, *Contributo alla Bibliografia Boccaccesca.*

Nᵒˢ 8-10, août-octobre. — P. 133-142. A. Tenneroni, *I codici Laurenziani della D. Commedia.*

Nᵒˢ 11-12, novembre-décembre. P. 179-186. G. Cattabeni. *Indice dei più pregevoli cimeli danteschi dai quali furono riprodotte fotograficamente le pagine più ammirabili per l'Album mandato dal Ministero della P. I. alla mostra Dantesca tenuta a Dresda nell' ottobre 1880.*

1889, a. ii, vol. ii, nᵒˢ 13-15, janvier-mars. P. 1-6. L. Frati, *La Biblioteca dei Canonici Regolari di S. Salvatore in Bologna.* [Cette bibliothèque existait déjà au xivᵉ siècle ; un inventaire du siècle suivant témoigne toutefois qu'elle était fort pauvre. Elle s'accrut en 1532, lorsqu'une partie des collections manuscrites de D. Dominici, évêque de Torcello, y entrèrent ; un catalogue de l'an 1695 indique que les mss. étaient encore au nombre de 350, quoique plusieurs parmi ceux qui étaient remarquables pour leur valeur artistique fussent déjà passés à l'Escurial, lorsque Philippe II créa cette bibliothèque. En 1796 les commissaires français envoyèrent à Paris 506 mss. choisis parmi les 921 que possédait alors S. Salvatore ; en 1815 487 revinrent à Bologne ; les autres restèrent à Paris. On les déposa dans la Bibliothèque de l'Université avec ceux qu'on y avait déjà transportés en 1796 ; mais treize ans après on renvoya tous les mss. aux chanoines. Dans ce passage on perdit les traces de cent mss. Depuis 1866 ce qui reste de ce fonds est conservé dans la Biblioth. de l'Université]. — P. 38-40. G. Maruffi, *I codici Danteschi della Biblioteca Palatina di Parma e i 30 punti critici del prof. E. Monaci.* [Description de ces mss., qui sont au nombre de sept, et communication de variantes]. — P. 41-43. V. Rossi, *Un nuovo lavoro sui codici della D. Commedia.* [A propos du livre de M. C. Taüber, *I capostipiti dei mss. della D. C.*]

A. iii, v. iii, n. 29-30, mai-juin. — P. 68-76. G. Maruffi, *La Poesia popolare Italiana. Appunti bibliografici.* [Part. i, paragraphe 1. Études et Recueils généraux a). Poésies des xiiiᵉ xviiᵉ siècles b). Recueils modernes c). Études. A suivre].

Rivista critica della letteratura italiana. A. vi, n. 3, mars 1890. col. 75. C. Beccaria, *Di alcuni luoghi difficili o controversi della D. C. di D. Alighieri.* [M. Barbi. Défavorable]. c. 87. Bulletin Bibliographique. [A. Medin, *La Profezia del Veltro;* L. T. Belgrano, *Contribuzioni alla storia di Genova specialmente nella poesia,* etc. c. 93. Notices. — N. 4, avril. c. 97. A. Bertolini,' *Studi Danteschi* [F. Torraca]. c. 114. A. Palma di Cesnola, *Catal. di mss. ital. esist. vel Museo Britann. di Londra* [L. Frati] e. 117. G. Camus, *I codici Francesi della Bibl. Estense* [V. Crescini. Elogieux]. c. 119 Bulletin bibliographique [L. Di Giovanni,

Di un Giuoco populare nel sec. XIII; S. Bongi, *ingiurie, improperi,* etc.; cfr. *Propugn.* III, 75-84. C. Manfroni, *Il Cavaliere Errante di Tommaso da Saluzzo].* c. 124. Périodiques. c. 126. Notices. N. 5, mai. c. 129. E. Moore, *Contribut. to the textual Criticism of the D. C.*; B. Taüber, *I capostipiti dei mss. della D. C.;* C. Negroni, *Sul Testo della D. C.* [M. Barbi]. c. 140 G. Volpi, *La vita et le rime di Simone Serdini.* [¡Tiré du *Giorn. Stor. della Lett. Ital.* xv, 1-78 ; S. Morpurgo]. c. 154. Notices.

Studi di filologia romanza. — Fasc. XIII (t. v). P. 193-265. P. Rajna, *Tre studj per la storia del Libro di Andrea Cappellano.* [Il est rendu compte de ce remarquable travail dans le présent nᵒ]. — P. 273-40. C. de Lollis, *Trattato Provenzale di Penitenza.* [Ce petit ouvrage ascétique est tiré d'un ms. de la bibliothèque de la ville de Todi et, peut-être, est entré avec les mss. du Cardinal Bentivegna dans la librairie de S. Fortunato, où sa présence est attestée par l'inventaire de 1435. Sa valeur littéraire est nulle ; mais linguistiquement il n'est pas sans importance ; l'analyse que M. de L. en a faite le conduit à admettre que le texte soit originaire du Quercy : cf. toutefois *Romania*, xIx, 624].

F. NOVATI.

CHALON-SUR-SAÔNE, IMPRIMERIE DE L. MARCEAU.

LE MOYEN AGE

BULLETIN MENSUEL D'HISTOIRE ET DE PHILOLOGIE

DIRECTION :

MM. A. MARIGNAN ET M. WILMOTTE

OCTOBRE 1891

COMPTES RENDUS

L'Architettura in Italia dal secolo VI al mille circa. Ricerche storico-critiche del prof. Raffaele Cattaneo. Venezia, 1889.

L'excellent travail de M. Cattaneo, sur une époque d'art si peu connue, est resté trop longtemps inaperçu en France. Nous ne croyons pas qu'il existe sur les monuments italiens de ces siècles obscurs une étude aussi approfondie, pénétrée d'une aussi saine critique.

A l'aide d'ingénieuses comparaisons et de quelques monuments datés, M. Cattaneo est parvenu à voir clair dans une masse de débris où d'autres, avant lui, n'avaient vu que les traces d'une longue époque de décadence et de barbarisme. Il y a reconnu des fluctuations, des relève ments, des styles bien propres aux différentes races qui dominaient l'Italie.

Trois styles, dans trois différentes périodes, ont été distingués par M. Cattaneo : un style latin-barbare, un style byzantin-barbare, un style italien-byzantin.

Le premier style, s'il mérite ce nom, est né, dans les temps orageux des conquêtes barbares, de la conquête byzantine, qui ne fut certainement pas moins néfaste pour l'Italie que la précédente, enfin de l'invasion des Lombards.

Réellement le niveau de l'art n'est jamais tombé si bas qu'aux vi^e et viie siècles. A peine voyons-nous, au vi^e siècle, la profonde décadence de l'art latin relevée un peu par l'art byzantin. Dans la sculpture, la figure humaine est presque entièrement abandonnée. L'ornementation qui, au déclin de l'art romain, avait déjà la très forte tendance de présenter un relief de plus en plus affaibli, se trouve poussée dans cette voie par l'influence orientale. Quelques fragments de sculptures du vi^e siècle à Ravenne, à Monza, à Rome en sont les preuves irrécusables.

Dans le domaine de l'architecture, le plan de l'église de Santa Maria di Grado (Venise), avec le curieux prolongement des bas côtés enfermant l'abside et servant de sacristies, offre une analogie frappante avec la disposition des églises de la Syrie centrale des ve et vi^e siècles.

À la fin du viie siècle, nous sortons peu à peu des formes enfantines de cette extrême décadence. Il y a une deuxième infusion d'art byzantin qui, mieux que la précédente, a été utilisée par les derniers envahisseurs de l'Italie : les Lombards. Ceux-ci, tout en étant des conquérants moins cruels peut-être que leurs prédécesseurs, changèrent plus profondément les institutions du pays. Mais en même temps ils adoptent la langue et les mœurs du peuple vaincu, auquel, de leur côté, ils semblent communiquer une nouvelle énergie. L'architecture reçoit le contrecoup de ces événements. Cependant n'oublions pas que la conquête lombarde ne fut que partielle : Ravenne, Venise et Rome restèrent grecques. Aussi l'influence byzantine pure se déclare la plus forte surtout dans les deux premières villes, tandis qu'un élément barbare commence par produire dans le reste de l'Italie un style mixte (1).

L'édifice le plus important de cette période, tant au point de vue de la sculpture qu'à celui de l'architecture, est l'église S. Salvatore à Brescia.

Le viiie siècle se termine, la fusion des Lombards et des vieux habitants de l'Italie est un fait accompli. La richesse des sculptures, la belle forme des animaux, spécialement des paons, encadrés dans les entrelacs, les roses, les palmes, les feuilles de vigne et les grappes de raisin, les tiges perlées démontrent que nous sommes sortis des pénibles époques d'enfantement. — Et l'architecture, la crypte de S. Salvatore, exemple peut-être unique de l'époque, comme le fait observer avec beaucoup de prudence M. Cattaneo, n'est-elle pas la preuve que l'on veut abandonner la forme basilicale, n'annonce-t-elle pas la naissance du style roman?

En effet, une nouvelle période commence ; on peut dire qu'à la fin du viiie siècle l'influence active de Byzance, au point de vue de l'architecture, est finie. Ce que cet art pouvait donner à l'Italie a été mis à profit. Avec ce que les artistes et les architectes lombards ou italiens ont apporté de vraiment original, un nouvel art plus riche, une compréhension plus large du bâtiment sont nés.

Des églises à trois absides, dont le modèle est emprunté directement à l'Orient, sont bâties à Rome, à Capoue. Le chapiteau a changé d'aspect. Tout en étant moins fouillé, peut-être moins riche, il devient plus robuste et semble mieux répondre à sa destination.

Ce style, qui marque la troisième période, M. Cattaneo l'appelle italien-byzantin ; il continue à régner encore pendant tout le xe siècle. Saint Ambroise de Milan est conçu dans ses idées.

---

(1) M. Cattaneo ne voit pas la part qu'ont apportée les Lombards. Cependant nous croyons que l'ornementation d'entrelacs curvilignes qui se montre, pour la première fois, à Vérone, dans les sculptures du ciboire de San Giorgio de Valpolicella (anno 712), est plutôt Germanique qu'Orientale.

La dissertation de M. C. sur l'ancienneté de cette église est des plus ingénieuses. Il se range à l'opinion de Violet-le-Duc et croit que le plan n'est pas antérieur au ix⁰ siècle. Du reste toute la partie du travail qui traite des origines de l'architecture lombarde élucide beaucoup les questions, toujours si difficiles, que soulèvent les commencements de l'architecture romane.

A. Pit.

Studies in the Arthurian legend, by John Rhys. Oxford, at the Clarendon press, mdccxci, viii-411 p. 8⁰. (cart.).

L'auteur de ce livre est connu avantageusement par ses travaux sur les langues et les littératures celtiques. En consacrant son attention aux légendes dont Arthur a été le héros, il doit se flatter d'avoir rendu un réel service aux études romanes. En France, comme en Allemagne, n'est-on pas d'accord pour regretter l'indifférence des choses de notre ancienne littérature dans laquelle vivent les *celtisants* et n'a-t-on pas salué avec empressement l'apparition des travaux de M. Zimmer, destinés à projeter bien des rayons nouveaux sur l'origine des romans de Table Ronde et même sur les rapports intellectuels des Celtes et des Français en général ? D'autre part, la traduction meilleure et savamment annotée qu'a faite M. Loth des *Mabinogion*, n'a-t-elle pas rendue plus aisée la solution du problème qui s'attache à certaines de nos origines littéraires (1) ? Il ne faudrait toutefois pas fonder trop d'espérances nouvelles sur le livre que nous annonçons aujourd'hui. Tout d'abord, il est plus étranger qu'il n'en a l'air au véritable débat que nous avons essayé de résumer récemment dans ce bulletin (2). Il est sorti en partie de leçons que M. Rhys a faites en 1886 sur le paganisme des Celtes et il se ressent singulièrement des fatalités de sa conception. Pour tout dire, c'est plutôt deux livres qu'un seul, et le lien qui les unit est plus lâche encore qu'il n'a plu à l'auteur de le déclarer dès la première page. Si j'ajoute que cet auteur est resté partisan convaincu du *solarisme* en mythologie (il donne une bien faible raison de son attitude en disant que « nothing has yet been found exactly to take its place »), que l'on est arrêté à chaque pas par le contact perpétuel non seulement entre des matières assez dissemblables, mais surtout entre des points de vue difficiles à concilier, j'aurai assez dit pour

---

(1) Il serait injuste de ne pas mentionner ici les études de M. Rajna sur « l'onomastique bretonne » en Italie (*Romania*, xvii, 161 et 355 ss.). Des témoignages qu'a réunis ce savant, dont quelques-uns remontent aux premières années du xiiᵉ siècle, il ressort que la popularité d'Arthur et de ses compagnons d'armes était plus ancienne que l'œuvre de Geoffrei de Monmouth, dont l'importance a reçu une grave atteinte de cette découverte, comme M. Förster lui-même l'a reconnu. La forme des noms d'Arthur, d'Yvain, etc., portés par des Italiens, confirme, en outre, une transmission par la France; celle-ci aurait donc possédé les légendes bretonnes à une date bien antérieure à celle des textes littéraires qui nous en ont conservé certains épisodes.

(2) V. *Moyen-Age*, iv, n⁰ d'août.

avertir ceux qui ne connaissent ce gros volume que par son titre, pas assez cependant pour leur permettre de se rendre un compte entier de son contenu.

Voici comme peut se répartir ce contenu : 1° mythologie celtique (elle occupe surtout les chapitres ix et x : *Cùchulainn and Heracles* ; xi : *Urien and his congeners* ; xiv : *Glastonbury and Gowers* ; xv : The *Isles of the Dead*). 2° Arthur et sa cour (chap. i-vii relatifs à Arthur, à Guenièvre ; à Yvain et à Lancelot en partie ; ch. xiv *Great Britain and Little Britain*). 3° le St Graal (ch. iv, v et vi en partie, relatifs à Peredur ; viii : *Galahad and Gwalchaved* ; xii : *Pwyll and Pelles* ; xii : *The origin of the Holy Grail.*)

Il va de soi qu'il ne peut être question d'une démarcation rigoureuse entre 2° et 3°, ni même entre 1° et 2°. Mais malgré maintes pages la démarcation existe et dans l'esprit de l'auteur et dans son plan. C'est un grave défaut de l'œuvre, qui en rend la lecture parfois malaisée et toujours hésitante. Et puisque je suis en train de critiquer le plan, je ne puis m'empêcher de regretter que M. Rhys n'ait pas précisément mis en tête ce qu'il a réservé pour la fin. Sous le titre énigmatique que je viens de reproduire le ch. xiv est un résumé des vues de MM. Paris, Förster et Zimmer sur les origines du roman breton, suivi de remarques pleines d'intérêt sur la métrique galloise. M. Rhys évite de se prononcer nettement entre les deux doctrines ; il est même un ou deux points, secondaires il est vrai, sur lesquels il paraît se ranger sous la bannière de ses confrères allemands (1). Mais dans sa teneur actuelle ou bien, ce qui aurait mieux valu, sous la forme d'un exposé personnel et *subjectif* de la question, qui ne m'accordera que ce chapitre était destiné à ouvrir le livre, à fixer tout de suite nos idées sur la conception qu'a M. R. des rapports littéraires entre Celtes et Français ? Et on ne pourra objecter que le sujet même de ce volume, s'il n'interdisait pas à M. R. une telle profession de foi, l'autorisait du moins à en faire abstraction. Car il suffit de lire dix pages, prises n'importe où, pour être convaincu que M. R. a son siège fait, qu'il est avec M. Paris contre MM. Zimmer et Förster, qu'il tient pour l'hypothèse anglo-normande, et qu'il en accepte les conséquences les plus discutables (2). Dès lors il s'imposait de distribuer autrement la matière. Une critique des sources de la légende arthurienne, où la chronologie eût été respectée (3),

____

(1) P. 386, où M. R. ajoute de nouveaux arguments à ceux qu'on a fait valoir en Allemagne en faveur de la forme strictement *prosaïque* des récits épiques des Celtes.

(2) Je citerai au hasard les pages 4 : « normanized welsh tales » ; 49 : « anglo-norman romances » ; 183 : « original... Norman, French, or anything other than purely Brythonic ; 299 : « the anglo-norman romancers ».

(3) C'est ainsi que nous voyons M. R. attribuer une importance certainement exagérée aux Triades galloises et aux *Mabinogion*, ce qui n'a pas lieu de nous surprendre après une déclaration comme celle-ci (p. 175) : « As to our welsh story-tellers we take it their stories, as the whole, were genuine echœs, however inarticulate, of ancient myths. » Ajoutez que les travaux allemands, ceux de MM. Golther et Förster, ont été connus trop tard et n'ont pu modifier des vues erronées sur le

devait précéder l'étude à laquelle nous sommes initiés, de chacun des personnages de cette légende ; cette étude aurait ainsi gagné en précision et en portée ; on aurait toujours su d'avance sur quels critères M. R. se basait pour attribuer ou refuser une antiquité marquée à l'image que nous présente chaque récit (et les récits gallois sont ceux que j'ai surtout en vue) d'Arthur, de Guenièvre, d'Yvain, de Lancelot, de Perceval et de Galahad.

Quoi qu'il en soit, et faisant abstraction de ces deux derniers que je retrouverai dans une prochaine variété sur le St Graal (1), je me bornerai aujourd'hui à énumérer quelques-uns des résultats acquis par M. Rhys. La nouveauté des recherches de ce savant réside essentiellement dans sa connaissance étendue des anciennes littératures celtiques ; maints points de comparaison, qui ont échappé à ses devanciers, s'offraient aussitôt à lui dans la légende arthurienne, telle que les textes français et les versions étrangères l'ont constituée aux xiie-xiiie siècles (2). Mais il me pardonnera mon scepticisme devant la plupart des rapprochements auxquels le condamnait sa conception des mythes. Ainsi Arthur est-il un « Culture hero », comme on s'efforce de l'établir ? C'est bien possible, mais ce n'est point sûr, même après la démonstration de M. R. dont le principal intérêt me paraît être d'avoir essayé de justifier ainsi les conquêtes lointaines — et si imprévues — de ce chef de guerre et sa fin mystérieuse. A plus forte raison faut-il laisser à la *foi* individuelle le soin de décider avec

rapport du conte de Peredur et des autres *Mabinogion* avec leurs prototypes français. Ce que l'on considère aujourd'hui comme une méprise du traducteur de Chrétien devient un trait d'originalité, il en est ainsi pour le passage de Perceval, où le traducteur a lu « anges » pour « démons ». M. R. trouve des raisons transcendantales pour préférer sa version. En revanche, à son sens, c'est Chrétien qui, dans son Lancelot, a commis une méprise (*blundering*) en faisant de celui-ci l'amant de Guenièvre : « he... took the princess of whom Peredur was in quest for Arthur's Queen ! »

(1) Les chapitres consacrés ici au *Graal*, ainsi que les études récentes de MM. Nutt et Golther seront analysés sommairement dans cette *Variété*.

(2) Je n'oserais dire que M. R. soit aussi bien informé sur le terrain de notre ancienne littérature ; la part exagérée qu'il fait à Malory éveille tout de suite le soupçon ; s'il a raison d'attacher un grand prix aux études de M. Paris sur Lancelot et de citer — un peu tard — son grand article sur les romans de Table Ronde, il n'aurait pas dû se croire dispensé par là même de bien d'autres lectures et avant tout de la connaissance minutieuse de nos vieux textes ; quand il essaie d'établir un rapport d'origine entre Arthur et Tristan, il constate que Malory a tenté le rapprochement (p. 378). Ignore-t-il donc qu'il est déjà dans Béroul ? Pourquoi faire de *Durmart* une œuvre de Chrétien (p. 134) et attribuer au prologue de son *Perceval* un rang qu'il ne mérite pas dans la chronologie littéraire (p. 117) ? Il n'est pas moins difficile de s'accorder avec ce qui est dit p. 183 de la *Queste*. Enfin, une connaissance plus complète de l'ancienne littérature française aurait peut-être modifié les vues de M. R. sur le prétendu inceste d'Arthur, pâle copie, avec tant d'autres, de celui que la légende a attribué à Charlemagne (p. 212. Il n'est donc pas nécessaire de voir là « old a part of the myth » et de s'étonner du silence des textes gallois) ; elle lui aurait, enfin, fourni d'intéressants parallèles pour les pp. 177-82, où une suggestion de Spencer a rendu singulièrement attachantes des déductions sur un trait de conte que la *geste* a connu autant et plus encore que le roman breton.

M. R. si Yvain et Peredur ne sont qu'un même personnage, divinité
solaire triomphant des ténèbres (p. 6), si Gauvain est également un
héros solaire (p. 169); si l'anneau du chevalier au lion et ce lion lui-
même ne font qu'un, sous prétexte qu'en Gallois *lleu* = « light » et que
llew = « lion », ce dernier terme devant être confondu plus tard avec un
nom de divinité, *Lleu* ou *Lug* (p. 97)! C'est par des déductions non
moins hypothétiques que Marc devient un dieu des ténèbres (p. 70),
Kei un autre dieu solaire, Etain, dont le mythe est rapproché de celui de
Guenièvre, « une personnification de la rosée » (p. 32), etc., etc. Ici
nous nous trouvons dans le domaine de la foi, non dans celui de la
science, et toute critique de détail, qu'on m'excuse de le dire franche-
ment, me paraîtrait une profanation. Et maintenant je quitte le livre de
M. Rhys avec un regret et même un remords. On n'en a signalé ici,
plutôt qu'on ne les a combattues, que les parties contestables, la charpente défectueuse et la conception générale qui a semblé un peu vieillie.
Mais il ne faudrait pas induire trop vite de là que ce livre est sans intérêt
et qu'on le lirait sans fruit. L'auteur est fort au courant des choses celtiques, il a un sens ingénieux et il a semé de ci de là des aperçus vivants
et neufs, dont le plus grave tort est d'être dispersés dans un cadre dont
il est superflu de dissimuler les défauts.

M. W.

Chansons de Conon de Béthune. Édition critique précédée de la
biographie du poète par Axel Wallensköld (thèse), Helsingfors,
1891, ix-292 p. in-8°.

Nous avons ici le travail qu'annonçait l'an dernier M. Alfred Jeanroy
dans sa thèse latine *De nostratibus*, etc. Œuvre consciencieuse, produit
de l'application prolongée d'un esprit visiblement soucieux de ne laisser
sans l'éclairer aucune des multiples faces de son sujet, fut-ce même un
peu abondamment, cette édition du vieux poète doit être accueillie avec
une sympathique curiosité. La copieuse bibliographie par laquelle s'ouvre
le volume nous est déjà garant du soin que M. W. a apporté dans son
étude. Dans le texte même il est telles pages où chaque phrase, chaque
ligne pourrait-on dire, est munie en note de sa référence. Est-ce à dire
toutefois que ce livre si soigné soit irréprochable? Nous voudrions
pouvoir le déclarer, tant nous a charmé l'intérêt manifeste qui a soutenu
l'auteur dans ses minutieuses investigations. Malheureusement, nous
aurons de graves réserves à faire sinon quant à l'exécution même du
travail, du moins quant à sa méthode, à son point de départ sur deux
questions capitales, la langue et les attributions.

Cependant nous ne devons pas nous en prendre à ce sujet uniquement
à M. Wallensköld, — en admettant toutefois que notre manière de voir
soit la vraie. — Le tort de l'auteur comme celui de M. Löseth dans son

édition récente d'*Ille et Galeron* (1) est de partir de cette idée, qui devient
inexacte quand on veut la prendre dans un sens rigoureux, qu'il existait
au moyen âge des dialectes littéraires constitués comme tels en face du
français. Il veut donc que Quenes de Béthune ait écrit dans une langue
particulière qu'il nomme le « picard ». C'est là une illusion. Je cherche
en vain dans l'étude si scrupuleuse de M. W. des traces nombreuses et
palpables de son existence. Il se base sur les vers bien connus de la
chans. 1837 (Sch. ı, 26), que je crois inutile de reproduire ici. « Évidemment, dit M. W., il faut comprendre par ces passages que le poète
parlait le dialecte artésien et non pas qu'il se servait seulement quelquefois de « mots d'Artois » tout en parlant le fr. ancien ». M. W., semble-t-il,
fait dire ici à son texte tout le contraire de ce que nous y voyons. Le
poète dit expressement qu'on l'a *repris* quand il parlait ou chantait, parce
qu'il lui échappait des « mots d'Artois. » On ne *reprend* quelqu'un que
quand il s'essaye à parler une langue qui ne lui est pas tout à fait fami-
lière et qu'il lui arrive de commettre une faute de temps à autre. Si
Quenes avait parlé artésien, c'est-à-dire en réalité patois, on ne l'aurait
pas compris. Sa situation est très claire : il arrive à la cour du fond de
sa province, mal dégrossi encore, jeune, novice; son maître H. d'Oisy
lui a cependant enseigné l'art de faire des chansons : il se risque donc à
en composer quelques-unes ou à exécuter celles qu'il pouvait avoir déjà
faites ; il y a laissé quelques expressions sentant la province, il les débite
en prononçant d'une manière peu correcte : de là les rires qui l'accueil-
lent. S'il avait rimé, ce qui est invraisemblable, en artésien (à prendre
ce mot comme plus haut dans son sens propre et avec sa valeur réelle),
on n'aurait pas ri et on n'aurait pas pu rire pour la bonne raison qu'on
n'était pas juge de son parler : on n'aurait pu qu'approuver. Si l'on rit,
c'est de sa maladresse, de son inexpérience du français. Il s'en excuse
d'ailleurs lui-même et dit: « Je ne suis pas né à Pontoise, moi, je ne
« peux pas parler le français aussi bien que les seigneurs élevés à la cour.
« Du reste, si je ne m'exprime pas aussi purement qu'on le fait à Paris,
« on m'y comprend quand même parfaitement bien. » Q. de Béthune
écrit l'artésien comme Tite-Live le padouan, Montaigne le gascon et
certains de nos contemporains le suisse ou le belge. Rappelons-nous que
le puriste Malherbe a laissé subsister quelques rimes normandes dans
ses vers : dira-t-on qu'il parlait normand, qu'il a écrit en normand et
que l'on doit systématiser ces quelques *lapsus*? Il peut donc s'agir tout
au plus de quelques formes éparses qui demandent des yeux bien exercés
pour être aperçues. Que fait-on donc de la langue littéraire, du français
qui avait dès lors tout envahi? Qu'aurait donc appris H. d'Oisy à notre
poète, sinon l'art de rimer dans cette langue de la société polie et de la
cour? Q. de Béthune a écrit très purement le français ; ce n'est que dans
quelques manuscrits postérieurs qu'il a été parfois picardisé et cela en

____

(1) Voir dans le num. d'avril dernier du *Literaturblatt* la verte critique qu'en
a faite M. Förster.

proportion du plus ou moins d'ignorance du scribe. Il ne faut tenir aucun compte de ces formes du texte; si l'on en croyait le ms. C, Q. de Béthune aurait écrit en lorrain de même que tous les autres trouvères français; graphies lorraines ou picardes sont également inexactes. Nous devons éditer ces chansons comme l'auraient fait les auteurs eux-mêmes; si nous avions une édition faite par Q. de Béthune, elle serait d'un aspect absolument français. Nous ne pouvons pas, sur la foi de quelques mss., lui imposer un bariolage graphique qui était loin de ses intentions. Tout le monde à cette époque fait comme le Lyonnais Aimon de Varenne; rappelons-nous ses déclarations dans le roman de Florimont (1) :

> Et je ai dit en leur langage (des Français)
> Tout au miex que je le sai dire.
>
> . . . .
>
> Roumans ne estoire ne plaìt
> As Francois se il ne l'ont fait.

Voyons maintenant par l'étude minutieuse des rimes qu'a faite M. W. à quoi se réduit le bagage picard de Q. de Beth. et quelles conclusions on peut légitimement en tirer. Il admet en dernière analyse deux chansons comme étant de notre poète : 1125 et 1314. Dans 1125, M. W. trouve la rime *preus* : *-eus* (osum) et c'est là tout ce qu'il peut y rencontrer de picard. Pour 1314, M. W. a deux preuves : 1º *seriés* : *-iés*; 2º le fait que les mots en *anche* et en *ans* qui sont à la rime, ont tous un *a* étymologique sans mélange français avec des mots en *e* : il y a bien *penitanche* (suivant la graphie de M. W.) et *talans*, mais « ils ont subi l'analogie des mots en *-anche, -ans* (p. 14I). » Comment M. W. conciliera-t-il son analogie hypothétique et toute de circonstance avec la rime en *e*: *penitence*; *obedience*; *Provence*; *mence*; *agence* que l'on retrouve entre autres dans Gonthier de Soignies, x, 28? Cette chanson qui ne se trouve que dans T sous le nom de Gonthier avec beaucoup d'autres lui appartient sans conteste. Cette rime ne permet évidemment plus à M. W. de dire, s'il suit son système, que *penitence* avait subi en Picardie l'analogie des mots en **antiam**. De même pour *talans*. Comment expliquer que dans les chansons 629 et 1123, il rime « avec des mots en e, ē et ï étymologiques? (p. 148). » Il ne lui resterait plus alors logiquement qu'à rayer cette chanson de l'œuvre de Quenes, puisqu'elle présente la rime *an : en*.

Voilà à quoi se résument en fin de compte tous les traits constituant la langue picarde de ces chansons : deux rimes sans grande importance et une troisième qui exclurait formellement une des deux pièces, loin de lui fournir la preuve désirée. Les autres rimes sont purement françaises (voir p. 141 et suiv.). Signalons seulement l'embarras de M. W. devant la rime *leus* (locus) : *morteus* : *-osum* au lieu du picard *lius*.

---

(1) Cf. *Études romanes* offertes à M. Gaston Paris, 1891 (*Éléments grecs dans le roman de Florimont*, par M. Psichari).

Parmi les onze autres chansons, quatre renferment un ou plusieurs traits propres au picard, cinq n'en offrent pas la moindre trace et deux, spectacle assurément curieux, présentent des preuves également catégoriques pour et contre le picard, toujours suivant le système défendu par M W. Ce sont les ch. 1859 et 1930 où nous trouvons *alent : doutant* et *atachie : amie, entendemens : desdaignans* et *is* provenant de *its*. M. W. ampute l'une ou l'autre des strophes embarrassantes, ce qui est trop commode. Évidemment ce n'est pas là une solution, ce fait doit s'expliquer autrement. C'est qu'en réalité au moyen âge, comme nous le disions plus haut, il n'a pas existé de dialectes littéraires fixes en face du français. Il y avait comme aujourd'hui des patois qui déteignaient plus ou moins sur la langue littéraire universellement employée. Le degré de ce bariolage dialectal des auteurs variait selon leur instruction. Les lyriques et les auteurs de romans courtois employaient comme Quenes une langue très pure. Les rédacteurs de chartes au contraire étaient beaucoup plus ignorants, plus confinés dans leur ville, dans leurs affaires locales : de là le nombre plus grand de fautes qu'ils commettent. De là vient aussi que les chartes ne sont pas toutes écrites dans une langue absolument identique, que l'on en trouve de beaucoup plus chargées d'éléments patois que d'autres : c'est qu'encore une fois il y avait différents degrés d'instruction parmi ces scribes. Si l'on n'admet pas cette manière de concevoir les choses, comment expliquera-t-on que le langage artésien de Quenes et celui des chartes ne sont pas identiques ? Le procédé de M. W. a un résultat doublement fâcheux : il nous conduit à l'établissement de textes bigarrés de formes dialectales d'une façon plus ou moins arbitraire et en second lieu il nous fournit un critère absolument faux pour la question des attributions. Il est clair que selon cette hypothèse une rime nettement française suffit pour faire rejeter une chanson. C'est ainsi que toutes les pièces renfermant la rime *an : en* seront exclues comme « ne pouvant avoir été écrites en dialecte picard. » Telle est la grande raison qui fait rejeter par M. W. les chansons 15, 1859 et 1960. Passe encore pour le numéro 1859 qui a contre lui les trois bons mss. M T A contre le seul C dont l'autorité est presque nulle, ou même 15, bien que la question soit ici beaucoup plus discutable ; mais pour ce qui est de 1960, nous ne pouvons nullement souscrire au jugement si vite porté par M. W. A ces raisons sans fondement tirées de la langue, nous opposons l'autorité autrement sûre, catégorique des manuscrits. Il y a là des affirmations précises, des faits palpables dont M. W. ne s'inquiète guère; ce n'est pas assez, pour la discussion des noms d'auteurs, de 6 pages sur 217, dont quatre lignes de simple exposition pour cette chanson. Il y a là pourtant des attestations formelles dont la critique était facile et décisive. Nous l'entreprendrions ici si nous n'avions déjà excédé les limites ordinaires d'un compte-rendu.

Quant à 303, 629, 1128, 1325, 1420, 1574, 1623 et 1837, elles « peuvent être de Conon de Bethune, puisque rien n'y parle précisément contre une telle origine, excepté pour 1420, son style pénible. » On voit la

mollesse de ces conclusions. Pour toutes ces chansons cependant, sauf
303, l'examen des manuscrits est on ne peut plus concluant.

Tel est le travail de M. W. En terminant cet examen on se sent pris
du regret de voir tant de peine et de soin aboutir en fin de compte à des
résultats peu sûrs. Ou je me trompe fort, ou notre connaissance de l'ancienne lyrique française n'aura pas gagné beaucoup à cette longue dissertation de M. W. Il avait deux problèmes à résoudre par rapport à ces
chansons : les attributions et le texte. Ni l'une ni l'autre des solutions
qu'il a présentées ne me semble complètement satisfaisante.

J. S.

Wilhelm Cloetta. — **Beitræge zur Litteraturgeschichte des Mittelalters und der Renaissance** : *I. Komödie und Tragödie im
Mittelalter.* Hallea. S., Niemeyer, 1890, xi-167 p.

M. C. nous donne, sous forme de livre, une excellente « introduction »
à une prochaine étude sur les commencements de la tragédie de la Renaissance en Italie. La connaissance qu'il y révèle de la littérature dramatique latine du moyen âge est aussi étendue que sa critique est sûre. Aussi
n'ai-je rien à ajouter au contenu de son ouvrage. Si je ne devais me conformer aux exigences de cadre de cette revue, j'exposerais volontiers
quelques-unes des observations nouvelles et des heureuses rectifications
qu'il contient.

La première partie est un exposé historique des erreurs du moyen âge
sur le sens de *comœdia* et *tragœdia*. Sous l'empire, l'oubli des œuvres
de l'antiquité amène de fausses interprétations des termes qui les dési-
gnent : Dracontius intitule son poème épique *Orestis tragœdia* en souvenir de la « matière tragique » dont il l'a tiré. Pendant le moyen âge,
Térence reste connu, Plaute ne l'est plus qu'à demi et Sénèque, plus du
tout. D'un passage de Boëce (*De philos. consol.*, ii, pr. 2, 36 et suiv.)
passent aux âges suivants ces définitions : *Tragœdiæ sunt luctuosa carmina ; comœdiæ habent unum lœtum et jocundum exitum.* Les gram-
mairiens et lexicographes, s'appuyant sur les écrits de Diomède et de
Donat et sur un fragment *de tragœdia et de comœdia*, continuent de se
transmettre, en les obscurcissant, les formules précédentes.

On peut résumer la théorie dramatique du moyen âge en ces trois propositions : 1º La tragédie a un début gai, mais une fin triste. La proposition inverse est la définition de la comédie. 2º L'une requiert le style
élevé, l'autre le journalier (vers de préférence). 3º La première traite des
événements de la vie des princes et des rois ; la seconde, des affaires des
petits. Dante, faisant des grands et des humbles les acteurs de son poème,
l'intitule *Commedia*. Jacopo Passavanti parle des comédies de Juvénal et
d'Ovide. Chaucer prend place parmi les auteurs dramatiques ; les récits
du moine dans ses *Contes de Canterbury* sont affublés du nom de tragédies, parce qu'ils racontent l'aventure de gens jetés de la fortune dans
le malheur.

Les étymologies que le moyen âge donne de *comœdia* et *tragœdia* sont dignes de sa conception dramatique : l'un de ces termes venant de χῶμος désigne un *carmen aptum comestioni*, d'où : vaine pâture; l'autre, le chant du bouc, animal puant, d'où : poème de matière vile, fétide. Le sentiment de leur forme et de leur dessin anciens s'est perdu dans l'esprit de l'époque. La *Pharsale* de Lucain, la *Thébaïde* de Stace, l'*Enéïde* sont autant de tragédies. Bref, on peut diviser, d'après le style, la littérature du moyen âge en deux chapitres : *Comédie* et *Tragédie*.

Dans la seconde partie, M. C. analyse longuement un dialogue en prose entre gens du peuple sur le sac de Cesena (1377).

J'aurais désiré, comme début de la troisième, un court chapitre où, à propos de *tragœdia*, l'auteur eût fait une distinction bien nette entre le *mot* et la *chose*, et nous eût dit dans quelle mesure il restreignait, au point de vue moderne, le sens de ce terme. Qu'une conception erronée des choses ait occasionné, au moyen âge, un emploi abusif des mots, que le vocable *tragédie* se soit beaucoup écarté de sa signification primordiale et soit arrivé à désigner un *événement funeste*, c'est ce que M. Cl. nous a très bien fait voir; mais si, plus loin, il nous donne une analyse critique d'une facétie de clerc sur les mésaventures d'un loup (*Tragœdia* de maître Reynier de Wael), décorée plaisamment du titre de tragédie, il me paraît tomber dans une regrettable confusion de mots. Tous les récits, grotesques ou même sérieux, qu'on intitule ainsi de nos jours, ne trouveront pas place plus tard dans l'histoire de la tragédie française.

M. C. va naturellement des œuvres, imitées de l'antiquité par le moyen âge, à celles de son cru. Il y aurait, dans ces pages, maints bons morceaux de critique littéraire à signaler. L'*Amphitryo* et l'*Aulularia* de Vitalis, nous dit-il, se rattachent à Plaute. Le milieu du xiiᵉ siècle assiste à une évolution dans la comédie : la vie même de l'époque est mise en scène (*Milo, Miles gloriosus, Lydia, Pamphilus, De tribus sociis*). Le récit s'étend au détriment du dialogue qui, plus tard, reprend ses droits (*Babio, Pamphilus, De clericis et rustico, De Paulino et Polla*). Pamphilus me rappelle plutôt la comédie grecque sur le déclin que le moyen âge. La couleur des autres pièces est bien un peu plus orientale que ne le dit M. C. Après avoir parlé d'œuvres en distiques élégiaques, l'auteur analyse le *guignehocet* de Johannes de Garlandia qui est en hexamètres. Il tient, avec raison, la représentation de ces comédies pour impossible. On invoquerait en vain contre lui la mise en scène *simultanée* du moyen âge.

Inférieures en nombre et en valeur, les tragédies ont le style *altum* ou *gravem* tandis que celui des comédies est *moyen*. A ce propos, l'auteur nous rend en partie (109-114) des observations éparses dans la première partie. Disons en passant que ce travail n'est pas ailleurs exempt de redites ni de longueurs. M. C. analyse successivement le *Mathematicus* ou *De praticida* (prob. du commenc. xiiᵉ s., de Bernard de Chartres), mythe d'Œdipe transporté à Rome (anachronismes monstrueux), le *Versus de Affra et Flavio* (de G. de Blois?), le *De Pyramo et Thisbe* (de Math. de Vendôme), la *Tragœdia* de M. Reynier déjà signalée et la *Tragœdia* en hexamètres contenue dans la *Poetria* de Joh. de Garlandia.

Dans les dernières pages de son étude, M. C. aborde un point particulièrement scabreux ; ces pièces étaient-elles représentées d'une manière quelconque? Comme elles contiennent de nombreux *ait, inquit,* ainsi que des noms de personnages comptant pour la mesure du vers, comme certaines d'entr'elles nous offrent des dialogues ininterrompus, il admet leur récitation devant un cercle restreint d'auditeurs par un *mimus* disant tous les rôles avec le timbre de voix réclamé par la nature de chacun d'eux.

Les tragédies latines du moyen âge n'ont dû être, comme celles de la Renaissance, que des tragédies de cabinet. Quant aux comédies, pastiches laborieux de clercs, il n'existe pas de témoignage direct en faveur d'une mise en scène quelconque. N'oublions pas que *comœdiæ* et *tragœdiæ* étaient devenus synonymes de récits sous forme dialoguée. En somme, le véritable théâtre comique du moyen âge ne doit rien à l'antiquité, sinon ses acteurs-jongleurs qui pourraient se rattacher aux mimes romains.
Georg. DOUTREPONT.

CHRONIQUE BIBLIOGRAPHIQUE

J. STECHER. — **Jean-Lemaire de Belges**, sa vie, ses œuvres. Louvain, Lefever, 1891, cvii p. in-8°. — Jean Lemaire appartient bien au xvie siècle par la date de ses principaux ouvrages, mais il est avant tout le fils du xve, et les imaginations du moyen âge lui sont aussi familières qu'à ses devanciers dans l'art discutable de la compilation historique et généalogique. Neveu de Molinet, agrégé comme lui d'un Puy de Rhétorique, li n'ignore aucun des artifices de rime et de rythme, aucune des subtilités puériles d'une poétique sur son déclin. M. Stecher a publié les œuvres de prose et de vers de Jean Lemaire en quatre forts volumes, dont ce travail, tiré à part, est la préface soigneuse et développée. Il y retrace la carrière si tourmentée et si ténébreuse de son auteur; il décrit sommairement chacun de ses livres, en précisant sa date et son objet; je signalerai d'intéressants détails sur l'influence flamande en Beaujolais, sur les humanistes lyonnais et sur la croyance invétérée, malgré la critique naissante, en une origine troyenne dont les *Illustrations* de Lemaire sont l'impérissable monument. Le style de ce dernier a été caractérisé avec assez de bonheur pour que nous détachions ces quelques lignes de la page qui lui est consacrée: « Si l'ampleur de ses phrases rappelle trop les mouches tailladées des
» rhétoriciens flamands et bourguignons d'alors, le coloris, l'éxubérance même du
» mouvement suscite le souvenir de ces peintres que Lemaire avait si bien connus
» et pratiqués. Sous ces draperies trop solennelles se retrouve aisément la cordia-
» lité wallonne qu'il ravive de gentils diminutifs empruntés à l'Italie ou de
» narquois proverbes tirés du vieux terroir.... ». W.

PÉRIODIQUES

BELGIQUE. — Histoire et Archéologie (1890)

REVUES GÉNÉRALES

Analectes pour servir à l'histoire ecclésiastique de la Belgique, 2ᵉ série, t. vi. — 1ʳᵉ, 2ᵉ, 3ᵉ livr., E. Reusens, *Documents relatifs à l'Université de Louvain* (suite). — P. 5-90. *Collèges séculiers supprimés.* Indications intéressantes sur la vie des boursiers. Notice importante sur deux prieurés de l'abbaye bénédictine de Saint-Nicaise de Reims, situés à Bierbeek, près Louvain, et dont l'un, fondé en 1189, fut en 1562 supprimé au profit de l'Université.—P. 113-128. Ed. Van den Broeck, *Vie ou légende de St Gommaire, patron de la ville de Lierre, et recollection de ses reliques en l'année 1586.* Ce document donne la légende du saint en résumé d'après Théobald, et quelques indications sur l'histoire de Lierre. — P. 129-135. V. B., *Fondation de l'abbaye de Marche-les-Dames et introduction de la réforme dans cette maison.* Publie une copie d'un ancien document (1406), aujourd'hui perdu, sur ce sujet (arch. de l'état à Namur). — P. 149-154 *Documents relatifs à la léproserie de Cornillon-lez-Liège* (1190-1260). — P. 155-352. E. Reusens, *Documents relatifs à l'histoire de l'Université de Louvain. Collèges ou maisons d'études des ordres religieux.* Collèges des Dominicains, des Franciscains Récollets, des Augustins, des Carmes chaussés. Avec listes des professeurs des divers ordres, des religieux immatriculés à l'Université en 1447, histoire résumée de la maison de chaque ordre à Louvain, etc. — P. 369 sq. E. Schoolmeesters, *Les origines de la ville de Maeseyck.* Créée en 1244 par le comte de Looz ; avec 6 documents intéressants, de 1244 à 1617.

Annales de l'Académie d'Archéologie de Belgique, xlv, 4ᵉ série, t. v. — 3ᵉ livr.— P. 237-290. P. Henrard, *Documents pour servir à l'histoire de l'artillerie en Belgique. I. Les fondeurs d'artillerie.* L'auteur complète, d'après les archives, son histoire de l'artillerie parue dans les Ann. de l'Acad. d'Archéol., 2ᵉ série, t. i, 1865. Renseignements très curieux sur les canons, les fondeurs d'artillerie nationaux ou étrangers qui ont travaillé aux Pays-Bas, les emplacements des fonderies, les noms, qualités, perfectionnements, coûts des pièces, la nature des projectiles. Avec annexes dont l'une, extraite d'un registre des archives de Tournai, parle d'une « tonnoille » éprouvée en cette ville en 1340 ; et une autre donne 86 noms de fondeurs d'artillerie avec l'emplacement de leurs usines, de 1381 à 1760. — P. 291 sq. P. Genard, *Notice sur la corporation des orfèvres d'Anvers.* Unis à d'autres métiers en 1382, ils sont érigés en corps distinct en 1454 ; leur règlement de 1455 est joint en annexe, ainsi qu'une liste des doyens de 1479 à 1794. Autant histoire de l'orfèvrerie à Anvers que de la corporation des orfèvres.

Bulletin de l'Académie Royale des Sciences, des Lettres et des Beaux-Arts de Belgique, 3ᵉ série, t. xix et xx, 1890. — t. xix. — P. 17-31. M. Wilmotte, *Un fragment de Foucon de Candie.* Trouvé à Maestricht ; description du ms. ; publication du texte. — P. 585-632. J. Stecher, *La légende de Virgile en Belgique.* Discours plein d'une érudition peut-être trop touffue, rempli de choses bien curieuses sur la réputation de Virgile parmi les écrivains des Pays-Bas au moyen âge et sur les emprunts faits par eux au poëte mantouan. — Rapports. — P. 126-143. Rapports de MM. Wagener, Wauters et J. Vanderhaeghen sur un mémoire de M. Alp. de Vlaminck, *Origine et premiers développements de la ville de Gand*, d'un mérite incontestable, mais insuffisant, comme bibliographie, comme critique, et n'apportant pas encore une lumière suffisante dans un sujet il est vrai très obscur; notes savantes des trois commissaires, qui demandent unanimement le remaniement de ce travail du plus haut intérêt. — P. 546-553. Rapports de MM. Vanderkindere, Faider et Piot sur deux mémoires remaniés relatifs à l'*Histoire des origines, des développements et du rôle des officiers fiscaux près les conseils de justice dans les anciens Pays-Bas, depuis le XVe siècle jusqu'à la fin du XVIIIe*; auteurs, MM. Tierentyn et Alexandre|; couronnés *ex æquo*. — P. 553-67. Rapports de MM. Le Roy, Lamy, Tiberghien, sur une *Étude sur les mystiques des anciens Pays-Bas avant la réforme religieuse du XVIe siècle, leur propagande, leurs œuvres, leur influence sociale et politique*. La question sera remise au concours. — Bibliographie. — P. 11. Note de M. P. Willems sur *Siao-Hio*, livre de morale chinois en usage depuis 800 ans édité par Mgr de Harlez avec traduction et commentaires, notes, aperçus relatifs à l'histoire et aux mœurs de la Chine. — P. 12. Note de M. Alph. Wauters sur son ouvrage l'*Architecture Romane dans ses diverses transformations.* — P. 13-15. Ch. Piot : Dehaisnes, *La vie et l'œuvre de Jean Bellegambe* (résumé, avec éloges). — P. 113-117. M. Alph. Wauters présente la 2e partie du t. VII de la *Table Chronologique des Chartes et Diplômes imprimés concernant l'histoire de la Belgique;* avec des explications sur le plan de son travail et quelques notes historiques, notamment sur la situation de Douai vis-à vis du Hainaut. — P. 475-478. M. Alph. Le Roy présente *La topografia antica di Palermo dal secolo X al XV*, de Vincenzo di Giovani.

T. XX. — P. 488-505. J. de Chestret de Haneffe, *Les métiers de la ville de Huy, à propos d'un insigne de la corporation des merciers*. — P. 637-688. Fr. Van Veerdeghen, *Een paar fragmentem van den Roman van Perchevael* : édite deux feuillets avec traduction thioise du Perceval de Chrestien de Troyes, avec fragments du Lancelot (éd. Jonckbloet) et du Perceval (éd. Potvin) renfermant développée ou résumée la même matière. Rapports sévères sur ce travail de MM. Willems, Rœrsch et Stecher, p. 630-636. — Rapports. — P. 164 sqq. Rapports de MM. Wagener, Vanderkindere et Willems favorables à la publication dans les Bulletins de l'Académie d'un mémoire de M. de Ceuleneer : *Type, d'Indien du Nouveau Monde représenté sur un bronze antique du Louvre, contribution à l'interprétation d'un fragment de Cornelius Nepos ;* avec de bonnes notes sur la connaissance de l'Amérique dans le haut moyen âge. — Bibliographie. — P. 155-156. M. M. Philippson présente le 2e fascicule des *Annales de la Faculté de philosophie et lettres de l'Université de Bruxelles.* — P. 326. M. Lamy présente : A. Cauchie *La Querelle des Investitures dans les Diocèses de Liège et de Cambrai*. — P. 627-630. M. Henrard : Wauwermans, *Henri le Navigateur et l'Académie Portugaise de Sagrès, introduction à l'étude de l'école anversoise de géographie au XVIe siècle* (c. r. flatteur, et résumé des principales données du livre). — Concours de 1892. Questions. (P. 690). I. Quelle était la composition instrumentale des bandes de musiciens employées par les magistrats des villes, par les souverains et par les corporations de métiers, principalement dans les provinces belges, depuis le XVe siècle jusqu'à la fin de la domination espagnole ?

Quel était le genre de musique qu'exécutaient ces bandes? Quelles sont les causes
de la disparition presque totale des morceaux composés à leur usage? — II. Faire
l'histoire de la céramique au point de vue de l'art dans nos provinces, depuis le
xvᵉ siècle jusqu'à la fin du xviiiᵉ. — III. Quelle influence ont exercée en France,
du xivᵉ au xviᵉ siècle, les sculpteurs nés dans les provinces de Belgique ou dans la
Principauté de Liège. Citez les œuvres nées de cette influence et les maitres qui la
caractérisent.

Bulletin des Commissions Royales d'Art et d'Archéologie, 1890,
10 livraisons. — P. 174-206. H. Schuermans, *Invasion des Chauques en 176*. Contre
un article de M. Vanderkindere au sujet de la date de la destruction des villas
romaines en Belgique, Bull. de la Commission Royale d'histoire, t. xvi (1889), p. 372-
376 (cf. M.-A septembre 1890, p. 211). — P. 207-212. H. Van Neuss, *Le pseudo-
tumulus de Jesseren :* c'est la motte d'un château féodal qui remonte au xiiᵉ ou
même au xiᵉ siècle, mais qui disparut probablement déjà au xivᵉ siècle.

Bulletin de la Société Royale Belge de Géographie, t. xvii, 1890. —
1ʳᵉ liv. — P. 86-112. Alfred Harou, *Une excursion en Campine :* Ostmalle. En
annexe, énumération sommaire d'actes relatifs à l'abbaye norbertine d'Averbode
commune de Testelt, et notes diverses sur cette maison religieuse. — 2ᵉ liv. —
P. 218-239. A. Harou, *Une excursion en Campine :* Brecht. — 3ᵉ liv. — P. 301-380.
Ch. Ruelens, *Comment jadis on se rendait à Rome.* D'après des récits de voyages
à Avignon et à Rome, l'un du xvᵉ siècle, publié en annexe avec traduction du
latin en français, un second de 1543 dont le texte ajouté en note est certainement
encore intéressant pour les médiévistes. — 5ᵉ liv. — P. 563-603. A. Harou, *Une
excursion en Campine :* Brecht (*suite*). — 6ᵉ livr. P. Idem. *Idem :* (Aertselaer.
S'Gravenwesel, Wuestwesel).

**Compte rendu des séances de la Commission Royale d'Histoire, ou
Recueil de ses Bulletins**, 4ᵉ série, t. xvi, 1890. 1ᵉʳ bull. P. 7-8. Ch. Piot, *Sur
deux publications étrangères qui contiennent des détails relatifs à la Belgique.*
La première est das Lütticher Schisma vom Jahre 1238, de J.-B. Kirsch, paru dans
la Römische Quartalschrift für christliche Alterthumskunde ; avec analyse très
sommaire. — P. 11-50. H. Pirenne, *La version flamande et la version française de
la bataille de Courtrai.* Ces deux versions populaires de la célèbre rencontre de 1302
se forment peu de temps après l'événement. Les traditions françaises surtout sont
à tendance. Mais le rôle considérable de la France à la fin du moyen âge et le
caractère de cette bataille, où la chevalerie est accablée par d'obscurs ouvriers,
contribuent à faire adopter rapidement la version française par les écrivains étrangers, Villani, Ottokar de Styrie, Guillelmus Procurator, Hocsem, Jean d'Outremeuse, le bourgeois de Valenciennes, Gilles li Muisis, etc. Les mêmes raisons
agissent en Flandre à l'aurore de la domination bourguignonne pour y faire oublier
la version nationale au profit de la version française. (Cf. Académie des Inscriptions
et Belles Lettres, comptes rendus des séances, 16 janvier 1891, où M. Fr. Funck
Brentano, dans ses *Recherches sur la bataille de Courtrai*, admet la véracité des
récits français, et conteste la version flamande.) — 2ᵉ bull. P. 58-71. Ch. Piot, *A
propos de différentes publications faites à l'étranger.* Donne (p. 58-64) la nomen-

clature abrégée des actes intéressant la Belgique recueillis par M. Kaltenbrunner dans les *Mittheilungen aus dem Vaticanischen Archive, I B⁴, Actenstücke zur Geschichte des deutschen Reiches unter den Königen Rudolf I und Albrecht I*; et (p. 71) annonce avec éloge W. Bezemer *Bijdrage tot de kennis van het oude cyns en grondrentenrecht in Brabant*, Bois-le-Duc, 1889. — P. 112-124. Eug. Bacha, *La collection Moreau de la Bibliothèque Nationale* (y relève les pièces intéressant la Belgique). — P. 125-133. Eug. Bacha, *Nouvelles recherches sur Adrien d'Utrecht*. — P. 134-142. D. Ursmer Berliere, *Documents concernant les prieurés clunisiens en Belgique*. (Procès-verbaux de visites canoniques et excuses pour absence à des chapitres généraux, de 1263 à 1349, publiés d'après les pièces de la Biblioth. Nation. de Paris.) — 3ᵉ bull. P. 159-198. Ch. Piot, *Renseignements sur les Archives de la Haute Cour de Limbourg*. Reproduit l'analyse faite en 1787 par les membres de la Haute Cour d'un registre aux privilèges de leur duché, probablement perdu : important et intéressant, plusieurs pièces étant amplement résumées. — P. 220-267. O. de Meulenære, *Documents inédits pour servir à la biographie de Jehan Boutillier, auteur de la Somme Rurale*. Reproduit un grand nombre de pièces relatives au célèbre juriste, qui permettront de reconstituer assez bien sa biographie, et qui prouvent entre autres qu'il est mort en 1395 ou 96. — 4ᵉ bull. P. 274-277. Note de M. Stanislas Bormans relative à son *Cartulaire de l'église de Liège*, en cours d'impression. — P. 277. M. Kurth annonce la découverte d'un texte de la *Chronique de Jean de Warnant* (14ᵉ s.). — P. 280-301. Alph. Wauters, *Analectes de diplomatique. Suite de la quatrième série*. Reproduit, quelques-uns avec courtes notices, 12 documents relatifs au Brabant, de 1306 à 1312. — P. 302-318. Léop. Devillers, *Documents relatifs à l'arrestation de Louis de Luxembourg, comte de St Pol, connétable de France, à Mons, en août 1475*. Renseignements complets, tirés des archives de Mons, sur l'arrestation de ce trop cauteleux sujet de Charles-le-Téméraire et de Louis XI, et sa vie à Mons. — P. 365-422. G. Kurth, *Une biographie de l'évêque Notger au XIIᵉ siècle*. Étude critique très complète sur la Vie de Notger dans Gilles d'Orval, qui emprunte la grande part de son récit à un manuscrit d'Anselme abrégé et interpolé, et à une Vita Notgeri fort remarquable, écrite peut-être par Hugues de Lobbes vers 1150, et reproduisant elle-même un éloge de Notger, en vers, du XIᵉ s. L'auteur a joint en appendice 1º le texte de la chronique de l'Anselme authentique en ce qui concerne Notger, en regard du texte de l'Anselme remanié reproduit par Gilles d'Orval; 2º la Vita Notgeri dégagée de toutes les surcharges de Gilles d'Orval. — P. 423-479. J. Frederichs, *Le grand conseil ambulatoire des ducs de Bourgogne et des archiducs d'Autriche (1446-1503). Contribution à l'étude du droit public des Pays-Bas au XVᵉ siècle*. (Nous consacrerons ultérieurement une notice bibliographique à cette importante étude.)

Messager des Sciences Historiques de Belgique. 1890. P. 1-24, 124-146. Paul Voituron, *Notice sur le local de la confrérie de St-Georges à Gand*. Suite; cf. Mess. des Sc. His. 1889, p. 278-300 et 361-379. — P. 40-44, 158-179, 283-295. J.-Th. de Raadt, *Les seigneuries du pays de Malines, Keerbergen et ses seigneurs*. Suite; cf. Mess. des Sc. Hist. 1889, p. 80-107, 189-209, 447-463 ; excellente étude d'histoire locale, et surtout comme recherches généalogiques. — P. 65-72. Robert Schoorman, *Anciennes tombes et épitaphes de l'hospice de Wennemaer à Gand.*

Rappelle brièvement l'histoire de cette maison hospitalière fondée par l'échevin
G. de Wennemaer en 1325, et décrit quelques-unes de ses épitaphes inédites.
— Chronique. P. 111-112. Lecoy de la Marche, *Les sceaux.* — G. Hirth et
Richard Muther, *Quatre siècles de gravure sur bois.* — P. 180-185. Ach. Gallet-
Miry, *La répression du vagabondage en Flandre au XVIe siècle.* Remonte à 1501
et peut encore intéresser le médiéviste. — P. 186-196. Werner de Haerne, *Quelques
notes sur l'ancien calendrier flamand.* Les noms des mois sont tirés de leur caractère athmosphérique, comme dans le calendrier républicain ; l'indication des jours
se fait d'après les fêtes principales. Renseignements utiles, d'après des inventaires,
des chartes et le Memorieboek der stad Gent ; mais le sujet pourrait être plus
largement conçu. Suivi de notes sur les vacances et congés du Conseil de Flandre.
— P. 217-222. L. St., *Ordonnances de Louis de Nevers, comte de Flandre, relatives
à la fabrication des draps.* Ordonnances de 1356 et 1357 attribuant une augmen-
tation de salaire aux foulons de Termonde et d'Hulot à cause de la cherté des
vivres, et de 1356 tranchant en faveur de Roulers un différend avec Ypres au
sujet du monopole de la fabrication de certains draps. — P. 227-231. Wagener, *Rapport
sur le projet de restauration de la halle aux draps à Gand.* (1re moitié du XVe s.)
— Chronique. P. 232-233. Paul Bergmans, *La version flamande et la version française de la bataille de Courtrai.* Analyse succincte de l'étude de M. Pirenne, cf.
Bulletin de la Commission Roy. d'Hist. 1890, p. 11-50. — P. 241-262. P. Claeys.
Le bourreau de Gand. Avec notes sur les principes de répression et le pouvoir
discrétionnaire du juge pour la fixation de la peine. — P. 263-282. Paul Bergmans,
Analectes Belgiques, les Archives de Flandre. Reproduit un mémoire inédit de
Ph.-J. de Neny, de 1765, indiquant ce qu'avaient contenu ces archives et faisant
leur histoire depuis Charles-Quint. — P. 319-339. Ach. Gallet-Miry, *L'administration provinciale en Flandre sous les périodes espagnole et autrichienne.* L'introduction est un aperçu sur l'origine et la composition des états de Flandre jusqu'à
la période espagnole, et l'auteur, contrairement à Warnkönig, a dmetleur existence
antérieurement au XIVe s. Les trois, et plus tard les quatre membres de Flandre
forment plutôt le tiers-état que véritablement les états-généraux de Flandre, mais
sous la domination bourguignonne la noblesse et le clergé se désintéressent presque
entièrement de l'administration générale ; si bien que les quatre membres de
Flandre gardèrent jusqu'à la fin du règne de Charles-Quint la prérogative de
représenter les États de Flandre. Étude d'histoire politique très intéressante ;
sera continuée. — P. 347-349. Arm. d'Herbomez, *Note sur un manuscrit des
archives du chapitre de Pise.* Ce ms. contient l'ordre à tenir dans la chapelle de
Philippe-le-Hardi, duc de Bourgogne et comte de Flandre. — P. 351-354. D...,
Du calcul de certains délais en langue flamande : plus d'exactitude qu'en français.
— P. 354-356. J. Frederichs, *Une lettre de Marie de Bourgogne au Parlement de
Malines* (15 janvier 1477, avec une correction au texte de cette lettre édité par
Le Glay).

Le Muséon. 1890 T. IX. P. 55-70, 301-316. P. Martin, *Le texte parisien de la
Vulgate latine.* Suite ; cf. Muséon, t. VIII, 1889, p. 444-466. Le texte parisien eut,
outre sa capitulation, une division totale en versets, des « interpretationes nominum
Hebræorum et Græcorum » d'après une liste alphabétique où l'influence d'Ét.

Langton se fait sentir, un ordre régulier dans les livres à peu près semblable à celui préconisé par Langton : voilà surtout ce qui le distingue pour la forme. Quant au fond, il est très corrompu surtout parce que, du IXe au XIIIe s., les annotations ont pris place dans le texte. Cf. du même *La Vulgate latine au XIIIe s. d'après Roger Bacon*, Museon, t. VII, 1888. La mort a interrompu le travail très consciencieux de P. Martin (14 janvier 1890). — P. 352-471, 459 sq. E. Beauvois, *Les voyages transatlantiques des Zeno*. Nicolo et Antonio Zeno firent en 1390 un voyage dans l'Atlantique du Nord, dont la relation avec une carte fut publiée à Venise en 1558 par Nic. Zeno le jeune. L'auteur admet la véracité de cette relation, et cherche à l'établir au moyen d'arguments géographiques, historiques et linguistiques. Très intéressant pour l'histoire de la découverte de l'Amérique.

Revue de Belgique. 1890. T. XLII. P. 31-40. Ch. Rahlenbeck, *Le Perron de Liège*. D'origine germanique très ancienne, d'après M. R.; imitation d'un monument roman, d'après J.-E. Demarteau, Bullet. de l'Institut archéologique liégeois, t. XXXI, 1890. — P. 162-173. C.-A. Rahlenbeck, *Feu Döllinger, La justification des Templiers*. Traduction du dernier discours de D. sur ce sujet. — P. 193-195. J. S., *La pragmatique sanction de St Louis*, par H. Schuermans, qui conclut à l'authenticité de cette loi.

Revue de l'instruction publique en Belgique. 1890. T. XXXIII. P. 81-89, 153-160. Thil-Lorrain, *Pierre l'Hermite, à propos de l'ouvrage de M. Hagenmeyer*. Résume l'étude du savant allemand en écartant tout l'appareil d'érudition. — P. 349-364. Thil-Lorrain, *Quels furent les vrais inventeurs de l'imprimerie*. Bon résumé de la question ; reconnaît Gutenberg comme le principal de ceux qui ont collaboré à cette découverte. — Comptes rendus. P. 233-240. H. Pirenne, *Dissertations académiques publiées par G. Kurth. Annales de la Faculté de philosophie et lettres de l'Université de Bruxelles*. Flatteur ; avec réserves et corrections pour les études sur Eginhard, sur l'élection de Clément V, et sur Albert d'Aix. — P. 241-243. H. Pirenne. *Manuel de paléographie de M. Prou* : excellent.

Revue générale. 1890, t. LI. P. 737-755. H. Francotte, *Les papes et la renaissance* (d'après Pastor, Gesch. der Päpste seit dem Ausgang des Mittelalters, t. II). — P. 756-770. H. de Nimal, *A propos de l'empereur d'Allemagne. Les lois sur le luxe*. Passe rapidement en revue quelques prescriptions somptuaires, de l'antiquité à la fin des temps modernes. — P. 851. Eug. Gilbert, *l'Histoire anecdotique de la France* par Ch. d'Héricault, t. III et IV ; résumé très flatteur. — T. LII. — P. 206-224, 301-321. Ch. Buet, *La Savoie; paysages et légendes*. — P. 641-661. A. Lecoy de la Marche, *Les origines de l'architecture gothique*.

Verslagen en Mededeelingen der Koninglijke Vlaamsche Academie voor taal en letterkunde 1890. P. 9-14. L'académie vote l'impression d'une partie d'une traduction en flamand des Chroniques de Froissart; auteur, Geryt Potter van der Loo † (1478?); avec quelques notes sur l'auteur et l'œuvre. — P. 183. Communication par N. de Pauw sur un fragment du *Reinaert de Vos* récemment découvert à Darmstadt. — P. 250-270. P. Genard, *Iets over de oude Naamcalsbiugingen der Nederlansche eigennamen*. Les noms de personne, en flamand, changeaient de désinence casuelle selon qu'ils s'appliquaient au père (nominatif), ou à la mère et aux enfants ; parfois même ils se transformaient plus fortement, p. ex., par addition de la terminaison « inne » pour marquer la mère ou les enfants. Avec très nombreux exemples. Étude très importante pour la paléographie et la diplomatique des documents en néerlandais. — P. 289-325. Rapports de MM. Coopmann, J. Obrie et J.-A. van Droogenbrœk sur les œuvres en réponse à la question de concours : *Eene Nederlandsch-Fransche en Fransch-Nederlandsche woordenlyst van rechtstermen en uitdrukkingen;* avec nombreuses observations, et termes de l'ancien droit flamand.

Het Belfort. 1890, t. v 1ᵉʳ vol. P. 5-20, 93-106. H. Claeys, *Hoogleeraar Jan David,* discours prononcé à l'occasion de l'érection d'un buste à l'historien et professeur J. David. — P. 107-115. V. Van de Kerkhove, *Van de taal en de letterkunde der Noordmannen.* Rapproche du flamand la langue et la littérature scandinaves. Vivement critiqué par J. J. Hellemans, sous le même titre, *ibid.,* p. 325-333. Avec réplique de V. Van de Kerkhove, t. v, vol. 2, p. 73-91. — P. 334-341. Theodoor Sevens, *Geschiedenis der abdij van Groeningen te Kortrijk.* L'abbaye fondée à Marck en 1237 par Jeanne de Constantinople, pour des nonnes qui suivraient la règle de Cîteaux et auraient pour chef spirituel l'abbé des Dunes, fut transférée à Groeninghe près de Courtrai en 1268. Son histoire offre peu d'intérêt. Suite t. v, vol. 2, p. 42-50. — T. v, vol. 2.—P. 107-114. James, *De sevenste bliscap van Maria.* Mystère joué au commencement du xvᵉ siècle à Bruxelles; le plus beau que nous possédions; édité par Stallaert pour l'Acad. R. Flamande; avec analyse succincte. — P. 304-305. B..., *Noordsche kerk uit de 13ᵈᵉ eeuw.* Église nordique du 13ᵉ s., à Ladegaardsö près Christiania. — P. 338-348. Fr. De Potter, *De Leproos in de Middeleeuwen.* Étude complète sur l'existence de la lèpre, ses caractères, les lois civiles et religieuses qui régissaient les lépreux; surtout en ce qui concerne les Pays-Bas. A suivre. — P. 349-355. G. Van den Gheyn, *Archeologische Wandelingen :* promenades archéologiques, Gand et ses environs; à suivre. — P. 381-384. H. Claeys, *Jan van Ruusbroek.* — P. 390-394. *Abdy van Afflighem,* annonce avec résumé rapide de l'histoire de cette célèbre abbaye brabançonne par dom Bernard O. S. B., Gand, Siffer, 1890.

Dietsche Warande. Nieuwe Reeks, 3, 1890. P. 5-25. Ed. Geudens, *Jerominus Bosch alias Van Aken.* L'un des premiers peintres à l'huile (1450-1516). A propos d'un tableau du musée d'Anvers, la Tentation de Saint-Christophe. D'après le testament de Georges d'Autriche, prévôt de Saint-Pierre à Louvain, † 1619. — P. 26-35. Ed. Van der Straeten, *Dwars door de geschiedenis der toonkunst van de Nederlanden in vroeger dagen :* bibliographie rapide de l'histoire de la musique aux Pays-Bas. — P. 59-65 et 155-165. Fr. Falk, *De Boekdrukkunst en de geestelijkheid tot 1520.* Affirme que l'Église a été favorable au développement de l'imprimerie, et donne une longue liste de clercs qui ont eux-mêmes imprimé, dans les pays les plus divers. Avec une note, p. 166-169, de Edw. Van Even, prouvant par un inventaire du prieuré du Trône de N.-D. près Grobbendonck, qu'avant 1450 on imprimait aux Pays-Bas sur bois, pierre ou métal, et ajoutant quelques renseignements curieux sur l'imprimerie primitive en Belgique et particulièrement à Louvain. — P. 100-102. *Gesprek van eenen leeraar met zijnen scholier uit de vijftiende, eeuw,* communiqué par Wilhelm Baümker. Ce dialogue d'un maître avec son élève, du XVe s., est tiré du M. S. 7970 de la Fidei commis Biblioth. des Archives I. et R. de Vienne ; il vient à toute évidence des Pays-Bas et est écrit en dialecte du Limbourg ou de la région environnante. — P. 241-260, 361-378. Dom Willibrord Van Heteren, O. S. B., *Kunstenaars en Kunstwerken in de Benedictijner — kloosters van de 10*[dc] *tot het midden der 13*[de] *eeuw.* Suite, cf. Dietsche Warande, 1889, p. 317-359, 463-485. Étudie ici les arts et les artistes à l'abbaye de Stavelot et à celle de Saint-Laurent à Liège du 10e au milieu du 13e s. — P. 261-266. J. C. A. Hezenmans, *De Staf der abten van Bern.* Quelques notes sur l'abbaye de Bern en Teisterbant, près Heusden, fondée en 1132, et description avec gravure de la crosse abbatiale faite au XVIe s. — P. 323-327, Fr. G. Van den Elsen, *Nog eens over de oudheid der bedevaart van O. L. V. van Handel.* Complète son étude, Dietsche War., 1889, p. 185-193 et 303-311 sur la chapelle et le pèlerinage de N.-D. de Handel : ceux-ci remontent environ à 1400, le village de Handel à 1300. —. P. 328. Maurin-Nahuijs, *Planen van het heilige Graf te Jerusalem naar Noord Duitschland gebracht, en kerk daarna gebouwd.* Le plan du Saint-Sépulcre fut rapporté par Wino, abbé de Helmarshausen, envoyé en Palestine par l'évêque de Paderborn, Meinwerk, en 1032 ; l'église projetée fut bâtie à Andréas, près Paderborn. — P. 524-534. Th. Ign. Welvaarts, *De huizing der Frankische vorsten te Netersel onder Bladel an de Nonbertijnen van Postel verkocht (923-1340).* On a cherché la Pladella villa d'un diplôme de donation de Charles le Simple à Thierry de Hollande (vers 922 ?) dans les environs de Beauvais ; c'est à Netersel, sous Bladel, qu'elle se trouvait, et elle passa en 1340 à l'abbaye norbertine de Postel ; avec fac-simile de la charte de 1340 et un plan de Netersel. Cf. du même, Bladel naar de archiven van Postel, Turnhout, Beersmans Pleek. — P. 625-626. Note d'Aug. Sassen sur la même question. — P. 565-570. G. von Bezold, *De Hoofdkerk van Noyon.* La cathédrale de Noyon fut reconstruite vers 1150 par l'évêque Baudoin, ami de Suger, abbé de Saint-Denis. — P. 609-616. Th. W. Weale, *De legende der H. Veronica.* — Bibliographie. — P. 333-340 et 431-438. P. Alberdingk-Thijm, *De Renaissance-Tijd door Pastor en Kalff behandeld* (la Renaissance d'après P. et K.). — P. 627-635. A. W. Weissman, *Een geschiedenis der Nederlandsche Renaissance, Hollandsche Bouwkunst* ; histoire de la Renaissance aux Pays-Bas, l'architecture hollandaise, d'après G. Galland. — Compte rendu. — P. 635-637. H. Hosdey : Edw. Vlietinck, *Eene bladzijde uit de geschiedenis der stadt Nieupoort, 1889* (une page de l'histoire de Nieuport).

REVUES DE PROVINCE

Annales du Cercle Archéologique d'Enghien, t. III, 1887. — Suite ; cf. M. A., 1890, p. 214.— P. 145-193. G. Zech-du-Biez, *Une excursion à Braine-le-Comte, Soignies et Horrues.* Avec description et gravures, particulièrement des monuments religieux assez anciens (12e s.) de ces localités du Hainaut septentrional. — P. 194-205, *Le congrès archéologique de Namur de 1886 ;* compte rendu de cette réunion. — 214-266. J. Vos, *Les chanoines de l'ancienne collégiale de Saint-Vincent à Soignies.* Liste, par années, de ces chanoines, de 1090 à 1794, avec courtes notes sur quelques-uns, et table alphabétique de leurs noms. — 267-275. Ern. Mathieu, *Notice historique sur la foire et le marché de Gammerages* concédés par Aubert de Bavière en 1381, avec charte d'institution. — P. 276-277. *Biographie Enghien* *noise. Jean de Ecoute ou Van Eekhoute.* Chanoine de Saint-Pierre à Lille, écrivain ecclésiastique, 1472; son épitaphe. — P. 278-280. Em. Prud'homme, *Un document sur Ecaussines d'Enghien.* Charte de 1324 confirmant un arrentement au profit de l'abbaye de Saint-Feuillien au Rœulx. — P. 287-288. E. Matthieu, *Verrières aux églises d'Acren, Ghislenghien et Marcq.* De 1413; avec comptes de l'abbaye de Ghislenghien y relatifs. — P. 296-507. J. Croquet, *Notice historique sur l'église paroissiale et les institutions religieuses de Braine-le-Comte.* La paroisse remonte au 7e s., Il subsiste quelques parties de l'église du 12e s., notamment la charpente, plus une fresque, un sceau et quelques parties du mobilier qui appartiennent au M. A. Donne une liste des curés de 1212 à 1587. La table des pauvres est mentionnée en 1387, l'hôpital est déjà ancien en 1337, et le béguinage fut fondé par Marguerite de Constantinople en 1250. Avec sept pièces justificatives, de 1242 à 1524.

Annales du Cercle Archéologique du pays de Waes, t. XII, 1889 (2e partie, parue en 1890). — P. 219-295, 331-395. F. Van Naemen, *L'épitaphier Wasien*; continue les recherches sur le même sujet poursuivies de 1874 à 1879 par M. de Schoutheete de Tervarent et publiées dans les Ann. du Cercle; donne ici les nos 656 à 959, description sommaire des tombes, transcription des épitaphes, et quelques armoiries.

Annales de la Société Archéologique de Namur, t. XVIII (fin), 1890. — P. 309-324. A. Bequet, *Les premiers monuments chrétiens au pays de Namur* (ont été établis sur les emplacements d'anciens établissements romains et francs, et proche des fontaines). — P. 325-387. D. Ursmer Berlière. O. S. B., *Pierre de Herenthals* (1322-1391). Moine de Floreffe, auteur d'ouvrages théologiques, d'un Catalogus ac res gestæ abbatum Floreffensium, et d'un Compendium Chronicorum allant de la création à 1385, comprenant l'histoire de l'empire et celle de l'église, mais ne faisant que reproduire des écrivains plus anciens et des bulles et diplômes précédés d'une courte introduction. — P. 420-484. Ed. Niffle-Anciaux, *Les repos de Jésus et les berceaux reliquaires.* Avec nombreuses phototypies. Décrit de nombreux berceaux de Jésus, crèches, etc., conservés dans divers pays de l'Europe; plusieurs datent du m. a. — P. 485-528. G. Cumont, *Monnaies franques découvertes dans les cimetières francs d'Eprave* (sont probablement antérieures à Clovis). — P. 529-550. St. Bormans, *Les présidents de l'ancien conseil provincial de Namur* (avec liste de 1491 à 1797). — Bibliographie. — P. 560-566. D. U. Berlière, *Monasticon Belge*, t. I, 1er liv. (excellent. L. L.) — L. Lahaye, *Étude sur l'abbaye de Waulsort* (H. N.). — J. Helbig, *La Sculpture et les Arts plastiques au pays de Liège* (complet. L. L.). — Ad. Servais, *Étude historique et critique sur Saint-Materne, sa mission et son culte* (crédule, non au courant. L. L.). — Ch. Piot, *Inventaire des chartes des comtes de Namur* (excellent. L. L.).

Annales de la Société d'Émulation pour l'étude de l'histoire et des antiquités de la Flandre, 5e série, t. II, XXXIXe de la collection, 1889 (1890). — P. 169 sqq. J. Colens, *Le Beryder de l'Ambacht d'Uytkerke au Franc de Bruges et la procession de Saint-Pierre à Blankenberghe*; donne quelques renseignements sur les relations entre Blankenberghe et Bruges au sujet d'une enclave d'Uytkerke entre deux parties du territoire de Blankenberghe.

Bulletin de la Société d'Art et d'Histoire du diocèse de Liège, t. v, 2ᵉ partie. — P. Daniels, *A propos du Mareolt d'une charte de 741* (le Mareolt cité dans une charte de Saint-Trond de 741 est, non Meerhout en Toxandrie ou Campine, mais Meerhout, dépendance de Donck, dans le pagus Hasbaniae). — *Histoire de la paroisse de Visé* (monographie très complète faite d'après les archives).

Bulletin de l'Institut Archéologique Liégeois, t. xxi, 3ᵉ liv., 1890. — P. 298-456. J.-E. Demarteau, *La Violette, histoire de la maison de la cité, à Liège.* L'ancienne Volette, formée d'un rez-de-chaussée en pierre et d'un étage en surplomb en bois, fut reconstruite et agrandie en 1480-97; avec deux vues de 1497 en photogravure. Traite aussi du Perron qui, pour lui, est une imitation d'un monument roman (cf. Rahlenbeck, Rev. de Belg., 1890, 5ᵉ liv., p. 31). — C. Le Paige, *Notes pour servir à l'histoire des mathématiques dans l'ancien Pays de Liège.* Montre l'astronomie relativement bien cultivée, surtout au I5ᵉ s. dans l'ancienne principauté ; étude du plus haut intérêt, article très bien fait, muni d'une très riche bibliographie.

Magasin littéraire et scientifique de Gand, 1890. Rien.

G. Crutzen.

Suisse. — Histoire et Archéologie

Anzeiger für schweiz. Alterthumskunde. xxiii. 1890, in-8°, Zürich. E. Herzog. — E.-A. Stückelberg, *Schweizer Scheiben in Brüssel.* — E. Blösch. *Ein alter Siegelstempet.* — H. Herzog. *Zur goldenen Altartafel von Basel.* — J. R. Rahn. *Das älteste Glasgemälde der Schweiz.* — E. A. Stückelberg. *Darstellungen an Glocken des Mittelalters.* — Th. v. Liebenau. *Analekten aus St. Urbaner Hss.* — J. R. Rahn. *Der Schutzaltar von Lavertezzo-Verzasca.* — H. Angst. *Fälschungen schweizerischer Altertümer.* — H. Zeller-Werdmüller. *Burg Hegi.* — E. Egli. *Anfrage nach dem Original einer burgundischen Inschrift.* — Dr. Wackernagel. *Die Glasgemälde der Basler Karthause.* — F. v. Iecklin. *Urkundliche Beiträge zur Baugeschichte der St. Martinskirche in Chur.*

Anzeiger für schweizerische Geschichte. xxi, nouv. série, 4 nᵒˢ in-8°, Bern. K. J. Wyss. — G. v. Wyss. *Eröffnungsrede* (1889). — W. Gisi. *Papst Leo IX. Familienbeziehungen zur Schweiz.* — W. Golther. *Reimchronik über den Schwabenkrieg.* Nouvelle source importante pour la guerre de la Suisse en 1499 contre l'empire allemand. — H. Caviezel. *Bündner Studenten auf der Hochschule zu Padua* — Th. v. Liebenau. und Prof. L. Tobler. *Nachträge zu den historischen Volksliedern und Sprüchen aus der Schweiz.* — Dr. Wanner. *Ueber eine Urkunde aus dem Staatsarchiv Schaffhausen von 1056.* — V. Zeller-Werdmüller. *Wer war der 1262 verstorbene Graf Rudolf von Rapperswyl?* — Th. v. Liebenau. *Zur Biographie Jörgs uf der Flüe.* — Th. v. Liebenau. *Gedicht auf Kaiser Friedrich III.* — Alfred Stern. *Nachtrag zu der von Herrn Dr. Golther veröffentlichten Reimchronik über den Schwabenkrieg.* — J. Strickler und Poinsignon. *Freiburg i. Br. an Zürich, 1366.* — H. Türler. *Eine vergessene Tagleistung von 1427.* — E. v. Muralt. *Hans Waldmanns Ende.* — Th. v. Liebenau. *Hans Iunker von Rapperswyl.* — H. Herzog. *Romreise des Aegidius Tschudi.* — P. Schweizer. *Beitrag zur Kritik und Ergänzung der Grimmschen Weisthümer.* — G. Meyer von Knonau.

Regesten von Urkunden aus dem Archiv der Gemeinde Stalla. — Th. v. Liebenau.
*Neue Beiträge zur Geschichte des Burg- und Landrechtes zwischen der Stadt
St Gallen und den Eidgenossen.*

Archiv des historischen Vereins des Kantons Bern. Vol. xiii, fasc. 1
in-8°, 230 p. Bern, Stämpfli. — J. Stammler. *Die St Vincenz-Teppiche des Berner
Münsters.*

**Argovia, Jahreschrift der historischen Gesellschaft des Kantons
Aargau.** Vol. xxi, in-8°, 210 p. Aarau, Sauerländer. — W. Merz. *Die Ritter von
Rinach,* 2 parties. Il traite des origines et de l'histoire de ces chevaliers, dont le
château était situé dans le canton d'Argovie, jusqu'au xv° siècle.

Beitræge zur vaterlændisch. Geschichte Herausgegeben von **der historischen und antiquarischen Gesellschaft zu Basel.** Nouvelle série, vol. iii,
fasc. 3, in-8°. P. 261-340. Basel, Georg. — C. Ch. Bernoulli. *Der Landvogt Peter von
Hagenbach.* Nouvelles recherches sur l'histoire de ce bailli du duc Charles le Téméraire à Breisach, importantes pour l'histoire des origines de la guerre de Bourgogne.

Beitræge (Thurgauische) zur vaterlændischen Geschichte. Herausgegeben vom historischen Verein des Kantons Thurgau. Fasc. 30, 146 p. in-8°,
Frauenfeld, Gromann. — J. Büchi. *Ueber die Glasmalerei überhaupt und über
thurgauische Glasgemälde insbesondere, nebst beschreibendem Verzeichniss der
Glasgemälde des thurgauischen historischen Museums.* Description historique des
vitraux du canton de Thurgovie et spécialement de ceux du Musée cantonal. —
E Graf Zeppelin. *Herkunft und Familie Salomons III, Bischofs von Konstanz
und Abts von St Gallen.* L'auteur émet des hypothèses bien intéressantes relativement à l'origine de cet évêque célèbre. Cf. Historisches Jahrbuch der Görresgesell-
schaft, xii, 147. München, 1891.

Bolletino storico della Svizzera italiana. Anno xii, 12 n°ˢ gr. in-8°. Bellin-
zona, C. Colombi. — E. Motta. *I castelli di Bellinzona sotto il dominio degli
Sforza.* — T. di Liebenau. *I Sax signori e conti di Mesocco* (cont. et fin). —
E. Motta. *Documenti del secolo XIV tratti dal Archivio notarile di Milano.* —
E. Motta. *I soldati luganesi della prima metà del secolo XV.* — E. Torriani.
Dall' Archivio dei Torriani in Mendrisio. — Th. di Liebenau. *La famiglia
Beroldingen.* — E. Motta. *Documenti svizzeri degli archivi milanesi. Architetti
e ingegneri militari sforzeschi.* Détails sur l'ingénieur florentin Benoit.

Geschichtsfreund, Mittheilungen des historischen Vereins der fünf Orte
Luzern, Uri, Schwyz, Unterwalden und Zug. Vol. xlv, 355 p. in-8°, Einsiedeln,
Benziger et Co. — O. Ringholz. *Das Urbar des Benedictinerstiftes U. L. F. zu
Einsiedeln vom Jahre 1331.* Mit einer Einleitung, zwei Schriftproben und einem
Namen- und Sachen-Verzeichniss. Très important pour la connaissance des droits
et revenus de ce couvent célèbre, et en même temps offrant de nouvelles per-
spectives sur la situation économique de la Suisse pendant ce temps. — A. Nüsche-
ler, *Die Gotteshäuser der Schweiz,* histor.-antiquarische Forschungen : Decanat
Luzern (2ᵉ série). Continuation des recherches sur les églises de la Suisse.

Jahrbuch des historischen Vereins des Kantons Glarus. Fasc. 25,
163 p. in-8°, Glarus, Bäschlin. — G. Heer. *Zur Geschichte glarner Geschlechter.*

Jahrbuch, (politisches) der schweizerischen Eidgenossenschaft. Herausgegeben von Dr. Carl Hilty, 5e année, 1132 p. in-8°, Bern, K.-J. Wyss. — C. Hilty. *Freiheit.* Développement historique et philosophique de l'idée de liberté. — W. Oechsli. *Die Beziehungen der schweizerischen Eidgenossenschaft zum Reiche bis zum Schwabenkriege.* — C. Hilty. *Excurs über den Bundesbrief von 1291.* (Recens. par Dierauer dans l'Allgemeine Zeitung de Munich, supplément littéraire du No. 262.)

Jahrbücher, Appenzellische. Herausgegeben von der appenz. gemeinnützigen Gesellschaft, 3e série, fasc. 3, 183 p. in-8°, St Gallen, Huber.— H. Wartmann. *Herisau in der ältesten Zeit.*

Jahresbericht (XIX) der histor.-antiquar. Gesellchaft von Graubünden. An. 1889, 48 p. in-8°, Chur, Sprecher. — Th. v. Liebenau. *Die Herren von Sax zu Misoxe,* eine genealogische Skizze.

Mémoires et documents publiés par la Soc. d'hist. de la Suisse romande. 2e série, tome II, 294 p. in-8°, Lausanne, Bridel. — E. Chavannes, *Comptes de la châtellenie de Chillon du 24 février 1402 au 23 février 1403.* — E. Chavannes. *Subside accordé au comte de Savoie dans la même châtellenie en 1402.* — H. Carrard. *A propos du tombeau du chevalier de Grandson.* — **J. B. H.** Galiffe. *Le problème du diocèse de Nyon.*

Mittheilungen des hist. Vereins des Kant. Schwyz. Fasc. 7, 162 p. in-8°, Einsiedeln, Benziger & Co. — J. C. Kälin. *Die gemeinsame Allmeind der Leute von Wollerau und der Dorfleute von Richterswil.* — P. O. Ringholz. *Der Brand der heiligen Kapelle und der Stiftskirche zu Einsiedeln und die Engelweihe im Jahre 1466.*

Mittheilungen zur vaterlændischen Geschichte. Herausgegeben vom **histor. Verein in St Gallen.** Vol. XXIV. 3e série. vol. IV, première partie, 271 p. in-8°, St Gall, Huber. — R. Thuli. *Walahfridi de vita beati Galli confessoris.*

Monatrosen des schweizerisch. Studentenvereins. 34e année, in-8°. Luzern, Schill. — Josef Zemp. *Die schweizerische Glasmalerei.* Essai très intéressant, avec la littérature complète du sujet, sur l'histoire de cette branche de l'art en Suisse où elle a atteint sa plus haute perfection.

Neujæhrsblatt der Gesellschaft zur Beförderung des Guten und gemeinnützigen zu **Basel** für das Jahr 1890, in-4°, 47 p. Basel, Detloff. — Dr. Alb. Burckardt. *Die Schweiz unter den salischen Kaisern.*

Neujahrsblatt von Glarus. In-8°, 67 p., 1890. Glarus, Bäschlin. — G. Heer. *Die Kirchen des Kantons Glarus.*

Neujahrsblatt (Zugerisches) für die Jugend und Freunde der Geschichte. In-4°, 27 p. 1890. Zug, Anderwerth. — A. Weber. *Alte Häuser und Geschlechter in Zug.* — A. Wickart. *Zugerische Landgerichtsstätten.*

Dr. Buechi.

CHALON-SUR-SAÔNE, IMPRIMERIE DE L. MARCEAU.

LE MOYEN AGE

BULLETIN MENSUEL D'HISTOIRE ET DE PHILOLOGIE

DIRECTION :

MM. A. MARIGNAN ET M. WILMOTTE

NOVEMBRE-DÉCEMBRE 1891

COMPTES RENDUS

BRUTAILS (Aug). — **Notes sur l'Economie rurale du Roussillon à la fin de l'ancien régime.** Perpignan, Latrobe, 1889, petit 8º, p. 236.

Documents des Archives de la Chambre des Comptes de Navarre, 1196-1384. Publiés et annotés par BRUTAILS. Paris, E. Bouillon, 1890, 1 volume 8º.

BRUTAILS (Aug.). — **Etude sur la Condition des populations rurales du Roussillon du Moyen Age.** Paris, Picard, 1891, 1 grand 8º p. 314.

Si l'art est difficile, la critique n'est pas aisée. Il y a bien, ressource des gens dans l'embarras, le compte rendu bibliographique qui n'engage pas, donnant le titre du livre, pillant quelques phrases, finalement payant sa dette à l'auteur en épithètes sonnantes et banales. Puis il y a la vraie critique, la critique des quelques rares hommes établis en chaque spécialité, bien doués et qui savent, et qui d'une main sûre, peuvent signaler les points faibles, pressentir les endroits douteux et surtout excellent à poser nettement les questions. C'est la critique des maîtres : malheureusement elle leur reste propre. Le vulgaire ... quorum pars — ne peut que sagement rabattre de prétentions si élevées et, au lieu de s'attacher au résultat de l'œuvre, envisager plutôt les qualités de l'auteur, ses habitudes, sa méthode, sa pente d'esprit instinctive.

C'est ainsi que je procéderai avec M. B. Pas n'est besoin de la sorte, — pour dire des choses sensées — de dominer le sujet ni l'auteur ; et c'est là proprement le genre de critique des critiques médiocres.

Voyons donc de ce point de vue les trois volumes de M. Brutails. — Ce qui frappe d'abord c'est la puissance de travail, l'entrain, l'ardeur.

En trois ans, trois volumes, divers et cependant présentant quelque chose de commun, se rapportant tous les trois au Midi, témoignant d'un plan de travail, d'une unité d'effort. Le premier et le troisième se complètent directement : l'un étudie le Roussillon au moyen âge ; l'autre le Roussillon au xviii⁰ siècle. Que de termes, que d'usages, d'institutions debout au xviii⁰ siècle qui viennent directement de ces âges reculés ! Et réciproquement les usages du siècle dernier nous donnent la clef d'anciennes expressions, dont on ne voit pas d'abord le sens. On l'a souvent dit avec raison ; les constitutions se modifient, les rapports politiques changent ; l'Economie sociale est plus lente à disparaître. La découverte de la vapeur, l'invention des chemins de fer, du télégraphe, du téléphone feront plus sans doute pour distinguer la société nouvelle de l'ancienne que le travail politique insensible des siècles, ou les Réformes violentes. Il est parfaitement vrai que la France du xviii⁰ siècle c'est encore, jusqu'à un certain point, par les mœurs, les usages, le fonds même des institutions, la France du moyen âge ; et c'était une idée juste et féconde d'attaquer par les deux bouts l'histoire d'une Province. On a ainsi une double série de chapitres qui se complètent et s'éclairent mutuellement. Un exemple du mutuel appui que se prête l'étude des deux époques : le mot *cossura* : les érudits se sont vainement, pour trouver le sens de ce mot, donné beaucoup de mal ; un document du xviii⁰ siècle permet à M. Brutails de trancher le débat ; la cossura c'est « le prix du battage de la moisson. » — C'est encore du Midi qu'il s'agit dans les « Documents des Archives de la Chambre des Comptes de Navarre » (1196-1384) et les 36 pages qui servent d'introduction au recueil de textes.

Ces études témoignent, en même temps que d'une unité de vue et d'une ardeur singulière, d'une véritable netteté d'esprit, d'un don précieux d'observation. Il y a là, si je ne me trompe, plus et mieux que de l'intelligence livresque ; de l'observation aiguë, ferme, judicieuse, du bon esprit pratique, qui voit derrière le texte l'homme vivant et agissant avec ses instincts, ses passions, ses nécessités éternelles. Facultés précieuses que rien ne supplée, dont les dons les plus brillants de l'intelligence spéculative ne sauraient suppléer le manque. — On lit sans faire trop attention : une observation, comme un coup droit, vous arrête soudain. D'un bond l'esprit a touché le but. Puis c'est encore comme le cliquetis confus d'épées qui ferraillent jusqu'à un nouveau coup sec et dégagé.

Naturellement, comme il est vrai de tous, on a les défauts de ses qualités. Cette ardeur, cette furie ne permet pas de calculer également tous les coups. Assez souvent on fonce au hasard ; et la marque des coups frappés ne fait pas toujours un dessin juridique bien net ni assez profondément gravé. Pour parler plus simplement l'esprit vif et prompt ne sait pas toujours reconnaître l'importance du détail découvert et passe outre, alors qu'il faudrait appuyer. On laisse le lecteur satisfait à demi, inquiet, comme sur des promesses qu'on ne tient pas. Le livre court trop vite, par sauts et bonds. Il n'embrasse pas assez, n'a pas assez de dessous, de liaisons... Voici une étude sur la condition juridique des populations du Roussillon au M. A. C'est parfait : il nous faut évidemment procéder par monographies provinciales. Quand nous aurons ainsi étudié le droit propre à chaque province nous pourrons à coup sûr dégager les principes communs à tous ces droits locaux; et nous aurons la véritable histoire de l'ancien droit français... Oui, mais cette monographie, peut-on la mener à bonne fin, sans une certaine préoccupation de l'Histoire de l'ancien droit franc? La pensée de derrière la pensée, au cours de toute cette étude, ne doit-elle pas être celle-ci : Quelles sont parmi ces coutumes, les coutumes vraiment originales? celles qu'on rencontre dans le droit antérieur? celles qui sont communes à cette province avec les autres provinces? — Des dessous, c'est ce qu'il faudrait à cette étude pour être complète, pour être vraiment féconde. Des dessous et de la patience : la patience de chercher l'importance respective des choses, le temps de trouver un classement des matières plus homogène et plus logique.

J'ai peur que les juristes ne trouvent mauvaise, par exemple, l'économie des chapitres 6 et 7 intitulés « Les Biens et la Propriété » — « Alleux et Tenures », et n'y découvrent quelque confusion. Pourquoi faire figurer dans le même paragraphe l'étude sur la distinction des biens en meubles et immeubles et l'étude sur le domaine public aux origines de la féodalité, sur la loi Stratæ, etc... ? — De même si l'alleu et la tenure sont des modes ou des démembrements de la propriété, leur étude ne serait-elle pas mieux à sa place dans le chapitre 6? — Continuons. La Vente est un contrat faisant naître entre les parties des obligations réciproques : mettons (ce qui est faux) qu'elle soit en droit romain comme en droit français un contrat translatif de propriété : elle peut avoir pour objet n'importe quel démembrement du droit de la propriété : pourquoi l'étudier dans le chapitre « les Biens et la Propriété » avant le chapitre « Les alleux et les tenures » ?

Parfois ce sont les éléments mêmes de la question qui paraissent insuffisamment dégagés : Je prends ce que M. Br. dit de la vente p. 90 : « La tradition n'était pas un élément constitutif de la vente, indispensable à sa validité, et dans les actes qui ne sont pas rédigés d'après les formules du droit romain, il n'en est fait mention qu'exceptionnellement » p. 92. « Lorsque les codes romains furent d'un usage courant et qu'ils inspirèrent les notaires, ces derniers se crurent obligés d'insérer dans leurs actes une clause pour signaler la tradition. » Ne semble-t-il pas que la tradition soit considérée par l'auteur comme étant en droit romain un élément constitutif de la vente? D'autre part si l'on admet que la formule « trado sive quasi trado » est d'origine romaine est-il prudent d'en faire aussi bon marché, et l'addition *quasi trado* ne pourrait-elle pas s'interpréter de manière à ne pas la ruiner absolument? — De même pour le paiement. « Il arrivait que le prix ne fût pas payé comptant. Mais, même dans ce cas, le vendeur déclare avoir perçu l'argent, sauf à se faire délivrer par l'acquéreur une reconnaissance constituant ce dernier son débiteur pour cette somme. » M. B. conclut sans tenir compte de cette fausse déclaration du vendeur : Le prix n'est pas payé, donc le paiement, pas plus que la tradition, n'est nécessaire pour la perfection de la vente. — Le problème est mal posé et l'argumentation pas suffisamment rigoureuse. A quoi bon mentionner d'autres cas d'affirmations incomplètes, de faits mal encadrés ? — Il ne saurait être question, dans le domaine du droit, d'observation isolée ; le détail ne vaut que par l'ensemble, et tout chez M. B., l'ardeur du tempérament, la nature d'esprit, répugne, disons le mot, à la construction.

Des faits précis, de l'observation exacte : ce qu'on sait pertinemment, ce que les textes disent et rien de plus : de la bonne érudition claire, nette, limpide, bien française, qui ne s'embarrasse pas de théories et ignore quand il faut ; voilà évidemment l'idéal de M. B. Cette érudition n'est-elle pas un peu courte ? M. B. répondrait bien vite : Je l'aime mieux courte qu'obscure et incertaine.

Mon verre est tout petit, mais je bois dans mon verre.

Rien d'instructif à cet égard et de propre à nous édifier sur la nature d'esprit et les tendances secrètes de l'auteur comme une petite plaquette, tirage à part d'un article paru dans la *Revue des Pyrénées*, intitulée : De l'ancienne organisation de la propriété territoriale dans le midi de la France. — Examen de quelques théories de M. Lamprecht. — La plaquette est une attaque à fond de train des théories de M. L. M. Lamprecht est un esprit constructeur. Simple opposition de tempérament : M. Brutails éprouve le besoin de rompre une lance avec lui. Vos preuves, vos preuves, demande M. B. Vous n'avez pas de preuves. Les textes ne disent pas ce que vous leur faites dire. — Et sans doute les textes ne disent peut-être pas toujours positivement ce que M. Larnprecht leur fait dire : M. B. a raison. M. Lamprecht a-t-il absolument tort ? C'est l'éternel conflit de l'esprit d'analyse et de l'esprit synthétique.

Un exemple de cette opposition de méthode et d'esprit. M. Lamprecht dit : « Ce qui caractérise le curtilus à l'origine et plus tard aussi d'une manière presque générale c'est le vignoble avec les terres et les constructions associées à sa culture, c'est-à-dire une maison, la vicaria, le salicetum et quelquefois le pressoir. » M. B. continue : « Traduisons pour en mieux saisir la portée, la fin de cette phrase : le vignoble, avec les terres et les constructions associées à sa culture, c'est-à-dire une maison, l'exploitation pour l'élevage des brebis, le lieu planté de saules et quelquefois le pressoir ». M. B. ajoute, non sans ironie : « M. L. a oublié de nous faire connaître pour quel motif il rattache une maison, un élevage de brebis et une plantation de saules à la culture de la vigne. L'explication eut pourtant été nécessaire autant qu'intéressante. » On ne saurait qu'être de l'avis de M. Brutails. Cependant faut-il admettre que M. Lamprecht ait dit une chose absolument en l'air ? Un certain rapport naturel par exemple entre la culture de la vigne et une plantation de saules est-il impossible à découvrir ? Ne nous serait-il pas livré par ce passage de Pline l'ancien, H. N. L. xvi. ch. 37 : Namque [salices] et in proceritatem magnam emittunt jugis vinearum perticas.

C'est M. Lamprecht qui se trouverait avoir raison.

Je me résume : l'œuvre de M. Brutails se recommande à l'attention. Il y a dans ces trois études beaucoup d'intelligence prompte et vive, d'observation ferme et nette. L'effort est sérieux et témoigne d'une réelle puissance. Il y aurait lieu de souhaiter peut-être un peu plus de circonspection et de patience. L'auteur, qui sait le prix du temps, semble ne pas se résigner assez à en perdre. A ce prix l'œuvre pourrait devenir excellente et supérieure ; et cette érudition française limpide et sobre, que M. B. aime, compterait peut-être — Dieu aidant — un maître de plus.

G. Platon.

Alph. Wauters. — **L'architecture Romane dans ses diverses transformations.** Bruxelles, Vromant, 1889, in-8º 111 p.

Le savant archiviste de la ville de Bruxelles a repris la question, toujours si épineuse, mais si intéressante, de l'origine et des transformations de l'architecture romane.

Les deux périodes, dans lesquelles l'auteur veut diviser l'époque dite romane, sont nettement présentées et définies.—Au xiᵉ siècle nous assistons au développement d'une architecture qui, de très primitive, peu ornée qu'elle fut, produit des merveilles d'élégance et de grandeur.

Nous regrettons que l'auteur ait voulu inaugurer une nouvelle terminologie. — Pour l'art primitif, M. Wauters réclame exclusivement le nom de « *Gothique* » rejetant ce terme pour l'architecture qu'il définit comme « *Ogivale.* »

Voilà une fois de plus la porte ouverte aux disputes sur une question de mots, porte que nous croyions fermée à jamais, après l'article de M. Quicherat, dans lequel ce savant a définitivement prouvé que le mot ogival ne saurait aucunement déterminer l'architecture qui a fait triompher l'arc en tiers point dans le système des voûtes (Mélanges d'archéologie et d'histoire t. ii p. 74).

Nous croyons avec M. Wauters aux mérites des rois Goths, de Théodoric et de ses successeurs, quant à la conservation des édifices, mais leurs architectes n'apportent rien de nouveau, n'ont inauguré aucun système qui leur fût propre.

Il y a plus, pour que nous nous opposions à un changement de terminologie, qui serait peut-être motivé, si l'auteur avait eu raison de répudier l'influence orientale. — Certes ce n'est pas uniquement à Byzance qu'il faut chercher l'art qui a donné la nouvelle impulsion. L'influence de cet art byzantin a été souvent exagérée. Mais tournons les yeux vers l'Asie mineure, vers la Syrie ; c'est là que et Byzance et l'Italie ont trouvé leurs modèles. Les beaux travaux de M. de Vogué, sur l'architecture civile et religieuse de la Syrie centrale, ont jeté un jour tout nouveau sur ces questions. En étudiant la sculpture comme complément indispensable à l'étude de l'architecture, l'auteur sera convaincu de cette influence orientale.

Toutefois, ne considérons, pour le moment, que l'architecture. M. Cattaneo, dans son travail intitulé : l'Architettura in Italia dal secolo vi al mille circa (Venezia 1889) donne, p. 52, le plan de l'église de Santa Maria di Grado (datant de 571-586) et prouve que la disposition de l'abside et des deux ailes prolongées, formant sacristies autour de l'abside, est empruntée aux églises de la Syrie. On peut citer d'autres exemples. A Rome même on trouvera les preuves d'une importation orientale, non pas de Byzance, mais de la Syrie. Les plans à trois absides, tels que l'offrent les églises de Santa Maria in Cosmedin (772-795), de Santa Maria in Domnica, an della Novicella (817-824), se retrouvent dans l'église de Soueideh (ve siècle) et dans la grande basilique de San Simeone Stilita (500), toutes les deux dans la Syrie centrale.

Et ne devons-nous pas voir dans l'église des Saints-Apôtres, à Constantinople, le premier exemple d'une église sépulcrale sur *plan cruciforme*? Très probablement l'église de S.-Nazario Grande, à Milan, en est une imitation. Après viennent l'église de Galla Placidia, à Ravenne, l'église S.-Nazario e Celso, à Ravenne également, toutes les deux bâties en forme de croix. On ne tarda pas à les imiter en Gaule (1).

Appelons donc cette première période de l'art roman la période du *roman primitif* et gardons le mot *gothique*, comme le propose M. Quicherat, pour définir l'architecture qui se sert rigoureusement de l'arc en tiers point. Par cette épithète, aujourd'hui dans le domaine public, tout mal entendu disparaîtra.

A la deuxième période M. Wauters donne le nom de Roman orné ou Lombard, voyant dans les architectes italiens du xie siècle les porteurs du nouveau style. Sauf des restrictions pour les origines et pour les influences étrangères, qui ont été beaucoup plus compliquées et beaucoup plus nombreuses que ne le croit M. Wauters, nous avons lu, avec un réel intérêt, l'exposé du développement des églises romanes. Tout ce que l'auteur dit des cryptes, des dômes et de la décoration extérieure des absides est fort intéressant et prouve nettement que le mouvement rénovateur est sorti de la Lombardie.   A. Pit.

Bémont et G. Monod. — **Histoire de l'Europe et, en particulier, de la France** (de 395—1270). Paris, i-586 pp.

La *Revue* avait l'habitude de n'annoncer que rarement à ses lecteurs un livre de classe ou un manuel d'histoire. Ils sont si nombreux, la

(1) Lenoir. — *Architecture Monastique.* Vol. i, p. 221. Grég : de Tours. Lib. ii, cap. vii.

plupart sans méthode et sans développement historique, qu'il était inutile
de leur consacrer ici même une page, qui aurait pu être occupée par la
critique d'un livre meilleur.

Le livre de MM. B. et M. n'appartient pas à cette catégorie. C'est un
livre bien fait, au courant des travaux mêmes les plus récents, rectifiant
la chronologie mérovingienne d'après les études de M. Havet, et appor-
tant quelques modifications aux dates du règne de Hugues Capet.

A côté de ces réformes, le livre est bien divisé, les évènements bien
groupés. En le lisant et en l'utilisant dans nos voyages en Provence et
dans le sud-ouest de la France, nous pensions au manuel d'histoire que
nous avions il y a quelque quinze ans.

Quelle différence! Avec quelle facilité l'étudiant peut aujourd'hui tra-
vailler notre histoire nationale, et quel excellent guide est pour eux le
livre de MM. B.-M.! Il comprend, comme on le voit, la première partie
du moyen âge. Les auteurs ont donné une place assez importante à
l'histoire de nos monuments nationaux ; désormais le professeur devra
parler à ses élèves du développement architectural de la France et leur
faire connaître les nombreux monuments de l'art médiéval qui sont encore
debout. Le profit sera grand, le voyage des vacances plus intéressant et
plus profitable.

Cette facilité de s'instruire devrait encourager les élèves au travail
historique ; depuis bien des années on ne s'occupe que de l'enseignement
secondaire, et si on fait une visite aux librairies de l'Odéon, on est
étonné, surpris et même peiné, devant la quantité énorme des manuels,
faits dans un but louable, mais le plus souvent mercantile, pour répandre
l'instruction et la rendre plus aimable et plus accessible, sans que les
résultats obtenus soient proportionnés à cette accumulation d'efforts.

Nous souhaitons une heureuse fortune au livre de MM. Bémont et
Monod et nous désirons qu'il fasse aimer notre moyen âge, qu'il détruise
l'opinion académicienne, qui prétend encore qu'il fut voué à la barbarie :
ce sont là nos vœux les plus chers.   A. M.

Glossaire de la langue d'oïl (xıᵉ-xıvᵉ siècles), contenant les mots vieux
français hors d'usage, leur explication, leur étymologie et leur concordance avec le provençal et l'italien, ouvrage à l'usage des classes
d'humanités et des étudiants par le Dʳ A. Bos. Paris, Maisonneuve,
1891, xx-466 pp. gr. in-8º.

Le titre de cet ouvrage en révèle bien le caractère et il rend superflues
plusieurs des explications que l'auteur a cru devoir donner dans sa
Préface. Comme le grand dictionnaire de M. Godefroy, ce glossaire ne
renferme pas les mots conservés dans la langue ; il n'est « qu'un catalogue
nécrologique en commémoration des mots trépassés » (vıı). Encore ce
catalogue est-il loin d'être complet. M. Bos a écarté « *la plupart* des

mots qui, tout en continuant à vivre dans la langue, ont perdu les acceptions qu'ils avaient alors, n'en ont plus conservé que quelques-unes ou en
ont acquis de nouvelles. » (id.). Je me suis demandé d'après quel principe
l'auteur avait épargné quelques-uns de ces mots et je n'ai pas réussi à le
découvrir. Il nous dit bien qu'il a fait exception « en faveur de mots qui
reviennent souvent dans les auteurs (1) »; mais je ne puis accepter cette
excuse, d'abord, parce qu'elle n'est pas fondée, ensuite parce que c'est
une excuse et qu'aux assises d'un livre de science, même élémentaire, il
faut des fondements plus sérieux. En réalité M. Bos était strictement
limité par l'espace qu'on lui accordait; il devait renfermer sa liste de
mots en 500 pages, et c'est pourquoi il a proscrit non seulement tous les
mots que nous venons de signaler, mais encore les composés et les
diminutifs qu'on retrouvera facilement, nous dit-il, dans les formes
simples dont ils ont gardé la signification. Encore une fois, je dois faire
d'expresses réserves sur la légitimité d'un tel procédé. Les composés n'ont
pas toujours la valeur des simples et d'autre part, M. B. ne s'est pas
toujours abstenu de les enregistrer ; a-t-il cité simplement les plus usuels
(ix), c'est ce qu'il y aurait lieu d'examiner. En tout cas il eût été préférable de les donner tous ou de n'en donner aucun. Je ne vois pas pourquoi
sous le verbe *atropeler*, on renvoie à *tropeler*, tandis que *atribler* n'a pas
de renvoi à *tribler*. D'ailleurs, M. Bos n'avait pas un espace si restreint
et c'est bien sa faute s'il a sacrifié en pure perte un bon tiers de son
livre. Je dis : en pure perte et voici comment : M. B. a cru devoir consigner
l'étymologie de chaque mot. Il y a réussi le plus souvent sans grand
effort ; mais pour un certain nombre de mots, il n'avait pas devant
lui le terrain aussi bien préparé que pour les autres et il s'est cru obligé,
dans un ouvrage destiné aux classes, d'énumérer, et de discuter parfois, les
conjectures plus ou moins heureuses de l'érudition contemporaine.
Tantôt il adopte une de ces conjectures, tantôt il reste indécis entre elles ;
voilà bien du temps perdu et du papier gâché ! Je citerai, et j'en oublie,
les mots suivants pris dans les 250 premières pages : *acesmer, barat,
bargaignier, baton, brehaing, chainfraint, cresson, esmeril, fade* (où
on trouve tout, sauf la bonne vieille étymologie v a p i d u que le lyonnais
vadou et le wallon *wap* sont venus confirmer) *frape, fresé, gargate,
gable, gibe, gisarme, gobelin, goder, gos, graal, gramaire, grave* (où
le sanscrit même est invoqué), *grenon, gresillon*.

Mais ce n'est pas tout. M. B., forcé d'adopter une forme-type et d'y
renvoyer le lecteur pour toutes les autres d'un même vocable, n'a pu
s'empêcher de consacrer un article de renvoi à la plupart de ces dernières. Je ferais volontiers le pari que cent pages ont été prises
par ces renvois. Si j'ouvre au hasard le volume, je note p. 117
dix-neuf renvois en trente-cinq lignes ; ceux de la p. 281 en occupent
soixante-dix. Or dix pages consacrées à la phonétique de notre vieille

---

(1) Dans les huit premières pages je relève les mots *accroire, adosser, aférir,
afichier afoler, afubler, afre, agrégier, agait.*

langue et plus spécialement au dialecte de l'Ile de France, avec indication sommaire, mais précise, des variations propres aux autres parlers littéraires, auraient suffi pour orienter l'étudiant au milieu de cette multiplicité de graphies qui, malgré tous les soins de M. B., reste inextricable dans son *Glossaire*. Ah! si tout cet espace avait été consacré aux mots dont certaines significations sont perdues, aux composés et dérivés, peut-être même aux formes conservées telles quelles, qu'il suffisait de donner sans les traduire, en avertissant le lecteur! Mais j'arrive au principal, à l'étude des significations, à leur chronologie, etc.

On n'a pas de peine à constater que l'auteur a mis tous ses soins à cette partie de sa tâche; il a fait un effort louable pour grouper systématiquement — sinon historiquement — tous les sens et il y est souvent parvenu. Mais pourquoi multiplier fâcheusement une synonymie stérile? Pour tel mot on nous donne vingt synonymes, correspondant à quatre ou cinq significations; c'est trop et c'est un mal; qu'un exemple par siècle ou même par signification aurait mieux valu! Je prendrai, encore au hasard, les mots *fade* et *fais* aux pp. 204 et 205: le premier est ainsi défini « insipide, fade; sot, stupide, niais; vide; faible, languissant, malade; flétri » et le second « ballot ficelé, paquet, fardeau, poids, faix; chose lourde, pénible, peine, chagrin, entreprise difficile; faisceau, fascine, tas, troupe, foule ». Ces deux articles occupent ensemble seize lignes; en sacrifiant l'étymologie de *fade*, non encore admise par tous, et en réduisant la synonymie au juste nécessaire, ils auraient pris trois lignes chacun. En revanche, dans bien des cas, on voudrait connaître la locution qu'un adjectif ou un nom ou même un verbe a servi à former, locution qui modifie le sens de cet adjectif, de ce nom ou de ce verbe. Les exceptions à l'ostracisme de M. B. (voyez par ex. s. v. *acoillir, afeltrer, aidier, ainz, ambes, apert* rubriqués A) ne font que rendre cette omission plus sensible. D'autre part, les verbes sont bien sommairement caractérisés dans leur emploi. En distinguant les formes neutres ou réfléchies, M. B. aurait rendu service à son lecteur.

Pour finir, je voudrais prouver à l'auteur que toutes mes critiques et mes réserves ne sont pas purement négatives; aussi j'ai lu avec une attention particulière les 35 premières pages consacrées à la lettre A et voici mes observations (1).

Aache = amorce (Lapid. Cambridge 1026). — *Aatie (par)* = à l'envi. — *Aatir.* Add. Affirmer, exalter (Mousket 22751, etc.), élever contre, comparer. Ex. *Aym. Nrb.* 2349; réfl. se comparer (Vid. Ch. 391). L'article de Gdfr. est entièrement à refaire. — *Abriver.* Add. la forme réfléchie. — **Acolchier* (s'—) = se mettre au lit, sens qu'il faut nécessai-

<hr>

(1) Je marque d'un astérisque les mots omis par M. B. pour une des raisons indiquées dans la Préface et dont il a été question dans le début de ce compte rendu, lorsque ces mots offrent une nuance de signification ou d'emploi que le simple n'a pas ou que le français n'a plus. *Add.* = une signification omise d'un mot cité. L'absence de toute indication veut dire que le mot a été simplement omis. Gdfr = le dictionnaire de M. Godefroy dont M. Bos a le tort de trop souvent accepter les définitions.

rement indiquer pour éviter une grosse confusion. Ex. *Bast. B.* 6299. — *Aceindre* (s') = se préparer à. — **Aclaroier.* S. v. *claroier* le sens indiqué ne peut guider l'étudiant, car *acl*— = rendre clair. — *Acoillir* Add. s'— = se mettre en train, se présenter (*Cligès*, 4222, etc.). — *Acointe.* Add. 1º amant (non ami) (*Clef d'am.* 2949); familier; 2º prêt, disposé (Mousket, dans Gdfr.). — **Acompagnier* = associer à, prendre pour compagnon. — *Acort* est une faute qu'il ne fallait pas emprunter à Gdfr.; les rimes de G. de Dôle et de *Parth.* qu'il cite suffisent à attester que le cas régime est *acor;* cf. encore *Romania XIV,* p. 368. — *Acordance.* Add. humeur conciliante, humanité dans *Lancelot,* 590 et dans 2 ex. mal interprétés par Gdfr. — **Acort* = avis, sentiment. — *Acoveter.* Add. étendre, renverser. — **Adeigner* = estimer, favoriser, accueillir. — *Ademestir* — admettre sur un pied de familiarité (Gill. Muis. ii, 272). *Ademetre* (sans-) = sans faute. — *Adeser.* Add. adapter, approcher. — **Adevancircier.* Les simples ne sont pas renseignés; *devancir* aurait dû l'être en tout cas. — **Adeviner* a le sens de prévenir. — **Adire* = rendre croyable (*Poème Moral* 150ᵈ, note de Tobler). — *Adirer.* Add. égarer, puis mortifier, meurtrir. — *Aduire* 2 dresser, former. — *Aencrer* = jeter l'ancre. — **Aeschier.* Add. réfl. s'appliquer à (ms. d'Evrat dans Gdfr.). — *Afaitier.* Les différents sens du réfléchi auraient été utilement mentionnés. — *Afebloier* est omis. — *Aflement* = 2. bravade. — *Afier.* Add. rassurer; réfl. se fiancer à (une femme). — *Afit* = affection, puis injure. Voyez Chardry, *7 Dorm.* 26, *P. Plet* 1278. — *Afflirer* (s') est dans G. Muis. i. 29. — *Afloibement* dans Cart. de Dinant, i, 44. — *Aforage* dans Cart. de Fosses, p. 47, etc., était aussi intéressant qu'*aforer* 3, *aforëor.* — *Aforain* — *Afronter* = frapper; couvrir de honte. — *Agrée* = plutôt gré. Voyez Scheler, *Gloss. Froissart* et *Regr. Guill.* 1920. *Agresser.* Add. s'animer, s'exciter. — *Aïdier* (s') = employer (heureusement) ses forces, réussir à (Marie de France, *Milun*, 182), s'échapper de. — *Aimance* = affection. — *Airum* = herbage acide (Gill Muis. ii, 262). — *Aisemence* dans des docum. d'archives. — *Aissil.* Add. la forme *aisseule* — *Alaitier* a le sens perdu de têter. — *Alegier.* Add. maigrir dans Marie de France, *2 Am.* 175 et un passage dans les *Chron. St-Denis* mal interprété par Gdfr. — *Albain.* Add. le sens de cheval blanc et celui de fugitif, étranger dans *Ren. Mtban* p. 111. — *Aloier.* Add. 3. s'assembler. — **Alisier* = aplanir, faciliter. — *Almosner.* Add. recueillir des aumônes. — *Aloigne.* Add. *aloing* (: besoing *Troie* 1642) — *Aloignement* différent comme sens et comme forme du français *allongement* — *Alorder.* Add. railler dans Froissart, *Poésies,* i, 250, v. 1080. — *Aluec.* Add. la forme *alues* (: *lues* Perceval 4995) — *Alquant.* Add. les formes *asquant* et *arquant.* — *Amage* = droit perçu sur les aimes ou tonneaux. — *Ambier* = viser haut dans G. Muis. i, 260. — **Ametre* = établir sur, imputer, accuser. — *Amonester,* annoncer, avertir. — *Amonter* = élever, accroître; élever (s') en rang, etc. Et que de nuances de sens à classer s. v. *monter* dans le glossaire! Rien que dans Chrétien M. Förster (*Yvain,* note du v. 1670) en signale trois. — **Amor* = paix, bon accord

(*Ogier*, 2049, *Chev. cygne*, 3299).— *Amorir* = mettre à mort (*Lancelot* 5669, *Gui Bgg.* 484). — *Amuler*. Mettre en meule, entasser. (Ex. d'Eust. Deschamps, mal interprété dans Gdfr., G. Muis. ɪ, 272 etc.). — *Anchès*=hideux (*Coron. Looïs*, 498; *Meraugis*, p.164) *Angleçon*. Add. le sens précis de petit réduit (*Renart* et *P. Moral*, 2956). — *Angoissier*. Add. presser, exciter, par ex. *Coron. L.* 2267. — *Anguier* = angoissier —*anoaillier* (s') = aller mal. Cf. *noalz.*—*Aoisement*. Add. le nom vulgaire des Epactes dans Ph. de Thaun, *Cump.*—*Aoitier* = accroître (ad auctare).—*Aperçoivre*. Add. le sens de grandir, developper, fréquent au part. passé. —*Aplaidier*. Add. adresser la parole à. —*Apoindre*. Add. exposer, raconter et réfl. s'accorder. — *Apovrier* = appauvrir. — *Aprochier*. Add. entamer (une besogne). — *Arain* (et *araine*) = trompette. — *Archier*. Add. courber (en arc), sens qu'a aussi *arçoner*. — *Aresnier*. Add. ranger, disposer.—*Arguer*. Trop de synonymie. Add. le sens de gourmander et celui (réfl.) de se presser, s'efforcer. — *Aroter*. Add. mettre en branle, lancer après (ex. dans Gdfr.; add. M. de Fr. *Guig.* 83); faire la route avec, accompagner (*Gui Nant.* 1569); garnir (la route), par ex. *Aliscans* 5303. — *Arire* = sourire à, plaire à (*Perceval* 4037, Baud. Condé 272, 153). — *Ascros* = répugnant. *Ascror* = dégoût (que M. Mussafia rattacherait à *aseo*, Diez. *Et. W.* ɪɪ, b). — *Assaser* = rassasier, satisfaire, enrichir. — *Assemillier* = endormir, coucher. — *Assentir* = 2. plutôt tâter, toucher à. — *Asseürer* (s') avoir confiance, entrer en possession de, goûter, prendre ses aises, s'attarder (*Ren. Montb.* 99, 7; *Gui Bgg.* 3063, etc.—*Assise* = culture fixe, etc. Au plur. coutumes, mœurs (Angier, *Vie S. Gr.* 1281). *Assoploier*. Add. abattre, attrister. — *Assorber*—*ir* existent tous les deux et le rapport des sens rappelle celui d'*aveuler* (— *lir*) : 1 aveugler, 2 anéantir (G. Muis. ɪ, 71 et 218). M. B. n'a ici qu'un sens et qu'une forme. — *Assovir* = venir à bout de, soumettre. —*Ataie*—*inc*. Add. défi, chicane, vexation (*Yvain*,132, *Lancelot* 3198, 4427, etc.). — Pourquoi *enticier* et pas *aticier?*— *Atrait*. Add. amorce, avances (de femme). Le sens de manières, tournure est déjà dans *Er. Enide* 2409. — *Avancir* = surpasser, devancer. — *Avangarde* = éminence, cf. *angarde*. — *Avertir* (s'). Le part. p. = attentif, prudent. — *Avuec* = aussi. — *Avoldre* = envelopper, par ex. *Brandan*, 176.   M. W.

W. Meyer-Luebke. — **Italienische Grammatik**, O. R. Reisland, Leipzig, 1890, 12 Mark.

Nos lecteurs trouveront sans doute que nous venons un peu tard leur annoncer la *Grammaire italienne* de M. Meyer-Lübke. Aussi bien beaucoup d'entre eux ont-ils déjà fait connaissance avec ce livre solide. Cette circonstance et les comptes rendus que lui ont consacrés plusieurs revues de philologie, nous dispenseront peut-être d'y insister longuement.

L'œuvre nouvelle du savant grammairien est un exposé de la Phonétique (*I. Lautlehre*) et de la Morphologie (*II. Formenlehre*; *III. Wortbildungslehre*) de l'italien dans son état actuel. Ce n'est pas qu'il ait voulu écarter complètement le point de vue historique ; il sait à propos mettre à contribution les textes anciens. Mais ils sont trop rares et encore trop peu étudiés pour qu'on puisse y chercher le développement historique des phénomènes grammaticaux. M. M.-L. s'est donc renfermé presque exclusivement dans l'étude des patois italiens encore vivants, bien que nos connaissances, dans ce domaine nouveau ne soient pas non plus complètes ni assez nombreuses. Un rapide coup-d'œil jeté sur la table des *Benutzte Werke* (pp. xi-xii) nous laisse deviner l'insuffisance des recherches actuelles et entrevoir des lacunes sur bien des points : on prévoit que l'auteur ne pourra pas saisir tous les anneaux de la chaîne des patois ou des phénomènes dialectaux. Et si on ne connaissait l'habileté et l'expérience du maître, si une méthode rigoureuse ne suppléait souvent à l'insuffisance de l'information, on pourrait se demander si l'entreprise n'est pas prématurée ?

M. M.-L. s'écarte rarement du procédé inductif. Après avoir établi les règles générales du vocalisme italien, il en étudie les particularités dialectales, détermine le domaine respectif de chaque phénomène, son âge, son processus, établit une filiation entre les modifications diverses d'une même voyelle dans des domaines voisins, etc. Puis, ayant constaté les faits phonétiques ou morphologiques, il en propose une explication, bien qu'il ne prétende pas rendre raison de tous ; il les rapproche, les compare et formule enfin les lois générales qui les régissent ; il fait souvent ressortir le parallélisme de certains phénomènes ; il montre les rapports, les points de contact des dialectes, etc. L'auteur cependant ne se défend pas toujours des suppositions, des rapprochements spécieux. — S'il nous était permis de formuler ici un desideratum, c'est qu'une carte phonétique fût jointe à ces recherches si détaillées.

L'auteur de la *Grammaire comparée des langues romanes* a voulu utiliser des matériaux que le manque d'espace ou d'autres raisons l'empêchaient d'introduire dans son grand ouvrage, auquel il a donné par là comme un complément pour la partie italienne. Cette *Italienische Grammatik* fait partie d'une *Sammlung Romanischer Grammatiken*. Pour le français, nous n'avons encore que des essais sporadiques de recherches dialectales : à quand un travail d'ensemble ?

A. Doutrepont.

Ch. Lenient.—**La poésie patriotique en France, au moyen âge.**—
Paris, Hachette 1891

Le nouveau volume publié par M. Lenient est, dans l'intention de son auteur, le premier d'un ouvrage général sur notre poésie nationale. Sa composition remonte aux années qui suivirent 1870 ; elle a subi l'influence de nos derniers désastres : « *Malgré nous*, dit M. L., *ces pages se ressen-tiront peut-être de l'heure où elles ont été écrites : les années écoulées depuis, les suppressions nombreuses apportées à la rédaction primitive, n'ont pu effacer tout à fait l'émotion qui nous dominait alors.* » Cette émotion, qui perce sous chaque ligne, de fréquentes comparaisons avec des faits tout récents, font du livre de M. L. une œuvre très vivante, passionnée même, et d'une lecture très attachante. On peut cependant lui adresser quelques critiques, critiques que l'auteur a d'ailleurs prévues, et qu'il s'est efforcé de réfuter : Pouvait-il y avoir une poésie patriotique à une époque où les nationalités n'existaient pas, où, par suite, le patrio-tisme n'était qu'un sentiment vague et pour ainsi dire latent, complète-ment voilé par les sentiments locaux, guerriers et religieux ? La division même suivie par M. L. vient à l'appui de cette critique ; il a groupé les différents poèmes qu'il étudie autour de six grands événements : 1º Con-quêtes de Charlemagne ; 2º Invasions normandes ; 3º Croisades ; 4º Mou-vement communal ; 5º et 6º Guerre de cent ans (revers et succès). Ce que l'on pourrait encore reprocher à cet ouvrage, ce serait de manquer d'unité, dans un sujet pris un peu partout, *en glanant sur toutes les routes de l'histoire et de la philosophie* ; mais son unité même est constituée par le but que l'auteur se propose, et qu'il nous indique nettement : « *Ressaisir à travers les siècles toutes les voix grandes ou petites qui ont exprimé à certaines heures les joies et les douleurs de la France* ».

Ce livre est de plus une œuvre d'érudition : M. L. revient sur plusieurs des idées nouvelles qu'il nous avait déjà présentées dans la *Satire en France* ; il résume, et quelquefois combat, les théories de nos médiévistes les plus autorisés. Aussi en recommanderons-nous la lecture à ceux qui s'intéressent aux premiers essais de notre littérature, aussi bien qu'à tous ceux qui voudront y retrouver, comme le dit l'éminent professeur, un écho des joies et des douleurs de la France.   G. C.

Recherches sur l'origine de la propriété foncière et des noms de lieux habités en France (période celtique et période romane) par H. D'ARBOIS DE JUBAINVILLE, avec la collaboration de G. DOTTIN. Paris, Thorin, 1890, XXXI-703 p. 8º.

Depuis un an ce gros livre est sur notre table et si nous avons tant tardé à en rendre compte, c'est qu'il n'exige pas seulement, par son étendue, des heures de lente et attentive lecture, mais c'est aussi qu'il s'adresse à la fois à l'historien et au philologue par la dualité de son objet. Les 120 premières pages renferment d'intéressantes recherches sur la propriété en Gaule. Peut-être trouvera-t-on que la polémique avec M. Fustel de Cou-lange y tient une assez grande place. Le véritable but de M. d'Arbois a été d'établir, dans cette première partie, le caractère préconçu de la détention du sol en Gaule jusqu'à la conquête romaine (un embryon de propriété immobilière privée s'y manifeste seul ; il est encore ignoré des Gaulois d'Italie dont parle Polybe). Pour cela, il commence par décrire l'état politique du pays, s'inspirant d'un principe très juste qu'il formule dans ces termes : « Les lois qui règlent la condition de la terre sont toujours une conséquence des lois qui fixent la condition des hommes. » — La seconde partie suffirait à constituer une œuvre de longue haleine et de haut prix. Elle est consacrée aux noms de lieux habités. Ces noms tirent leur source du gentilice romain adopté par les Gaulois, allongé d'un suffixe qui·est le plus ordinairement — *acus* (la liste des noms en-*iacus* dressée par M. d'A. comprend 150 pages). Viennent ensuite les autres dérivations de noms de lieux dont la mieux représentée est celle qui s'est constituée à l'aide du suffixe — *ius*. Quelques-unes des déductions de M. d'A. prêteraient à des critiques de détail, tant au point de vue de la philologie romane qu'à celui des études de toponymie en général (Voyez G. Paris dans *Romania* XIX, 464); mais ces taches légères disparaissent devant l'immensité du travail accompli par le savant auteur. Son livre est un véritable répertoire, destiné à rendre les plus grands services aux études historiques et philologiques sur le passé de notre pays.

E

CHRONIQUE BIBLIOGRAPHIQUE

Dr RUDOLF WAGNER, *Stellung des attributiven adjektics* in altfranzösischen Prosatexten von Anfang des XII bis Anfang des XV Jahrhunderts. Greifswald, Abel, 1890.

Le titre de cette dissertation en indique nettement le sujet ; de plus M. Wagner n'étudie ici que l'adjectif isolé ; il compte publier un second travail sur les cas où plusieurs qualificatifs accompagnent le nom; la division qu'il adopte est celle-ci : il traite d'abord des qualificatifs dont la place est toujours devant le nom dans ses textes, puis de ceux qui tantôt le précèdent et tantôt le suivent ; enfin de ceux qui viennent toujours après ; il examine la destinée de chaque adjectif et des statistiques, qui ont de grandes apparences de précision, permettent d'envisager rapidement les résultats acquis. Ces apparences sont-elles justifiées dans tous les cas ? Le choix des textes est judicieux (les grands chroniqueurs, quelques-uns de leurs émules moins notoires, Aucassin et les autres nouvelles du XIIIe s. publiées par MM. Moland et d'Héricault), mais enfin ce n'est qu'un choix et une répartition des exemples entre différents dialectes, comme on l'a tentée pp. 29 et 31, est tout à fait illusoire pour plusieurs raisons, dont la meilleure est qu'elle se base sur des documents *littéraires* et d'une date trop avancée pour refléter fidèlement la syntaxe d'un patois. J'en dirai autant des calculs auxquels se livre M. W. pp. 33-34, 78, etc. Le principal mérite de la dissertation réside dans l'exposé attentif des faits et dans la bonne information de l'auteur; peut-être celui-ci se montre-t-il un peu absolu de ci de là dans les distinctions qu'il établit entre l'usage ancien et l'emploi moderne; on dit encore « un ton *bref* »; de même *court* et *jeune* s'emploient après le nom et inversement *pesant, laid, raide*, etc.; à plus forte raison citerai-je *gentil, bon, pauvre, léger* (rangé à tort dans la catégorie b, p. 21 ; voyez *Roland*, 113 ; mais déjà avant le nom dans *Naiss. Chev. Cygne*, 607 ; *Gaydon*, 821). M. W. aurait pu dire aussi quelques mots de l'emploi familier, dans une acception spéciale, en français très moderne, de *pur, fin, profond, raide, divin, riche*, etc., précédant le substantif. La plupart de ces qualificatifs ont pris le sens de « achevé, parfait », de même que dans « *fieffé* coquin », *fieffé* a perdu sa valeur propre. A propos de *en pure* il aurait valu la peine de citer l'usage moderne dans les dialectes de l'Est (wallon, lorrain et suisse).

Erlanger Beitræge zur Englischen Philologie, herausgegeben von Hermann Varnhagen. XI heft. Lord Byrons Trauerspiel « Werner » und seine Quelle. Eine Rettung. von Karl Stöhsel. Erlangen. Verlag von Fr. Junge 1891. Nous avons fait connaître les dix premiers fascicules, et c'est à ce titre que nous mentionnons le onzième, tout en nous abstenant de critique et d'appréciation. Car il se rapporte bien peu au *Moyen Age.* Pour ceux qui sont au courant du sort de la tragédie « Werner », le titre s'explique : M. Stöhsel s'est efforcé de démontrer que les critiques adressées à cet ouvrage étaient toutes fort exagérées.

R**obert** **von** B**lois.** **Sæmmtliche Werke,** zum ersten Male herausgegeben von Dr Jacob Ulrich, volumes I et II. Berlin, Mayer et Müller, 1889-91. — Nous avons déjà annoncé l'apparition du premier vol. de cette édition de Robert de Blois ; il a paru en 1889 et contenait le roman de *Beaudous* publié d'après le ms. unique (Bibl. Nat. fr. 24301). Le tome II, qui vient de sortir des presses, est consacré à un autre roman de Robert *Floris et Liriope.* M. Ulrich y a joint la *chanson d'Amors* et quatre poèmes lyriques. Il publiera dans un IIIe tome les autres textes de notre auteur et notamment le *Castoiement* déjà édité par Méon et dont la rareté n'est pas le moindre prix. M. Ulrich se réserve de traiter dans ce IIIe tome toutes les questions relatives à la langue de Robert ; il en annonce de même un IVe où la vie de l'auteur nous sera exposée, avec tout ce qui se dégage de l'étude de son œuvre pour la connaissance de lui-même et de son temps. Il vaut donc mieux réserver pour ce moment là un examen plus précis de l'entreprise de M. Ulrich dont il n'est que juste de reconnaitre dès aujourd'hui l'incontestable utilité.

Jeanne Darc, tacticien et stratégiste, tome IV, par Paul M**arin,** capitaine d'artillerie.— Paris, librairie militaire de L. Baudoin 1890, 8°, 320 p.

Dans le tome IV, l'auteur continue ses études consciencieusement documentées sur l'art militaire dans la première moitié du moyen âge. Nous y trouvons la levée du siège de Compiègne, exposée avec toutes ses péripéties, démontrant que, pour la première fois, les capitaines français ont profité des leçons de leurs adversaires. L'infanterie française agit avec la sagesse qui, auparavant, semblait être le monopole du soldat anglais.

Plus loin, M. Marin passe en revue tous les raisonnements des différents auteurs pour et contre la culpabilité du gouverneur de Compiègne, lors de l'accident funeste qui entraina la captivité de Jeanne. Il conclut à la culpabilité par omission. Les questions topographiques sont également traitées avec soin.

CORRESPONDANCE

Nous recevons la lettre suivante de M. Wallensköld :

Monsieur le Rédacteur,

Dans le numéro d'octobre de votre revue M. J. S. a donné un compte rendu de mon édition de Conon de Béthune, et je ne peux que le remercier de la bienveillance qu'il montre, malgré ses remarques, à l'égard de mon travail. Aussi je ne voudrais pas m'opposer à sa conclusion que « notre connaissance de l'ancienne lyrique française n'aura pas gagné beaucoup » à ma dissertation (je ne voudrais pas le faire, parce que le plus souvent l'auteur lui-même n'est pas le meilleur juge de la portée de son œuvre). si je ne trouvais que M. J. S. fonde cette conclusion sur des preuves bien faibles. M. J. S. attaque deux points de mon travail : 1º l'hypothèse que Conon de Béthune ait écrit dans une langue littéraire autre que celle de l'Ile-de-France, et 2º le fait que j'ai, *contre* l'attribution des mss., rayé la chanson 1960 de la liste des chansons de notre poète. Considérons d'abord ce dernier point. Là M. J. S. a évidemment affirmé quelque chose qui ne peut pas être vrai. La chanson 1960 n'est attribuée à Conon de Béthune que par *un seul ms.* (v. p. 97), le même ms. qui *à tort* (M. J. S. ne s'oppose pas catégoriquement à cette assertion) attribue la chanson 15 à Conon de Béthune. Les mss. M et *F* donnent bien comme auteur de la chanson 1960 un « Chevalier », mais il n'y a absolument rien qui prouve qu'un copiste ait voulu par ce nom indiquer notre poète (v. p. 100, note 2). Revenons maintenant au premier point. Il me semble qu'il y a là tout simplement hypothèse contre hypothèse. Ou n'est-ce pas aussi une hypothèse que d'admettre que dans la seconde moitié du XIIᵉ siècle il existât déjà une langue littéraire fixée (celle de la cour de France) que tous les poètes, d'où qu'ils fussent, s'efforçaient de s'approprier, et que toutes les rimes non franciennes qui se rencontrent dans cette poésie française soient de véritables fautes, commises par ignorance ? D'ailleurs l'argumentation de M. J. S. n'est pas tout à fait correcte, quand il affirme que Conon de Béthune dit, dans la chanson 1837, qu'il ne peut pas « parler le français *aussi bien que* les seigneurs élevés à la cour ». Si M. J. S. veut bien jeter encore un coup d'œil sur cette chanson, il verra que Conon de Béthune ne dit pas expressément qu'il *désire* parler comme on le fait à la cour. Il atteste tout simplement qu'il ne parle pas *le même « langage » que* les Français. Les vers en question appuient donc aussi bien mon hypothèse que celle que défend M. J. S. Ajoutons en outre que quand M. J. S. semble m'imputer d'avoir tenu compte de la langue des mss. mêmes, il se trompe singulièrement, car je n'ai tenu compte que des rimes et du rythme des vers (v. p. 134). M. J. S. m'accuse enfin d'inconséquence, parce que j'admets comme « picardes » les formes *penitanche* et *talans*, quoique des poètes « picards » fassent rimer ces mots en *-ence* (ou *-enche*) et *-ens*. Mais M. J. S. ignore-t-il par hasard que des formes dues à une influence analogique peuvent, dans le même dialecte, coexister avec des formes développées régulièrement ? N'a-t-on pas en français moderne *je peux* à côté de *je puis* ? D'ailleurs *talans* peut venir directement de *talantum* (v. p. 141), comme *talens* de *talentum*.

Donc, encore une fois, il y a hypothèse contre hypothèse. Mais si la science de l'avenir arrive à nous prouver d'une manière indubitable que M. J. S. a eu raison (ce que je ne crois pas, pour ma part) ? Eh bien ! alors il faudra que j'admette qu'il y a eu un côté erroné dans mon ouvrage. Mais cet ouvrage se base-t-il uniquement sur cette hypothèse concernant la langue de Conon de Béthune ? Aucunement. Mon édition veut avant tout être une édition « critique » dans ce sens qu'elle cherche à établir la bonne leçon toutes les fois que les mss. donnent des leçons divergentes. La question de la langue du poète n'y est que d'une importance secondaire. Si M. J. S. avait prouvé que la méthode que j'ai suivie pour la classification des mss. est mauvaise, et que le choix que j'ai fait des leçons est arbitraire, alors je serais le premier à avouer que « notre connaissance de l'ancienne lyrique française n'aura pas gagné beaucoup » à ma dissertation.

Agréez, etc.

A. WALLENSKÖLD.

Helsingfors, ce 3 décembre 1891.

Si M. W. avait accordé aux données fournies par les mss. un peu plus d'attention, il aurait pu constater facilement que dans la famille S[II] *toutes* les chansons de Q. de Béth. indistinctement sont ou anonymes ou mises sous d'autres noms. Ce fait nous montre que les chansons de notre poète sont arrivées anonymes dans cette famille, ce qu'explique facilement son origine champenoise. Il est donc prouvé par là même que les attributions qu'elle nous fournit pour les chansons de Q. de Béth. sont sans valeur. Reste la famille S[I] d'origine picarde comme notre poète et d'une tradition très pure pour ce qui le concerne. R[I] attribue expressément le n⁰ 1960 à « Mesire Quesnes, chevalier » (cf. Rayn, I, 140) ; T nous la donne au fol. 98 sous le nom de « Chevaliers » et immédiatement après, au fol. 98 v⁰ vient un groupe de neuf chansons authentiques de Quesnes sous le titre de « Mesire Quenes. » (Cf. id. I, 162). M nous donne la chanson isolée également au fol. 22 (cf. id. I, 80) sous le nom de « Cevaliers. » Au fol. 45 nous avons sous le nom de « Mesire Quenes de Biéthune » les huit premières chansons de T 98 v⁰. Cette simple exposition des faits montre à l'évidence selon nous que les chansons de notre poète se sont trouvées à l'origine dans S[I] sous le nom de « Mesire Quenes, chevalier ». Cette appellation s'est conservée dans R[I]. Le scribe de M[I] ou quelque autre intermédiaire a scindé par erreur ce double titre et a mis une chanson sous le nom de « Chevaliers » et le reste sous celui de « Mesire Quesnes » ; de là ce que nous retrouvons dans M et dans T. T conserve l'ordre primitif, M sépare les deux groupes.

Tels sont les faits qui me forcent à croire à l'authenticité de cette chanson et dont je n'avais pas voulu encombrer un compte rendu déjà trop long. Leur simple exposition me semble absolument convaincante. M. W. ne devrait pas oublier le vieux précepte philologique qui commande de peser et non de compter les attributions des mss. Quant à la chanson 15, contrairement à ce que me fait dire M. W., je suis très porté à l'attribuer également à Q. de Beth. Comme le débat ne porte que sur 1960, je m'abstiendrai d'en donner ici la démonstration.

Je passe au second point de la réponse de M. W. Il persiste à croire à l'existence de ce qu'il appelle p. 134 « le dialecte provincial » de Q., « l'artésien ». J'ai à ce sujet quelques idées assez particulières que je me réserve d'exposer en temps et lieu. Je me contenterai de poser ici à M. W. une simple question. Comment conciliera-t-il l'hypothèse de son dialecte littéraire régional avec les données fournies par toutes les études de dialectologie ancienne un peu rigoureuses? Qu'il prenne, par exemple, les études de M. Görlich sur le S. E. et le S. O. français ou celles de M. M. Wilmotte sur le wallon ancien, toujours il pourra constater que les phénomènes dialectaux que l'on relève, dans les documents du moyen âge, changent de ville en ville insensiblement et progressivement, exactement comme les patois actuels; il en résulte qu'il ne peut pas plus être question alors qu'aujourd'hui d'un type spécifique, invariable pour les différents dialectes. De plus, en présence de la disproportion énorme dans le nombre de formes dialectales constatées chez les auteurs de romans courtois de province et les rédacteurs de chartes des mêmes régions, l'idée de simples *fautes de français* me semble s'imposer. La démonstration de ce dernier point nous entraînerait trop loin. Ce n'est là évidemment encore qu'une hypothèse, ainsi que le dit M. W.; mais elle a au moins le mérite d'être assez nouvelle et d'expliquer toute une série de faits restés obscurs.

J. Simon.

PÉRIODIQUES

Revues françaises de province (1890)

AIN. — **Annales de la Société d'émulation, agriculture, sciences, lettres et arts de l'Ain.** 1890. 23ᵉ année. *Notice sur le château de Jasseron.*

AISNE. — **Mémoires de la Société académique des sciences et arts de Saint-Quentin.** 4ᵉ série, tome VIII (1889). — P. 190 -256. Eck, *Le cimetière gallo-romain de Vermand.* — P. 257-263. Pilloy, *Les plaques à pendeloques ornementales mérovingiennes et carolingiennes.* — P. 264-361. Lemaire, *Essai sur la ville de Saint-Quentin* (de 892 à 1081). — P. 362-384. Abel Lefranc. *Un règlement intérieur de léproserie au XIIIᵉ s.*

AUBE. — **Revue de Champagne et de Brie.** 1890. — Laurent. *Annales de dom Ganneron, chartreux du Mont-Dieu.* — Roserot, *Répertoire historique de la Haute-Marne : le département et ses régions.* — Herelle, *Répertoire général analytique des principaux fonds anciens conservés aux archives départementales de la Marne.* — Jadart, *Annexes jointes à la chronique de Jean Taté.* — A. Lacordaire, *Notes historiques sur le bourg et le prieuré de Voisey* (H.-Marne). — Stein, *La cathédrale de Meaux et l'architecte Nicolas de Chaunes.* — Laurent. *Annales de dom Ganneron chartreux du Mont-Dieu* (suite) (602-778). — Comte de Riocourt, *Les archives de l'état civil de Châlons-sur-Marne.* — Herelle, *Répertoire général et analytique des principaux fonds,* etc. (suite). — A. Longnon, *De la formation de l'unité française.* — Jadart. *Entrée de Jeanne d'Arc à Reims, 16 juillet 1429.* — Lacordaire, *Notes historiques sur le bourg et le prieuré de Voisey.* — V. Froussard, *Le bâtard de Bourbon.* — Soullié, *Opposition des chapitres cathédraux de la province ecclésiastique de Reims au gouvernement du duc de Bedfort* (1423 et 1428). — Herelle, *Répertoire général* (suite). — De Barthélemy, *Le comté d'Astenois et les comtes de Dampierre-le-Château.* — Roserot, *Répertoire historique de la Haute-Marne.* — P. Laurent, *Annales de dom Ganneron.*

AUDE. — **Mémoires de la Société des arts et des sciences de Carcassonne,** 2ᵉ partie, tome V (1889). P. 207-232. E. B. *Monuments de Carcassonne* (ville basse). — P. 287-302. *Testament de Jean Sesale,* curé de Fanjeaux (1423).

Bulletin de la commission archéologique et littéraire de l'arrondissement de Narbonne, 1890, 1ᵉʳ semestre. —P. 19-23. Amardel, *Monnaie d'un roi Wisigoth inconnu, frappée à Narbonne.* — P. 24-25. Tissier, *Charte du XIᵉ siècle.* — P. 37-53. Thiers, *Deux inscriptions antiques du musée de Narbonne.* — P. 82-87 Berthomieu, *Un document inédit relatif à la construction de la cathédrale de Narbonne.* — P. 140-147. Amardel, *Un nouveau triens d'Achila,* monnaies Wisigothes du musée de Narbonne. — P. 158-170. Thiers, *Note sur l'enceinte pré-wisigothique de Narbonne.* — 182-189. Tissier, *Inventaire des biens, meubles et immeubles laissés par Delom,* marchand du bourg de Narbonne, 20 août 1246.

ARIÈGE. — **Bulletin périodique de la société ariégeoise des sciences, lettres et arts,** 3ᵉ vol., 1889. — P. 101-109. De Lahondes, *Les lettres des comtesses* *de Foix et des évêques de Pamiers* (1448-1591), 2ᵉ texte relatif à la construction d'une tour du château de Foix au xvᵉ s. — P. 120-126. De Lahondes, *Le château d'Olite en Navarre.* — P. 168-170. Sacaze, *Un dernier mot sur le pays des Sotiates.*

BASSES-PYRÉNÉES. — Bulletin de la société des sciences, lettres et arts de Pau, 1889, 2ᵉ série, tome XVIII.—P. 37-66. L'abbé Dubarat, *Charte d'Arsius, évêque de Bayonne.* — P. 277-352. L'abbé Dubarat, *Roncevaux, Étude historique et littéraire.* — P. 353-358. Gorse, *Les fouilles de la place royale à Lescar.* — P. 358-369. L'abbé Lacoste, *Cathédrale de S. Marie, Porche et portail.* — P. 379-384. Léon Cadier, *Note sur une fausse attribution au siège d'Oloron de l'évêque Castetpugon au XVᵉ s.*

BOUCHES-DU-RHONE. — Mémoires de l'Académie d'Aix, XIV, 1889. — P. 317-345. Mouravit, *Les incunables de la Méjanes.*

CALVADOS. — Mémoires de l'Académie nationale des sciences, arts et belles-lettres de Caen, 1889. — P. 3-73. Joly, *Études anglo-normandes. Gerold le Gallois.*

CHARENTE-INFÉRIEURE. — Archives historiques de la Saintonge et de l'Aunis, tome XVIII, 1890. — P. 1-249. *Histoire de la Rochelle depuis l'an 1199 jusqu'en 1575* (fin).

CHER. — Mémoires de la Société historique, littéraire, artistique et scientifique du Cher, 1889-1890, 4ᵉ série, 6ᵉ vol. — P. 83-116. H. Boyer, *Le Château-les-Bourges.*—P. 169-208. Hippolyte Boyer, *Les noms de l'eau dans le département du Cher.*— P. 209-328. Lucien Jeny, *Publication des mémoires inédits pour servir à l'histoire de la ville et des seigneurs de Linières en Berry par Gilles-le-Duc et J.-B. Dupré* (iᵉ série).

CORRÈZE. — Bulletin de la Société des lettres, sciences et arts de la Corrèze, 1890. — P. 57-74. Louis Guibert, *Notice sur le cartulaire de l'abbaye cistercienne d'Obazine* (suite). — P. 75-87. Emile Fage, *Deux lettres de Baluze.* — P. 89-106. Bombal. *Notes et documents pour servir à l'histoire de la maison de Saint-Chamans.* Récit généalogique à ses enfants par le marquis Antoine-Marie-Hippolyte de Saint-Chamans (suite). — P. 107-116. Champeval, *Cartulaire d'Uzerche* (suite).— P. 137-156. Louis Guibert, *Notice sur le cartulaire de l'abbaye cistercienne d'Obazine* (suite et fin).— P. 186-227. Clemen Simon, *Histoire du collège de Tulle depuis son origine jusqu'à la création du lycée.* — P. 258-267. Champeval, *Cartulaire d'Uzerche.*

CORSE. — Bulletin de la Société des sciences historiques et naturelles de la Corse, 10ᵉ année, 1890, I. — P. 373. L'abbé Letteron. *Chronique d'Anton Piétro Filippini.* (Histoire de Corse. — Traduction.)

COTE-D'OR. — Société d'histoire, d'archéologie et de littérature de l'arrondissement de Beaune. 1889 (1890). — P. 143-158. Ch. Aubertin. *Erreur de l'abbé Bredault relativement au beffroi communal de Beaune.* — P. 159-162. Émile Bergeret, *Inscription murale de l'église Saint-Symphorien de Nuits-sur-Vergy et Alose.* — P. 219-248. Ch. Bigarne, *Les châtelains et les officiers de la chatellenie de Beaune, Pommard et Volnay* — P. 249-254. Bigarne, *Corcelotte et Maizières.*

Mémoires de la Société Bourguignonne de géographie et d'histoire, tome VI, 1890. — P. 1-10. Chabœuf. *Trois sceaux cisterciens.* — P. 30-96. Chabœuf, *Réclamations en matière d'impôt au XVe siècle* — P. 97-112. Bazin, *Un épisode du passage des écorcheurs en Chalonnais* (1438). — P. 113-132. Bergeret, *Notice sur l'hôtel et les collections de Jean Benigne Lucotte, seigneur du Tillot à Nuits.* — P. 225-366. Cornereau, *Le palais des États de Bourgogne à Dijon.* — P. 267-368. *Addition à la notice sur trois sceaux cisterciens.*

COTES-DU-NORD. — Mémoires de la Société archéologique et historique des Côtes-du-Nord, 2e série, tome IV, 1re livraison (1890). — P. 3-41. G.-Z.-S. Notice sur *Tredias, Sainte-Urielle, Yvignac, Languédeas, l'abbaye de Beaulieu, Megrit et Tremeur.*

Société d'émulation des Côtes-du-Nord (Bulletins et mémoires, XXVII, 1889. — P. 73-105. Du Bois de la Villerabel, *Gestes des Bretons en Italie au XIVe s.* — P. 161-211. De Belizal, *Mémoires d'Hercules de Lescoüet et lettres de Dom Morice sur les sergents féodés.*

CREUSE. — Mémoires de la Société des sciences naturelles et archéologiques de la Creuse, 2e série, 1890, tome I. — P. 262-265. Martinet, *Chants populaires de la Creuse.* — P. 265-310. G. Martin Malval, *La seigneurie, le château, les familles féodales de Malval.* — P. 311-332. Lacrocq, *La rédaction de la coutume de la Marche.*

DO RDOGNE. — Bulletin de la Société archéologique et historique du Limousin, tome XXXVII, 1890. — P. 1-195. L. Guibert, *La commune de Saint-Léonard de Noblat au XIIIe s.* — P. 116-136. De Bosredon, *Notes pour servir à la sigillographie du département de la Haute-Vienne.* — P. 137-141. Abbé Arbellot, *Roland, sculptures de Notre-Dame de la Règle.* — P. 180-254. Abbé Leclor, *Monographie de la commune de Compreignac.* — P. 255-286. F. Vander-Marcq, *Monographie du canton d'Oradour-sur-Vayres.* — P. 314-345. Du Boys, *Deux correspondants limousins de Baluze.* — P. 368-388. A. Leroux, *La bibliothèque et les archives du château de Nexon.* — P. 410-418. Paul Ducourtieux, *Excursion de la Société archéologique à Chassenon.* — Bibliographie. — P. 428-429. R. P. Dreves, *Le Prosarium Lemovicense.* — P. 430-433. Abbé Blanchet, *Histoire de l'abbaye de la Couronne.*

DOUBS. — Académie des sciences, belles-lettres et arts de Besançon, 1889 (1890). — P. 70-108. Fleury-Bergier, *Philippe le Bel et Othon IV, comte palatin de Bourgogne. Mouvance de la Franche-Comté envers l'empire germanique au moyen âge.* — P. 170-200. Jules Gauthier, *Notes iconographiques sur les pèlerinages franc-comtois.* — P. 272-308. Jules Gauthier, *Les monuments de l'abbaye de Baume-les-Dames.*

DROME. — Bulletin de la Société départementale d'archéologie et statistique de la Drôme, 1890. — P. 5-33. Maxe-Werly, *Monnaies des archevêques d'Embrun.* — P. 70-83. Roger Vallentin, *Monnaies frappées à Montélimar pendant le règne de Louis XII (1498-1515).* — P. 102-106. Vallier, *Dictionnaire des devises héraldiques, numismatiques, historiques du Dauphiné.* — P. 107-111. L'abbé Moutier, *Petit glossaire patois des végétaux du Dauphiné.* — P. 141-160. Lagier, *Le Trièves et son passé.* — P. 161-170. Vallier, *Dictionnaire des devises* *héraldiques*, etc. — P. 198-203. Arnaud, *Notice sur quelques capitaines, chatelains et cichatelains de Crest.* — P. 204-211. Lacroix, *Notices sur les châteaux de l'arrondissement de Montélimar.* — P. 345-360. J. Chevalier, *Mémoires pour servir à l'histoire des comtés de Valentinois et de Diois.* — P. 375-383. Vallier, *Dictionnaire des devises héraldiques*, etc. (suite). — P. 384-400. Lagier, *Le Trièves et son passé.* — P. 423-430. A. Caise, *Le Prieuré de l'île de Saint-Vallier.*

Bulletin d'histoire ecclésiastique, 1890. — Chanoine Auvergne, *La première église et l'ancien archiprêtré de Morestel.* — Abbé Fillet, *Histoire religieuse de Rousset en Vercors* (Drôme). — De Rivoire de la Batie, *Vie de saint Clément martyr.* — Chanoine Auvergne, *La première église et l'ancien archiprêtré de Morestel.* — Chanoine Auvergne, *Précis historique des Augustins de Morestel (1425-1789).* — F. Vernet, *Bulle du pape Eugène IV en faveur du monastère de Saint-Ruf* (1445). — Chanoine U. Chevalier, *La plus ancienne chronique de l'église de Vienne.* — Abbé Fillet, *Histoire religieuse de Saint-Martin en Vercors.* — Dom Jaubert, *Bulle d'Alexandre IV en faveur du prieuré de Charay* (1258). — Abbé Fillet, *Histoire religieuse de Saint-Martin en Vercors* (suite). — U. Chevalier, *Notice sur un livre d'heures provençal de 1265.* — U. Chevalier, *Mémoire d'un dauphinois pour la croisade contre les Turcs (1462-1463).*

GERS. — **Archives historiques de la Gascogne,** fascicule 20, 8ᵉ année, 1890. — Edouard Forestié, *Les livres des comptes des frères Bonis,* 1ʳᵉ partie.

GIRONDE. — **Annales de la Faculté des lettres de Bordeaux 1890.** — P. 78-112. Bladé, *La vasconie cispyrénéenne jusqu'à la mort de Dagobert Iᵉʳ.* — P. 161-195. Bladé, *La vasconie cispyrénéenne.* — P. 196-225. Bourciez, *La conjugaison gasconne d'après des documents historiques.*

HAUTES-ALPES. — **Bulletin de la Société d'études des Hautes-Alpes,** 1890. — P. 83-95. Mourre, *Essai historique sur Ribiers* (fin). — P. 121-137. Abbé Guillaume, *Marcellin Fournier et son histoire générale des Alpes-Maritimes ou Cottières.* — P. 213-217. Advielle, *Pierre de Leyssin, homme d'armes des ordonnances de Louis XI.* — P. 446-458. Tillet, *Un prieur de Montmaur en 1451.*

HAUTE-GARONNE. — **Mémoires de l'Académie des sciences, inscriptions et belles-lettres de Toulouse,** 9ᵉ série, II, Toulouse, 1890. — P. 200-212. Lapierre, *Les anciennes bibliothèques de Toulouse.*

Recueil de l'Académie des jeux floraux, 1890. (Rien.)

Recueil de l'Académie de législation de Toulouse, XXXVIII (1889-90). — P. 96-120. A. Couget, *Étude sur notre ancienne organisation provinciale.* — P. 180-189. Beaune, *Rapport de M. Paget sur les contrats dans le droit coutumier.*

Revue des Pyrénées et de la France méridionale, 1890. — P. 439-440. J. Lacaze, *Note sur un passage de saint Jérôme intéressant le midi de la France.*

HAUTE-LOIRE. — **Mémoires de la Société agricole et scientifique de la Haute-Loire,** 1890, tome I. — La première partie est consacrée au travail de M. Charles Rocher, *Les vieilles histoires de Notre-Dame du Puy.*

HÉRAULT. — **Bulletin de la Société archéologique scientifique et littéraire de Béziers,** tome XIV 2ᵉ série, 1889. — P. 59-94. Sabatier Desarnauds, *Étude sur quelques positions stratégiques et divers châteaux forts des environs de Béziers.* — P. 154-375. Soucaille, *État monastique de Béziers avant 1789.*

ISÈRE. — **Bulletin de l'Académie Delphinale**, 1890, 4ᵉ série, tome III. — P. 171-265. Jules Chevalier, *Amédée de Roussillon, évêque de Valence et de Die.* — P. 397-463. Brun-Durand, *Censier de l'évêque de Die à Die, Montmaur et Aurel* (Mélanges.) — P. 488. Prudhomme, *Recherches sur la place qu'occupait la tombe de Bayart dans l'église des Minimes de la Plaine. Le corps transféré en 1882 dans l'église de Saint-André est-il vraiment celui de Bayart ?*

JURA. — **Mémoires de la Société d'émulation du Jura**, 5ᵉ vol. 4ᵉ série 1889-1890. — P. 1-22. Abbé Brune, *Dalles funéraires franc-comtoises* (nouvelle série). — P. 61-68. Toubin, *D'Arbois à Besançon.* — P. 69-104. E. Girard, *De Chalon à Langres et de Chalon à Besançon (Peutinger).* — P. 223-235. Abbé Béroud et Victor Carron, *Notes archéologiques sur la grotte de la Balme d'Epy et la nécropole Burgonde de Villechantria.*

LANDES. — **Bulletin de la Société de Borda.** 1890. — P. 53-66. Abbé Meyranx, *Saint Girons* (suite). — P. 1-20. Dufourcet, Taillebois et Camiade, *L'Aquitaine historique et monumentale.* — P. 155-163. Abbé Meyranx, *Saint-Girons* (suite). — P. 177-188. Mengelatte, *Histoire de Sore.* — P. 189-240. Dufourcet, Taillebois et Camiade, *L'Aquitaine* (suite).

LOIR-ET-CHER. — **Bulletin de la Société archéologique, scientifique et littéraire du Vendomois.** 1889, tome XXVIII. — P. 15-62. De Sain-Venant, *Anciennes forteresses à Viécy-le-Rayé.* — P. 63-92. De Tremault, *Notes sur l'ancien régime du Loir Vendomois.* — P. 113-128. Pouyade, *Saint Lubin de Vendôme.* — P. 165-177. Pouyade, *Saint Lubin* (suite).

LOIRET. — **Mémoires de la Société d'agriculture, sciences, belles-lettres et arts d'Orléans**, XXVII. — (Rien).

LOT-ET-GARONNE. — **Revue de l'Agenais**, 1890. Lauzun, *Les couvents de la ville d'Agen avant 1789, Couvents de femmes* (suite). — Massip, *La ville et les seigneurs de Caucon en Agenais* (suite). — Lauzun, *Les couvents de la ville d'Agen avant 1789* (suite). — Massip, *La ville et les seigneurs de Caucon en Agenais* (suite). — Joseph Labrunié, *Abrégé chronologique des antiquités d'Agen.* — Massip, *La ville et les seigneurs de Caucon* (suite). — Lauzun, *Les couvents*, etc. (suite).

Revue de Gascogne, 1890. — Bladé, *La légende carolingienne dans des prétendus monuments de littérature populaire* (fin). — Abbé Breuils, *La culture de la vigne dans le Bas Armagnac avant le XVIIᵉ siècle.* — Abbé Ducruc, *La culture des céréales dans le Bas Armagnac.* — Plieux, *Étude sur l'instruction publique à Lectoure. Les écoles de filles à la fin XVᵉ siècle.* — Abbé Breuils, *Églises du Bas-Armagnac d'après une enquête de 1546* (suite). — J. de Carsalade, *Jean d'Armagnac, seigneur de Sainte-Christie en Armagnac.* — Benouville et Lauzun, *Monographie de Flaran.* — Abbé Dubord, *L'Archidiaconé de Correusaguet, l'archiprêtré de Lussan.* — Abbé Mauquié, *Les seigneurs de Caussens.* — Abbé Breuils, *Location d'une ouvrière au moyen âge.* — Abbé Douais, *La réforme de saint Maur à Saint-Savon-de-Lacédan.* — De Carsalade du Pont, *Jean d'Armagnac* (suite). — Abbé Breuils, *Églises de l'Albret d'après une enquête de 1546.*

LOT. — **Bulletin de la Société des études littéraires et artistiques du Lot**, 1889. — P. 181-205. Greil, Inventaire des archives de Gourdon, en 1659. — P. 225-229. Girma, Bibliographie du Lot. — 1890 (rien).

MAINE. — **Revue historique et archéologique du Maine,** 1890.—P. 66-77. Froger, *Le budget d'une fabrique au XV⁰ siècle.* — P. 78-107. Moulard, *Monographie de la Chapelle Rainsouin.* — P. 273-305. Marcel Fournier, *La nation du Maine à l'Université d'Angers au XV⁰ siècle.* — P. 306-339. Martin, *La communauté des boulangers du Mans.* — P. 340-346. André Joubert, *Le testament de Jean de Craon, seigneur de la Suze.*

MAINE-ET-LOIRE. — **Mémoires de la Société nationale d'agriculture, sciences et arts d'Angers.** 4ᵉ série, tome III. 1890. — P. 37-44. A. Joubert, *Deux documents inédits relatifs à l'histoire de Saumur.*

Bulletin de la Société d'études scientifiques d'Angers, t. XIX (1890). — (rien).

MARNE. — **Travaux de l'Académie Nationale de Reims,** 4ᵉ volume, tome II 1887-1888 (1890). — P. 377-392. Lamy, *Études à Notre-Dame de Reims.* — P. 393-414. Demaison, *Les archives de la commune d'Hermonville.*

MAYENNE. — **Bulletin de la Commission historique et archéologique de la Mayenne,** 2ᵉ série, tome II, 1890. — P. 245-252. André Joubert, *La démolition du château de Flée en 1373, par Jean Clerembault, gouverneur de Château-Gontier.* — P. 253-287. De Beauluère, *Les comptes de l'Hôtel-Dieu Saint-Julien-de-Laval.* — P. 288-299. Angot, *Les Châteaux et les Châteliers.* — P. 368-373. André Joubert, *Documents inédits relatifs à Craon et à Château-Gontier.* — P. 374-396. De Beauluère, *Les comptes de l'Hôtel-Dieu Saint-Julien-de-Laval.* — P. 405-423. Gillard, *Lassay, ses écoles, son collège.* — P. 476-480. Moreau, *Les châteaux de Loiron.* — P. 480-483. Raulin, Document concernant l'abbaye de Fontaine-Daniel. — P. 532-542. André Joubert, *Mémoire historique sur Château-Gontier, rédigé en 1781 pour M. le marquis d'Antichamps.* — P. 543-545. André Joubert, *Note sur le bailliage des templiers de Château-Gontier.* — P. 546-567. Gillard, *Lassay, ses écoles, ses collèges.* — P. 568-579. Couanier de Launay, *Aveu du comté de Laval (1552) contenant la réformation de celui de 1444.* — P. 586-596. Richard, *Note sur l'ancien Laval. Le pavillon de la porte du château de Laval et la maison voisine.* — P. 597-666. Bertrand de Broussillon et Paul de Farcy, *Sigillographie des seigneurs de Craon.*

MEURTHE-ET-MOSELLE. — **Mémoires de l'Académie de Stanislas** (1889).— 1890. — P. 1-79. De Vienne, *Des malentendus habituels au sujet des anciens procédés monétaires.* P. 211-273. Chassignet, *Essai historique sur les foires françaises au moyen-âge.*

Mémoires de la Société d'archéologie Lorraine et du Musée historique Lorrain, 3ᵉ série, XVII vol., 1889. — P. 5-62. Léon Germain, *L'église de Maxeville.* — P. 86-140. Émile Badel, *Simon Moycet et l'église de Saint-Nicolas.*

MEUSE. — **Mémoires de la Société des lettres, sciences et arts de Bar-le-Duc,** 2ᵉ série, tome VIII, 1890. — P. 11-24. Léon Germain, *Études sur les armoiries de Ligny en Barrois.* — P. 25-181. Bonnabelle, *Saint-Mihiel, son abbaye, ses dépendances et aperçu sur le canton.* — P. 181-202. A. Benoit, *Coup d'œil sur le Clermontois d'après un manuscrit de la bibliothèque de Metz.* — P. 221-403. Labourasse, *Vouthon-Haut et ses seigneurs.*

NORD. — **Mémoires de la Société Dunkerquoise**, 25ᵉ vol. 1887-1888-(1890).
— P. 183-214. Valabreque, *Au pays flamand.* — P. 219-249. Toulouze, *Découvertes.
archéologiques au quartier du Panthéon à Paris.* — P. 250-254. Toulouze,
Découvertes archéologiques au quartier Saint-Marcel à Paris.

Mémoires de la Société d'émulation de Cambrai, t. XLIV, 1889.— P. 1-68.
E. Prudhomme. *Essai historique sur la commune d'Escaudœucres.* — P. 69-208.
Durieux, *Notes sur les artistes cambrésiens.*

Mémoires de la Société d'émulation de Cambrai, t. XLV, 1890.— P. 1-41.
Durieux, *Le musée national du district de Cambrai.*

**Mémoires de la Société d'agriculture sciences et arts centrale du
département du Nord**, 1889, 3ᵉ série. tome II. — P. 157-198 Hazard, *Congrès
archéologique de Soissons et de Laon.*— P. 90-210. Rivière, *Fragments de rouleaux
mortuaires.* — P. 271-284, Dechriste, *Notes sur les corporations douaisiennes.* —
P. 285-299. L. Cambier, *Un cartel au XVᵉ siècle.*

Mémoires de la Société d'émulation de Roubaix. 2ᵉ série, tome V. 1889
(1890). — P. 230-236. Leuridan, *Le domaine du Breucq et les seigneurs de Roubaix.*

OISE. — **Mémoires de la Société académique d'archéologie, sciences
et arts du département de l'Oise**, XIV, 1889. — P. 18-30. L. Marsaux, *Monographie de l'église Notre-Dame-de-Chambly.* — P. 31-98. Renet, *Les Bissipat de
Bauvaisis.* — P. 99-114. Lucien Wilhorgne, *Le fief d'Acelon, ses seigneurs depuis
le XIIᵉ s. jusqu'à nos jours.* — P. 119-218, *L'état des terres et des personnes dans
la paroisse d'Amblainville (Vexin français) du XIIᵉ au XVᵉ s.* (série de Chartes). —
P. 219-286. Renet, *Milly II. Les chatelains de Milly 2ᵒ Pierre de Milly* (1128-1147).

ORNE.— **Bulletin de la Société historique et archéologique de l'Orne**,
tome IX, 1890. — P. 8-40. De la Sicothière. *Exposition bibliographique de Sées.*—
P. 41-50. Le Vavasseur, *Philologie.* — P. 51-82. Desvaux et Letacq, *Essai sur la
bibliographie de l'abbaye de Saint-Evroult et du canton de la Ferté-Fresnel.* —
P. 83-105. Chollet, *Le Prieuré des Bénédictines d'Exmes.* — P. 230-278. Desvaux
et Letaq, *Essai sur la bibliographie de l'abbaye de Saint-Evroult et du canton de
la Ferté-Fresnel.* — P. 202-240. Macé *Monographie de la paroisse de Joué-du-Bois.* —
P. 241-264. Beaudoin, *Bibliographie du département de l'Orne pendant l'année
1889.* — P. 275-284. Le Vavasseur, *Philologie* (suite). — P. 285-327. L'abbé Macé,
Monographie de la paroisse de Joué-du-Bois. — P. 328-354. Dallet, *Aubri-le-Pan-
thou, son église, son château et ses seigneurs.*— P. 366-380. A. Bénet, *Document sur
Verneuil.*

PAS-DE-CALAIS. -- **Mémoires de l'Académie des sciences, lettres et
arts d'Arras**, tome XXᵉ. 2ᵉ série, 1889.— P. 149-167. Ricouart. *Etude sur les noms
de lieux du département du Pas-de-Calais.* — P. 168-260. Lecosne, *Le Patois
Artésien.* — P. 325-346. Cavrois, *Les arts et les métiers du vieil Arras. Mathias
d'Arras, architecte du XIVᵉ siècle.*

PUY-DE-DOME. — **Bulletin historique et scientifique de l'Auvergne**
1890. — P. 132-141. Marcellin Boudet, *L'origine du nom de la rivière de Tiretaine, les deux Royat de la vallée de la Tiretaine.* — P. 155-164. Dourif, *Plomb
historié, une boucle, deux sceaux.* — P. 165-172. Attaix, *De l'origine de nos
églises.*

PYRÉNÉES-ORIENTALES. — Société agricole, scientifique et littéraire des Pyrénées-Orientales, 31 vol., 1890 (rien).

SAONE-ET-LOIRE. — Société Eduenne, 1889, XVII. — P. 1-40. Anatole de Charmasse, *Chartes de l'abbaye de Corbigny.* — P. 41-56. *Le Glossaire du Morvan.* — P. 57-224. Bulliot et Félix Thiollier, *La mission et le culte de saint Martin d'après les légendes et les monuments populaires dans le pays éduen.* — P. 243-346. Virey, *L'architecture romane dans l'ancien diocèse de Mâcon.* — P. 347-414. Anatole de Charmasse, *L'institution charitable de l'aumône de Saint-Léger à Autun* (677-1668).

SARTHE. — Bulletin de la Société d'agriculture sciences et arts de la Sarthe 11ᵉ série, tome XXIV (année 1889-90) 1890. — P. 277-348. Roquet, *Recherches historiques sur Laigné en Belin et le comté de Belin et Vaux* (suite).

SAVOIE. — Mémoires de l'Académie des sciences, belles lettres et arts de Savoie, 4ᵉ série, tome II, 1890. — P. 115-256. Perrin, *Les hospitaliers et la commanderie de Saint-Antoine de Chambéry.*

Mémoires et documents publiés par l'Académie Chablaisienne, 1889 (rien)

Mémoires et documents publiés par l'Académie Salaisienne, tome XII, 1889. — P. 1-323. *Cluses et le Faucigny.* — 2ᵉ partie (quelques documents intéressant le moyen âge.) — P. 330-368. Gonthier, *Les évêques de Genève au temps du grand schisme.*

Mémoires et documents publiés par la Société savoisienne d'histoire et d'archéologie, tome XXIX, 2ᵉ série, tome IV, 1890. — P. 1-120. Tavernier, *Mieussy*, mémoire descriptif et historique. — P. 121-150. F. Rabut, *Vingt chartes inédites relatives à la chartreuse de Saint-Hugon.* — P. 151-484. F. Mugnier, *Les savoyards en Angleterre au XIIIᵉ siècle et la collégiale de Sainte-Catherine d'Aiguebelle.*

Mémoires et documents publiés par la Société savoisienne d'histoire et d'archéologie, tome XXV, 1890. — *Table des 24 premiers volumes.*

SOMME. — Mémoires de la Société des Antiquaires de Picardie, 12ᵉ année. — Joseph Roux, *Histoire de l'abbaye de Saint-Acheul-les-Amiens.*

SEINE. — Mémoires de la Société de l'histoire de Paris et de l'île de France, XVI, 1889 (1890). — P. 105-318. Victor Mortet, *Maurice de Suily*, évêque de Paris (1160-1196). Etude sur l'administration épiscopale pendant la seconde moitié du xiiᵉ siècle.

Bulletin historique et philologique du comité des travaux historiques et scientifiques, 1890. — P. 13-22. De Flamare, *Le Pape Urbain V à Nevers.* — P. 47-124. Pelissier, *Documents sur la première année du règne de Louis XII, tirés des archives de Milan.* — P. 147-150. Pelicier, *Une émeute à Chalons-sur-Marne, sous Philippe-le-Bel* (1306-1307). — P. 150-179. Roserot, *Les abbayes du département de l'Aube. Abbayes de Clairvaux et de Larrivour.* — P. 180-181. Lieutaud, *Rectification à la Gallia christiana.* — P. 181-182. Leblanc, *Les anciennes mesures de la ville et de l'arrondissement de Vienne.* — P. 183-184. Max Quantin, *Ordonnance publiée à Lyon et portant défense de refuser en paiement tous treizains, douzains et dixains, tant à grande que petite croix, forgés aux monnaies du roi, sous peine de confiscation de corps et biens.*

Bulletin archéologique du comité des travaux historiques et scientifiques 1890. — P. XVI-XVII. Alfred Darcel, *Communication relative à un calice d'étain récemment donné au Musée de Cluny.* — P. XXX-XXXI. Alfred Darcel, *Inventaire de l'abbaye de Saint Cybar d'Angoulême, communiqué par Paul de Fleury.* — P. XXXVI-XXXVII. De Dion, *Eglise S. Thomas d'Epernon.* — P. XXXVII-XXXVIII. De Mely, *les trésors de Saint Maurice en Valais et de Sion.* — P. XXXVIII-XXXIX. Léon Maître, *Les chateliers de Bretagne.* — P. XL-XLV. Pilloy, *Sur les cimetières francs.* — P. XLVI-XLVII. Anthyme Saint Paul, *Eglise de S. Denys.* — P. XLVII-XLVIII. Berthelé, *Sur le donjon de Niort.* — P. XLIX-L. Judicis, *Sur l'architecture limousine.* — P. L-LI. Espérandieu, *Sur des carreaux vernissés,* 2ᵉ partie. — P. 242-245. Fleury, *Inventaire du trésor de Saint-Cybar d'Angoulême.* — P. 258-275. Anthyme S. Paul, *Suger, l'église S. Denis et S. Bernard.* — P. 330-333. Pascal, *Inventaire de l'église de Hautecour en Tarentaise.* — P. 334-337. Le Clert, *Moule à enseignes conservé au Musée de Troyes.*

Revue des Etudes Juives, XXI (1890). — P. 143-145. Kaufmann, *La Synagogue de Mardochée Meisel et Jacob Segré.* — P. 285-288. Kaufmann, *Léon X et les Juifs de Rome.* — P. 289-292, id., *Notes sur l'histoire des Juifs de Venise.* — P. 293-297. Id., *L'incendie de Salonique du 4 ab 1545.*

Revue des Deux Mondes 1890. — P. 345-372. Gaston Boissier, *La cité de Dieu par S. Augustin,* le christianisme et l'invasion des Barbares. — P. 810-834, Schuré, *Paysages historiques de France, une excursion à la grande Chartreuse.* — P. 916-944. Block, *Les progrès de la science économique depuis Adam Smith III.* — P. 375-414. E. Faguet, *Guizot.* — P. 683-700. Valbert, *Le culte de Jeanne d'Arc. IV.* — P. 420-477. Le Père Didon, *La critique et l'histoire dans une vie de Jésus-Christ.* — P. 398-420. E. Muntz, *Une cour de la Haute Italie à la fin du Xᵉ s. Ludovic le More et Léonard de Vinci.* — P. 597-616. De Varigny, *La théorie du nombre en matière de population.* — P. 659-674. A. Barine, *Les contes de Perrault.* — P. 809-839. Rod, *La Biographie de Dante, à propos de publications récentes.*

Revue Philosophique, 13ᵉ année, 1890. — P. 1-26. Secretan, *L'économique et la philosophie.* — P. 156-171. Adam, *L'imagination dans la découverte scientifique d'après Bacon.* — P. 225-266. Roberty, *L'évolution de la philosophie.* — P. 471-490. Guardia, *L'histoire de la philosophie en Espagne.* — P. 604-617. Regnaud, *Sur l'origine et la valeur des fonctions casuelles dans la déclinaison indo-européenne.* P. 113-135, 296-314. Espinas, *Les origines de la technologie.*

Revue internationale de l'enseignement, 10ᵉ année, 1890. — P. 1-17. Henry Lemonnier, *Les origines des temps modernes et la renaissance* (à lire). — P. 52-72. Emile Rebouis, *Thèses et dissertations historiques des universités étrangères.* — P. 368-390. Luchaire, *Le cartulaire de l'université de Paris.* — P. 580-594. M. Croiset, *l'Ancienne université de Montpellier. II.* — P. 471-480. Henry Salomon, *L'enseignement de l'histoire dans les lycées.*

TARN-ET-GARONNE. — Bulletin de la Société archéologique du Tarn-et-Garonne, tome XVIII. 1890. — Boscus, *Charte des coutumes de Caussade* (1306).

Société d'agriculture, sciences et arts d'Agen, Recueil des travaux. 2ᵉ série, tome XI, 1889. — P. 5-159. De Bourrousse de Laffore, *La charte d'Alaon est-elle un document faux ou digne de foi?* — P. 159-322. Ducom, *Essai sur l'his-*

toire et l'organisation de la commune d'Agen jusqu'au traité de Bretigny, 1360. — P. 322-370. Lauzun, *Les manuscrits de la bibliothèque de Saint-Amans.*

VAR. — **Bulletin de l'Académie du Var,** tome XV, nouvelle série, 1889. — P. 6-183. G. Lambert, *Autour de Toulon.* — P. 210-222. O. Rat, *Analecta arabica.* — P. 231-244. Ginoux, *Le grand retable de l'église de Six Fours exécuté en 1520 par Jean Cordonnier.*

VAUCLUSE. — **Mémoires de l'Académie de Vaucluse,** tome VIII, 1889. — P. 286-302. G. Bayle, *Monuments et histoire de Vaucluse dans les temps antiques et au moyen âge.* — P. 302-312. Roger Vallentin, *Quatre poids avignonnais inédits,* IX, 1890. — P. 8-43. Rochetin, *Les Baux dans l'antiquité.* — P. 89-96. J. Gilles, *Glanum-Saint-Remy de Provence.* — P. 96-123. Brugnier-Roure, *La guerre autour du pont Saint-Esprit.* — P. 179-200. A. Sagnier, *Numismatique appliquée à la topographie et à l'histoire des villes antiques du département de Vaucluse.*

VOSGES. — **Annales de l'Est,** 1890. — Nerlinger, *Pierre de Hagenbach et la domination bourguignonne en Alsace.* Bibliographie. — Kraus, *Kunst u. Alterthum in Elsass-Lothringen.* — Dacheux, *La petite chronique de la cathédrale.* — Reuss, *Kleine Strasburger Chronik* (1421-1615). — C. Nerlinger, *Pierre de Hagenbach et la domination bourguignonne en Alsace.* — C. Pfister, *L'évêque Frothaire de Toul.*

Annales de la Société d'émulation du département des Vosges, LXVI, 1890. — P. 19-89. Vercontre. *La « compaignie des mareschaulx et la confrairie de Monsieur Sainct Floy de la ville de Rambervilliers.* — P. 127-130. A. Fournier et l'abbé Chapelier, *Notes sur les lions en pierre trouvés à Housseras.* — P. 131-150. Barbier de Montault, *Une excursion archéologique dans les Vosges.*

Bulletin de la Société Philomatique vosgienne, 1890, 15ᵉ année. — P. 227-252. De Boureulle, *Le pays de Jeanne d'Arc.* — P. 327-374, Chapellier, *Étude historique et géographique sur Domremy, pays de Jeanne d'Arc.*

YONNE. — **Bulletin de la Société des sciences historiques et naturelles de l'Yonne,** 1890, 44ᵈ vol. — P. 5-12. Guillon, *Le Château des abbés de Vezelay.* — P. 263-284. Max Quantin, *Le comté d'Auxerre au XVIᵉ siècle.*

A. MARIGNAN

ITALIE. — Histoire et Droit (1890)

1. **Archivio storico Italiano,** série v, vol. v, p. 3 : Ubaldo Pasqui, *Una congiura per liberare Arezzo dalla dipendenza dei Fiorentini* (1431). (Le fait qu'on lit dans les histoires d'Ammirato, dans les Annales de Bonincontro, etc., reçoit beaucoup de lumière des documents publiés ici, extraits *des Acta criminalia* de Jean de Paule Morelli, capitaine florentin. — P. 36. Vittorio Lami, *Di un compendio inedito della cronaca di Giovanni Villani nelle sue relazioni con la storia fiorentina malespiniana.* — Anecdotes et variétés. P. 103. A. Guasti, *Del valore storico di un passo delle cronache di G. Villani concernente l'origine di Prato* (très diligent). — Comptes rendus. — P. 120. G. Rossi : D. *Carutti: Regesta comitum Sabaudiae marchionum in Italia ab ultima stirpis origine ad annum MCCLIII.*

(Riche collection des documents. On y trouve éclaircies les origines des comtes de Moriana). — P. 428. G. Schlumberger, *Un imperatore bisantino nel decimo secolo* (Niceforo Foca) (G. Mancini, favorable). — P. 451. Carlo Calisse, *Diritto ecclesiastico e diritto longobardo ;* G. Tamassia, *Le fonti dell' editto di Rotari.* A. d[el] V [ecchio] (favorable.) — P. 460. H. Finke, *Forschungen und Quellen zur Geschichte des Konstanzer Koncils* (B. Malfatti, Notable contribution à l'histoire du schisme occidental). — P. 462. Hefele, *Conciliengeschichte fortgesetz con I. card. Hergenroether.* (M. Malfatti aboutit à démonstrer que le savant continuateur de Hefele n'est pas toujours impartial.) — P. 466. Dr Adolf Gottlob, *Aus der Kamera Apostolica* (G. Papaleoni.) Bien des fois inexacte la transcription des documents) = vol. vi. — P. 426. Enrico Ridolfi Gióvanni, *Tornabuoni e Ginevra de' Benci di S. Maria Novella di Firenze.* (A propos des portraits bien connus de Ghirlandaio et de Léonard de Vinci.) Variétés. — P. 457. C. Cipolla, *Per la leggenda di re Teodorico in Verona.* (Illustration d'un passage de Jean diacre de Vérone et d'un texte du poème de Fazio degli Uberti.) — Comptes rendus : P. 318. Michele Rosi, *Langobardi e chiesa romana al tempo di re Liutprando.* (A. del Vecchio. La sévérité de la méthode est louable, mais les recherches sont insuffisantes. L'auteur ne connaît pas les études récentes sur la législation langobarde.) — P. 320. G. Rossi, *Annali genovesi di Caffaro a cura di C. T. Belgrano.* — P. 465. Konrad Kretschmer, *Die physische Erdkunde in cristlichen Mittelalter.* (G. Papaleoni, favorable.) — P. 467. Jacques Flach, *Études critiques sur l'histoire du droit romain au M. A. avec textes inédits.* (Ad. Vecchio. Contre l'opinion de M. Fitting sur la continuité des études juridiques du vi° siècle jusqu'au xi°, l'auteur n'a pas exposé des arguments nouveaux.) — P. 471. A. Gotti, *Storia del palazzo vecchio.* (G. Rondoni. Très intéressant.)—P. 475. *Nuove publicazioni del padre Franz Ehrle sul movimento francescano nel secolo XIV°.* (F. Tocco. Riche contribution à l'histoire de la pensée religieuse pendant les siècles xiii° et xiv°.)

2. **Archivio della r. Società romana di storia patria,** vol. xiii, fasc. 1°, 11°. P. 211. L. Mariani, *La cavalcata dell' Assunda in Fermo,* f. 3 et 4. — P. 295. Savignoni, *Il diario di Antonio di Pietro dello Schiavo.* (Étude préliminaire de l'édition qu'on annonce prochaine.) — P. 361. E. Celani, *L'arrivo di Borso d'Este a Roma nel 1471.* (Récit inédit de F. Ariosto Peregrino, grand-père du poète.)

3. **Archivio storico Lombardo,** série ii, vol. xvii, disp. i. — P. 5. L. Zerbi, *Supplimenti al cartulario brianteo del sacerdote Giovanni Dozio.* — Variétés. P. 140. E. Motta, *Per la storia dell' arte dei fustagni nel secolo XIV°.* (Illustration des documents milanais). — P. 164. A. Maspes, *Prammatica per il ricevimento degli ambasciatori inviati alla corte di G. M. Sforza duca di Milano* (10 déc. 1488).— xvii, 2. — P. 245. D. C. Aguilhon, *Di alcuni luoghi dell' antica corte di Monza che hanno cambiato nome, ad illustrazione di scoperte archeologiche fatte in quei dintorni* (La nécropole romaine découverte en 1880 dans le parc royal de Monza ne s'étendait pas près du *vicum sancti Georgi ad Lambrum,* mais plutôt près de Cobiate, village mentionné pour la première fois dans une charte du ix° siècle (octobre 841).—P. 277. L. A. Ferrai, *Gli « Annales Mediolanenses » e i cronisti lombardi del secolo XIV°.* — P. 314. P. Ghinzoni, *Spedizione sforzesca in Francia* (1460-65). (A propos de Jean-Marie Sforza participant à la guerre du Bien public.) — xvii, 3. — P. 517. Z. Volta, *Dei gradi accademici conferiti nello studio generale di Pavia sotto*

il dominio Visconteo. (Les documents vont de 1372 à 1422.) — P. 585, F. Romano, *Filippo Maria Visconti e i Turchi*. (Selon l'auteur, par suite de la mésintelligence des États italiens, le duc Philippe-Marie aurait été bon gré mal gré le confédéré des Turcs. Mais est-ce qu'il y a un doute là-dessus ?)— xvii, 4.—P. 789. P. Ghinnoni, *Il castello di Carimate*. — P. 938. E. Motta, *I. Giovanni da Valladolid alla corte di Mantova e di Milano (1458-1473)*. — P. 941. L. Frati, *Una lettera della duchessa Bona di Savoia a papa Sisto IV°*. (Elle lui annonce le meurtre de son mari, J.-Marie Sforza (26 déc. 1476.) — P. 944. Papaleoni, *Nuovi documenti su l'architetto di Brescia L. Beretta*.

4. **Archivio Veneto**, an. 20, fasc. 77. *Indice cronologico*. — P. xiii. C. Cipolla, *Statuti rurali veronesi*. — P. xvi. G. Castellani, *Statuti della arti in Venezia*. — P. 78. *Indice cronologico* (suite). — P. 79-80. *Indice cronol.* (suite et fin).

5. **Archivio storico per le provincie napoletane**, ann. xv, fasc. i. — P. 3. M. Schipa, *C. Martello* (fin). — P. 209-232. V. Barone, *Notizie storiche raccolte dai registri curiæ della cancelleria aragonese* (suite), fasc. 3. — P. 457, Id., id. — P. 563. Racioppi, *Geografia e demografia della provincia di Basilicata nei secoli XIII e XIV*. (Notices tirées des registres de la chancellerie angevine, déposés dans les Archives nationales de Naples, 4). — P. 701. N. Barone, *Notizie storiche*, etc. (suite et fin). — P. 766. G. del Giudice, *Riccardo Filangieri al tempo di Federico II°, di Corrado, e di Manfredi*. (Biographie du *marescalcus aulæ* R. Filangieri associée à l'histoire de l'empire de Frédéric II d'une manière qui n'est pas toujours opportune.) — P. 803. F. Savini, *Sul dominio vescovile in Teramo, e sulla condizione municipale sotto il medesimo*. (Très intéressant. On y démontre la persistance des droits temporels des évêques dans les Abruzzes.)

6. **Archivio storico Siciliano**. N. S., av. XV. — P. 1-22. J.-B. Siragusa. *La « brevis historia liberationis Messanæ » secondo un ms. del barone Arenaprimo di Messina*. (L'auteur confirme l'opinion de M. Amari que ce texte d'une tradition locale a été dans le cours des temps altéré et corrompu, et que l'on ne l'aurait pas écrit avant le xvi° siècle.) Miscellanea. — P. 22. Cozza Luzi, *Epigrafi greche concernenti l'ammiraglio Giorgio, sua madre e sua moglie*. — P. 25. B. Lagumina, *Nota sulla iscrizione quadrilingue esistente nel Museo di Palermo*. — Id., Id. *Testamento dell' abate fondatore di Demenna*. (Il s'agit de l'abbé Grégoire, fondateur de l'abbaye basilienne de Fragalà ; le testament remonte à l'année 1105.)

7. **Archivio storico per la città e comuni del circondario di Lodi**, an. ix, disp. 1, 2. — P. 19. *Dissertazione storico topografica sopra un passo della cronaca di Ottone ad Acerbo Morena*.—P. 32. *Ceramica in Lodi* (intéressant),—3. — P. 129. *Statuti dei calzolai di Lodi*. — P. 144. *L'Archivio vescovile di Lodi*. (Histoire abrégée de la collection des documents locaux formée vers le milieu du xvi° siècle par le cardinal Pierre Vidoni.)

8. **Archivio giuridico**, vol. xliv, fasc. 1, 2, 3. — P. 212. Luigi Chiappelli, *Note per l'interpretazione delle sigla dei glossatori*.—4, 5.— P. 415. Bibliographie. L. Zdekauer, *Su l'origine del ms. pisano delle pandette giustiniane, e la sua fortuna nel Medio Evo*. M. Chiappelli juge très bonne la thèse soutenue par l'auteur, c'est-à-dire que le manuscrit des *Pandectes* provient de Ravenne.)

9. Ateneo Veneto, xiv⁰ série, vol. i, fasc. 1 et 2. — P. 21-38. J. Bernardi, *Schiarimenti storici sul testamento di Marsilio da Carrara.* (Le document présente quelque intérêt pour l'histoire des institutions de bienfaisance ; les éclaircissements sont donnés à M. Bernardi par M. A. Gloria de Padoue.) — Vol. ii, f. 5 et 6.— P. 487. Giovanni de Castro, *Il romanzo di una regina.* (A propos de la monographie de F. Calvi sur Blanche-Marie Visconti Sforza.)

10. Atti della reale Accademia dei Lincei, vol. v. — P. 325. E. Ferrini, *Sulla palingenesi delle istituzioni di Marciano.* (Beaucoup d'observations subtiles à l'œuvre de M. Lehel : *Palingenesia juris civilis),* vol. vi. — P. 225. J.-B. Siragusa, *L'epistola :* « *Immemor haud vestri* » *e l'epitafio per Roberto d'Angiò del Petrarca, secondo il codice Strozziano,* nᵒ 141. (Dans le ms. Strozziano, l'épître en question n'est pas adressée à Nicolas d'Aluunio d'Alife, grand chancelier du royaume de Naples, mais à Jean Barilli, et celui-ci aurait fait des démarches auprès du poète pour avoir l'épitaphe.)

11. Atti della r. Accademia delle scienze di Torino, vol. xxv. P. 60. C. Vassalo, *Le mura della città d'Asti.* — P. 319. *Su le memorie storiche della città di Carmagnola raccolte dall' ingegnere Raffaello Menachio.* (Gaudenzio Claretta.) — P. 332. *Sunto della memoria del dott. C. Merkel : Relazioni delle origini della dominazione angioina in Provenza e in Piemonte.* (M. M. aboutit à démontrer que l'établissement de la puissance angevine dans le Piémont rencontra un fort obstacle dans la ligue gibeline d'Asti.) — P. 520. C. Calligaris, *Intorno al sepolcro di Adelaide di Susa.* — P. 576. F. Patetta, *Sulla introduzione della collezione d'Ansegiso, e sulla data del cosidetto* « *capitulare mantuanum duplex* » *attribuito all' anno 787.* (Notice de deux mss. italiens contenant lesdits capitulaires, le premier des ixᵉ-xᵉ siècles, l'autre du xivᵉ, qu'on trouve dans les archives communales de Vercelli et dans la bibliothèque universitaire de Turin.)

12. Atti del reale Istituto Veneto, viiᵉ série, tome i.—P. 345-367. C. Cipolla, *Appunti sulla storia d'Asti dalla caduta dell' Impero romano sino al principio del secolo Xᵒ.* (On ne peut admettre que par conjecture la dépendance d'Asti de la région des *Alpes Cottiæ,* et l'opinion de M. Mommsen sur l'extension qu'elle aurait eue n'est pas assurée). — P. 685. Id., *Appunti,* etc. (On y traite de l'état politique et social d'Asti à l'époque longobarde.)—Tome ii.—P. 3-63.Id., *Appunti,* etc. (Il n'y a pas de documents permettant de déterminer les bornes de la juridiction du duché d'Asti sur les villes de la Ligurie maritime, mais on peut croire qu'elle s'étendait sur Savona et Albenga.)

13. Atti e Memorie della società istriana di Archeologia e storia patria, vol. vi. -- P. 3. Senato-Misti, *Cose dell Istria.* (Continuation du dépouillement de ces documents, à partir du 4 juillet 1413 jusqu'au 10 sept. 1440.) — P. 45. *Relazioni dei Podestà e Capitani di Capodistria.*

14. Bollettino dell' Istituto storico Italiano, nᵒ 9 (1890).—P. 7. *Preparazione del* « *Codex diplomaticus urbis Romæ* ». — *Relazione del Presidente della R. società romana di storia patria.*—P. 15. L. A. Ferrai, *Bentii Alexandrini* « *de Mediolano* » *opusculum ex chronico eiusdem excerptum.* — P. 32-328. G. Monticolo, *I manoscritti e le fonti della cronaca del diacono Giovanni.* Dissertation très minutieuse, mais très docte sur les mss., les sources, la méthode que l'auteur entend appliquer à l'édition des Cronache veneziane antichissime dans la collection des « Fonti della storia d'Italia ».

15. **Rivista italiana per le scienze giuridiche**, vol. IX, f. I. P. 105. Comptes rendus. *Bibliotheca juridica Medii Aevi collegit atque edidit A. Gaudentius. I. Scripta anecdota antiquissimorum glossatorum*, etc. G. Salvioli (favorable), f° 2. — P. 200. G. Govretta, *Saggio di bibliografia sulle corporazioni d'arti e mestieri.* Comptes rendus. — P. 275. *Ettore Lombardo Pellegrino: Saggio su i precedenti della scienza politica.* (G. Blandino, favorable) — Id., f. 3. — P. 386. Patetta F., *Di un ms. dei Digesti con glosse preirneriane e frammenti delle Dissentiones Dominorum* (Notice sur le ms. de la Bibl. universitaire de Turin, E. II, 14). — Vol. X, f. 1. — P. 62. Id., *Sopra due mss. della collezione pseudo Isidoriana.* (Le premier est désigné E. II, 26 dans la bibl. univers. de Turin, l'autre est numéroté LXXX dans la Capitulaire de Vercelli.)

16. **Rivista storica Italiana**, vol. VII, f. 1. — P. 44. Comptes rendus. *Liber diurnus romanorum pontificum.* (C. Cipolla. A propos de l'édition récente due aux soins de T. v. Sickel et des monographies de J. Giorgi, H. Ceriani, P. Fabre.) — P. 64. F. Coronini, *I Sepolcri dei patriarchi d'Aquileia.* (C. Occioni Bonaffons. Favorable) — Id., f. 2. — P. 208. Comptes rendus. R. Sternfeld, *Karl von Anjou als Graf der Provence* (1245-1265). (C. Merkel, favorable) — Id., f. 3. — P. 457. O. M. Testa, *La Chiesa di Napoli nei suoi rapporti con Gregorio VII.* (Très diligent.) — P. 489. I. Sanesi, *Giovanni da Procida e i Vespri Siciliani.* — P. 431. Comptes rendus. Rossi Michele, *Longobardi e Chiesa romana al tempo di re Liutprando.* (M. Schipa. Beaucoup d'observations.) — P. 542. A. v. Schack, *Geschichte der Normannen in Sicilien.* (M. Schipa. Œuvre attrayante, mais dépourvue de critique). — C. Merkel. *Un quarto di secolo di vita comunale in Piemonte.* (Le même. Savante monographie) — Id., 4. — P. 644. C. Cipolla. *L'Istituto storico d'Italia e le sue pubblicazioni.* — P. 680. L. A. Ferrai, *Enrico di Lussemburgo e la Repubblica Veneta.* — Comptes rendus. P. 725. O. Delarc, *Saint Grégoire VII et la réforme de l'Église au XI* siècle. (U. Balzani. Beaucoup d'observations). — P. 747. Gayet, *Le grand schisme d'Occident.* (C. Merkel. Très intéressant, mais pas toujours impartial.)

17. **Studi e documenti di Storia e Diritto**, vol. XI, fasc. 1. — P. 3-25. F. Brandileone, *La rappresentanza nei giudizi secondo il diritto medioevale.* — Id., f. 3. — P. 49-72. L. Fumi, *Statuti e Regesti dell' opera di S. Maria d'Orvieto.* — Id., f. 4. — P. 31. Talamo (S.), *Le origini del Cristianesimo e il pensiero storico.* — P. 42. V. Scialoia, *Dissensiones Dominorum.* (Édition faite sur le codex Chis. E. VII. 211. P. 64. *Statuti e Regesti*, etc.)

L.-A. FERRAI.

LE MOYEN AGE

4ᵉ ANNÉE — 1891

TABLE GÉNÉRALE DES MATIÈRES

I. Comptes rendus

II. Variétés

III. Chroniques bibliographiques

IV. Périodiques

ALLEMAGNE

ANGLETERRE

AUTRICHE

BELGIQUE

ITALIE

NORWÈGE

PORTUGAL

ROUMANIE

SUÈDE

SUISSE

CHALON-SUR-SAÔNE, IMPRIMERIE L. MARCEAU.

LE MOYEN AGE

BULLETIN MENSUEL

D'HISTOIRE ET DE PHILOLOGIE

DIRECTION :

MM. A. MARIGNAN ET M. WILMOTTE

4ᵉ ANNÉE — Nᵒ 10. — OCTOBRE 1891

PRIX DE L'ABONNEMENT :

Un an : **8 fr.** pour la France ; **9 fr.** pour l'étranger (Union postale).

Les livres déposés au bureau de la Revue, 67, rue Richelieu, à Paris, donnent droit à un *compte rendu* ou à une *notice bibliographique*. Prière d'adresser tout ce qui concerne l'administration à M. E. BOUILLON, libraire-éditeur ; tout ce qui concerne la rédaction à M. MARIGNAN, 23, rue Jacob, à Paris, ou à M. WILMOTTE, 35, rue Mont-St-Martin, à Liège (Belgique).

PARIS

ÉMILE BOUILLON, ÉDITEUR

67, RUE RICHELIEU, 67

1891

Le *Moyen Age* publie des Comptes rendus, des Variétés, des Notices bibliographiques et le dépouillement de toutes les revues d'Europe, qui rentrent dans son domaine d'études. Il accueille toute communication utile, se rapportant à ce domaine.

Principaux collaborateurs et correspondants du *Moyen Age* : MM. Bacha (Bruxelles), Bédier (Fribourg), Bloch (Buda-Pesth), Bonnet (Montpellier), Boubnov (Pétersbourg), Buchi (Fribourg), Crutzen (Louvain), Dottin (Paris), Doutrepont (Liège), Dümmler (Berlin), L. Duvau (Lille), Englmann (Vienne), Enlart (Paris), Esmein (Paris), Ferraj (Padoue), Finot (Paris), Flament (Maëstricht), Golther (Munich), E.-D. Grand (Montpellier), Grossmann (Berlin), Kawczynski (Leopol), Kurth (Liège), Lamprecht (Leipzig), Ch.-V. Langlois (Paris), Leite de Vasconcellos (Lisbonne), H. Logeman (Gand), E. Markwald (Strasbourg), A. Michel (Paris), von der Nahmer (Cologne), Novati (Milan), Orth (Liège), G. Paris (Paris), A. Pit (Paris), G. Platon (Bordeaux), S. Prato (Acireale), Prou (Paris), Stecher (Liège), Suchier (Halle), Sudre (Paris), Thomas (Paris), Tille (Prague), Tramoyeres Blasco (Valence), E. Veckenstedt (Halle), Vising (Lund), Wagner (Liège).

Livres déposés au bureau de la REVUE :

Joh. Steenstrup, Vore Folkeviser fra Middelalderen. Kjabenhavn, R. Kleins, 1891.

Le Même. Études sur les Chansons populaires danoises au moyen âge. Copenhague, 1891.

A. Gerber, Great Russian Animal Tales, a collection of fifty tales. Baltimore, 1891.

Das Adamsspiel, herausgegeben von Dr K. Grass. Halle, 1891. (Romanische bibliothek, n° 6.)

Chrestien von Troye's Yvain, herausgegeben von W. Förster. (Rom. bibl., n° 5.)

Wistasse le Moine, hsgb. v. W. Förster u. Johann Trost. Halle, Niemeyer, 1891. (Rom. bibl., n° 4.)

Extraits de la Chanson de Roland, publiés par G. Paris. 3e édition. Paris, Hachette, 1891.

Extraits des Chroniqueurs français, publiés par G. Paris et A. Jeanroy. Paris. Hachette, 1892.

G. Doutrepont, Étude linguistique sur Jacques de Hemricourt et son époque. Bruxelles, impr. Hayez, 1891.

A LA MÊME LIBRAIRIE

Bibliothèque de l'École pratique des Hautes Études.

Pour le détail des fascicules parus, voir notre catalogue général.

Étude sur les principaux adverbes. Affirmation, négation, manière, par Bastin, 1 volume in-8.　　　　　　　　　　　　　3 fr.

Le style de la lyrique courtoise en France, aux xiie et xiiie siècles, par H. Binet, 1 volume in-8.　　　　　　　　　　　3 fr. 50

Le dialecte flamand de France. Étude phonétique et morphologique de ce dialecte tel qu'il est parlé spécialement à Bailleul et ses environs (Nord), par D. Carnel, 1 volume in-8 avec une carte.　　　　2 fr. 50

Les Étudiants Suisses à l'École pratique des Hautes Études (section des sciences historiques et philologiques) (1868-1891), avec un appendice sur les étudiants suisses de Paris, aux xve et xvie siècles, par E. Chatelain. gr. in-8.　　　　　　　　　　　　　　　　　　2 fr.

Jean Lemaire des Belges, sa vie et ses œuvres par J. Stecher, 1 volume in-8.　　　　　　　　　　　　　　　　　　3 fr.

Les noms Gaulois chez César et Hirtius de Bello Gallico, par H. d'Arbois de Jubainville. — Première partie : Les composés dont *rix* est le dernier terme. 1 vol. in-18 jésus.　　　　　　　　4 fr.

Chrestomathie de l'Ancien Français (IXe-XVe siècles), par L. Constans. Nouvelle édition revue et augmentée. 1 fort volume in-8, cartonné. 7 fr.

Les anciens poètes de la France, publiés sous les auspices du Ministère de l'Instruction publique, par F. Guessard, 10 vol. in-12 cart.　　50 fr.

Bibliothèque Française du Moyen Age, format gr. in-16. Prix du volume cartonné en toile pleine : 10 fr.; broché : 9 fr.

Vol. I et II. **Recueil de Motets français des XIIe et XIIIe siècles**, publiés d'après les manuscrits, avec introduction et notes par G. Raynaud, suivis d'une étude sur la musique au siècle de saint Louis, par H. Lavoix fils.

Vol. III. **Le Psautier de Metz.** Texte du xive siècle. Édition critique publiée d'après quatre manuscrits, par F. Bonnardot. T. I. Texte critique.

Vol. IV et V. **Alexandre le Grand**, par P. Meyer.

Vol. VI et VII. **Œuvres de Gautier d'Arras**, publiées par E. Löseth.

Guerre de César et d'Arioviste et premières opérations de César en l'an 702, par le colonel Stoffel, 1 vol. in-4, avec 2 cartes et plans.　　30 fr.

Ilios et Iliade. Les ruines d'Ilios, — la formation de l'Iliade. — Essai de restauration de l'Iliade primitive, — l'Olympe et l'art homériques, par G. Sortais, 1 volume in-8 avec une carte.　　　　　　5 fr.

Rivalité d'Eschine et Demosthène, par A. Bougot, 1 vol. in-8.　　4 fr.

Histoire du règne de Marie Stuart, par M. Philippson. Tome Ier. 1 vol. in-8.　　　　　　　　　　　　　　　　　　6 fr.

Napoléon premier, par A. Fournier, traduit par E. Jaeglé. Tome 1er (1769-1802). Petit in-8.　　　　　　　　　　　　　3 fr. 50

Correspondance de Madame, Duchesse d'Orléans (1672-1722). *Traduction et notes* par Ernest Jaeglé. Deuxième édition revue et augmentée. 3 volumes in-18 jésus, ornés d'un portrait de la Duchesse.　　10 fr. 50

Études sur l'Espagne, par A. Morel Fatio. 2 vol. petit in-8.　　8 fr. 50

Études sur l'état économique de la France pendant la première partie du Moyen Age, par Ch. Lamprecht, professeur à l'Université de Bonn, traduit de l'allemand, par A. Marignan. 1 volume gr. in-8.　　12 fr.